Monika
Hintz-Bühler

Aktionärbindungsverträge

D1704255

Abhandlungen zum schweizerischen Recht

Neue Folge

Begründet von † Prof. Dr. Max Gmür
Fortgesetzt durch † Prof. Dr. Theo Guhl
und † Prof. Dr. Hans Merz

Herausgegeben von

Dr. Heinz Hausheer

Professor an der Universität Bern

 Stämpfli Verlag AG Bern · 2001

Monika Hintz-Bühler

Dr. iur., Fürsprecherin

Aktionärbindungsverträge

 Stämpfli Verlag AG Bern · 2001

Inauguraldissertation zur Erlangung der Würde eines Doctor iuris der Rechts- und Wirtschafts-wissenschaftlichen Fakultät der Universität Bern.

Die Rechts- und Wirtschaftswissenschaftliche Fakultät der Universität Bern hat diese Arbeit am 29. März 2001 auf Antrag der beiden Gutachter, Professor Dr. Roland von Büren (Erstgutachter) und Professor Dr. Thomas Koller (Zweitgutachter), als Dissertation angenommen, ohne damit zu den darin ausgesprochenen Auffassungen Stellung nehmen zu wollen.

Die Deutsche Bibliothek - CIP-Einheitsaufnahme

Hintz-Bühler, Monika:
Aktionärbindungsverträge / Monika Hintz-Bühler. - Bern : Stämpfli, 2001
(Abhandlungen zum schweizerischen Recht ; H. 659)
Zugl.: Bern, Univ., Diss., 2001
ISBN 3-7272-0392-7

© Stämpfli Verlag AG Bern · 2001

Gesamtherstellung: Stämpfli AG,
Grafisches Unternehmen, Bern
Printed in Switzerland

ISBN 3-7272-0392-7

Für Oliver und Anna Michelle

Dank

Mein Dank richtet sich an alle, die mich während der Verfassung der vorliegenden Arbeit begleitet und unterstützt haben: Meinem Doktorvater, Herrn Prof. Dr. Roland von Büren, danke ich für die Unterstützung und die zügige Begutachtung der Arbeit. Ein grosser Dank gilt auch Herrn Prof. Dr. Thomas Koller für die angenehme und lehrreiche Assistenzzeit, die ich bei ihm verbringen durfte, und seine Bereitschaft, das Zweigutachten zu erstellen.

Ein spezieller Dank richtet sich an Herrn Fürsprecher Hans Roth; die Gespräche mit ihm waren ausschlaggebend für die Wahl des Themas dieser Dissertation.

Sehr herzlich möchte ich auch Frau Fürsprecherin Dr. Jasmin Djalali danken. Der regelmässige Gedankenaustausch mit ihr trug viel zur Motivation und zum disziplinierten Arbeiten bei.

Mein Ehemann Oliver Hintz hat durch seine moralische Unterstützung und die kritische Durchsicht des Manuskripts ebenfalls viel zur Vollendung der vorliegenden Arbeit beigetragen.

Der grösste Dank gebührt meiner Schwiegermutter, Frau Heidi Hintz. Ihre liebevolle Betreuung meiner Tochter ermöglichte, dass ich mich neben meiner Familie noch einer Berufstätigkeit und der Dissertation widmen konnte.

Bern, Sommer 2001   Monika Hintz

Inhaltsübersicht

Inhaltsverzeichnis

Abkürzungsverzeichnis

A.	Auflage
a.A.	Anderer Ansicht
a.a.O.	am angeführten Ort
Abs.	Absatz
AcP	Archiv für die civilistische Praxis (Tübingen)
AG	Aktiengesellschaft
	Die Aktiengesellschaft, Zeitschrift für das gesamte Aktienwesen (Köln)
AGB	Allgemeine Geschäftsbedingungen
AGVE	Aargauische Gerichts- und Verwaltungsentscheide (Aarau)
AJP	Aktuelle Juristische Praxis (Lachen)
AktG	Aktiengesetz der Bundesrepublik Deutschland vom 6. September 1965
a.M.	anderer Meinung
Anm.	Anmerkung
Art.	Artikel
AT	Allgemeiner Teil
BBl	Bundesblatt der Schweizerischen Eidgenossenschaft
Bd.	Band
BEZPO	Gesetz betreffend die Zivilprozessordnung für den Kantons Bern vom 7. Juli 1918
BG	Bundesgesetz
BGB	(Deutsches) Bürgerliches Gesetzbuch vom 18. August 1896
BGE	Entscheidungen des Schweizerischen Bundesgerichts, Amtliche Sammlung (Lausanne)
BGHZ	Entscheidungen des (deutschen) Bundesgerichtshofes in Zivilsachen (Köln)
BJM	Basler Juristische Mitteilungen (Basel)
BSG	Bernische Systematische Gesetzessammlung
Bsp.	Beispiel
BT	Besonderer Teil
BTJP	Berner Tage für die Juristische Praxis
BZP	Bundesgesetz über den Bundeszivilprozess vom 4. Dezember 1947 (SR 273)
bzw.	beziehungsweise
Diss.	Dissertation
ders.	derselbe
d.h.	das heisst

DZPO	Deutsche Zivilprozessordnung vom 30. Januar 1877
E.	Erwägung
etc.	et cetera
ev.	eventuell
f.	und folgende (Seite, Note usw.)
ff.	und folgende (Seiten, Noten usw.)
Fn	Fussnote
FS	Festschrift
GmbHR	GmbH-Rundschau (Köln)
GmbH	Gesellschaft mit beschränkter Haftung
hg.	herausgegeben
h.L.	herrschende Lehre
Hrsg.	Herausgeber
insb.	insbesondere
i.e.S.	im engeren Sinne
i.S.	im Sinne
i.V.m.	in Verbindung mit
JdT	Journal des Tribunaux (Lausanne)
JuS	Juristische Schulung (München)
lit.	litera
LZ	Leipziger Zeitschrift für Deutsches Recht (München, Berlin, Leipzig)
m.E.	meines Erachtens
m.w.N.	mit weiteren Nachweisen
N	Note
NJW	Neue Juristische Wochenschrift (München)
Nr.	Nummer
NZZ	Neue Zürcher Zeitung
OLG	Oberlandesgericht
OR	Bundesgesetz vom 30. März 1911 betreffend die Ergänzung des Schweizerischen Zivilgesetzbuches, Fünfter Teil: Obligationenrecht (SR 220)
Pra	Die Praxis des Bundesgerichts (Basel)
recht	recht, Zeitschrift für juristische Ausbildung und Praxis (Bern)
RGZ	Entscheidungen des Reichsgerichts in Zivilsachen (Berlin und Leipzig)
S.	Seite(n)
SAG	Schweizerische Aktiengesellschaft, seit 1990 SZW (Zürich)
SAV	Schweizerischer Anwaltsverband
SchKG	Bundesgesetz über Schuldbetreibung und Konkurs vom 11. April 1889, abgeändert am 16. Dezember 1994 (SR 281.1)
SJ	La Semaine Judiciaire (Genf)

SJK	Schweizerische juristische Kartothek (Genf)
SJZ	Schweizerische Juristen-Zeitung (Zürich)
SPR	Schweizerisches Privatrecht (Basel)
SR	Systematische Sammlung des Bundesrechts
SSHW	Schweizer Schriften zum Handels- und Wirtschaftsrecht (Zürich)
ST	Der Schweizer Treuhänder (Zürich)
StGB	Schweizerisches Strafgesetzbuch vom 21. Dezember 1937 (SR 311.0)
SZW	Schweizerische Zeitschrift für Wirtschaftsrecht (Zürich)
u.ä.	und ähnliche(s)
usw.	und so weiter
UWG	Bundesgesetz vom 19. Dezember 1986 gegen den unlauteren Wettbewerb (SR 241)
vgl.	vergleiche
z.B.	zum Beispiel
ZBJV	Zeitschrift des Bernischen Juristenvereins (Bern)
ZBGR	Schweizerische Zeitschrift für Beurkundungs- und Grundbuchrecht (Wädenswil)
ZGB	Schweizerisches Zivilgesetzbuch vom 10. Dezember 1907 (SR 210)
ZGR	Zeitschrift für Unternehmens- und Gesellschaftsrecht (Berlin)
ZHZPO	Zürcherische Zivilprozessordnung (Gesetz über den Zivilprozess vom 13. Juni 1976)
ZHR	Zeitschrift für das gesamte Handelsrecht und Wirtschaftsrecht (Heidelberg)
Ziff.	Ziffer
ZIP	Zeitschrift für Wirtschaftsrecht (Köln)
ZPO	Zivilprozessordnung
ZR	Blätter für zürcherische Rechtsprechung (Zürich)
ZSR	Zeitschrift für Schweizerisches Recht (Basel)
z.T.	zum Teil

Literaturverzeichnis

Die schweizerische und die deutsche Literatur sind getrennt aufgelistet; die in Deutschland veröffentlichte Literatur folgt ab Seite XLIV.

Verarbeitet wurde die bis Dezember 2000 erschienene Literatur.

Schweizerische Literatur

AEPLI VIKTOR	Kommentar zum Schweizerischen Zivilgesetzbuch (Zürcher Kommentar), Bd. V/1h, Art. 114 - 126 OR, Zürich 1991 (zit.: AEPLI, Zürcher Kommentar, Art.)
ALTENBERGER PETER R.	Die Patronatserklärung als „unechte" Personalsicherheit, Diss. Basel 1978 (zit.: ALTENBERGER)
APPENZELLER HANSJÜRG	Stimmbindungsabsprachen in Kapitalgesellschaften, Diss. Zürich 1996 (zit.: APPENZELLER)
BAER CHARLOTTE	Viele Fragen rund um den Aktionärbindungsvertrag, SZW 69 (1997) 179 f. (zit.: BAER)
BÄR ROLF	Besprechung von BGE 109 II 43, in: ZBJV 121 (1985) 233 f. (zit.: BÄR) Aktuelle Fragen des Aktienrechts, ZSR 1966 II 321 ff. (zit.: BÄR, ZSR)
BAUDENBACHER CARL	Kommentar zum Schweizerischen Privatrecht, Obligationenrecht II, Hrsg. Honsell/Vogt/Watter, Basel und Frankfurt a. M. 1994, Art. 620 - 625 OR (zit.: BAUDENBACHER, Basler Kommentar, Art.)

BAUER THOMAS   Kommentar zum Schweizerischen Privatrecht, Obligatio-
                           nenrecht I, Hrsg. Honsell/Vogt/Wiegand, 2. A., Basel
                           und Frankfurt a.M. 1996, Art. 513 - 529 OR
                           (zit.: BAUER, Basler Kommentar, Art.)

BENOIT ARMAND   La représentation de groupes et de minorités d'actionnai-
                           res à l'administration des sociétés anonymes, Diss. Lau-
                           sanne 1956
                           (zit.: BENOIT)

BENZ ULRICH   Gelockerte Vinkulierung, in: Neues zum Gesellschafts-
                           und Wirtschaftsrecht, Festschrift zum 50. Geburtstag von
                           Peter Forstmoser, Hrsg. Walter R. Schluep und Peter R.
                           Isler, Zürich 1993, S. 55 ff.
                           (zit.: BENZ)

BERNET MARTIN   Kommentar zum Schweizerischen Privatrecht, Obligatio-
                           nenrecht I, Hrsg. Honsell/Vogt/Wiegand, 2. A., Basel
                           und Frankfurt a.M. 1996, Art. 91 - 96 OR
                           (zit.: BERNET, Basler Kommentar, Art.)

BERGSMA PETER   Auflösung, Ausschluss und Austritt aus wichtigem Grund
                           bei den Personengesellschaften, Diss. Zürich 1990
                           (zit.: BERGSMA)

BINDER ANDREAS   Die Verfassung der Aktiengesellschaft, Diss. Basel 1988
                           (zit.: BINDER)

BÖCKLI PETER   Aktionärbindungsverträge mit eingebauten Vorkaufs-
                           oder Kaufsrechten und Übernahmepflichten, in: Rechts-
                           fragen um die Aktionärbindungsverträge, Hrsg. Jean Ni-
                           colas Druey und Peter Forstmoser, Zürich 1998, S. 35 ff.
                           (zit.: BÖCKLI, Rechtsfragen)

                           Schweizer Aktienrecht, 2. A., Zürich 1996
                           (zit.: BÖCKLI, Aktienrecht)

                           Die unentziehbaren Kernkompetenzen des Verwaltungs-
                           rates, Zürich 1994
                           (zit.: BÖCKLI, Kernkompetenzen)

Aktionärbindungsverträge, Vinkulierung und statutarische Vorkaufsrechte unter neuem Aktienrecht, ZBJV 129 (1993) 475 ff.
(zit.: BÖCKLI, ZBJV)

Wesentliche Änderungen in der Vinkulierung der Namenaktien, ST 65 (1991) 583 ff.
(zit.: BÖCKLI, ST)

Das Aktienstimmrecht und seine Ausübung durch Stellvertreter, Diss. Basel 1961
(zit.: BÖCKLI, Stimmrecht)

BÖCKLI PETER/   Aktionärbindungsverträge: Übertragbarkeit und Gelt-
MORSCHER LUKAS   tungsdauer von Optionsrechten, SZW 69 (1997) 53 ff.
                       (zit.: BÖCKLI/MORSCHER)

BOLLMANN HANS   Das Ausscheiden aus Personengesellschaften, Diss. Zürich 1971
                       (zit.: BOLLMANN)

BUCHER ANDREAS   Natürliche Personen und Persönlichkeitsschutz, 3. A., Basel 1999
                       (zit.: BUCHER A.)

BUCHER EUGEN   Kommentar zum Schweizerischen Privatrecht, Obligationenrecht I, Hrsg. Honsell/Vogt/Wiegand, 2. A., Basel und Frankfurt a.M. 1996, Art. 1 - 22 OR
                       (zit.: BUCHER, Basler Kommentar, Art.)

                       Kommentar zum Schweizerischen Privatrecht (Berner Kommentar), Band I/2/2, Art. 27 ZGB, Bern 1993
                       (zit.: BUCHER, Berner Kommentar, Art. 27 ZGB)

                       Schweizerisches Obligationenrecht - Allgemeiner Teil ohne Deliktsrecht, 2. A., Zürich 1988
                       (zit.: BUCHER, AT)

                       Obligationenrecht, Besonderer Teil, 3. A., Zürich 1988
                       (zit.: BUCHER, BT)

Hundert Jahre schweizerisches Obligationenrecht: wo stehen wir heute im Vertragsrecht?, ZSR 102 (1983) II 251 ff.
(zit.: BUCHER, ZSR)

BÜRGI WOLFHART F.	Kommentar zum Schweizerischen Zivilgesetzbuch (Zürcher Kommentar), Bd. 5/b/1-2 1. Halbband, Art. 660 - 697 OR, Zürich 1957 und 2. Halbband, Art. 698 - 738 OR, Zürich 1969
(zit.: BÜRGI, Zürcher Kommentar, Art.)

Diskussionsbetrag anlässlich der Versammlung des Schweizerischen Juristenvereins 1959, ZSR (1959) 917a f.
(zit.: BÜRGI, ZSR)

CAVIN PIERRE	Kauf, Tausch, Schenkung, in: Schweizerisches Privatrecht, Basel 1977, S. 1 ff., insb. S. 150 ff.
(zit.: CAVIN)

DOHM JÜRGEN	Les accords sur l'exercice du droit de vote de l'actionnaire, Diss. Genf 1971
(zit.: DOHM)

DREIFUSS ERIC L./	Kommentar zum Schweizerischen Privatrecht, Obligationenrecht II, Hrsg. Honsell/Vogt/ Watter, Basel und
LEBRECHT ANDRÉ E.	Frankfurt a.M. 1994, Art. 698 - 706 OR
(zit.: DREIFUSS/LEBRECHT, Basler Kommentar, Art.)

DRUEY JEAN NICOLAS	Stimmbindung in der Generalversammlung und im Verwaltungsrat, in: Rechtsfragen um die Aktionärbindungsverträge, Hrsg. Jean Nicolas Druey und Peter Forstmoser, Zürich 1998, S. 7 ff.
(zit.: DRUEY, Rechtsfragen)

DU PASQUIER SHELBY/	Kommentar zum Schweizerischen Privatrecht, Obligationenrecht II, Hrsg. Honsell/Vogt/Watter, Basel und
OERTLE MATTHIAS	Frankfurt a.M. 1994, Art. 683 - 688 OR
(zit.: DU PASQUIER/OERTLE, Basler Kommentar, Art.)

Les restrictions au transfert des actions nominatives liées, AJP 1992 758 ff.
(zit.: DU PASQUIER/OERTLE, AJP)

EHRSAM PAUL

Gesellschaftsvertrag und Erbrecht, Diss. Lausanne 1943
(zit.: EHRSAM)

FELDMANN HANS

Beschluss und Einzelstimme im schweizerischen Gesellschaftsrecht, Diss. Bern 1954
(zit.: FELDMANN)

FELLMANN WALTER

Grundfragen im Recht der einfachen Gesellschaft, ZBJV
133 (1997) 285 ff.
(zit.: FELLMANN, ZBJV)

Kommentar zum Schweizerischen Privatrecht (Berner
Kommentar), Bd. VI/2/4, Art. 394 - 406 OR, Bern 1992
(zit.: FELLMANN, Berner Kommentar, Art.)

FOËX BENEDICT

La nouvelle réglementation des droits de préemption,
d'emption et de réméré dans le CC/CO, SJ 1994 381 ff.
(zit.: FOËX)

FORSTMOSER PETER

Die Vinkulierung: ein Mittel zur Sicherstellung der Unterwerfung unter Aktionärbindungsverträge?, in: Aktienrecht 1992 - 1997: Versuch einer Bilanz; zum 70. Geburtstag von Rolf Bär, Hrsg. Roland von Büren, Bern
1998, S. 89 ff.
(zit.: FORSTMOSER, FS Bär)

Handlungsbedarf bei altrechtlichen Aktiengesellschaften,
SJZ 93 (1997) 86 ff.
(zit.: FORSTMOSER, SJZ)

Eingriffe der Generalversammlung in den Kompetenzbe-
reich des Verwaltungsrates - Möglichkeiten und Grenzen,
SZW 66 (1994) 169 ff.
(zit.: FORSTMOSER, SZW 66)

Besprechung des Urteils des Handelsgerichts des Kantons Zürich vom 30. August 1990, SZW 63 (1991) 210 ff.
(zit.: FORSTMOSER, SZW 63)

Aktionärbindungsverträge, in: Festschrift Schluep, Zürich
1988, S. 359 ff.
(zit.: FORSTMOSER, FS Schluep)

FORSTMOSER PETER/   Der Entwurf zur Revision des Aktienrechts: Einige kon-
HIRSCH ALAIN   krete Vorschläge, SAG 57 (1985) 29 ff.
                           (zit.: FORSTMOSER/HIRSCH)

FORSTMOSER PETER/   Schweizerisches Aktienrecht, Bern 1996
MEIER-HAYOZ ARTHUR/   (zit.: FORSTMOSER/MEIER-HAYOZ/NOBEL)
NOBEL PETER

FROMER LEO   Merkmale und Besonderheiten der privaten Aktiengesell-
                           schaften, SAG 29 (1957/58) 124 ff.
                           (zit.: FROMER)

FRANK RICHARD/STRÄULI   Kommentar zur zürcherischen Zivilprozessordnung,
HANS/MESSMER GEORG   3. A., Zürich 1997
                           (zit.: FRANK/STRÄULI/MESSMER)

FURRER MARTIN   Der gemeinsame Zweck als Grundbegriff und Abgren-
                           zungskriterium im Recht der einfachen Gesellschaft,
                           Diss. Zürich 1995 / SSHW 164, Zürich 1996
                           (zit.: FURRER)

GAUCH PETER   System der Beendigung von Dauerverträgen, Diss. Frei-
                           burg 1968
                           (zit.: GAUCH, Diss.)

GAUCH PETER/SCHLUEP   Schweizerisches Obligationenrecht - Allgemeiner Teil,
WALTER/SCHMID JÖRG/   7. A., Zürich 1998
REY HEINZ   (zit.: GAUCH/SCHLUEP/SCHMID/REY)

GAUCH PETER/SCHRANER   Kommentar zum Schweizerischen Zivilgesetzbuch (Zür-
MARIUS   cher Kommentar), Bd. V/1e, Art. 68 - 83 OR, Zürich
                           1991
                           (zit.: GAUCH/SCHRANER, Zürcher Kommentar, Art.)

GAUTSCHI GEORG   Kommentar zum Schweizerischen Privatrecht (Berner
                           Kommentar), Bd. VI/2/4, Art. 394 - 406 OR, Bern 1971
                           (zit.: GAUTSCHI, Berner Kommentar, Art.)

GIGER HANS   Kommentar zum Schweizerischen Privatrecht (Berner
                           Kommentar), Bd. VI/2/1/3, Art. 216 - 221 OR, Bern
                           1997
                           (zit.: GIGER, Berner Kommentar, Art.)

GLATTFELDER HANS — Die Aktionärbindungsverträge, ZSR 78 (1959) II 141a ff.
(zit.: GLATTFELDER)

GOLDSCHMIDT — Grundfragen des neuen schweizerischen Aktienrechts,
Diss. St. Gallen 1934
(zit.: GOLDSCHMIDT)

GONZENBACH RAINER — Kommentar zum Schweizerischen Privatrecht, Obligationenrecht I, Hrsg. Honsell/Vogt/Wiegand, 2. A., Basel und Frankfurt a.M. 1996, Art. 115 OR
(zit.: GONZENBACH, Basler Kommentar, Art. 115 OR)

GUHL THEO/KOLLER ALFRED/SCHNYDER ANTON K./DRUEY JEAN N. — Das Schweizerische Obligationenrecht, 9. A., Zürich 2000
(zit.: GUHL/KOLLER/DRUEY)

GULDENER MAX — Schweizerisches Zivilprozessrecht, 3. A., Zürich 1979
(zit.: GULDENER)

GURTNER PETER — Escape-Klausel und wirklicher Wert, in: Aktienrecht 1992 - 1997: Versuch einer Bilanz; zum 70. Geburtstag von Rolf Bär, Hrsg. Roland von Büren, Bern 1998, S. 119 ff.
(zit.: GURTNER)

HABSCHEID WALTHER — Schweizerisches Zivilprozess- und Gerichtsorganisationsrecht, 2. A., Basel und Frankfurt am Main 1990
(zit.: HABSCHEID)

HANDSCHIN LUKAS — Wo hat die GmbH Vorteile gegenüber der AG?, in: NZZ vom 4./5. April 1996, S. 25
(zit.: HANDSCHIN, NZZ)

Kommentar zum Schweizerischen Privatrecht, Obligationenrecht II, Hrsg. Honsell/Vogt/Watter, Basel und Frankfurt a.M. 1994, Art. 683 - 688 OR
(zit.: HANDSCHIN, Basler Kommentar, Art.)

HARTMANN WILHELM — Kommentar zum Schweizerischen Privatrecht (Berner Kommentar), Bd. VII/1, Art. 574 OR, Bern 1943
(zit.: HARTMANN, Berner Kommentar, Art. 574)

HAYMANN ERIC   Aktienübernahmevereinbarungen zwischen Mehrheits-
                                und Minderheitsaktionären, Diss. Zürich 1973
                                (zit.: HAYMANN)

HAUSHEER HEINZ   Gesellschaftsvertrag und Erbrecht, in: ZBJV 105 (1969)
                                129 ff.
                                (zit.: HAUSHEER)

HERREN KLAUS W.   Statutarische Berechtigungen zum Erwerb von Aktien
                                und GmbH-Anteilen, Diss. Bern 1973
                                (zit.: HERREN, Diss.)

                                Statutarische Berechtigungen zum Erwerb von Aktien als
                                Übertragungsbeschränkungen, SAG 47 (1975), 41 ff.
                                (zit.: HERREN, SAG)

HESS URS   Kommentar zum Schweizerischen Privatrecht, Obligatio-
                                nenrecht II, Hrsg. Honsell/Vogt/ Wiegand, 2. A., Basel
                                und Frankfurt a.M. 1996, Art. 216a ff. OR
                                (zit.: HESS, Basler Kommentar, Art.)

HIRSCH ALAIN/   Projekt einer privaten AG, SZW 69 (1997) 126 ff.
NOBEL PETER   (zit.: HIRSCH/NOBEL)

HIRSCH ALAIN/   Une meilleure garantie de l'exécution des conventions
PETER HENRY   d'actionnaire: La propriété commune, SAG 56 (1984)
                                1 ff.
                                (zit.: HIRSCH/PETER)

HOFSTETTER JOSEF   Der Auftrag und die Geschäftsführung ohne Auftrag, in:
                                Schweizerisches Privatrecht, Bd. VII/6, Basel 2000
                                (zit.: HOFSTETTER)

HOMBURGER ERIC   Kommentar zum Schweizerischen Zivilgesetzbuch (Zür-
                                cher Kommentar), Bd. V/5b, Art. 707 - 726 OR, Zürich
                                1998
                                (zit.: HOMBURGER, Zürcher Kommentar, Art.)

                                Besprechung des Urteils des Bundesgerichts vom 13. Fe-
                                bruar 1990, SZW 62 (1990) 213 ff.
                                (zit.: HOMBURGER, SAG)

	Besprechung des Urteils des Bundesgerichts vom 10. Januar 1983, SAG 55 (1983) 125. (zit.: HOMBURGER, SAG)
HONSELL HEINRICH	Schweizerisches Obligationenrecht, Besonderer Teil, 4. A., Bern 1997 (zit.: HONSELL)
HUGUENIN JACOBS CLAIRE	Kommentar zum Schweizerischen Privatrecht, Obligationenrecht I, Hrsg. Honsell/Vogt/Wiegand, 2. A., Basel und Frankfurt a. M. 1996, Art. 19/20 OR (zit.: HUGUENIN JACOBS, Basler Kommentar, Art.) Kommentar zum Schweizerischen Privatrecht, Zivilgesetzbuch I, Hrsg. Honsell/Vogt/Geiser, Basel und Frankfurt a.M. 1996, Art. 27 ZGB (zit.: HUGUENIN JACOBS, Basler Kommentar, Art.)
JÄGGI PETER	Von der Gesellschaft auf Lebenszeit, in: Mélanges Roger Sécretan, Montreux 1964, S. 113 ff. (zit.: JÄGGI, Gesellschaft auf Lebenszeit) Diskussionsbeitrag anlässlich der Versammlung des Schweizerischen Juristenvereins 1959, ZSR 78 (1959) II 732a ff. (zit.: JÄGGI, ZSR)
JÄGGI PETER/ GAUCH PETER	Kommentar zum Schweizerischen Zivilgesetzbuch (Zürcher Kommentar), Bd. V/1b, Art. 18 OR, Zürich 1980 (zit.: JÄGGI/GAUCH, Zürcher Kommentar, Art. 18 OR)
KAMMERER ADRIAN W.	Die unübertragbaren und unentziehbaren Aufgaben des Verwaltungsrates, Diss. Zürich 1997 (zit.: KAMMERER)
KLÄY HANSPETER	Die Vinkulierung, Basel 1997 (zit.: KLÄY, Vinkulierung)
KOEBEL FRITZ	Stimmrechtsbindungsverträge, Diss. Basel 1938 (zit.: KOEBEL)

KRAMER ERNST A.

Kommentar zum Schweizerischen Privatrecht (Berner Kommentar), Band VI/1/2, Art. 19 - 22. OR, Bern 1991 (zit.: KRAMER, Berner Kommentar, Art.)

KRAMER ERNST A.
SCHMIDLIN BRUNO

Kommentar zum Schweizerischen Privatrecht (Berner Kommentar), Band VI/1/1, Art. 1 - 18 OR, Bern 1986 (zit.: KRAMER/SCHMIDLIN, Berner Kommentar, Art.)

KRATZ BRIGITTA

Die genossenschaftliche Aktiengesellschaft, Diss. Zürich 1996 (zit.: KRATZ)

KUMMER MAX

Die Klage auf Verurteilung zur Abgabe einer Willenserklärung, ZSR 1954 I 163 ff. (zit.: KUMMER)

KUNZ PETER V.

Die Klagen im schweizerischen Aktienrecht, Zürich 1997 (zit.: KUNZ, Klagen)

KURER PETER

Kommentar zum Schweizerischen Privatrecht, Obligationenrecht II, Hrsg. Honsell/Vogt/Wiegand, Basel und Frankfurt a.M. 1994, Art. 680 OR (zit.: KURER, Basler Kommentar, Art.)

LÄNZLINGER ANDREAS

Kommentar zum Schweizerischen Privatrecht, Obligationenrecht II, Hrsg. Honsell/Vogt/Wiegand, Basel und Frankfurt a.M. 1994, Art. 690 - 695 OR (zit.: LÄNZLINGER, Basler Kommentar, Art.)

LEHNER OTHMAR

Diskussionsbeitrag anlässlich der Versammlung des Schweizerischen Juristenvereins 1959, in: ZSR (1959) S. 917a ff. (zit.: LEHNER, ZSR)

Gemeinsame Charakterzüge und Wirkungen der aktienrechtlichen Vorkaufsrechte, SAG 26 (1954) 189 ff. und 218 ff. (zit.: LEHNER, SAG)

Die rechtliche Struktur und die Hauptarten der aktienrechtlichen Vorkaufsrechte, in: SJZ 50 (1954) 73 ff. (zit.: LEHNER, SJZ)

LEU URS	Kommentar zum Schweizerischen Privatrecht, Obligationenrecht I, Hrsg. Honsell/Vogt/Wiegand, 2. A., Basel und Frankfurt a.M. 1996, Art. 83 OR (zit.: LEU, Basler Kommentar, Art. 83 OR)
LEUCH GEORG/MARBACH OMAR/KELLERHALS FRANZ /STERCHI MARTIN	Die Zivilprozessordnung für den Kanton Bern, 5. A., Bern 2000 (zit.: LEUCH/MARBACH/KELLERHALS/STERCHI)
LEUENBERGER CHRISTOPH	Dienstleistungsverträge, in: ZSR 106 (1987) II 1 ff. (zit.: LEUENBERGER)
LÖRTSCHER THOMAS	Realerfüllung und vorsorglicher Rechtsschutz beim Aktionärbindungsvertrag, ST (1986) 192 f. (zit.: LÖRTSCHER)
LUDWIG HUBERTUS	Die Kündbarkeit „ewiger" Verträge, ST (1989) 432 ff. (zit.: LUDWIG)
MAYER-MALY THEO	Kommentar zum Schweizerischen Privatrecht, Zivilgesetzbuch I, Basel 1996, Art. 1 - 4 ZGB (zit: MAYER-MALY, Basler Kommentar, Art.)
MEIER ISAAK	Grundlagen des einstweiligen Rechtsschutzes, Zürich 1983 (zit: MEIER I.)
MEIER ROBERT	Die Aktiengesellschaft, Zürich 1994 (zit.: MEIER)
MEIER-HAYOZ ARTHUR	Vom Vorkaufsrecht, ZBJV 128 (1992), 297 ff. (zit.: MEIER-HAYOZ, ZBJV) Personengesellschaftliche Elemente im Recht der Aktiengesellschaft, FS für Walther Hug, Bern 1968, S. 377 ff. (zit.: MEIER-HAYOZ, FS Hug) Kommentar zum Schweizerischen Privatrecht (Berner Kommentar), Bd. IV/1/3, Art. 680-701 ZGB, Bern 1975 (zit.: MEIER-HAYOZ, Berner Kommentar, Art.)

MEIER-HAYOZ ARTHUR /   Schweizerisches Gesellschaftsrecht, 8. A., Bern 1998
FORSTMOSER PETER   (zit.: MEIER-HAYOZ/FORSTMOSER)

MEIER-HAYOZ ARTHUR/   Zur Typologie im schweizerischen Gesellschaftsrecht,
SCHLUEP WALTER R./   ZSR 90 (1971) I 293 ff.
OTT WALTER   (zit.: MEIER-HAYOZ/SCHLUEP/OTT)

MEIER-SCHATZ CHRISTIAN   Die Entscheidung durch die Generalversammlung von
                           Fragen aus dem Kompetenzbereich des Verwaltungsrates,
                           in: Aktienrecht 1992 - 1997: Versuch einer Bilanz; zum
                           70. Geburtstag von Rolf Bär, Hrsg. Roland von Büren,
                           Bern 1998, S.
                           (zit.: MEIER-SCHATZ, FS Bär)

                           Statutarische Vorkaufsrechte unter neuem Aktienrecht,
                           SZW 62 (1992) 224 ff.
                           (zit.: MEIER-SCHATZ, SZW)

MEYER MAX   Der Aktionärbindungsvertrag als Instrument der juristi-
                           schen Praxis ZBJV 136 (2000) 421 ff.
                           (zit.: MEYER)

MERZ HANS   Zur zeitlichen Begrenzung der Kaufs-, Vorkaufs- und
                           Rückkaufsrechte, in: aequitas und bona fides, Festgabe
                           August Simonius, Basel 1955, S. 235 ff.
                           (zit.: MERZ, FS Simonius)

                           Der massgebende Zeitpunkt für die Auflösung der einfa-
                           chen Gesellschaft und der Kollektivgesellschaft aus wich-
                           tigem Grund, FS Max Gutzwiler, Basel 1959, S. 685 ff.
                           (zit.: MERZ, FS Gutzwiler)

MESSERLI PETER   Die Vollstreckung des Urteils auf Abgabe einer Willens-
                           erklärung nach Art. 407/408 der Bernischen Zivilpro-
                           zessordnung, Diss. Bern 1983
                           (zit.: MESSERLI)

MOSER EDUARD   Die Ausübung des Aktienstimmrechts nach schweizeri-
                           schem, sowie nach deutschem und italienischem Recht,
                           Diss. Zürich 1945
                           (zit.: MOSER)

MÜLLER ROBERT   Gesellschaftsvertrag und Synallagma, Diss. Zürich 1971
                       (zit.: MÜLLER R.)

NOBEL PETER   Koordiniertes Verhalten im Börsenrecht, in: Rechtsfragen
                       um die Aktionärbindungsverträge, Hrsg. Jean Nicolas
                       Druey und Peter Forstmoser, Zürich 1998, S. 75 ff.
                       (zit.: NOBEL, Rechtsfragen)

NOELPP CHRISTOPH   Eine Studie zur rechtlichen Erfassung des Vorkaufs-,
                       Rückkaufs- und Kaufsrechts, Diss. Basel 1987
                       (zit.:NOELPP)

OERTLE MATTHIAS   Das Gemeinschaftsunternehmen (Joint Ventures) im
                       schweizerischen Recht, Diss. Zürich 1990
                       (zit. OERTLE, Joint Ventures)

OSER/SCHÖNENBERGER   Kommentar zum Schweizerischen Zivilgesetzbuch (Zür-
                       cher Kommentar), Vorbemerkungen zu den Art. 97 - 109
                       OR, Zürich 1929
                       (zit.: OSER/SCHÖNENBERGER, Zürcher Kommentar,
                       Art.)

PATRY ROBERT   Les accords sur l'exercice des droits de l'actionnaire, ZSR
                       1959 II 1a ff.
                       (zit.: PATRY, ZSR)

                       Stimmrechtsvereinbarungen von Aktionären, SJK 413
                       (zit.: PATRY SJK)

                       Les accords entre actionnaires en droit suisse, ST 40
                       (1966) 208 ff.
                       (zit.: PATRY, ST)

                       Rapport sur les consortiums d'actionnaires en droit
                       suisse, in: Travaux de l'association Henry Capitant 10, Pa-
                       ris 1959, 213 ff.
                       (zit.: PATRY, Rapport)

PEDRAZZINI MARIO M.   Grundriss des Personenrechts, 4. A, Bern 1993
OBERHOLZER NIKLAUS   (zit.: PEDRAZZINI/OBERHOLZER)

PESTALOZZI CHRISTOPHE/   Kommentar zum Schweizerischen Privatrecht, Obligatio-
WETTENSCHWILER   nenrecht II, Hrsg. Honsell/Vogt/ Watter, Basel und
SUZANNE   Frankfurt a.M. 1994, Art. 543-544 OR
                           (zit.: PESTALOZZI/WETTENSCHWILER, Basler Kommen-
                           tar, Art.)

PIOTET DENIS   Le droit transitoire des lois fédérales sur le droit foncier
                           rural et sur la révision partielle du code civil et du code
                           des obligations du 4 octobre 1991, ZSR 1994 I 125 ff.
                           (zit.: PIOTET)

PORTMANN ROLF A.M.   Wege zur Perpetuierung der Aktiengesellschaft, Diss.
                           Bern 1983
                           (zit.: PORTMANN)

REY HEINZ   Die Neuregelung der Vorkaufsrechte in ihren Grundzü-
                           gen, ZSR 1994 I 39 ff.
                           (zit.: REY, ZSR)

                           Die Grundlagen des Sachenrechts und das Eigentum,
                           2. A., Bern 2000
                           (zit.: REY, Sachenrecht)

REYMOND JACQUES-ANDRE Les clauses statuaires d'agrément, SZW 64 (1992) 259 ff.
                           (zit.: REYMOND)

RIEMER HANS MICHAEL   Anfechtungs- und Nichtigkeitsklagen im schweizerischen
                           Gesellschaftsrecht, Bern 1998
                           (zit.: RIEMER)

ROBERTO VITO   Teilrevision des Zivilgesetzbuches und des Obligationen-
                           rechts, recht 1993 172 ff.
                           (zit.: ROBERTO)

ROGGWILER HANS   Der „wichtige Grund" und seine Anwendung in ZGB
                           und OR, Diss. Zürich 1957
                           (zit. ROGGWILER)

SALZGEBER-DÜRIG E.   Das Vorkaufsrecht und verwandte Rechte an Aktien,
                           Diss. Zürich 1970
                           (zit.: SALZGEBER-DÜRIG)

SAXER ANDREAS

Die Auflösung der einfachen Gesellschaft aus wichtigem Grund, Diss. Bern 1961
(zit.: SAXER)

SCHAAD HANS-PETER

Kommentar zum Schweizerischen Privatrecht, Obligationenrecht II, Hrsg. Honsell/Vogt/Watter, Basel und Frankfurt a.M. 1994, Art. 689-689e OR
(zit.: SCHAAD, Basler Kommentar, Art.)

SCHAUB RUDOLF P.

Die Nachfolgeklausel im Personengesellschaftsvertrag, SAG 1984 17 ff.
(zit.: SCHAUB)

SCHLEIFFER PATRICK

Der gesetzliche Stimmrechtsausschluss im schweizerischen Aktienrecht nach bisherigem und revidiertem Recht, Diss. Zürich 1993
(zit.: SCHLEIFFER)

SCHÖBI FELIX

Die Revision des Kaufs-, des Vorkaufs- und des Rückkaufsrechts, AJP (1992) 567 ff.
(zit.: SCHÖBI, AJP)

SETTELEN BALTHASAR

Der Aktionärbindungsvertrag, in: Das aktuelle schweizerische Aktienrecht (WEKA-Ordner), Zürich 1992/1995
(zit.: SETTELEN, WEKA)

SIEGWART ALFRED

Kommentar zum Schweizerischen Zivilgesetzbuch (Zürcher Kommentar), Bd. V/4, Art. 530 - 619 OR, Zürich 1938, und Bd. V/5, Art. 620 - 659 OR, Zürich 1945
(zit.: SIEGWART, Zürcher Kommentar, Art.)

SIMONIUS PASCAL/
SUTTER THOMAS

Schweizerisches Immobiliarsachenrecht, Bd. I, Grundlagen, Grundbuch und Grundeigentum, Basel 1995
(zit.: SIMONIUS/SUTTER)

SONTAG

Stimmrechtsprobleme im Aktienrecht, SAG 1949 210 ff.
(zit.: SONTAG, SAG 1949)

SPAHN CARL A.

Der Poolvertrag, in: SAG 22 (1949/50) 1 ff. und 48 ff.
(zit.: SPAHN)

STAEHELIN DANIEL   Kommentar zum Schweizerischen Privatrecht, Obligatio-
                           nenrecht II, Hrsg. Honsell/Vogt/Watter, Basel und
                           Frankfurt a.M. 1994, Art. 545 ff. OR
                           (zit.: STAEHELIN, Basler Kommentar, Art.)

STAEHELIN ADRIAN/   Zivilprozessrecht, Zürich 1992
SUTTER THOMAS   (zit.: STAEHELIN/SUTTER)

STARK EMIL   Kommentar zum Schweizerischen Privatrecht (Berner
                           Kommentar), Band IV/3/1, Art. 919 ff. ZGB, Bern 1976
                           (zit.: STARK, Berner Kommentar, Art.)

STAUDER BERND   De l'exécution forcée des conventions préalables de vote,
                           SAG 1968 169 ff.
                           (zit.: STAUDER, SAG)

STIRNEMANN ALFRED   Die Vertragsparteien des Aktionärbindungsvertrages,
                           ZBJV 136 (2000) 585 f.
                           (zit.: STIRNEMANN)

STRÄULI/MESSMER/FRANK   Kommentar zur zürcherischen Zivilprozessordnung,
                           Schiedsgerichte und Schiedsgutachten, 3. A., Zürich 1997
                           (zit.: FRANK/STRÄULI/MESSMER)

STUBER FRITZ   Stimmrechtsbindungsverträge, Diss. Basel 1938
                           (zit.: STUBER F.)

STUBER RUDOLF   Aktionär-Consortien, Vereinbarungen unter Aktionären
                           über die gemeinsame Ausübung ihrer Beteiligungsrechte,
                           Diss. Zürich 1944
                           (zit.: STUBER R.)

STUPP ERIC   Die Tücken von Aktionärbindungsverträgen, in: NZZ
                           vom 17. Juni 1997, S. 27
                           (zit.: STUPP)

SUTTER THOMAS   Einige Überlegungen zum Vorkaufsrecht, SJZ 81 (1985)
                           277 ff.
                           (zit.: SUTTER)

TROXLER DIETER M.   Die Vinkulierung nicht kotierter Aktien, ST (1996) 52 ff.
                           (zit.: TROXLER)

TSCHÄNI RUDOLF   Vinkulierung nicht börsenkotierter Aktien, Zürich 1997
                              (zit.: TSCHÄNI)

VOGEL OSKAR   Grundriss des Zivilprozessrechts, 6. A., Bern 1999
                              (zit.: VOGEL)

VON BÜREN ROLAND   Erfahrungen schweizerischer Publikumsgesellschaften
                              mit dem neuen Aktienrecht, ZBJV 131 (1995) 57 ff.
                              (zit.: VON BÜREN, ZBJV)

VON BÜREN ROLAND/   Die Aktiengesellschaft als Partei eines Aktionärbindungs-
HINTZ MONIKA   vertrages?, ZBJV 136 (2000) ff.
                              (zit.: VON BÜREN/HINTZ)

VON BÜREN ROLAND/   Aktienrecht, Zürich 2000
STOFFEL WALTER A./   (zit.: VON BÜREN/STOFFEL/SCHNYDER/CHRISTEN-
SCHNYDER ANTON K./   WESTENBERG)
CHRISTEN-WESTENBERG
CATHERINE

VON GREYERZ CHRISTOPH   Die Aktiengesellschaft, in: Schweizerisches Privatrecht,
                              Band VIII/2, Basel 1982, S. 1 ff.
                              (zit.: VON GREYERZ, SPR)

                              Die Unternehmernachfolge in den Personengesellschaf-
                              ten, BTJP 1970 69 ff.
                              (zit.: VON GREYERZ, BTJP)

VON SALIS ULYSSES G.A.   Die Gestaltung des Stimm- und des Vertretungsrechts im
                              schweizerischen Aktienrecht, Diss. Zürich 1996
                              (zit.: VON SALIS)

VON STEIGER FRITZ   Legitimationsübertragung, Abstimmungsvereinbarungen
                              und Stimmenkauf im Aktienrecht, SAG (1941/42) 12 ff.
                              (zit.: VON STEIGER, SAG)

                              Das Vorkaufsrecht und Kaufsrecht an Aktien, SAG
                              1943/1944 1 ff.
                              (zit.: VON STEIGER, SAG)

VON STEIGER WERNER	Gesellschaftsrecht, in: Schweizerisches Privatrecht, Band VIII/1, Basel und Stuttgart 1978 (zit.: VON STEIGER, SPR)
VON TUHR ANDREAS/ ESCHER ARNOLD	Allgemeiner Teil des Schweizerischen Obligationenrechts, Band II, 3. A., Zürich 1974 (zit.: VON TUHR/ESCHER)
WALDER-RICHLI HANS ULRICH	Zivilprozessrecht, 4. A., Zürich 1999 (zit.: WALDER-RICHLI)
WEBER ROLF H.	Kommentar zum Schweizerischen Privatrecht (Berner Kommentar), Band VI/1/5, Art. 97 - 109 OR, Bern 2000 (zit.: WEBER, Berner Kommentar, Art.)
	Vertrags- bzw. Statutengestaltung und Minderheitenschutz, Das neue Aktienrecht, Schriftenreihe SAV 11, S. 84 ff. (zit.: WEBER, SAV)
	Kommentar zum Schweizerischen Privatrecht, Obligationenrecht I, Hrsg. Honsell/Vogt/Wiegand, 2. A., Basel und Frankfurt a. M. 1996, Art. (zit.: WEBER, Basler Kommentar, Art.)
	Kommentar zum Schweizerischen Privatrecht (Berner Kommentar), Band VI/1/4/1, Art. 68 - 90 OR, Bern 1982 (zit.: WEBER, Berner Kommentar, Art.)
WIEGAND WOLFGANG	Kommentar zum Schweizerischen Privatrecht, Obligationenrecht I, Hrsg. Honsell/Vogt/Wiegand, 2. A., Basel und Frankfurt a.M. 1996, Art. 18 und Art. 97 ff. OR (zit.: WIEGAND, Basler Kommentar, Art.)
WIELAND ALFRED	Haben statutarische Vorkaufsrechte an Aktien obligatorische oder aktienrechtliche (dingliche) Wirkung?, SAG 27 (1954/55) 152 ff. (zit.: WEILAND, SAG 27)

WISSMANN KURT

Verwandte Verträge (Vorvertrag, Vorkaufsvertrag, Vertrag auf Begründung eines Kaufsrechts bzw. Rückkaufsrecht), in: Der Grundstückkauf, Hrsg. Alfred Koller, St. Gallen 1989, S. 473 ff.
(zit.: WISSMANN)

WOLF STEPHAN

Subjektswechsel bei einfachen Gesellschaften, ZBGR 81 (2000) 1 ff.
(zit.: WOLF)

WÜRSCH DANIEL

Der Aktionär als Konkurrent der Gesellschaft, Diss. Zürich 1989
(zit.: WÜRSCH)

ZIHLMANN PETER

Abstimmungsvereinbarungen im schweizerischen Aktienrecht, SAG 44 (1972) 237 ff.
(zit.: ZIHLMANN)

ZINDEL/HONEGGER/
ISLER/BENZ

Statuten der Aktiengesellschaft, 2. A., Zürich 1997
(zit.: ZINDEL/HONEGGER/ISLER/BENZ)

ZOBL DIETER

Zur Verpfändung vinkulierter Namenaktien nach neuem Aktienrecht, SZW 66 (1994) 162 ff.
(zit.: ZOBL, SZW)

Kommentar zum Schweizerischen Privatrecht (Berner Kommentar), Bd. IV/2/5/1, Art. 884 - 887 ZGB, Bern 1982 und Bd. IV/2/5/2, Art. 888 - 906 ZGB, Bern 1996
(zit.: ZOBL, Berner Kommentar, Art.)

Deutsche Literatur

ALTVATER WILHELM   Die Stimmrechtsbindungen im Aktienrecht, Diss. Ros-
                          tock 1935
                          (zit.: ALTVATER)

BAADEN HANS   Stimmrechtsbindungsverträge und Stimmenkauf, Diss.
                          Köln 1935
                          (zit.: BAADEN)

BARZ CARL HANS   Anmerkung zum Urteil des Bundesgerichtshofs, BGHZ
                          43, 163, GmbHR 1968 100 f.
                          (zit.: BARZ)

BAUMANN HORST/   Satzungsergänzende Vereinbarungen - Nebenverträge im
REISS WILHELM   Gesellschaftsrecht, ZGR 18 (1989) 157 ff.
                          (zit.: BAUMANN/REISS)

BAUMBACH ADOLF/   Zivilprozessordnung, 58. A., München 2000
LAUTERBACH WOLFGANG/   (zit.: BAUMBACH/LAUTERBACH/ALBERS/HARTMANN)
ALBERS JAN/
HARTMANN PETER

BEHRENS PETER   Stimmrecht und Stimmrechtsbindung, Festschrift 100
                          Jahr GmbH-Gesetz, Hrsg. Marcus Lutter, Peter Ulmer
                          und Wolfgang Zöllner, Köln 1992, 539 ff.
                          (zit.: BEHRENS)

BOESEBECK ERNST   Abstimmungsvereinbarungen mit Aktionären, NJW 13
                          (1960) 7 ff.
                          (zit.: BOESEBECK)

BRAND HELMUT   Der Stimmrechtsbindungsvertrag im deutschen und ame-
                          rikanischen Recht, Diss. Köln 1963
                          (zit.: BRAND)

BRODMANN ERICH   Zur Frage der Erfüllung von Abstimmungsverträgen, JW
                          58 (1929) 615 ff.
                          (zit.: BRODMANN)

BÜSSEMAKER ARNOLD   Stimmbindungsverträge bei Kapitalgesellschaften in Europa, Baden-Baden 1999
                          (zit.: BÜSSEMAKER)

DAMM REINHARD   Einstweiliger Rechtsschutz im Gesellschaftsrecht, ZHR 154 (1990) 413 ff.
                          (zit.: DAMM)

DIETZ WOLF-DIETER   Vertragliche Stimmrechtsbindung der Aktionäre, Diss. Münster 1963
                          (zit.: DIETZ)

DÜRR MARTIN   Nebenabreden im Gesellschaftsrecht, Frankfurt 1994
                          (zit.: DÜRR)

ERMAN WALTER   Zwangsweise Durchsetzung von Ansprüchen aus einem Stimmbindungsvertrag im Aktienrecht, AG 4 (1959) 267 ff. und 300 ff.
                          (zit.: ERMAN)

FISCHER ROBERT   Zulässigkeit und Wirkung von Abstimmungsvereinbarungen, GmbHR 1953 65 ff.
                          (zit.: FISCHER, GmbHR)

                          Zur Methode revisionsrechtlicher Rechtsprechung auf dem Gebiet des Gesellschaftsrechts, dargestellt anhand der Rechtsprechung zu den Stimmbindungsverträgen, FS Kunze, 1969, S. 95 ff.
                          (zit.: FISCHER, FS Kunze)

FRIEDLÄNDER HEINRICH   Aktienpool-Verträge, ZAktW 1921, Heft 10
                          (zit.: FRIEDLÄNDER)

GRIMM HELMUT   Uneinheitliche Stimmrechtsausübung und vertragliche Stimmrechtsbindung im Aktienrecht, Diss. Köln 1959
                          (zit.: GRIMM)

HACHENBURG MAX   Grosskommentar GmbHG, 2. Bd., 8. A., Berlin 1997
                          (zit.: HACHENBURG/BEARBEITER, GMBHG)

HAPP WILHELM — Stimmbindungsverträge und Beschlussanfechtung, Besprechung der Entscheidung BGH WM 1983, 334, in: ZGR 13 (1984) 168 ff.
(zit.: HAPP)

HENN GÜNTER — Handbuch des Aktienrechts, 4. A., Heidelberg 1990
(zit.: HENN)

HOFFMANN-BECKING MICHAEL — Der Einfluss schuldrechtlicher Gesellschaftervereinbarungen auf die Rechtsbeziehungen in der Kapitalgesellschaft, ZGR 23 (1994) 442 ff.
(zit.: HOFFMANN-BECKING)

Münchner Handbuch des Gesellschaftsrechts, Band 4: Aktiengesellschaft, München 1999
(zit.: HOFFMANN-BECKING, Münchner Handbuch)

HÜFFER UWE — Kommentar Aktiengesetz, München 1993
(zit.: HÜFFER)

ISAY HERMANN — Zur Frage der Erfüllung von Abstimmungsverträgen, LZ (1928) 1295-1301
(zit.: ISAY)

JANBERG HANS/ SCHLAUS WILHELM — Abstimmungsverträge nach neuem Aktienrecht unter Berücksichtigung des Rechts der verbundenen Unternehmen, AG 12 (1967) 33 ff.
(zit.: JANBERG/SCHLAUS, AG 12)

Nochmals: Abstimmungsverträge nach neuem Aktienrecht, AG 13 (1968) 35 f.
(zit.: JANBERG/SCHLAUS, AG 13)

JOUSSEN EDGAR — Gesellschafterabsprachen neben Satzung und Gesellschaftsvertrag, Köln 1995
(zit.: JOUSSEN)

KÖHLER CLAUDIO — Nebenabreden im GmbH- und Aktienrecht, Frankfurt, Berlin, Bern, New York, Paris, Wien 1992
(zit.: KÖHLER)

KÖLNER KOMMENTAR

Kölner Kommentar zum Aktiengesetz, Hrsg. Wolfgang Zöllner, 2. A., Köln, Berlin, Bonn, München 1988 (zit.: KÖLNER KOMMENTAR)

KÖNIG WOLFGANG

Der satzungsergänzende Nebenvertrag, Baden-Baden 1996 (zit.: KÖNIG)

KOPPENSTEINER HANS-GEORG

Treuwidrige Stimmabgaben bei Kapitalgesellschaften, ZIP 15 (1994) 1325 ff. (zit.: KOPPENSTEINER)

LOEWENHEIM ULRICH

Zulässigkeit und Vollstreckbarkeit von Stimmbindungsvereinbarungen - BGHZ 48, 163, JuS 1969 260 ff. (zit.: LOEWENHEIM)

LÜBBERT HARTMUT

Abstimmungsvereinbarungen in den Aktien- und GmbH-Rechten der EWG-Staaten, der Schweiz und Grossbritannien, Baden-Baden 1971 (zit.: LÜBBERT)

LÜKE WOLFGANG/ BLENSKE HOLGER

Die Schiedsfähigkeit von Beschlussmängelstreitigkeiten, ZGR 27 (1998) 253 ff. (zit.: LÜCKE/BLENSKE)

LÜCKE GERHARD/ WALCHSHÖFER ALFRED

Münchner Kommentar zur Zivilprozessordnung, München 1992, Band 3 (zit.: BEARBEITER, Münchner Kommentar ZPO)

LUTTER MARCUS/ GRUNEWALD BARBARA

Zur Umgehung von Vinkulierungsbestimmungen in Satzungen von Aktiengesellschaften und Gesellschaften mbH, AG 34 (1989) 109 ff. (zit.: LUTTER/GRUNEWALD)

LUTTER MARCUS/ HOMMELHOFF PETER

Kommentar GmbH-Gesetz, 15. A., Köln 2000 (zit.: LUTTER/HOMMELHOFF)

MARTENS KLAUS-PETER

Stimmrechtsbeschränkung und Stimmbindungsvertrag im Aktienrecht, AG 38 (1993) 495 ff. (zit.: MARTENS)

MEIER ISAAK   Rechtsschutz im summarischen Verfahren als Alternative
                                    zum ordentlichen Zivilprozess im schweizerischen Recht,
                                    Köln 1997
                                    (zit.: MEIER ISAAK, Rechtsschutz)

MERTENS HANS-JOACHIM   Zur Berücksichtigung von Treuhandverhältnissen und
                                    Stimmbindungsverträgen bei der Feststellung von Mehr-
                                    heitsbeteiligung und Abhängigkeit, FS Beusch, 1993,
                                    S. 583 ff.
                                    (zit.: MERTENS)

MEYER CHARLOTTE   Die Zulässigkeit der Verurteilung zur Stimmabgabe in der
                                    Generalversammlung der Aktiengesellschaft und der Ge-
                                    sellschaft mit beschränkter Haftung, Zentralblatt für
                                    Handelsrecht 1928 146 ff.
                                    (zit: MEYER CH.)

MICHALSKI LUTZ   Verbot der Stimmabgabe bei Stimmverboten und nicht
                                    nach § 16 Abs. 1 GmbHG legitimierten Nichtgesellschaf-
                                    tern mittels einstweiliger Verfügung, GmbHR 1991 12 ff.
                                    (zit.: MICHALSKI)

MUSIELAK HANS-JOACHIM   Kommentar zur Zivilprozessordnung, 2. A., München
                                    2000
                                    (zit.: MUSIELAK/BEARBEITER)

NOACK ULRICH   Gesellschaftervereinbarungen bei Kapitalgesellschaften,
                                    Tübingen 1994
                                    (zit.: NOACK)

OTTO HANS-JOCHEN   Gebundene Aktien: Vertragliche Beschränkungen der
                                    Ausübung und Übertragbarkeit von Mitgliedschaftsrech-
                                    ten zugunsten der AG, AG 36 (1991) 369 ff.
                                    (zit.: OTTO)

OVERRATH HANS-PETER   Die Stimmrechtsbindung, Köln/Berlin/Bonn/München
                                    1973
                                    (zit.: OVERRATH, Stimmrechtsbindung)

                                    Stimmverträge im internationalen Privatrecht, ZGR 3
                                    (1974) 86 ff.
                                    (zit.: OVERRATH, ZGR)

PETERS EGBERT   Die Erzwingbarkeit vertraglicher Stimmrechtsbindungen,
                                 AcP 1957 312 ff.
                                 (zit.: PETERS)

PIEHLER Klaus   Die Stimmbindungsabrede bei der GmbH, DStR 1992
                                 1654 ff.
                                 (zit.: PICHLER)

SCHMITT HERMANN   Einstweiliger Rechtsschutz gegen drohende Gesellschaf-
                                 terbeschlüsse in der GmbH, ZIP 17 (1992) 1212 ff.
                                 (zit.: SCHMITT)

SCHOLZ FRANZ   Kommentar zum GmbH-Gesetz, II. Bd., 7. A., Köln
                                 1988
                                 (zit.: SCHOLZ/BEARBEITER)

SCHRÖDER JAN   Stimmrechtskonsortien unter Aktionären: Gesellschafts-
                                 und erbrechtliche Probleme, ZGR 7 (1978) 578 ff.
                                 (zit.: SCHRÖDER)

SOMMERFELD ERNST   Verträge über die Ausübung des Stimmrechts von Aktien,
                                 Diss. Jena 1930
                                 (zit.: SOMMERFELD)

STEIN FRIEDRICH/JONAS   Kommentar zur Zivilprozessordnung, 21. A., Bd. 7, Teil-
MARTIN   band 1, Tübingen 1996
                                 (zit.: STEIN/JONAS/BEARBEITER)

THEISEN ERWIN   Die Stimmrechtsbindungsverträge, Diss. Köln 1956
                                 (zit.: THEISEN)

THOMAS HEINZ/PUTZO   Zivilprozessordnung, 22. A., München 1999
HANS/REICHOLD KLAUS/   (zit.: THOMAS/PUTZO/REICHOLD/HÜSSTEGE)
HÜSSTEGE RAINER

ULMER PETER   Verletzung schuldrechtlicher Nebenabreden als Anfech-
                                 tungsgrund im GmbH-Recht, NJW 40 (1987) 1849 ff.
                                 (zit.: ULMER)

VON DER OSTEN DINNIES — Gestaltungshinweise für Konsortialverträge, GmbHR 1993 798 ff.
(zit.: VON DER OSTEN)

VON GERKAN HARTWIN — Gesellschafterbeschlüsse, Ausübung des Stimmrechts und einstweiliger Rechtsschutz, ZGR 14 (1985) 167 ff.
(zit.: VON GERKAN)

WINTER MARTIN — Organisationsrechtliche Sanktionen bei Verletzung schuldrechtlicher Gesellschaftervereinbarungen?, ZHR 154 (1990) 259 ff.
(zit.: WINTER)

WOLFF MAX — Einklagbarkeit und Erzwingbarkeit von Abstimmungsverpflichtungen, JW 58 (1929), 2115 ff.
(zit.: WOLFF)

ZLUHAN WALTER — Abstimmungsvereinbarungen des privaten Gesellschaftsrechts, AcP 1928 S. 62 ff. und 257 ff.
(zit.: ZLUHAN)

ZÖLLER RICHARD — Zivilprozessordnung, 22. A., Köln 2001
(zit.: ZÖLLER/BEARBEITER)

ZÖLLNER WOLFGANG — Zu Schranken und Wirkungen von Stimmbindungsverträgen, insbesondere bei der GmbH, ZHR 155 (1991) 168 ff.
(zit.: ZÖLLNER)

ZUTT JÜRG — Einstweiliger Rechtsschutz bei Stimmbindungen, ZHR 155 (1991) 190 ff.
(zit.: ZUTT)

Materialien

Botschaft des Bundesrates zum Bundesgesetz über die Teilrevision des Zivilgesetzbuches (Immobiliarsachenrecht) und des Obligationenrechts (Grundstückkauf) BBl 1988 III 953 ff.
(zit.: BOTSCHAFT VORKAUFS-, KAUFS- UND RÜCKKAUFSRECHTE)

Botschaft des Bundesrates über die Revision des Aktienrechts vom 23. Februar 1983, BBl 1983 II 745 ff.
(zit.: BOTSCHAFT AKTIENRECHT)

Schlussbericht der „Groupe de réflexion Gesellschaftsrecht"; Bericht der von Bundesrat Prof. Arnold Koller 1993 eingesetzten Arbeitsgruppe Koller (Vorsitz)/Böckli/Forstmoser/Kappeler/Petitpierre/Ruedin/Schluep zur Prüfung des Reformbedarfs im Gesellschaftsrecht (insb. KMU und Konzernrecht), Bundesamt für Justiz (Hrsg.), Bern 1993 (publ. 17. Februar 1994)
(zit.: GROUPE DE REFLEXION)

Einleitung

Aktionärbindungsverträge sind in der Praxis von enormer Bedeutung und sehr verbreitet. Trotz ihrer grossen praktischen Relevanz waren sie bisher in der Schweiz nur sehr selten Gegenstand von publizierten Gerichtsentscheiden. Dies hängt unter anderem damit zusammen, dass die Beteiligten in der Regel an Geheimhaltung interessiert sind und häufig Schiedsklauseln in ihre Vereinbarungen aufnehmen. Ein weiterer Grund ist die Tatsache, dass gerade bei Stimmrechtsbindungen ein Gerichtsverfahren häufig zu spät kommen würde. Da neben einer umfassenden Rechtsprechung auch eine gesetzliche Regelung fehlt und eine solche auch in näherer Zukunft nicht zu erwarten ist[1], blieb und bleibt die Lösung der Probleme rund um die Aktionärbindungsverträge der Lehre und Praxis überlassen. Einige der grundlegenden Fragen betreffend Aktionärbindungsverträge sind weitgehend geklärt, so beispielsweise die grundsätzliche Zulässigkeit. Es gibt aber nach wie vor offene Fragen, welche die Lehre und vor allem die Rechtsberater in der Praxis beschäftigen. Dabei handelt es sich einerseits um Themen, welche bereits in der älteren Lehre diskutiert wurden, aber immer noch nicht vollständig geklärt sind, wie die prozessuale Durchsetzung der Aktionärbindungsverträge oder deren Dauer. Andererseits hat die letzte Aktienrechtsrevision neue Fragen aufgeworfen: So wird beispielsweise diskutiert, ob und inwieweit der neue Art. 716a OR, welcher dem Verwaltungsrat gewisse unübertragbare und unentziehbare Aufgaben zuweist, die Zulässigkeit der Bindung von Verwaltungsräten durch Aktionärbindungsverträge einschränkt. Die Aktienrechtsrevision hat dazu geführt, dass das Thema „Aktionärbindungsverträge" in den letzten Jahren nicht nur von der Praxis, sondern auch von der Lehre wieder vermehrt beachtet wurde.[2] Trotzdem ist die wissenschaftliche Behandlung der Aktionärbindungsverträge im Vergleich zu ihrer praktischen Relevanz nur unzureichend. Die neueren schweizerischen Veröffentlichungen widmen sich vorwie-

---

[1] Bei der letzten Aktienrechtsrevision lehnte der Gesetzgeber eine gesetzliche Regelung der Aktionärbindungsverträge ausdrücklich ab (AMTLBULL NR, 1985 II 1763 ff.). Die 1992 von Bundesrat Koller eingesetzte GROUPE DE RÉFLEXION kam ebenfalls zur Auffassung, dass auch in Zukunft auf die gesetzliche Regelung der Aktionärbindungsverträge verzichtet werden sollte.

[2] Das Interesse an Aktionärbindungsverträgen zeigte sich beispielsweise an dem von der Hochschule St. Gallen 1997 durchgeführten Aktienrechts-Forum zum Thema „Aktionärbindungsverträge", welches aufgrund der grossen Zahl von Anmeldungen zweimal durchgeführt werden musste (vgl. STUPP, NZZ, und BAER, SZW, S. 179 f.).
Zur neueren schweizerischen Literatur vgl. Fn 3 und 4.

gend Einzelfragen[3] eine aktuelle Gesamtdarstellung fehlt hingegen.[4] Die vorliegende Arbeit versucht diese Lücke zu schliessen. Ziel dieser Dissertation ist es, einen Gesamtüberblick zu geben sowie den aktuellen Diskussionsstand bezüglich einiger der noch offenen Fragen darzustellen und zu würdigen. Die Ausführungen beschränken sich auf theoretische Grundlagen und es wird bewusst auf die Formulierung von „Musterklauseln" verzichtet. Der Grund dafür liegt in der sehr individuellen Ausgestaltung von Aktionärbindungsverträgen. Ein Aktionärbindungsvertrag sollte immer ein „massgeschneidertes" Vertragswerk sein, allgemeingültige Mustervereinbarungen kann es daher nicht geben.

Da nicht alle Themenbereiche rund um den Aktionärbindungsvertrag in gleichem Masse bedeutsam sind oder nicht alle offene Fragen beinhalten, ist die Arbeit in zwei Teile gegliedert: Der erste Teil (Grundlagen) enthält einen Gesamtüberblick sowie Ausführungen zu allgemeinen Fragen. Auf die wichtigsten Themen wird dann in einem zweiten Teil (Einzelne Regelungsbereiche) nochmals detaillierter eingegangen. So wird im ersten Teil in Kapitel 1 zunächst der Begriff des Aktionärbindungsvertrages umschrieben und dargestellt, wieso solche Verträge geschlossen werden und was die möglichen Regelungsgegenstände sind. Weiter geht es dann in den Kapiteln 2 und 3 um die Themen Rechtsnatur, Zulässigkeit und Wirkungen von Aktionärbindungsverträgen. Im zweiten Teil der Arbeit wird in den Kapiteln 4 und 5 auf Stimmbindungen sowie Verfügungsbeschränkungen und Erwerbsrechte eingegangen, da diese Regelungsgegenstände Hauptbestandteile der meisten Aktionärbindungsverträge darstellen. Weiter folgen in den Kapiteln 6 bis 8 die Themen Dauer und Beendigung, Folgen des Eigentümerwechsels an den Aktien sowie Ausscheiden und Neuaufnahme von Vertragspartnern. Die beiden letzten Kapitel (9 und 10) widmen sich den Fragen rund um die Durchsetzung und Sicherung der Aktionärbindungsverträge.

---

[3]   Vgl. vor allem die Aufsätze von BÖCKLI (ZBJV und Rechtsfragen), BÖCKLI/MORSCHER, DRUEY (Rechtsfragen), FORSTMOSER (FS Bär) und NOBEL (Rechtsfragen), welche sich auf einzelne Themenbereiche konzentrieren.

[4]   Im Zusammenhang mit Aktionärbindungsverträgen ist seit dem Inkrafttreten des neuen Aktienrechts im Jahre 1992 in der Schweiz nur eine Monographie erschienen. Es handelt sich dabei um die Dissertation von APPENZELLER, welche sich allerdings auf Stimmbindungsabsprachen beschränkt und vorwiegend Fragen des internationalen Privatrechts behandelt. Daneben gibt es eine deutsche Dissertation aus dem Jahre 1996, welche im Rahmen einer rechtsvergleichenden Untersuchung auch die Rechtslage in der Schweiz behandelt (KÖNIG).
Ansonsten stammen die „neusten" umfassenden Gesamtdarstellungen von schweizerischen Autoren aus den Jahren 1971 (Dissertation DOHM) und 1959 (GLATTFELDER UND PATRY, ZSR).

Aufgrund des Variantenreichtums der Aktionärbindungsverträge und den sehr unterschiedlichen Regelungsgegenständen kann eine Gesamtdarstellung zu diesem Thema nie vollständig und abschliessend sein. Wie sich aus der obenstehenden Übersicht ergibt, werden in dieser Arbeit vor allem allgemeine Fragen behandelt, welche für die Mehrzahl der Aktionärbindungsverträge von Bedeutung sind. Im Rahmen der Diskussion der einzelnen Themen wird selbstverständlich auch auf verschiedene Erscheinungsformen dieser Vereinbarungen eingegangen. Allerdings stehen dabei Aktionärbindungsverträge im Umfeld von kleineren und mittleren Gesellschaften ohne börsenkotierte Aktien im Vordergrund. Spezialfragen im Zusammenhang mit Publikumsgesellschaften werden nicht behandelt.[5] Diese Einschränkung rechtfertigt sich, da die überwiegende Mehrheit der Aktiengesellschaften in der Schweiz kleine und mittlere Unternehmen sind und bei den meisten Aktionärbindungsverträgen die Personenbezogenheit im Vordergrund steht.

Eine weitere Einschränkung ergibt sich in Bezug auf das Thema Rechtsvergleichung: Da Aktionärbindungsverträge keine schweizerische Spezialität sind und Vereinbarungen unter Aktionären bzw. den Anteilhabern von Kapitalgesellschaften in den meisten Rechtsordnungen vorkommen, scheint sich die Aufnahme eines rechtsvergleichenden Teils aufzudrängen. Weil es entsprechende Arbeiten aber bereits gibt[6], wird in der vorliegenden Dissertation auf umfassende Ausführungen zu ausländischen Rechtsordnungen verzichtet. Nur bezüglich bestimmter Einzelfragen wird ein Vergleich mit der deutschen Literatur und Rechtsprechung erfolgen. Dies deshalb, weil in Deutschland zu einigen Fragen eine umfassendere Gerichtspraxis existiert und neue Ansätze diskutiert werden.

---

[5] So wird beispielsweise im Zusammenhang mit der Vinkulierung (Kapitel 5, § 3 Ziff. I) nicht auf die Regelung für börsenkotierte Aktien eingegangen und die Frage des koordinierten Aktionärverhaltens im Börsenrecht nicht behandelt (vgl. zu Letzterem NOBEL, Rechtsfragen, S. 75 ff.).

[6] Vgl. die Dissertationen von APPENZELLER, BRAND, KÖHLER, KÖNIG, LÜBBERT und die kurze Übersicht bei OVERRATH, S. 8 ff.

1. Teil

Grundlagen

Kapitel 1

Begriff, Ziele und Inhalt von Aktionärbindungsverträgen

§ 1 Begriff des Aktionärbindungsvertrages

I. Begriffsumschreibung

In der älteren Literatur wurde der Begriff „Aktionärbindungsverträge" für „Verträge über die Ausübung von Aktionärsrechten"[7] verwendet. Die neuere Lehre erweitert diese Begriffsumschreibung, welche nur das Element „Aktionärsrechte" enthält, richtigerweise um das Kriterium „Pflichten": So müsste nach WÜRSCH eine umfassende Definition des Begriffs „zum Ausdruck bringen, dass Aktionärbindungsverträge sowohl die Rechte als auch die Pflichten des Aktionärs als Aktionär betreffen können".[8] Aber auch diese erweiterte Definition erfasst nur einen Teil des Sachverhalts und ist deshalb unvollständig. Aktionärbindungsverträge enthalten nicht nur Regelungen über die Rechte und Pflichten der Beteiligten, welche aus ihrer Aktionärsstellung fliessen, wie beispielsweise das Stimmrecht. Der Vertragsinhalt von Aktionärbindungsverträgen umfasst neben den eigentlichen Aktionärsrechten unter anderem auch Regelungen betreffend der Verfügung über die Aktien, vermögensrechtliche Vereinbarungen sowie Bestimmungen über die Dauer und Sicherung des Vertrages. Zudem muss eine vollständige Begriffsumschreibung berücksichtigen, dass auch Nichtaktionäre am Aktionärbindungsvertrag beteiligt sein können.[9] Aus diesen Gründen ist die Definition der Aktionärbindungsverträge weiter zu fassen.

In der vorliegenden Arbeit werden Aktionärbindungsverträge verstanden als **vertragliche Vereinbarungen zwischen zwei oder mehreren Parteien über Rechte und**

---

[7]   GLATTFELDER, S. 153a; ebenso ALTENBERGER, S. 68 f., und VOGEL, S. 127. Vgl. auch STUBER R., S. 1, der im Zusammenhang mit Aktionärskonsortien von einer gemeinsamen „Ausübung der Beteiligungsrechte an ein und derselben A.-G." spricht und PATRY, ZSR, S. 53a, 79a f., 112a, 136a („accords portant sur l'exercise des droits sociaux de l'actionnaire").

[8]   WÜRSCH, S. 152. FORSTMOSER/MEIER-HAYOZ/NOBEL, § 39 N 154, ergänzen, dass Aktionärbindungsverträge in der Regel auch „die Pflicht, von einem Aktionär Aktien zu übernehmen" enthalten. An anderer Stelle erläutert FORSTMOSER, dass in Aktionärbindungsverträgen „gegenseitige Rechte und Pflichten der Aktionäre sowie - indirekt - personenbezogene Obliegenheiten und Möglichkeiten der Gesellschaft gegenüber verankert werden" sollen (FS Schluep, S. 362).

[9]   Dazu Ziff. II/2/a, S. 8.

Pflichten, welche einen Zusammenhang haben zur Aktionärsstellung eines oder mehrerr der Beteiligten bei einer bestimmten Aktiengesellschaft. Mindestens einer der Vertragspartner muss Aktionär, künftiger Aktionär oder zur Ausübung von Aktionärsrechten befugt sein.

II. Begriffsmerkmale

Die in Ziff. I gemachte Begriffsumschreibung setzt sich aus folgenden Begriffsmerkmalen zusammen:

- Bei Aktionärbindungsverträgen handelt es sich um **Verträge** (siehe dazu Ziff. 1 nachstehend).

- An einem Aktionärbindungsvertrag sind mindestens zwei Parteien beteiligt, wobei **mindestens eine davon Aktionärin, künftige Aktionärin oder zur Ausübung von Aktionärsrechten befugt sein muss.**

- Der Inhalt muss in einem **Zusammenhang stehen zur Aktionärsstellung einer Partei bei einer bestimmten Aktiengesellschaft** (dazu Ziff. 3 nachstehend).

1. Vertrag

Nach einheitlicher Auffassung in der Schweiz handelt es sich bei Aktionärbindungsverträgen - wie es der Name schon andeutet - um Verträge.[10] Diese Verträge können als schuldrechtliche Vereinbarung auftreten oder zur Bildung einer einfachen Gesellschaft führen.[11] Sie wirken nur inter partes und sind abzugrenzen von statutarischen Bindungen, welche gegenüber allen Aktionären und gegenüber der Aktiengesellschaft wirken.[12] In Bezug auf das Zustandekommen von Aktionärbindungsverträgen gelten die allge-

---

[10]   APPENZELLER, S. 50; ALTENBERGER, S. 68 f.; BAUDENBACHER, Basler Kommentar, Art. 620 OR N 36; BÜRGI, Zürcher Kommentar, Art. 692 OR N 27; FELDMANN, S. 49; FORSTMOSER/MEIER-HAYOZ/NOBEL, § 39 N 156; FORSTMOSER, FS Schluep, S. 364; GLATTFELDER, S. 228a; HIRSCH/PETER, S. 1; KOEBEL, S. 27; KÖNIG, S. 154; PATRY, ZSR, S. 59a; VON BÜREN/STOFFEL/SCHNYDER/CHRISTEN-WESTENBERG, N 833. BGE 88 II 172 ff. E. 1 = Pra 51/1962 Nr. 128; Bundesgerichtsentscheid vom 13.2.1990 in: SZW 90, S. 213 ff.; Entscheid des Kassationsgerichts Zürich vom 7.11.83, in: ZR 1984 Nr. 53; Urteil des Aargauischen Handelsgerichts vom 24.1.1929, in: AGVE 1929, S. 154 ff.

[11]   Vgl. dazu Kapitel 2, § 1 S. 24 ff.

[12]   ALTENBERGER, S. 69; FORSTMOSER/MEIER-HAYOZ/NOBEL, § 39 N 157 f.; FORSTMOSER, FS Schluep, S. 366; Urteil des Handelsgerichts Zürich vom 26.3.1970, in: SAG 1972, S. 85 ff.; PATRY, Rapport, S. 227; SETTELEN, WEKA, 15/2.2, S. 1 f.

meinen Grundsätze gemäss Art. 1 ff. OR[13], welche hier nicht dargestellt werden müssen.[14]

Im Gegensatz zu den Statuten der Aktiengesellschaft bedürfen Aktionärbindungsverträge als solche grundsätzlich keiner bestimmten Form.[15] Es ist aber zu berücksichtigen, dass es für einzelne Regelungen in Aktionärbindungsverträgen Formvorschriften gibt. Der häufigste Fall sind Schiedsklauseln, welche gemäss Art. 6 Abs. 1 des Konkordats über die Schiedsgerichtsbarkeit[16] der Schriftform bedürfen.[17] In der Literatur werden daneben die erbrechtlichen Formvorschriften als weiteres Beispiel genannt. Diese sollen zur Anwendung kommen, wenn im Aktionärbindungsvertrag eine Regelung im Hinblick auf den Tod der Beteiligten getroffen wird, beispielsweise ein Kaufsrecht für den Fall des Todes einer Partei.[18] Die Geltung der erbrechtlichen Formvorschriften lässt sich aber nicht so einfach und einheitlich beantworten. So ist im genannten Fall des Kaufsrechtes m.E. die Einhaltung der erbrechtlichen Formvorschriften nicht notwendig.[19]

Obwohl sie grundsätzlich formfrei wirksam wären, werden in der Praxis die meisten Aktionärbindungsverträge aus Beweisgründen in der Form der einfachen Schriftlichkeit abgeschlossen. Häufig benützen die Parteien nicht nur für den Abschluss eines Aktionärbindungsvertrages freiwillig die Form der einfachen Schriftlichkeit. Sie möchten auch spätere Abänderungen und die Aufhebung des Vertrages einer besonderen Form unterstellen, meist ebenfalls jener der einfachen Schriftlichkeit. Diesbezüglich ist Art. 115 OR zu beachten, der nach h.L. und Rechtsprechung auf die Aufhebung von Rechtsgeschäften analog anzuwenden ist, obwohl er gemäss seinem Wortlaut nur für die Aufhebung von Forderungen gilt.[20] Die genannte Norm bestimmt, dass die Aufhe-

---

[13] GLATTFELDER, S. 243a; KÖNIG, S. 154. Für die einfache Gesellschaft vgl. HANDSCHIN, Basler Kommentar, Art. 530 OR N 2.

[14] Vgl. diesbezüglich die umfangreiche Literatur zu diesem Thema wie beispielsweise BUCHER, AT, S. 110 ff.; BUCHER, Basler Kommentar, Art. 1 ff. OR; KRAMER/SCHMIDLIN, Berner Kommentar, Art. 1 ff.

[15] Gemäss Art. 11 OR bedürfen Verträge nur dann einer besonderen Form, wenn das Gesetz dies vorschreibt. Eine entsprechende Vorschrift fehlt für Aktionärbindungsverträge. Vgl. auch APPENZELLER, S. 50; FORSTMOSER, FS Schluep, S. 367; GLATTFELDER, S. 243a ff.; KÖNIG, S. 154. Speziell für die einfache Gesellschaft vgl. HANDSCHIN, Basler Kommentar, Art. 530 OR N 2.

[16] SR 279.2

[17] KÖNIG, S. 155; GLATTFELDER, S. 244a.

[18] KÖNIG, S. 155.

[19] Vgl. dazu die Ausführungen in Kapitel 5, § 2 Ziff. I/3, S. 94.

[20] BGE 95 II 425; BUCHER, AT, S. 390; GAUCH/SCHLUEP/SCHMID/REY, N 3523; GONZENBACH, Basler Kommentar, Art. 115 OR N 2.

bung formlos möglich ist, selbst wenn „zur Eingehung der Verbindlichkeit eine Form erforderlich oder von den Vertragschliessenden gewählt war". Um die Möglichkeit der formlosen Aufhebung zu verhindern, muss der Aktionärbindungsvertrag ausdrücklich vorsehen, dass alle Änderungen des Vertrages schriftlich zu erfolgen haben. Eine entsprechende Parteivereinbarung geht dann der Regelung von Art. 115 OR vor und bezieht sich auch auf die gänzliche oder teilweise Aufhebung des Vertrages.[21] Die Parteien können also durch eine klare Regelung die Aufhebung und Änderung des Vertrages einer Formvorschrift unterstellen.

2.   Parteien

Im Folgenden wird einerseits dargestellt, welche Kategorien von natürlichen oder juristischen Personen an einem Aktionärbindungsvertrag beteiligt sein müssen, damit es sich um einen Aktionärbindungsvertrag handelt. Andererseits wird auch erläutert, weshalb der Beteiligung einiger Kategorien von Parteien Grenzen gesetzt sind.

a)   *Aktionäre und Nichtaktionäre*

Damit überhaupt von einem Aktionärbindungsvertrag gesprochen werden kann, muss die Vereinbarung einen Zusammenhang zur Aktionärsstellung eines oder mehrerer Vertragspartner aufweisen, sei es in Bezug auf Aktionärsrechte oder -pflichten oder sei es bezüglich der Beteiligung selbst, d.h. des Eigentums an Aktien. Um diese Voraussetzung zu erfüllen, muss mindestens eine der am Aktionärbindungsvertrag beteiligten Parteien entweder Aktionärin[22] oder zumindest künftige Aktionärin[23] einer bestimmten Gesellschaft sein.[24] Es genügt aber auch, wenn einer der Beteiligten Aktionärsrechte ausüben kann, beispielsweise weil er Nutzniesser an Aktien der Gesellschaft ist.[25] Daneben können an einem Aktionärbindungsvertrag auch andere natürliche oder juristische Personen, d.h. Nichtaktionäre, beteiligt sein.[26]

---

[21]   AEPLI, Zürcher Kommentar, Art. 115 OR N 69 f.; GONZENBACH, Basler Kommentar, Art. 115 OR N 11; Vgl. zu den sogenannten Abänderungsklauseln auch SCHMIDLIN, Berner Kommentar, Art. 16 OR N 46 ff.

[22]   ALTENBERGER, S. 68 f.; WÜRSCH, S. 152.

[23]   Häufig werden Aktionärbindungsverträge im Gründungsstadium geschlossen, noch bevor die betreffende Aktiengesellschaft überhaupt existiert.

[24]   FORSTMOSER/MEIER-HAYOZ/NOBEL, § 39 N 154; GLATTFELDER, S. 173a f.

[25]   STUBER R., S. 5; GLATTFELDER, S. 173a, Fn 3.

b) Die betroffene Aktiengesellschaft darf nicht Partei sein

Es wird in der Lehre überwiegend verneint, dass die Aktiengesellschaft, auf die sich der konkrete Aktionärbindungsvertrag bezieht, selbst Partei sein darf.[27] BÖCKLI[28] begründet dies damit, dass die Aktiengesellschaft als juristische Person nicht über die Ausübung der sie selbst bestimmenden Mitwirkungsrechte vertragliche Bindungen eingehen und den Willensbildungsprozess ihrem eigenen Willen unterwerfen kann.

Daneben ist weiter zu berücksichtigen, dass den Aktionären gemäss Art. 680 OR auf gesellschaftsrechtlicher Ebene neben der Liberierungspflicht keine weiteren Pflichten auferlegt werden können. Wenn nun die Aktiengesellschaft am Aktionärbindungsvertrag beteiligt wäre und damit die Erfüllung der darin vorgesehenen Pflichten von den Aktionären fordern könnte, würde dies m.E. gegen den genannten Grundsatz verstossen.

Würde sich der Aktionär verpflichten, nach dem Willen der Aktiengesellschaft bzw. des Verwaltungsrates zu handeln und seine Stimme nach deren Weisungen abzugeben, verstiesse dies zudem auch gegen die aktienrechtliche Kompetenzordnung und es würde sich eine Machtkonzentration zu Gunsten des Verwaltungsrates - ohne Übernahme des entsprechenden Kapitalrisikos - ergeben.[29] Aus diesen Gründen ist die Zulässigkeit eines Aktionärbindungsvertrages mit der betreffenden Aktiengesellschaft als Vertragspartnerin abzulehnen.

c) Verwaltungsräte

Die Aktionäre können mittels ihres Stimmrechts an der Generalversammlung einen gewissen Einfluss ausüben, vorwiegend bei Grundsatzfragen. Auf die eigentliche Geschäftsführung haben sie aber nur insofern einen (indirekten) Einfluss, als sie die Verwaltungsräte wählen können.[30] Eine Vergrösserung des Einflusses der Aktionäre auf dem Wege der Ausdehnung der Zuständigkeiten der Generalversammlung zu Lasten

---

[26] ALTENBERGER, S. 70 f.; BÖCKLI, Stimmrecht, S. 62; GLATTFELDER, S. 178a; KÖNIG, S. 22; LÄNZLINGER, Basler Kommentar, Art. 692 OR N 10; STUBER, S. 5.

[27] APPENZELLER, S. 49; BENOIT, S. 138; BÖCKLI, Aktienrecht, N 1442; BÖCKLI, ZBJV, S. 480; DOHM, S. 95 ff.; GLATTFELDER, S. 267a; KRATZ, S. 72; MEYER, S. 421; PATRY, SJK, S. 15, und STUBER, S. 102 ff., bezüglich Stimmbindungen; PATRY, ZSR, S. 80a. In der älteren Literatur dagegen gingen einzelne Autoren davon aus, dass auch die Aktiengesellschaft selbst Partei sein kann; vgl. dazu MOSER, S. 74 f. In jüngster Zeit sprach sich STIRNEMANN dafür aus dass abgesehen von Stimmbindungen in der Generalversammlung die betroffene Aktiengesellschaft Vertragspartnerin eines Aktionärbindungsvertrages sein könne. Siehe dazu von BÜREN/HINTZ.

[28] BÖCKLI, ZBJV, S. 480, und Aktienrecht, N 1442 f.

[29] APPENZELLER, S. 49.

[30] APPENZELLER, S. 27.

des Verwaltungsrates ist auf Grund der Paritätstheorie nur sehr beschränkt möglich.[31] Es besteht daher oft der Wunsch der Beteiligten, auch die Verwaltungsräte in den Aktionärbindungsvertrag einzubinden und so den Einfluss der Aktionäre zu stärken. Umgekehrt können auch Verwaltungsräte aus verschiedensten Gründen an vertraglichen Absprachen mit Aktionären interessiert sein. Können nun aber Verwaltungsräte überhaupt Partei eines Aktionärbindungsvertrag sein?

Diese Frage kann nicht generell beantwortet werden. Es ist zu unterscheiden, inwiefern ein Verwaltungsratsmitglied an einem Aktionärbindungsvertrag beteiligt ist. Klar unzulässig wäre es, wenn der Verwaltungsrat als „Vertreter" der Aktiengesellschaft handelt und die Aktiengesellschaft Vertragspartnerin werden soll.[32] Grundsätzlich unproblematisch ist dagegen der Fall, wo ein Verwaltungsratsmitglied nur in seiner Eigenschaft als Aktionär an einem Aktionärbindungsvertrag beteiligt ist und seine Funktion als Verwaltungsrat nicht berührt wird.[33] Im Bereich zwischen diesen beiden Extremen gibt es nun aber Situationen, in denen die Frage der Zulässigkeit einer Bindung nicht klar mit ja oder nein beantwortet werden kann. Wie ist es zu beurteilen, wenn das Verwaltungsratsmitglied nicht nur als Aktionär, sondern auch bei der Ausübung der Verwaltungsratstätigkeit an die Verpflichtungen aus dem Aktionärbindungsvertrag gebunden sein soll? Die Autoren, die sich zu diesem Problem geäussert haben, sind sich insofern einig, als sie die Zulässigkeit einer Bindung von Verwaltungsräten in einem gewissen Umfang als möglich erachten, solche Bindungen aber stärkeren Schranken unterworfen sehen als jene der Aktionäre. Die Meinungen über den Umfang der Zulässigkeit bzw. der Schranken differieren dagegen.[34] ME. ist eine Bindung der Verwaltungsräte insoweit zulässig, als nicht statutarische oder zwingende gesetzliche Bestimmungen verletzt werden.[35] Neben den allgemein für Aktionärbindungsverträge geltenden Schranken[36] sind bei der Beteiligung von Verwaltungsräten - man spricht hier manchmal auch von Verwaltungsratsbindungsverträgen - zusätzlich das Prinzip der Gewaltenteilung, die Pflicht

---

[31] Vgl. zu den Möglichkeiten der Einflussnahme der Generalversammlung auf die Kompetenzen des Verwaltungsrates FORSTMOSER, SZW 66, S. 169 ff.

[32] Vgl. dazu Ziff. b) oben, S. 9.

[33] Vgl. auch APPENZELLER, S. 49.

[34] Vgl. dazu Kapitel 3, § 1, Ziff. II/1/a, S. 52 ff. und Kap. 4, § 3, Ziff. II/6, S. 84.

[35] Vgl. auch das Urteil des Kantonsgerichts Zug vom 11.11.1991 in SJZ 90/1994, S. 401 f., welches zu folgendem Schluss kam: „ ... ein Auftragsverhältnis, wonach die Mitglieder des Verwaltungsrates einer Aktiengesellschaft unter Vorbehalt zwingender gesetzlicher oder statutarischer Vorschriften verpflichtet sind, bei ihrer Verwaltungstätigkeit den Willen und die Weisungen des rechtlichen oder tatsächlichen Alleinaktionärs oder einer Aktionärsgruppe zu befolgen, ist herrschender Ansicht zufolge weder rechts- noch sittenwidrig."

[36] Vgl. dazu hinten Kap. 3, § 1 , Ziff. II, S. 50 ff.

zur Gleichbehandlung der Aktionäre sowie die Sorgfalts- und Treuepflicht der Verwaltungsräte gemäss Art. 717 OR zu beachten. Das Prinzip der Gewaltenteilung wird konkretisiert durch Art. 698, welcher die unübertragbaren Aufgaben der Generalversammlung statuiert, und Art. 716a OR, welcher die unübertragbaren und unentziehbaren Aufgaben des Verwaltungsrates nennt.

Verwaltungsräte können deshalb insoweit nicht verpflichtet werden, als sie ihre Treuepflichten der Gesellschaft gegenüber verletzten würden und soweit im Bereich der unübertragbaren und unentziehbaren Aufgaben gemäss Art. 716a OR direkte Weisungen durch die Aktionäre erfolgen. So wäre es beispielsweise unzulässig, dem Verwaltungsrat vorzuschreiben, welche Personen er als Geschäftsführer ernennen muss. Umgekehrt wäre es nicht zulässig, dass ein Verwaltungsratsmitglied als „Vertreter" des Verwaltungsrates handelt und im Bereich der in Art. 698 OR genannten Aufgaben Einfluss auf die Aktionäre nehmen kann. Ob dies der Fall ist, wird meist schwierig zu beurteilen sein. Unproblematisch ist die Bindung sicher dann, wenn das Verwaltungsratsmitglied keinen grösseren Einfluss hat als die anderen am Aktionärbindungsvertrag Beteiligten. Wenn aber seitens eines Verwaltungsratsmitgliedes ein Weisungsrecht gegeben ist oder dieses Mitglied bei der Willensbildung der Aktionärbindungsvertragspartner einen entscheidenden Einfluss hat, beispielsweise über eine Stimmenmehrheit verfügt, wird es problematisch. Auf die hier nur ansatzweise dargestellte Problematik wird in Kapitel 3 näher eingegangen.[37]

d)　Ergebnis

An einem Aktionärbindungsvertrag können zwei oder mehrere natürliche oder juristische Personen beteiligt sein. Mindestens eine Partei muss Aktionärin, zukünftige Aktionärin oder zumindest zur Ausübung von Aktionärsrechten berechtigt sein. Die Aktiengesellschaft selbst darf dagegen nicht Partei des Aktionärbindungsvertrages sein. Die Beteiligung von Verwaltungsräten ist zulässig, sofern die Schranken der Art. 698, 716a und 717 OR beachtet werden.

3.　Inhalt

Der Inhalt von Aktionärbindungsverträgen steht immer in einem gewissen Zusammenhang zur Aktionärsstellung eines Beteiligten.

---

[37]　Kap. 3, § 1, Ziff. II/1/a, S. 52 ff.

Aktionärbindungsverträge treten in vielen verschiedenen Varianten auf und enthalten sehr unterschiedliche Regelungsgegenstände. Die Spannweite der Erscheinungsformen reicht von Einzelfallvereinbarungen über einen einzelnen Gegenstand bis zu sehr umfassenden, langfristigen Verträgen zwischen allen Aktionären einer Aktiengesellschaft. Dieser Variantenreichtum ist damit zu erklären, dass Aktionärbindungsverträge unterschiedlichen Zwecken dienen können[38] und mittels eines Aktionärbindungsvertrages für alle oder für einige Aktionäre einer bestimmten Aktiengesellschaft ein massgeschneidertes Vertragswerk geschaffen werden soll. Je nach konkreter Situation werden daher von Fall zu Fall unterschiedliche Regelungen getroffen. Trotz der Regelungsvielfalt gibt es bestimmte Punkte, die in Aktionärbindungsverträgen häufig vorkommen wie beispielsweise Stimmrechtsbindungen oder Vereinbarungen bezüglich der Verfügung über Aktien. Ein Überblick über die häufigsten Vertragsinhalte folgt in § 3.

III. Terminologie

Im Zusammenhang mit Aktionärbindungsverträgen werden in der schweizerischen Literatur auch die Bezeichnungen „Poolvertrag"[39], „Konsortialvertrag"[40], „Aktionärskonsortium"[41], „Abstimmungsvereinbarung"[42] oder „Syndikat"[43] verwendet.[44] Diese Benennungen stimmen aber nicht vollständig mit dem in dieser Arbeit verwendeten Begriff überein. Die Begriffe „Aktionärskonsortium" und „Abstimmungsvereinbarungen" sind beispielsweise zu eng: Die erste Bezeichnung meint nur Aktionärbindungsverträge, bei denen die Beteiligten eine einfache Gesellschaft bilden. Der zweitgenannte Begriff bezieht sich nur auf einen ganz bestimmten Regelungsinhalt von Aktionärbindungsverträgen, nämlich Vereinbarungen bezüglich der Stimmrechtsausübung. Aktionärbindungsverträge enthalten aber meist noch andere Regelungen. Die Bezeichnungen

---

38   Vgl. dazu § 2 nachfolgend, S. 13 ff.
39   BENOIT, S. 137; FELDMANN, S. 49; MOSER, S. 74; PATRY, Rapport, S. 216, und BGE vom 13.2.1990, teilweise veröffentlicht in SZW 1990, S. 213 ff.
40   MOSER, S. 74; KOEBEL, S. 7.
41   FELDMANN, S. 49; BENOIT, S. 137; PATRY, Rapport, S. 216; BÖCKLI, Stimmrecht, S. 69.
42   FELDMANN, S. 49
43   FELDMANN, S. 49; BENOIT, S. 137.
44   In Deutschland werden auch die Begriffe „satzungsergänzender Nebenvertrag" (vgl. KÖNIG, S. 19) oder Gesellschaftervereinbarung (vgl. NOACK) benutzt, welche allerdings weiter gefasst sind als die Bezeichnung Aktionärbindungsverträge, da sie sich auf entsprechende Vereinbarungen nicht nur bei der Aktiengesellschaft sondern bei verschiedenen Kapitalgesellschaften beziehen.

„Poolvertrag" und „Syndikat" werden in der neueren Literatur kaum mehr gebraucht.[45] Der in dieser Arbeit verwendete Begriff „Aktionärbindungsvertrag" hat sich dagegen in den letzten Jahren in der Schweiz durchgesetzt.

§ 2 Ziele der Aktionärbindungsverträge

Es gibt verschiedene Motive für den Abschluss von Aktionärbindungsverträgen. Die meisten Ziele, welche mit Aktionärbindungsverträgen erreicht werden sollen, kann man generell in zwei Bereiche einteilen: Einerseits wollen die Beteiligten eine individuelle, den konkreten Gegebenheiten und ihren Wünschen angepasste Gestaltung des Umfeldes der betroffenen Aktiengesellschaft erreichen (Ziff. II). Andererseits wird die Einflussnahme auf die Willensbildung in der Aktiengesellschaft angestrebt (Ziff. I).

I. Einflussnahme auf die Willensbildung in der Aktiengesellschaft

Mit Aktionärbindungsverträgen bezwecken die Beteiligten regelmässig, ihren Einfluss in der Aktiengesellschaft zu verstärken oder die Einflussnahme anderer zu beschränken. Die Einflussnahme ist bei der Aktiengesellschaft vor allem über das Stimm- und Wahlrecht möglich. Dieses wiederum ist grundsätzlich von der Höhe der Kapitalbeteiligung abhängig. Will man mehr Macht ausüben als es die Kapitalbeteiligung erlaubt, sind Absprachen über die Stimmrechtsausübung, d.h. die Koordination mit Verbündeten, eine Möglichkeit. Aktionärbindungsverträge, bzw. vor allem die darin vereinbarten Stimm- und Wahlabsprachen, sind diesbezüglich ein gutes Mittel. Das Ziel der Einflussnahme auf die Willensbildung führt zu unterschiedlichsten Gruppierungen und Vereinbarungen. Die meisten davon können den folgenden Kategorien zugeordnet werden:

1. Schaffung einer Mehrheit oder einer Sperrminorität

Ein wichtiges Motiv von Aktionärbindungsverträgen kann die Schaffung einer Stimmenmehrheit in der Generalversammlung oder im Verwaltungsrat sein.[46] Bei dieser Variante schliessen sich zwei oder mehrere (Minderheits-) Aktionäre zusammen, um eine

---

[45]   Zudem sollte, wie FORSTMOSER/MEIER-HAYOZ/NOBEL, § 39 N 155, bemerken, der Ausdruck „Syndikat" „für bestimmte Kartellvereinbarungen reserviert bleiben".

[46]   Vgl. beispielsweise die Sachverhalte der BGE 109 II 43 ff. = Pra 72/1983 Nr. 85 und BGE 88 II 172 ff. = Pra 51/1962 Nr. 128.

Stimmenmehrheit zu erlangen und so Einfluss ausüben zu können und eine gewisse
Kontinuität in der Herrschaft zu sichern.[47] Es kann auch sein, dass ein Zusammenschluss erfolgt, um nicht eine Mehrheit, aber doch genügend Stimmenanteile für eine
Sperrminorität[48] zusammenzufassen oder die Durchsetzung von Minderheitsrechten[49]
zu ermöglichen.[50]
Aktionärbindungsverträge mit diesem Hintergrund kommen sowohl bei kleinen und
mittleren Gesellschaften als auch bei grossen Publikumsgesellschaften vor.
Es gibt auch Aktionärbindungsverträge, bei denen sich Mehrheits- und Minderheitsge-
sellschafter arrangieren. So beispielsweise indem den Minderheitsaktionären die Erwei-
terung ihrer Rechte geboten wird und diese im Gegenzug das Unterlassen von Blo-
ckadeverhalten versprechen.

2. Einfluss für Nichtaktionäre

Zweck eines Aktionärbindungsvertrages kann es ebenfalls sein, Nichtaktionären eine
Einflussmöglichkeit auf die Willensbildung der Aktiengesellschaft zu ermöglichen.
Denkbar ist beispielsweise, dass ein Käufer von vinkulierten Aktien mit einem oder
mehreren Aktionären Vereinbarungen abschliesst, wonach diese sich verpflichten, der
Eintragung des Erwerbers ins Aktienbuch zuzustimmen.[51] Weiter gibt es Fälle, in denen sich Nichtaktionäre aus andern Gründen eine gewisse Einflussmöglichkeit wünschen, so wenn sie der Aktiengesellschaft oder einem Aktionär ein Darlehen gewährt
haben oder andere Forderungen gegenüber Aktionären oder der Aktiengesellschaft sichern wollen. ALTENBERGER[52] zeigt dies am Beispiel der Patronatserklärung, deren
Komponenten, welche sich auf Aktionärsrechte beziehen (z.B. Verfügungsbeschränkungen für Muttergesellschaft bezüglich der Tochteraktien), er als Aktionärbindungsverträge betrachtet. Als weiteres Beispiel kann der Fall genannt werden, bei dem ein
Konkurrent mit einzelnen Aktionären Absprachen trifft, um so einen gewissen Einfluss
zu erhalten, ohne offen als Aktionär auftreten zu müssen.

---

[47] ALTENBERGER, S. 71; BÖCKLI, Stimmrecht, S. 49 f.; BENOIT, S. 137; KOEBEL, S. 8; PATRY, Rapport, S. 215.
[48] Vgl. Art. 704 OR. Siehe auch HAYMANN, S. 72.
[49] So sind beispielsweise für den Antrag an den Richter auf Einsetzung eines Sonderprüfers (Art.
697b OR) die Vertretung von 10 Prozent des Aktienkapitals notwendig.
[50] APPENZELLER, S. 16 f.; KOEBEL, S. 8; STUBER, S. 17.
[51] Vgl. zur Frage der Zulässigkeit die Ausführungen in Kapitel 4, § 3, Ziff. II/4, S. 81 f.
[52] ALTENBERGER, S. 72.

II. Gestaltung des Umfeldes der Aktiengesellschaft

1. Personenbezogene Ausgestaltung

Nach schweizerischem Aktienrecht ist die Aktiengesellschaft und die Mitgliedschaft der Aktionäre konsequent kapitalbezogen ausgestaltet.[53] Das Aktienrecht ist eher auf das Leitbild der Publikumsgesellschaft ausgerichtet[54] und die Möglichkeiten für eine personenbezogene Ausgestaltung sind gering.[55] So sieht das Aktienrecht beispielsweise keine Treuepflicht des Aktionärs vor und verbietet Nebenleistungspflichten.[56] Diese Ausrichtung unseres Aktienrechts passt schlecht für die kleinen und mittleren, personenbezogenen Aktiengesellschaften, welche in der Schweiz die grosse Mehrheit aller Aktiengesellschaften bilden.[57] Bei diesen Gesellschaften besteht deshalb oft das Bedürfnis, zusätzliche Regelungen zu treffen und Verpflichtungen zwischen den Aktionären zu schaffen. Da Art. 680 OR zusätzliche Pflichten des Aktionärs untersagt, vertraglich aber weitere Verpflichtungen eingegangen werden können, weichen die Parteien häufig auf Aktionärbindungsverträge aus.[58] Zusammenfassend kann auf die prägnante Aussage von FORSTMOSER/MEIER-HAYOZ/NOBEL verwiesen werden, welche Aktionärbindungsverträge als „*das* Mittel" bezeichnen, „um die fehlende Personenbezogenheit der Aktiengesellschaft bei den vielen kleinen und mittleren Gesellschaften, bei denen es auf die Persönlichkeit der Beteiligten ankommt, zu kompensieren".[59]

2. Aufrechterhaltung eines bestimmten Aktionärskreises

Aktionärbindungsverträge bewirken häufig auch die Aufrechterhaltung eines bestimmten Aktionärskreises oder zumindest die Einflussnahme bei einem Aktionärswechsel. Dieses Ziel könnte man natürlich bis zu einem gewissen Punkt auch über die Vinkulierung zu erreichen suchen. Trotzdem nehmen die Beteiligten häufig Veräusserungsbeschränkungen und Erwerbsrechte in Aktionärbindungsverträgen auf. Dies deshalb, weil so flexiblere Lösungen und weitergehende Beschränkungen als bei Vinkulierung mög-

---

[53] FORSTMOSER/MEIER-HAYOZ/NOBEL, § 39 N 140.

[54] FORSTMOSER, FS Schluep, S. 360.

[55] Zu diesen wenigen Möglichkeiten gehört beispielsweise die Einführung von Stimmrechtsaktien oder Vorzugsaktien.

[56] Art. 680 OR.

[57] Aus diesem Grund gibt es Vorschläge zur „Teilung" des Aktienrechts und zur Schaffung einer „privaten AG"; vgl. dazu HIRSCH/NOBEL, S. 126 ff.

[58] ALTENBERGER, S. 71; BINDER, S. 323 f.; BÖCKLI, ZBJV, S. 475 f.; FORSTMOSER, FS Schluep, S. 362, und FS Bär, S. 90 f.; HAYMANN, S. 70; SETTELEN, WEKA, Kap. 2.1. S. 2.

lich sind. Allerdings gelten diese Vereinbarungen nur inter partes. Deshalb wird die Regelung im Aktionärbindungsvertrag häufig mit einer statutarischen Vinkulierung und anderen Sicherungsmitteln verbunden.[60]

3. Unternehmensverflechtungen

Aktionärbindungsverträge können weiter ein Mittel der Unternehmensverflechtung sein.[61] So schliessen beispielsweise die Partner eines Joint Ventures häufig einen Aktionärbindungsvertrag ab.[62] Eine Unternehmensverflechtung ist auch möglich, indem Aktionäre mittels Aktionärbindungsverträgen bei mehreren Aktiengesellschaften die Mehrheit erlangen und die Unternehmenspolitik der verschiedenen Gesellschaften aufeinander ausrichten.

4. Instrument der Stabilisierung

Der Charakter der Aktiengesellschaft birgt die Gefahr der Labilität ihrer Beherrschung in sich, da aufgrund der freien Übertragbarkeit der Aktien die Stimmenmehrheiten ändern können.[63] Dies gilt heute um so mehr, als die Vinkulierungsbestimmungen weniger weit gehen dürfen als unter altem Aktienrecht. Da Aktionärbindungsverträge häufig auch bezwecken, eine einmal erreichte Einflussposition möglichst zu erhalten und eine zukünftige Veränderung zu verhindern, sowie den Kreis der Beteiligten oder zumindest die Anzahl der vertretenen Aktien unverändert zu erhalten, sind sie ein Mittel zur Sicherung der Herrschaftsverhältnisse[64] und der Stabilisierung. Aktionärbindungsverträge dienen auch insofern der Stabilisierung, als sie die Sicherheit, mit welcher die Beteiligten ein bestimmtes Verhalten voneinander erwarten können, erhöhen.

5. Nachfolgeregelung

Gerade bei Familien- oder bei Einmannaktiengesellschaften kommt es vor, dass ein Aktionärbindungsvertrag im Zusammenhang mit der Nachfolgeregelung in der Aktien-

---

[59]   FORSTMOSER/MEIER-HAYOZ/NOBEL, § 2 N 48.
[60]   Vgl. dazu hinten Kap. 5, § 3, S. 123 ff.
[61]   So schon KOEBEL, S. 8; LÜBBERT, S. 81; OERTLE, S. 24.
[62]   APPENZELLER, S. 12; OERTLE, S. 24 ff.; BÖCKLI, Stimmrecht, S. 49 f.
[63]   GLATTFELDER, S. 160a.
[64]   ALTENBERGER, S. 72; BÖCKLI, Stimmrecht, S. 49 f.; GLATTFELDER, S. 156a.

gesellschaft geschlossen wird.[65] So beispielsweise wenn der bisherige Alleinaktionär mehrere Nachkommen hat und nur einen davon als möglichen Unternehmensnachfolger betrachtet. In solchen Fällen ist es häufig infolge des erbrechtlichen Pflichtteilsrechts und mangelnder finanzieller Mittel nicht möglich, die Aktienmehrheit einem einzigen Nachkommen zu übertragen. In solchen Situationen kann es dazu kommen, dass der bisherige Alleinaktionär die Aktien auf mehrere Erben überträgt und mit diesen einen Aktionärbindungsvertrag abschliesst. Dieser Vertrag kann beispielsweise vorsehen, dass der vom bisherigen Alleinaktionär ausgewählte Unternehmensnachfolger Verwaltungsrat werden soll und dass die Aktionäre jeweils nach den Vorschlägen dieses Verwaltungsrates abstimmen und ihn jeweils als Verwaltungsrat bestätigen sollen. Im Gegenzug werden beispielsweise gewisse Schutzbestimmungen für die anderen Aktionäre in den Aktionärbindungsvertrag aufgenommen: So kann in Bezug auf die Dividende eine Mindestausschüttungspflicht vereinbart werden, das maximal zulässige Salär des Verwaltungsrates festgelegt werden usw.

Eine andere Möglichkeit der Nachfolgeregelung besteht darin, dass jedem Stamm der Erben ein Verwaltungsratssitz zugeteilt wird und allgemeine Regelungen über die Weiterführung der Aktiengesellschaft in den Aktionärbindungsvertrag aufgenommen werden.

§ 3 Inhalt von Aktionärbindungsverträgen

Aufgrund der Privatautonomie können Aktionärbindungsverträge in beliebiger Vielfalt geschlossen werden. Da mit Aktionärbindungsverträgen auf die jeweils individuelle Situation eingegangen wird, gibt es eine grosse Fülle von verschiedenen Gestaltungen dieser Verträge. Eine abschliessende Darstellung aller möglicher Inhalte und Regelungskonstellationen ist nicht möglich. Es gibt aber typische Regelungsgegenstände, die allerdings im Einzelfall verschieden ausgestaltet sind. Im Folgenden werden die häufigsten Vertragsgegenstände von Aktionärbindungsverträgen - im Sinne eines ersten

---

[65] APPENZELLER, S. 15; PORTMANN, S. 5 ff. Vgl. auch die Fälle, welche folgenden Urteilen zu Grunde lagen: Urteil des Aargauischen Handelsgerichts vom 24.1.1929 (publiziert in VAargR 1929, S. 154 ff.) sowie Urteil des Obergerichts des Kantons Aargau vom 12.12.1949 und Urteil des Bundesgerichts vom 20.3.1950 (beides publiziert in AGVE 1950, S. 54 ff.).

Überblicks - dargestellt und gegliedert.[66] Detailliertere Ausführungen zu den verschiedenen Regelungsbereichen folgen in den Kapiteln 4 bis 10.

I.   Überblick über die häufigsten Vertragsgegenstände

Nicht jeder Aktionärbindungsvertrag ist gleichermassen umfangreich. Längerfristig abgeschlossene Aktionärbindungsverträge sind aber meist sehr ausführlich gehalten. Ihren Inhalt kann man grundsätzlich in zwei Bereiche einteilen: Einerseits gibt es den eigentlichen Vertragsinhalt, nämlich die Regelungsgegenstände, welche einen direkten Bezug haben zu den Mitgliedschaftsrechten der Aktionäre bzw. der Aktionärsstellung als solcher. Es handelt sich dabei vor allem um Stimmbindungen (Ziff. 2), vermögensrechtliche Vereinbarungen (Ziff. 3), Vereinbarungen über Treue- und Mitwirkungspflichten (Ziff. 4) und Regelungen über Verfügungs- oder Erwerbsrechte an Aktien (Ziff. 5). Der zweite Bereich beinhaltet Absprachen über die Umsetzung und die Handhabung des Vertrages bzw. des Zusammenwirkens der Parteien. Dabei stellen die Parteien die Rahmenbedingungen dar (Ziff. 1), sehen Mittel zur Sicherung der Vertragserfüllung vor (Ziff. 6), regeln das Ausscheiden und die Neuaufnahme von Vertragspartnern sowie die Dauer und Beendigung des Vertrages (Ziff. 8 und 9) und treffen Vorkehrungen für eventuelle Streitigkeiten (Ziff. 10).

II. Einzelne Vertragsgegenstände

1.   Darstellung der Rahmenbedingungen (Präambel)

Aktionärbindungsverträge enthalten neben den spezifischen Regelungen meist auch allgemeine, grundlegende Aussagen, die in der Regel am Anfang eines schriftlichen Vertrages festgehalten werden. So beginnen die meisten Aktionärbindungsverträge mit Präambeln, welche die betroffene Aktiengesellschaft und die Vertragsparteien nennen. In der Regel werden auch Art und Anzahl der Aktien, welche sich im Eigentum der Vertragspartner befinden, aufgelistet. Weiter folgen häufig auch allgemeine Bemerkungen zum Zweck des Vertrages und zu den Zielen der Beteiligten. Diese Ausführungen können bei der Auslegung des Vertrages sehr wichtig werden.

---

[66] Vgl. auch die Musterverträge von SETTELEN (WEKA-Ordner), MEIER oder des VERBANDES BERNISCHER NOTARE sowie die Übersicht bei KLÄY, S. 499 ff.

2. Organisatorische Regelungen

Gerade bei Aktionärbindungsverträgen, welche auf längere Zeit angelegt sind, werden häufig auch organisatorische Grundsätze im Vertrag festgehalten. Gemeint sind damit Punkte wie die folgenden: Wie wird das Vorgehen der Parteien abgesprochen, soweit es durch den Vertrag noch nicht klar definiert ist? Trifft man sich vor der Generalversammlung der Aktiengesellschaft in einer Vorversammlung der am Aktionärbindungsvertrag Beteiligten? Wer beruft diese Versammlungen ein und leitet sie? Wie sind die Stimmquoren? Bestimmt man Vertreter für die Ausübung des Stimmrechts an der Generalversammlung?

3. Grundregeln und Leitlinien

Teilweise halten die Parteien im Aktionärbindungsvertrag gewisse Grundregeln und Leitlinien fest, welche das Vorgehen und Verhalten in der Aktiengesellschaft bestimmen sollen. So werden häufig Absprachen über die Grundsätze der Unternehmenspolitik getroffen. Diese Leitlinien sind, gleich wie die Präambel, für die Auslegung des Vertrages von Bedeutung.

4. Stimmrechtsbindungen

Stimmrechtsbindungen[67] sind in fast allen Aktionärbindungsverträgen enthalten. Dies ist nicht weiter erstaunlich, ist doch das Stimmrecht das wichtigste Mitwirkungsrecht des Aktionärs. Es wird in der Regel vereinbart, dass die Vertragsparteien bei Generalversammlungen einheitlich, beziehungsweise in bestimmter Weise ihre Stimme abgeben. Zum Teil erfolgen ähnliche Regelungen bezüglich der Stimmabgabe im Verwaltungsrat.[68] Die Vereinbarungen betreffend die Art der Stimmausübung sind überaus vielfältig. Manche sehen die Stimmbindung für alle Abstimmungen vor, andere nur für gewisse Punkte. Dann sind vor allem die Arten der Entscheidfindungsprozedere unterschiedlich. Diesbezüglich sind folgende Möglichkeiten in Aktionärbindungsverträgen anzutreffen: Häufig sind Vereinbarungen, wonach sich die Parteien des Aktionärbindungsvertrages vor Generalversammlungen bzw. vor Verwaltungsratssitzungen treffen und beschliessen, wie abzustimmen oder zu wählen ist. Solche Regelungen sind meist verbunden mit der Bestimmung der notwendigen Quoren dieser Beschlüsse der „Vor-

---

[67] Vgl. zu den Stimmrechtsbindungen Kapitel 4, S. 73 ff.
[68] Vgl. dazu Kapitel 1 § 1, Ziff. II/2/c, S. 9 ff.

versammlung". Daneben gibt es ausformulierte klare Regelungen, wie beispielsweise die Regelung, bestimmte Personen seien immer in den Verwaltungsrat zu wählen. Neben klaren Vorschriften finden sich auch Verträge, die nur allgemeine Bestimmungen enthalten, wonach die Parteien im Sinne des Aktionärbindungsvertrages und eventueller darin erwähnter Richtlinien zu stimmen haben. Eine weitere Variante ist die Regelung, dass der oder die stimmberechtigten Aktionäre ihr Stimmrecht nach den Weisungen bestimmter Personen auszuüben haben.

Auch Vereinbarungen über die Wahl von Mitgliedern des Verwaltungsrates sind ein häufiger Regelungsgegenstand. Es bedarf keiner näheren Begründung, dass die über eine Mehrheit verfügenden Partner versuchen, Einfluss auf die Zusammensetzung des Verwaltungsrates zu nehmen. Regelungen über die Wahl von Verwaltungsräten spielen auch dort eine Rolle, wo es keine festen Mehrheitsverhältnisse gibt. Hier finden sich beispielsweise Regelungen, die jeder Gruppe eine bestimmte Zahl von Mitgliedern des Verwaltungsrates zusichern. Ähnliche Regelungen gibt es in Familienaktiengesellschaften, wo beispielsweise jedem Familienstamm ein Verwaltungsratssitz zugesichert wird.

5.   Vermögensrechtliche Vereinbarungen

Zu den Mitgliedschaftsrechten der Aktionäre gehören neben den Verwaltungs- und Mitbestimmungsrechten auch die Vermögensrechte. Dabei handelt es sich um das Recht auf Dividende und das Recht der Beteiligung am Liquidationserlös. Auch über diese Rechte gibt es Regelungen bzw. sehen Aktionärbindungsverträge weitergehende Pflichten vor. So werden unter anderem Nachschusspflichten oder die persönliche Haftung der Beteiligten vereinbart. Weiter können Leitlinien bezüglich der Gewinnverwendungspolitik bestimmt oder ein Verzicht auf Dividende bei Verlusten in bestimmter Höhe vorgesehen sein.

6.   Treue- und Mitwirkungspflichten der Vertragspartner

Nach h.L. haben Aktionäre keine Treuepflicht gegenüber der Aktiengesellschaft. In Aktionärbindungsverträgen wird aber häufig eine allgemeine Treuepflicht gegenüber der Aktiengesellschaft und gegenüber den am Aktionärbindungsvertrag Beteiligten statuiert. Konkretisiert wird diese teilweise auch durch Konkurrenzverbote und Geheimhaltungspflichten. Daneben gibt es Fallkonstellationen, bei denen die Beteiligten das Recht oder die Pflicht auf Arbeitsleistung in der Aktiengesellschaft vorsehen.

7. Regelungen über Verfügungs- oder Erwerbsrechte an den Aktien

Um einen Einfluss auf den Aktionärskreis zu haben, werden in der Regel Verfügungs-beschränkungen oder Erwerbsrechte an den Aktien vereinbart. [69] Es handelt sich dabei um Kaufs-, Vorkaufs- oder Vorhandrechte. Im Zusammenhang mit diesen Rechten wird jeweils auch geregelt, wer berechtigt ist und in welchem Verhältnis die Berechtigung besteht, sowie welche Fristen einzuhalten sind und wie der Wert zu bestimmen ist. Weiter finden sich in Aktionärbindungsverträgen Regelungen, wie das Verbot der Verpfändung der Aktien, das Verbot der Errichtung einer Nutzniessung an den Aktien oder das Verbot der Veräusserung der Aktien (eventuell nur während einer gewissen Zeitspanne).

8. Mittel zur Sicherung der Vertragserfüllung

Zur Sicherstellung der Verpflichtungen aus dem Aktionärbindungsvertrag werden unterschiedlichste Regelungen aufgenommen. [70] Als Sicherungsmittel werden am häufigsten Konventionalstrafen vorgesehen. Daneben vereinbart man die Hinterlegung der Aktien in einem gemeinsamen Depot, die gegenseitige Verpfändung der Aktien, die Bevollmächtigung eines Dritten zur Ausübung des Stimmrechts, die treuhänderische Übertragung der Aktien auf einen Dritten, die Einbringung der Aktien in eine Gesellschaft oder die Überführung der Aktien ins Gesamteigentum der Beteiligten.

9. Regeln im Zusammenhang mit der Änderung des Vertrages

Neben bisher erwähnten Vertragsgegenständen enthalten Aktionärbindungsverträge in der Regel weitere Bestimmungen, welche vor allem die Abwicklung und das Schicksal des Vertrages betreffen. So wird beispielsweise vereinbart, dass bei Unwirksamkeit einzelner Bestimmungen der Rest des Aktionärbindungsvertrages gültig bleiben soll. Oder man nimmt eine Klausel auf, die bestimmt, mit welchen Quoren eine Abänderung des Aktionärbindungsvertrages zustandekommt sowie Bestimmungen, wonach Abänderungen nur schriftlich wirksam sind. [71]

---

[69]   Vgl. zu den Erwerbsrechten und Verfügungsbeschränkungen Kapitel 5, S. 87 ff.
[70]   Vgl. dazu Kapitel 10, S. 225 ff.
[71]   Vgl. dazu Kapitel 1, § 1, Ziff. II/1, S. 7 f.

10. Ausscheiden und Neuaufnahme von Vertragspartnern

Die auf längere Dauer angelegten Aktionärbindungsverträge enthalten in der Regel Bestimmungen über das Ausscheiden oder die Neuaufnahme von Partnern: So gibt es Regelungen, wonach der Ausscheidende die Rechte und Pflichten aus dem Aktionärbindungsvertrag einem Rechtsnachfolger zu überbinden hat oder Nachfolge-, Eintritts- und ähnliche Klauseln. [72]

11. Dauer und Beendigung des Aktionärbindungsvertrages

Viele Aktionärbindungsverträge enthalten Regelungen über ihre Dauer und die Kündigungsmöglichkeiten. [73] Dabei sind unterschiedlichste Regelungen anzutreffen: Einige Aktionärbindungsverträge sehen eine Vertragsdauer auf unbestimmte Zeit vor, andere eine feste Vertragsdauer. Letzteres wird häufig verbunden mit der Regelung, dass sich der Vertrag automatisch um die gleiche Dauer verlängert, falls er nicht innert einer gewissen Frist vor Ablauf der Dauer gekündigt wird. Weiter gibt es Verträge, die während der Dauer der Aktionärseigenschaft oder bis zur Liquidation der Aktiengesellschaft dauern sollen. Neben Vereinbarungen einer bestimmten Vertragsdauer gibt es Klauseln mit Kündigungsregelungen. Dabei gibt es wiederum verschiedenste Varianten: Kündigung mit einer bestimmten Frist, Regelung der Auflösungsmöglichkeiten bei bestimmten Gründen etc.

12. Prozessuales und Rechtswahl

Sehr viele Aktionärbindungsverträge enthalten Schiedsklauseln. Die Parteien erhoffen sich damit unter anderem schnellere Verfahren. Die wichtigsten Gründe sind aber sicher die Möglichkeit der Einflussnahme auf die personelle Zusammensetzung des Gerichtes und die Geheimhaltung. Neben Schiedsklauseln wird häufig auch ein Gerichtsstand und eine Rechtswahl vereinbart.

---

[72] Vgl. dazu Kapitel 8, S. 186 ff.
[73] Vgl. dazu Kapitel 6, S. 142 ff.

Kapitel 2

Rechtsnatur und Rechtsanwendung

Aktionärbindungsverträge als solche sind gesetzlich nicht geregelt. Im Laufe der letzten Aktienrechtsrevision wurde zwar beantragt, es solle eine gesetzliche Regelung erfolgen und ein entsprechender Artikel ins Aktienrecht aufgenommen werden[74], der Gesetzgeber lehnte dies jedoch ab. Später, nach Abschluss der Aktienrechtsrevision prüfte eine von Bundesrat Koller eingesetzte Arbeitsgruppe, die sogenannte „Groupe de réflexion Gesellschaftsrecht", erneut die Frage der gesetzlichen Regelung der Aktionärbindungsverträge. Sie kam zur Auffassung, dass auch in Zukunft auf eine gesetzliche Regelung verzichtet werden sollte. Als Begründung wurde unter anderem angeführt, dass die Vertragsinhalte von Aktionärbindungsverträgen sehr unterschiedlich ausgestaltet seien und eine abstrakte Regelung daher schwierig sei.[75]

Aufgrund der mannigfaltigen Gestaltungen ist nicht nur eine abstrakte gesetzliche Regelung schwierig, sondern auch eine einheitliche Qualifikation und Rechtsanwendung nicht möglich. Es lassen sich aber immerhin eine Einteilung in Grundkategorien (§ 1) vornehmen und allgemeine Aussagen zum Vorgehen bei der Rechtsanwendung (§ 2) machen.

---

[74] AMTLBULL NR 1985 II 1763 ff. Der vorgeschlagene Gesetzesartikel sollte wie folgt lauten: "Verträge unter Aktionären, insbesondere betreffend die Ausübung des Stimmrechts, die Beschränkung der Veräusserung der Aktien und die Übernahme von Verpflichtungen im Interesse der Gesellschaft können gültig in der Form einer einfachen Gesellschaft und für die Dauer des Bestehens der Aktiengesellschaft abgeschlossen werden. In diesem Fall hat jeder Gesellschafter die Möglichkeit, jederzeit beim Richter die Auflösung der einfachen Gesellschaft aus wichtigen Gründen zu verlangen." Vgl. auch den Vorschlag von FORSTMOSER/HIRSCH, S. 33.

[75] GROUPE DE RÉFLEXION, S. 32. Als weitere Gründe für den Verzicht auf eine gesetzliche Regelung wurden unter anderem die folgenden angeführt: Aktionärbindungsverträge seien Verträge bzw. einfache Gesellschaften, weshalb ihre Regelung im Aktienrecht falsch platziert sei; ihre Regelung im Zusammenhang mit dem Aktienrecht würde eventuell dazu verleiten anzunehmen, ihnen komme auch körperschaftliche Wirkung zu. Weiter sei die generelle Zulassung von Aktionärbindungsverträgen auf die Dauer der Aktiengesellschaft problematisch; wolle man Vorschriften über die zulässige Höchstdauer von Aktionärbindungsverträgen ins Gesetz aufnehmen, müsste nach deren Gegenstand und eventuell auch nach weiteren Umständen differenziert werden.

§ 1 Kategorien und rechtliche Qualifikation

Wie bereits erwähnt, kommen Aktionärbindungsverträge in verschiedensten Ausgestaltungen vor und können nicht einheitlich eingeordnet werden. In der Lehre werden verschiedene Kategorisierungen vorgenommen, beispielsweise nach der Art der Parteien, der Dauer der Bindung oder der Intensität der Bindung. Zentral im Hinblick auf die rechtliche Qualifikation und die Rechtsanwendung ist aber in erster Linie die Einteilung der Aktionärbindungsverträge in solche mit schuldrechtlichem Charakter und jene mit gesellschaftsrechtlichem Charakter.[76] Andere in der Lehre dargestellte Kategorisierungen werden daher in dieser Arbeit nicht wiederholt.

Im Folgenden werden in einem ersten Schritt die Kategorien „schuldrechtliche" und „gesellschaftsrechtliche Natur" unterschieden (Ziff. I). In einem zweiten Schritt wird dann die rechtliche Qualifikation dieser beiden Gruppen von Aktionärbindungsverträgen vorgenommen (Ziff. II).

I.   Kategorien: schuldrechtliche oder gesellschaftsrechtliche Natur

1.   Verträge mit schuldrechtlichem Charakter

a)   Einseitige Verträge

Falls nur eine Partei des Aktionärbindungsvertrages hinsichtlich ihrer Aktionärsstellung verpflichtet ist und der oder die Vertragspartner überhaupt keine Leistung schulden, liegt ein einseitiger Schuldvertrag vor.[77/78] Ein solcher Aktionärbindungsvertrag ist beispielsweise gegeben, wenn sich der Aktionär A gegenüber der Aktionärin B verpflichtet, sie bei der nächsten Wahl als Verwaltungsrätin zu bestätigen, und B ihrerseits keinerlei Leistung schuldet. Diese Art von Aktionärbindungsverträgen dürfte aufgrund der fehlenden Gegenleistung in der Praxis sehr selten sein; sie wird dementsprechend von einigen Autoren gar nicht erwähnt.[79]

---

[76]   Diese grundsätzliche Einteilung wird von allen Autoren vorgenommen. Vgl. beispielsweise APPENZELLER, S. 50; BAUDENBACHER, Basler Kommentar, Art. 620 OR N 36; BÖCKLI/MORSCHER, S. 64; FORSTMOSER/MEIER-HAYOZ/NOBEL, § 39 N 162; GLATTFELDER, S. 228a f.; MEIER, S.156; FORSTMOSER, FS Schluep, S. 367; STUBER, S. 20 ff.; VON BÜREN/STOFFEL/SCHNYDER/CHRISTEN-WESTENBERG, N 836.

[77]   Vgl. zum Begriff des einseitigen Schuldvertrages GAUCH/SCHLUEP/SCHMID/REY, N 255; KRAMER, Berner Kommentar, Allgemeine Einleitung in das Schweizerische OR, N 155.

[78]   GLATTFELDER, S. 229a; ALTENBERGER, S. 70; SETTELEN, WEKA, 2.2, S. 3.

[79]   Vgl. beispielsweise APPENZELLER, S. 51, der diese Kategorie gar nicht erwähnt.

b) *Zweiseitige Verträge*

Ein zweiseitiger Vertrag liegt vor, falls beide bzw. alle Parteien des Aktionärbindungs-vertrages eine Leistung schulden.[80] Es ist dabei nicht erforderlich, dass alle Parteien hinsichtlich ihrer Aktionärsstellung verpflichtet sind; ein zweiseitiger Aktionärbin-dungsvertrag ist auch dann gegeben, wenn ein Teil der Vertragspartner eine anders ge-artete Leistung schuldet.[81/82]

Aktionärbindungsverträge, bei denen alle Vertragsparteien zu einer Leistung verpflich-tet sind, können entweder als zweiseitige Schuldverträge oder als gesellschaftsrechtliche Verträge qualifiziert werden; die Abgrenzung ist zum Teil schwierig.[83] Unterschei-dungskriterien sind der Interessengegensatz bei den zweiseitigen Schuldverträgen bzw. die gemeinsame Zweckförderung bei den gesellschaftsrechtlichen Verträgen.[84] Auf die Abgrenzung zwischen schuldrechtlichen und gesellschaftsrechtlichen Verträgen wird in Ziff. 4 näher eingegangen.[85]

2. Verträge mit gesellschaftsrechtlichem Charakter

In der Lehre und Praxis wird davon ausgegangen, dass Aktionärbindungsverträge häu-fig gesellschaftsrechtlicher Natur sind und die Vertragspartner in diesem Falle eine ein-fache Gesellschaft bilden.[86] In der Folge wird die Frage, ob Aktionärbindungsverträge

---

[80] Zum Begriff des zweiseitigen Schuldvertrages vgl. GAUCH/SCHLUEP/SCHMID/REY, N 256 f., und KRAMER, Berner Kommentar, Allgemeine Einleitung in das Schweizerische OR, N 155.

[81] GLATTFELDER, S. 229a f.; APPENZELLER, S. 51.

[82] Einzelne Autoren sprechen nur dann von zweiseitigen Aktionärbindungsverträgen, wenn beide bzw. alle Vertragspartner hinsichtlich ihrer Aktionärsstellung verpflichtet sind; falls nur eine Partei bezüglich ihrer Aktionärsstellung gebunden ist und die andere Vertragspartei eine anders geartete Leistung schuldet, sprechen diese Autoren von einem einseitigen Aktionärbindungsvertrag (WÜRSCH, S. 154; DOHM, S. 113, und KOEBEL, S. 28f. und S. 31 f., bezüglich Stimmbindungsver-trägen). Diese Verwendung der Begriffe „einseitig" und „zweiseitig" entspricht nicht der herr-schenden Definition von einseitigen Schuldverträgen; sie sollte, um nicht Verwirrung zu stiften, unterlassen werden.

[83] GLATTFELDER, S. 230a; BÖCKLI, Stimmrecht, S. 67.

[84] GAUCH/SCHLUEP/SCHMID/REY, N 256; BÖCKLI, Stimmrecht, S. 67.

[85] Siehe S. 29 ff.

[86] APPENZELLER, S. 55 f.; ALTENBERGER, S. 70; BINDER, S. 324; BÖCKLI, Stimmrecht, S. 66 ff.; BÜRGI, Zürcher Kommentar, Art. 692 OR N 35; BÖCKLI/MORSCHER, S. 64; DOHM, S. 126 ff.; GROUPE DE RÉFLEXION, S. 30; FORSTMOSER/MEIER-HAYOZ/NOBEL, § 39 N 163; FURRER, S. 112; GLATTFELDER, S. 231a f.; HANDSCHIN, Basler Kommentar, Art. 530 OR N 16; HAYMANN, S. 69; HIRSCH/PETER, S. 1; KOEBEL, S. 29 f.; KÖNIG, S. 154; LUEBBERT, S. 249; MEIER-HAYOZ/ FORSTMOSER, § 12 N 105; PATRY, Rapport, S. 225 f.; PATRY, ZSR, S. 125a; STUBER, S. 21 f.; BGE 88 II 172 = Pra 51/1962 Nr. 128. In Deutschland wird eine Gesellschaft

gesellschaftsrechtlicher Natur sein können anhand der Elemente der Legaldefinition von Art. 530 OR geprüft.[87] Die entsprechenden Ausführungen sollen auch die Grundlage liefern für die Abgrenzung zwischen Aktionärbindungsverträgen mit schuldrechtlichem und solchen mit gesellschaftsrechtlichem Charakter.[88] Gemäss der genannten Norm ist eine Gesellschaft „die vertragsgemässe Verbindung von zwei oder mehreren Personen zur Erreichung eines gemeinsamen Zweckes mit gemeinsamen Kräften oder Mitteln." Ein gesellschaftsrechtliches Verhältnis zeichnet sich somit dadurch aus, dass eine **vertraglich begründete Verbindung von mindestens zwei Personen** (Ziff. a) einen **gemeinsamen Zweck** (Ziff. b) mit **gemeinsamen Kräften und Mitteln** (Ziff. c) verfolgt.

a)   Vertragliche Verbindung von mindestens zwei Personen

Gemäss Art. 530 OR bedarf es zur Bildung einer einfachen Gesellschaft einer vertraglichen Grundlage, wobei der Abschluss des entsprechenden Vertrages formfrei möglich ist. Wenn die Parteien den Willen haben, eine vertragliche Bindung einzugehen, brauchen sie sich nicht einmal bewusst zu sein, eine einfache Gesellschaft zu bilden.[89] Sofern tatsächlich ein Aktionärbindungsvertrag geschlossen wurde und nicht bloss ein „gentleman's agreement" vorliegt, ist die Voraussetzung der vertragsgemässen Verbindung gegeben.

b)   Gemeinsamer Zweck

Wie FELLMANN richtig bemerkt, ist das Kriterium „gemeinsamer Zweck" für die Qualifikation eines Vertragsverhältnisses als einfache Gesellschaft zentral, die Bedeutung dieses Begriffs ist aber bis anhin nicht restlos geklärt.[90] Laut FELLMANN ist der „gemeinsame Zweck" das, „was die Gesellschafter durch ihren Zusammenschluss übereinstimmend beabsichtigen bzw. zu bewirken, zu erreichen suchen. Er ist der Erfolg, zu dessen Verwirklichung mit gemeinsamen Kräften und Mitteln sich die Gesellschafter

---

des bürgerlichen Rechts nach den §§ 705 ff. BGB angenommen. Vgl. dazu beispielsweise JOUSSEN, S. 59 ff.

[87]   Die Prüfung der gesellschaftsrechtlichen Natur von Aktionärbindungsverträgen erfolgt anhand von Art. 530, da einerseits diese Legaldefinition die Grundelemente aller Gesellschaftsformen nennt und andererseits Aktionärbindungsverträge mit gesellschaftsrechtlicher Natur zum allergrössten Teil einfache Gesellschaften darstellen.

[88]   Vgl. dazu Ziff. 4 nachfolgend (S. 29 ff.).

[89]   FURRER, S. 43 f. m.w.H.; HANDSCHIN, Basler Kommentar, Art. 530 OR N 2; BGE 116 II 710 E. 2a.

[90]   FELLMANN, ZBJV, S. 294.

zusammengeschlossen haben."[91] Kurz gesagt geht er davon aus, dass die Gesellschafter ein gemeinsames Ziel haben.[92] SIEGWART betrachtet den Gesellschaftszweck als jenen „Kreis von Beziehungen, innerhalb deren die Interessen der Gesellschafter gemeinsame sind".[93] Von einem etwas anderen Begriff des gemeinsamen Zwecks geht FURRER aus. Der „gemeinsame Zweck" in Art. 530 Abs. 1 OR kann nach seiner Meinung nicht anders verstanden werden als „mehreren gehörendes Ergebnis, das als Endpunkt hinter einer Handlung steht". Oder kürzer: „Gemeinsamer Zweck" bedeute „allen Vertragspartnern gehörendes Endergebnis", wobei das Endergebnis des Einsatzes der Mittel und Kräfte allen Vertragsparteien zugute kommen müsse.[94/95] Handle es sich um eine gewinnstrebige Gesellschaft, komme der gemeinsame Zweck in der Beteiligung aller Gesellschafter an Gewinn und Verlust zum Ausdruck. Sollen andere als wirtschaftliche Vorteile erzielt werden, bedeute der gemeinsame Zweck, dass alle Partner einen Beitrag an die Bemühungen und Aufwendungen zum Erreichen des angestrebten Ziels leisten und das erstrebte Ergebnis ihnen allen in gleicher Weise zu Gute komme.[96] FURRER unterscheidet im Übrigen aus der Sicht des einzelnen Gesellschafters einen „Vorzweck" und einen „Endzweck", wobei der Vorzweck dem gemeinsamen Zweck nach Art. 530 OR entspreche.[97] Der Endzweck dagegen sei die Zielsetzung jedes Einzelnen, d.h. die persönlichen Interessen; der Endzweck könne daher das Motiv zur Beteiligung an der einfachen Gesellschaft sein.[98] Der Vorzweck, also der gemeinsame Zweck nach Art. 530 OR, sei das Mittel zum Erreichen des Endzwecks der einzelnen Gesellschafter.[99]

Es wird in dieser Arbeit nicht weiter auf die Auseinandersetzung in der Lehre über den „gemeinsamen Zweck" eingegangen, da die oben dargestellten Differenzen im Hinblick auf die Qualifikation von Aktionärbindungsverträgen m.E. keine Rolle spielen. Aktionärbindungsverträge treten - wie bereits mehrfach betont - in verschiedensten Ausprägungen auf. An vielen sind zwei oder mehr Parteien beteiligt, welche alle Aktionäre sind. Diese Parteien treffen einerseits Abmachungen in Bezug auf ihre Aktionärsrechte, andererseits werden meist auch noch andere Bereiche geregelt, wie beispielsweise die

---

[91] FELLMANN, ZBJV, S. 294.
[92] FELLMANN, ZBJV, S. 294.
[93] SIEGWART, Zürcher Kommentar, Art. 530 OR N 18.
[94] FURRER, S. 85.
[95] Vgl. auch die Kritik von FELLMANN, ZBJV, S. 296 ff.
[96] FURRER, S. 41.
[97] FURRER, S. 78.
[98] FURRER, S. 77.
[99] FURRER, S. 78.

Veräusserung der Aktien, Konkurrenzverbote oder die Sicherung der Vertragserfüllung. Mit diesen Abmachungen soll unter anderem erreicht werden, dass die Beteiligten
(zusammen) einen massgebenden Einfluss auf die Aktiengesellschaft haben, dass längerfristig stabile Beteiligungsverhältnisse bestehen oder dass die Beteiligten persönlich
stärker eingebunden werden.[100] Diese Ziele der Beteiligten genügen m.E. klarerweise
um einen „gemeinsamen Zweck" im Sinne von Art. 530 OR annehmen zu können, sei
es, dass man wie FELLMANN den „gemeinsamen Zweck" als „gemeinsames Ziel" bezeichnet oder wie SIEGWART als „Kreis von Beziehungen, innerhalb deren die Interessen der Gesellschafter gemeinsame sind" oder gemäss FURRER als „Endergebnis, welches allen Vertragsparteien zugute kommen muss" betrachtet. Häufig werden die
Beweggründe der einzelnen Beteiligten für den Zusammenschluss unterschiedlich oder
zumindest eigennützig sein. Dies spielt aber keine Rolle; eine einfache Gesellschaft
kann auch dann vorliegen, wenn die Gesellschafter unterschiedliche Interessen haben
und die Verwirklichung des gemeinsamen Zweckes aus verschiedenen Motiven anstreben.[101]

c) Gemeinsame Kräfte und Mittel

Zur Abgrenzung der einfachen Gesellschaft von zweiseitigen Schuldverträgen ist neben
dem „gemeinsamen Zweck" auch die gemeinsame Zweckförderung ein wichtiges Kriterium. Art. 530 OR enthält diesbezüglich den Ausdruck „mit gemeinsamen Kräften
und Mitteln", sagt allerdings nicht, was damit konkret gemeint ist.[102] Art. 530 OR wird
aber konkretisiert durch Art. 531 OR, wonach jeder Gesellschafter einen Beitrag zu
leisten hat, sei es durch Geld, Sachen, Forderungen oder Arbeit.[103] Laut Bundesgericht
können dabei die „zur Verfolgung des Gesellschaftszweckes erforderlichen Mittel, d.h.
die von den Gesellschaftern zu erbringenden Beiträge, in irgendwelchen vermögensrechtlichen oder persönlichen Leistungen bestehen. Sie können für die einzelnen Gesellschafter verschieden und brauchen nicht im voraus bestimmt zu sein.[104] Gesellschaftsrechtlicher Beitrag kann alles sein, was geeignet ist, den gemeinsamen Zweck der
Gesellschafter zu fördern;[105] auch die blosse Verpflichtung zu einem Unterlassen ge-

---

[100] Beispielsweise durch die Vereinbarung von Treuepflichten, Nachschusspflichten oder Konkur-
        renzverboten.
[101] FELLMANN, ZBJV, S. 299. Vgl. auch FURRER, S. 78 f.; MEIER-HAYOZ/FORSTMOSER, § 1 N 54 f.
[102] FELLMANN, ZBJV, S. 301
[103] FELLMANN, ZBJV, S. 301.
[104] BGE 116 II 710 E. 2.
[105] FURRER, S. 73; MEIER-HAYOZ/FORSTMOSER, § 12 N 37.

nügt als Beitrag.[106] Zu beachten ist auch, dass die Mittel bzw. Leistungen der Gesellschafter zusammen zur Erreichung des gemeinsamen Zwecks eingesetzt und nicht ausgetauscht werden.[107] Wäre Letzteres der Fall, würde es sich um einen zweiseitigen Vertrag handeln.

Bei Aktionärbindungsverträgen bestehen die „Mittel und Kräfte" zumeist nicht aus Geld oder Sachleistungen. Die Beteiligten betreiben eine gemeinsame Zweckförderung auf andere Weise. Sie verpflichten sich beispielsweise, das ihnen individuell zustehende Stimmrecht im Sinne aller Beteiligten bzw. der Mehrheit davon auszuüben und sich bei der Stimmabgabe allenfalls auch einem ihrer eigenen Meinung entgegenlaufenden Gesellschaftsbeschluss unterzuordnen oder ihre Aktien nicht an Dritte zu veräussern. Viele Verpflichtungen, welche die Parteien mit Aktionärbindungsverträgen eingehen, lassen sich m.E. als „Mittel und Kräfte" interpretieren, so dass dieses Kriterium der einfachen Gesellschaft bei vielen Aktionärbindungsverträgen gegeben ist.

3. Verträge mit schuld- und gesellschaftsrechtlichen Elementen

In der Regel enthalten Aktionärbindungsverträge sowohl gesellschaftsrechtliche als auch synallagmatische Elemente.[108] So werden die an einem Aktionärbindungsvertrag Beteiligten oft eine gemeinsame Zweckförderung anstreben und ihre Beziehungen so ausgestalten, dass ein Gesellschaftsverhältnis vorliegt; andererseits werden sie auch synallagmatische Elemente, wie beispielsweise Erwerbsrechte, in den Aktionärbindungsvertrag aufnehmen, die für sich alleine genommen einen schuldrechtlichen Vertrag darstellen würden.[109]

4. Abgrenzung zwischen schuld- und gesellschaftsrechtlichen Aktionärbindungsverträgen

Die Abgrenzung zwischen schuldrechtlichen und gesellschaftsrechtlichen Aktionärbindungsverträgen hat anhand der in Ziff. 2 dargestellten Kriterien zu erfolgen. Dabei ist das erste Element, die „vertragliche Verbindung von mindestens zwei Personen", kein brauchbares Kriterium zur Beurteilung, ob es sich bei einem konkreten Aktionärbindungsvertrag um eine Gesellschaft oder einen zweiseitigen Vertrag handelt. Auch das

---

[106] FURRER, S. 72; MEIER-HAYOZ/FORSTMOSER, § 12 N 37.
[107] FURRER, S. 66.
[108] VON BÜREN/STOFFEL/SCHNYDER/CHRISTEN-WESTENBERG, N 836.
[109] Sieh zur Qualifikation und Rechtsanwendung bei solchen Mischformen nachfolgend S. 34.

Element „gemeinsame Kräfte und Mittel" hilft in Bezug auf die Abgrenzung nicht weiter: Alle Beitragsleistungen, welche im Rahmen einer einfachen Gesellschaft verabredet werden können, sind auch möglicher Leistungsinhalt eines Schuldvertrages. Wichtiger ist es zu analysieren, ob die Leistungen im Austausch oder im Hinblick auf einen gemeinsamen Einsatz erbracht werden.

Während die beiden bisher genannten Elemente zwar vorliegen müssen, damit überhaupt ein Gesellschaftsverhältnis gegeben ist, sie aber zur Abgrenzung von Schuldverträgen nicht tauglich dienlich sind, ist das dritte Element, der „gemeinsame Zweck", das entscheidende Abgrenzungskriterium.[110] Dies soll anhand der folgenden Beispiele verdeutlicht werden.

Beispiel 1

Herr M, Alleinaktionär der Malerfirma M AG, will sich aus dem Geschäft zurückziehen. Die drei bei der M AG angestellten Malermeister A, B und C beschliessen, M alle Aktien abzukaufen und das Unternehmen gemeinsam weiterzuführen. Sie schliessen einen Aktionärbindungsvertrag ab, in dem sie unter anderem eine gegenseitige Treuepflicht und ein Konkurrenzverbot vereinbaren. Weiter legen sie Leitlinien der Geschäftspolitik fest und regeln, dass jeder von ihnen Anspruch auf einen Verwaltungsratssitz hat.

Beispiel 2

Die Aktionärin A will Verwaltungsrätin der X AG werden und bittet den Aktionär B, bei den kommenden Wahlen für sie zu stimmen. B sieht A eigentlich ungern im Verwaltungsrat. Als er aber merkt, dass die Verwaltungsräte, welche er bei den Wahlen in ihrem Amt bestätigten wollte, in Bezug auf ein für ihn wichtiges Geschäft nicht seiner Meinung sind, schlägt er A eine Vereinbarung folgenden Inhalts vor: B gibt bei den nächsten Verwaltungsratswahlen seine Stimmen zu Gunsten der A ab; A verpflichtet sich im Gegenzug, sich im Verwaltungsrat bezüglich des für B wichtigen Geschäfts einzusetzen.

Beispiel 3

A und ihr Schwager B sind Angestellte der Firma Z AG. Sie beschliessen, die Firma zu übernehmen und die Mehrheit der Aktien zu kaufen. Ihre finanziellen Mittel sind aber ungenügend und ermöglichen ihnen nur den Kauf von je 10 Prozent der Aktien. Der

---

[110] HANDSCHIN, Basler Kommentar, Art. 530 OR N 10.

reiche Rentner C, Vater von A und Schwiegervater von B, verspricht jedoch Unterstützung. Während A und B je 10 Prozent der Aktien der Z AG kaufen, erwirbt er ein Aktienpaket von 60 Prozent der Aktien. Anschliessend vereinbaren A, B und C in einem Aktionärbindungsvertrag, A und B in den Verwaltungsrat zu wählen und das Unternehmen nach den im Aktionärbindungsvertrag festgelegten Grundsätzen gemeinsam weiterzuführen. Weiter sehen die Parteien vor, dass C seine Stimme in der Generalversammlung nach den Vorgaben von A und B abgeben soll, falls diese gleicher Meinung sind. Falls sich jedoch A und B bezüglich einer konkreten Frage nicht einig sein sollten, soll C den Stichentscheid haben. Bei einer Unstimmigkeit von A und B im Verwaltungsrat soll C als Schiedsrichter amten, um so Pattsituationen zu verhindern. Die Parteien vereinbaren im Aktionärbindungsvertrag auch, dass A und B gegenüber C ein Kaufrecht an je der Hälfte der von ihm erworbenen Aktien haben. Dieses Kaufrecht soll ihnen während fünf Jahren zustehen; während dieser Dauer darf C die Aktien nicht an Dritte veräussern.

Qualifikation

Während im ersten Fall klar ersichtlich ist, dass die am Aktionärbindungsvertrag Beteiligten einen gemeinsamen Zweck, nämlich die gemeinsame Weiterführung der M AG, verfolgen, kann im zweiten Beispiel m.E. keine gemeinsame Zweckverfolgung angenommen werden. Im dritten Beispiel liegt dagegen wiederum ein gemeinsamer Zweck und damit eine einfache Gesellschaft vor. Zwar sind in diesem Fall nicht wie beim ersten Beispiel alle Beteiligten aktiv an der Weiterführung des Unternehmens beteiligt, trotzdem ist dies auch im letzten Fall der gemeinsame Zweck.

II. Rechtliche Qualifikation der Aktionärbindungsverträge

1. Schuldrechtliche Aktionärbindungsverträge

In der schweizerischen Lehre werden schuldrechtliche Aktionärbindungsverträge fast einhellig als Verträge sui generis - d.h. als Innominatkontrakte - qualifiziert.[111] Es wurde zwar immer wieder die Qualifikation von Aktionärbindungsverträgen oder Stimm-

---

[111] So FORSTMOSER, FS Schluep, S. 363; GLATTFELDER, S. 236a; KÖNIG, S. 173; STUBER, S. 21. In Bezug auf reine Stimmbindungen: APPENZELLER, S. 51 f.; DOHM, S. 113 ff.; PATRY, ZSR, S. 125a. Vgl. auch BGE 109 II 43 ff. E. 2 = Pra 72/1983 Nr. 85.

rechtsbindungen als Auftrag diskutiert.[112] Alle Autoren sprachen sich aber gegen eine generelle Qualifikation der schuldrechtlichen Aktionärbindungsverträge als Aufträge aus. Ausnahmen von der Ablehnung des Auftragscharakters werden von einzelnen Autoren zwar gemacht, aber nur hinsichtlich einzelner Aktionärbindungsverträge bzw. Stimmrechtsbindungen. So nimmt KOEBEL bei Stimmrechtsbindungsverträgen dann ein Auftragsverhältnis an, wenn nur eine Partei hinsichtlich ihres Stimmrechts gebunden ist.[113] STUBER[114] und DOHM[115] gehen grundsätzlich von Innominatkontrakten aus, weisen aber darauf hin, dass diese auftragsähnlich sein können.

M.E. ist die Qualifikation als Innominatverträge richtig, da Aktionärbindungsverträge einerseits sehr unterschiedlich ausgestaltet sind und andererseits im gleichen Vertrag häufig verschiedenste Themen geregelt werden, so dass die Subsumierung unter einen gesetzlichen Vertragstyp unmöglich ist. Auch die generelle Qualifikation der einseitigen Aktionärbindungsverträge als Aufträge wäre verfehlt, da es auch einseitige Aktionärbindungsverträge gibt, bei welchen ein blosses Unterlassen versprochen wird. Gegenstand eines Auftrages muss aber stets ein Tun sein;[116] blosses Unterlassen gilt nicht als Dienst- oder Geschäftsbesorgung im Sinne des Auftragsrechts sondern kann höchstens als Nebenpflicht vereinbart werden.[117] Weiter spricht gegen die generelle Qualifizierung einseitiger Aktionärbindungsverträge als Aufträge die Tatsache, dass Aktionärbindungsverträge nicht immer Leistungen enthalten, die sich als Besorgung von fremden Diensten qualifizieren lassen würden. Sie können ebenso lediglich Pflichten vorsehen, die sich nicht als Geschäftsbesorgung einordnen lassen, beispielsweise Erwerbsbeschränkungen, Nachschusspflichten oder der Verzicht auf Dividenden. Die Ablehnung der Qualifizierung als Aufträge bedeutet nun aber nicht, dass das Auftragsrecht nie zur Anwendung kommt. Es ist durchaus möglich, dass im konkreten Einzelfall ein Aktionärbindungsvertrag als mandatsähnlich qualifiziert wird und Regeln des Auftragsrechts analog angewendet werden. Dies ist am ehesten bei einmaligen, reinen Stimmbindungen der Fall.

---

[112] APPENZELLER, S. 51 ff; BÖCKLI, Stimmrecht, S. 52 ff.; DOHM, S. 118 ff.; GLATTFELDER, S. 242a f.; KOEBEL, S. 32 ff.
[113] KOEBEL, S. 34 f. Ebenso BÖCKLI, Stimmrecht, S. 52 ff.
[114] STUBER, S. 21.
[115] DOHM, S. 120 und 126.
[116] Vgl. auch APPENZELLER, S. 52.
[117] FELLMANN, Berner Kommentar, Art. 394 OR N 25 m.w.H.; WEBER, Basler Kommentar, Art. 394 OR N 6.

2.   Gesellschaftsrechtliche Aktionärbindungsverträge

Lehre und Praxis gehen davon aus, dass die Vertragspartner von Aktionärbindungsverträgen häufig eine einfache Gesellschaft bilden.[118]
Dass Aktionärbindungsverträge gesellschaftsrechtlicher Natur sein können und welche Voraussetzungen in dieser Hinsicht erfüllt sein müssen, wurde weiter vorne ausgeführt.[119] Wird die gesellschaftsrechtliche Natur bejaht, liegt gemäss Art. 530 Abs. 2 OR dann eine einfache Gesellschaft vor, wenn nicht die Voraussetzungen einer anderen Gesellschaftsform zutreffen. Ein Aktionärbindungsvertrag mit gesellschaftsrechtlicher Natur kann also infolge Parteivereinbarung auch zu einer anderen Gesellschaft werden, sei es eine Kollektiv- oder eine Kommanditgesellschaft. Eine entsprechende Parteivereinbarung wird aber selten sein. Dies unter anderem deshalb, weil die nichtkaufmännischen Kollektiv- und Kommanditgesellschaften des Handelsregistereintrages im Sinne eines Entstehungserfordernisses bedürfen und die kaufmännischen Kollektiv- und Kommanditgesellschaften zur Eintragung verpflichtet sind.[120] Der Eintrag im Handelsregister bewirkt nun aber eine Publizität, welche in der Regel von den an Aktionärbindungsverträgen Beteiligten nicht gewünscht wird. Ein weiterer Grund, wieso die an Aktionärbindungsverträgen Beteiligten selten eine Kollektiv- oder Kommanditgesellschaft gründen, liegt darin, dass sich auch juristische Personen an Aktionärbindungsverträgen beteiligen wollen, diese aber als Kollektivgesellschafter[121] ausgeschlossen und bei Kommanditgesellschaften nur als Kommanditäre zugelassen sind[122].

Es kommt vor, dass die am Aktionärbindungsvertrag beteiligten Parteien eine juristische Person, beispielsweise eine GmbH, gründen, welche die Aktien der betroffenen Aktiengesellschaft hält. Diese Konstruktion ersetzt aber in der Regel eine ergänzende Gesellschaftervereinbarung nicht[123] und hat meist die Funktion der Sicherung der Einhaltung der Vertragspflichten, weshalb in Kapitel 10 näher darauf eingegangen wird.

---

[118]   APPENZELLER, S. 55 f.; ALTENBERGER, S. 70; BINDER, S. 324; BÖCKLI, Stimmrecht, S. 66 ff.; BÜRGI, Zürcher Kommentar, Art. 692 OR N 35; BÖCKLI/MORSCHER, S. 64; DOHM, S. 126 ff.; GROUPE DE RÉFLEXION, S. 30; FORSTMOSER/MEIER-HAYOZ/NOBEL, § 39 N 163; FURRER, S. 112; GLATTFELDER, S. 231a f.; HANDSCHIN, Basler Kommentar, Art. 530 OR N 16; HIRSCH/PETER, S. 1; KOEBEL, S. 29 f.; KÖNIG, S. 154; LUEBBERT, S. 249; PATRY, Rapport, S. 225 f.; PATRY, ZSR, S. 125a; STUBER, S. 21 f.; BGE 88 II 172 = Pra 51/1962 Nr. 128.

[119]   Siehe § 1, Ziff. I/2 in diesem Kapitel (S. 25 ff.).

[120]   Art. 552 Abs. 2, Art. 553, Art. 594 Abs. 3 und Art. 595 OR.

[121]   Art. 552 OR.

[122]   Art. 594 Abs. 2 OR.

[123]   A.M HANDSCHIN (NZZ), welcher die Gründung einer GmbH als vorteilhafter betrachtet als die Verknüpfung von Aktiengesellschaft und Aktionärbindungsvertrag. Er begründet dies damit, dass

Wir haben gesehen, dass Aktionärbindungsverträge, bei denen die gemeinsame Zweckförderung vereinbart wurde, gesellschaftsrechtlicher Natur sind und meist als einfache
Gesellschaften qualifiziert werden können.[124] Wir haben aber auch gesehen, dass
Mischformen die Regel sind, das heisst, dass Aktionärbindungsverträge mit grundsätzlich gesellschaftsrechtlicher Natur meist auch synallagmatische Elemente enthalten.[125]
Sind solche Aktionärbindungsverträge nun als einfache Gesellschaften oder als Innominatkontrakte zu qualifizieren? M.E. ist der Qualifikation als Innominatverträge den
Vorzug zu geben, da damit die Tatsache der sehr unterschiedlichen Ausgestaltung besser berücksichtigt wird. Faktisch ist die Frage aber weitgehend irrelevant, die Ergebnis-
se bei der Rechtsanwendung sind weitgehend dieselben. Bei der Annahme einer einfachen Gesellschaft mit synallagmatischen Elementen wird man für Fragen wie Dauer
und Beendigung grundsätzlich das Recht der einfachen Gesellschaft und bezüglich der
synallagmatischen Elemente die entsprechenden passenden Regeln anwenden. Nimmt
man dagegen einen Innominatkontrakt an, wird man bezüglich der gesellschaftsrechtlichen Elemente regelmässig auch das Recht der einfachen Gesellschaft (analog) anwenden.

§ 2 Rechtsanwendung

Aktionärbindungsverträge als solche sind weder im Besonderen Teil des Obligationenrechts noch in einem Spezialgesetz geregelt.[126] Wie wir bereits gesehen haben, können
sie auch nicht einheitlich einem der gesetzlichen Vertragstypen zugeordnet werden, weil
sie unterschiedlichste Regelungsbereiche enthalten. Da Aktionärbindungsverträge nicht
einem bestimmten gesetzlichen Vertragstyp entsprechen, gehören sie zu den sogenannten Innominatkontrakten.[127] Dies gilt auch für jene Aktionärbindungsverträge, die von

---

die Regelungen in Aktionärbindungsverträgen nur inter partes und nicht gesellschaftsrechtlich
wirken. Bei der GmbH dagegen könnten die Gesellschafter auf gesellschaftlicher Ebene viel weitergehende als bei der Aktiengesellschaft zusätzliche Rechte und Pflichten (neben der Liberierungspflicht) vorsehen. Obwohl diese Überlegung richtig ist, wird es m.E. weiterhin viele Aktionärbindungsverträge geben. Die Gründung einer GmbH anstelle der Verknüpfung von
Aktiengesellschaft und Aktionärbindungsvertrag bringt nämlich dann nichts, wenn nur ein Teil
der Gesellschafter an weitergehenden Vereinbarungen beteiligt sein sollen oder wollen. Zudem
kann auch das Geheimhaltungsinteresse gegen die Gründung einer GmbH sprechen.

124 Vgl. dazu § 1, Ziff. I/2 in diesem Kapitel (S. 25 ff.).
125 Vgl. dazu § 1, Ziff. I/3, S. 29.
126 Vgl. vorne S. 23.
127 Vgl. die Definition des Begriffes „Innominatverträge" bei SCHLUEP/AMSTUTZ, Basler Kommen-
      tar, Einleitung vor Art. 184 ff. OR N 5, und KRAMER, Berner Kommentar, Art. 19-20 OR N 49.

ihrer Struktur her grundsätzlich einfache Gesellschaften darstellen. Da sie in der Regel auch synallagmatische Elemente enthalten, sind sie ebenfalls als Innominatverträge zu qualifizieren. Aus diesen Gründen wird im Folgenden zuerst auf die Rechtsanwendung bei Innominatkontrakten im Allgemeinen eingegangen (I), bevor die Rechtsanwendung bei Aktionärbindungsverträgen behandelt wird (II).

Eine vertiefte Darstellung der Rechtsanwendung bei Innominatkontrakten rechtfertigt sich aus verschiedenen Gründen: Während sich Lehre und Rechtsprechung über das grundsätzliche Vorgehen der Rechtsanwendung bei Innominatkontrakten und die Inhaltskontrolle bei solchen Verträgen weitgehend einig sind,[128] gibt es unterschiedliche Meinungen bei der Frage der Vertragsergänzung. Einerseits ist die Rangfolge der Ergänzungsmittel umstritten und andererseits gibt es verschiedene Theorien bezüglich der Anwendung dispositiver Normen des besonderen Teils des OR.[129] Auch die Rechtsprechung des Bundesgerichts hat bisher nicht zur Klärung der entsprechenden Fragen geführt; so bezeichnet die Lehre diesbezüglich die Praxis unseres höchsten Gerichts als unklar und uneinheitlich.[130] Aus diesen Gründen ist es sinnvoll, die unterschiedlichen Theorien und Meinungen zusammenzufassen und darzustellen, welcher Methode in dieser Arbeit gefolgt wird. Diese Klärung der Grundlagen der Rechtsanwendung bei Innominatkontrakten ist aber nicht nur für die weiteren Ausführungen dieser Arbeit wichtig; die allgemeinen Grundlagen sind bei jeder Rechtsanwendung mit Aktionärbindungsverträgen von Bedeutung.

I.   Rechtsanwendung bei Innominatverträgen

1.   Allgemeines

Wenn zwischen Vertragsparteien Streitigkeiten entstehen, fragt sich, welche rechtlichen Regeln zur Anwendung kommen, um die strittigen Punkte zu beurteilen. Das Vorgehen zur Beantwortung dieser Frage ist bei allen Verträgen - seien es Nominat- oder Innominatkontrakte - weitgehend dasselbe:

Als Erstes ist jeweils zu prüfen, ob die Parteien etwas vereinbart haben bzw. ob der konkrete Vertrag selbst eine Regelung enthält. Begründen lässt sich dies mit der in Art. 19 Abs. 1 OR festgelegten Inhaltsfreiheit. Das dort geregelte Prinzip, wonach die Par-

---

[128]   Siehe dazu Ziff. I/1 und I/2 nachfolgend.
[129]   Siehe dazu Ziff. I/3 nachfolgend.
[130]   Vgl. beispielsweise LEUENBERGER, S. 62.

teien den Vertragsinhalt innerhalb der Schranken des Gesetzes beliebig feststellen können, statuiert in diesem Umfang einen Vorrang des Parteiwillens und führt zu der
Grundregel, dass bei der Rechtsanwendung in erster Linie die Parteivereinbarungen
massgebend sind.

Ergibt sich aus dem individuellen Vertrag eine Regelung, ist weiter zu untersuchen, ob
sich diese innerhalb „der Schranken des Gesetzes"[131] bewegt. Die Prüfung, ob der Inhalt konkreter Verträge die Grenzen der Inhaltsfreiheit beachtet, wird Inhaltskontrolle
genannt. Die massgebenden Kontrollkriterien werden vom Gesetz in Art. 19 Abs. 2
und Art. 20 OR konkretisiert.[132]

Wenn sich dem individuellen Vertrag keine oder nur eine unvollständige Regelung ent-
nehmen lässt und bezüglich der fehlenden Regelung kein absichtliches Schweigen der
Vertragspartner angenommen werden muss, ist eine Ergänzung des Vertrages notwendig.[133] Das Gleiche gilt, wenn eine vertragliche Regelung unwirksam ist (z.B. bei einem
Verstoss gegen zwingendes Recht).

2.   Inhaltskontrolle[134]

Das in Ziff. 1 erwähnte Prinzip, wonach bei der Rechtsanwendung eventuell vorhan-
dene Parteivereinbarungen vorgehen, diese aber einer Inhaltskontrolle unterworfen
sind, gilt in gleicher Weise für Innominatkontrakte.[135] Von den verschiedenen, in den
Art. 19 und 20 OR konkretisierten Schranken der Inhaltsfreiheit, ist im Zusammenhang mit Innominatkontrakten v.a. das Kriterium „zwingendes Recht" näher zu erläu-
tern. Da Innominatkontrakte nicht im Gesetz geregelt sind, stellt sich die Frage, ob und
welche zwingenden Regeln es im Privatrecht gibt, die dem Inhalt dieser Verträge
Schranken setzen. Diesbezüglich ist zunächst festzuhalten, dass allgemeine Normen -
insbesondere jene des Allgemeinen Teils des Obligationenrechts - auf Innominatkontrakte ebenso anwendbar sind wie auf Nominatkontrakte. Deshalb gelten zwingende
Regeln aus diesem Bereich auch für Innominatkontrakte. Anders ist es bezüglich der
zwingenden Bestimmungen des Besonderen Teils, diese finden in der Regel keine unmittelbare Anwendung auf Innominatkontrakte, ausser ihr Schutzbereich wäre über
den betreffenden Nominatvertrag hinaus festgelegt worden[136] oder es würde eine Ge-

---

131   Vgl. Art. 19 Abs. 1 OR.
132   Zur Inhaltskontrolle siehe Ziff. 2 nachstehend.
133   Zur Vertragsergänzung siehe Ziff. 3 nachstehend.
134   Ausführliche Erläuterungen zu Vertragsfreiheit, Inhaltsfreiheit und Inhaltskontrolle finden sich
      beispielsweise bei KRAMER, Berner Kommentar, Art. 19-20 OR oder bei BUCHER, AT, S. 87 ff.
135   LEUENBERGER, S. 65 f. m.w.N.
136   Vgl. beispielsweise Art. 226m Abs. 1 OR.

setzesumgehung vorliegen. Sie können aber trotzdem eine gewisse Rolle spielen. So kann der Richter bei Innominatkontrakten zwingende Regeln aufstellen, wenn ein Schutzbedürfnis einer Vertragspartei vorliegt.[137] Dabei wird er sich - vor allem bei gemischten Verträgen[138] - häufig an zwingenden Normen der beteiligten Nominattypen orientieren und eine Regel analog anwenden, falls die der Norm zugrundeliegenden legislatorischen Wertungen für den zu beurteilenden Fall zutreffen.[139] Das Bundesgericht hat zur analogen Anwendung zwingender Normen des Vertragstypenrechts auf Innominatkontrakte Folgendes ausgeführt: „Bei Dauerschuldverhältnissen, in welchen die eine Partei wirtschaftlich von der anderen abhängig ist, kann die Schutzbedürftigkeit der schwächeren Vertragspartei die sinngemässe Anwendung zwingender Vorschriften erheischen, welche das Gesetz für verwandte Vertragstypen vorsieht (...). Voraussetzung ist allerdings, dass sich der Regelungsgedanke bestimmter gesetzlicher Schutzvorschriften auf das konkrete Vertragsverhältnis übertragen lässt."[140]

3. Vertragsergänzung

Nach h.L. ist die Methode der Vertragsergänzung bei Innominatkontrakten grundsätzlich die gleiche wie bei Nominatkontrakten,[141] bei der Ergänzung von Innominatkontrakten ergeben sich aber zusätzlich einige Besonderheiten, weil für diese Verträge das gesetzliche Typenrecht fehlt.[142] Im Folgenden wird deshalb zunächst die Vertragsergänzung im Allgemeinen dargestellt und anschliessend speziell auf die Ergänzung von Innominatverträgen eingegangen. Dabei sollen nicht nur die neueren Lehrmeinungen und die Bundesgerichtspraxis zusammengefasst sondern jeweils in einem zweiten Schritt dargestellt werden, welche Regeln die Verfasserin als zweckmässig betrachtet.

a) Vertragsergänzung im Allgemeinen

Über die Mittel der Vertragsergänzung ist man sich in der Lehre weitgehend einig. So werden in diesem Zusammenhang jeweils das dispositive Gesetzesrecht, das Gewohn-

---

[137] SCHLUEP/AMSTUTZ, Basler Kommentar, Einleitung vor Art. 184 ff. OR N 79.

[138] Der Begriff „gemischte Verträge" meint einheitliche Verträge, die aus Tatbestandsmerkmalen verschiedener (gesetzlich geregelter oder nicht geregelter) Vertragstypen kombiniert werden. Vgl. SCHLUEP/AMSTUTZ, Basler Kommentar, Einleitung vor Art. 184 ff. OR N 7 und KRAMER, Berner Kommentar, Art. 19-20 OR N 58.

[139] Vgl. auch SCHLUEP, Basler Kommentar, Einleitung vor Art. 184 ff. OR N 79; LEUENBERGER, S. 67.

[140] BGE 118 II 157 ff., 163 E. 4a.aa.

[141] LEUENBERGER, S. 0

[142] SCHLUEP/AMSTUTZ, Basler Kommentar, Einleitung vor Art. 184 ff. OR N 42 + 66; KRAMER, Berner Kommentar, Art. 18 OR N 255, m.w.N.

heitsrecht und die richterliche Vertragsergänzung[143] genannt.[144] Ebenfalls erwähnt werden die Anknüpfungspunkte „Verkehrsübung" und „hypothetischer Parteiwille".[145] Die Verkehrsübung ist aber kein eigenständiges Ergänzungsmittel sondern wird entweder im Rahmen der Ergänzung durch dispositives Recht - wenn die entsprechende Norm auf sie verweist - oder im Rahmen der richterlichen Ergänzung berücksichtigt.[146] Auch der hypothetische Parteiwille wird von den meisten Autoren nicht als eigenes Ergänzungsmittel behandelt sondern als eines der Kriterien genannt, die der Richter bei der richterlichen Vertragsergänzung berücksichtigt.[147]

Die verschiedenen Ergänzungsmittel werden unterschiedlich eingeteilt, so wird beispielsweise unterschieden zwischen Ergänzung durch eine „Eigen-Norm" bzw. eine „Fremd-Norm" oder zwischen subjektiven und objektiven Kriterien.[148] Wichtiger als die Frage der Einteilung ist aber jene nach der Rang- oder Reihenfolge der verschiedenen Ergänzungsmittel, v.a das Verhältnis zwischen dispositivem Recht und richterlicher Ergänzung gestützt auf den hypothetischen Parteiwillen.

In der Lehre ist die Rangfolge umstritten und wird unterschiedlich dargestellt.[149] Das Bundesgericht prüft - soweit ersichtlich - in erster Linie, ob die Ergänzung mittels dispositivem Recht möglich ist und nimmt erst, wenn auf diese Weise keine Lösung gefunden werden kann, eine richterliche Ergänzung gestützt auf den hypothetischen Parteiwillen vor.[150] M.E. sollte nicht streng an einer bestimmten Rangfolge festgehalten werden, da so den konkreten Umständen nicht Rechnung getragen werden kann; es ist sinnvoller, einer differenzierenden Betrachtungsweise zu folgen, wie dies SCHLUEP[151]

---

[143] Anm. zur Terminologie: Der Begriff „richterliche Vertragsergänzung" ist verwirrend, da der Vorgang der Ergänzung von Verträgen generell durch den Richter erfolgt, unabhängig davon, welches Ergänzungsmittel er anwendet. Man spricht aber speziell von „richterlicher Ergänzung", wenn der Richter selbst eine Regel bildet, weil kein anderes Ergänzungsmittel einen Erfolg bringt (vgl. JÄGGI/GAUCH, Zürcher Kommentar, Art. 18 OR N 526).

[144] Vgl. beispielsweise GAUCH/SCHLUEP/SCHMID/REY, N 1248 ff.; SCHLUEP/AMSTUTZ, Basler Kommentar, Einleitung vor Art. 184 ff. OR N 46 ff.; LEUENBERGER S. 60; JÄGGI/GAUCH, Zürcher Kommentar, Art. 18 OR N 503, 526, 532.

[145] Zur Definition des hypothetischen Parteiwillens vgl. BGE 115 II 488 E. 4b.

[146] Vgl. die Ausführungen bei JÄGGI/GAUCH, Zürcher Kommentar, Art. 18 OR N 520 ff. und KRAMER, Berner Kommentar, Art. 18 OR N 242 ff.

[147] Vgl. dazu KRAMER, Berner Kommentar, Art. 18 OR N 238; GAUCH/SCHLUEP/SCHMID/REY, N 1265; LEUENBERGER, S. 60.

[148] Vgl. die Darstellung bei SCHLUEP/AMSTUTZ, Basler Kommentar, Einleitung vor Art. 184 ff. OR N 46 ff.

[149] SCHLUEP/AMSTUTZ, Basler Kommentar, Einleitung vor Art. 184 ff. OR N 55; KRAMER, Berner Kommentar, Art. 18 OR N 230 je mit Darstellung der verschiedenen Meinungen.

[150] Vgl. dazu BGE 115 II 488 E. 4 b.

[151] SCHLUEP/AMSTUTZ, Basler Kommentar, Einleitung vor Art. 184 ff. OR N 56 ff.

und KRAMER[152] vorschlagen. Gestützt auf die Grundideen der genannten Autoren, deren Darstellungen sich im Detail unterscheiden, im Grundsatz aber ähnlich sind, ist m.E. bei der Vertragsergänzung folgendes Vorgehen sinnvoll:

- Zuerst sollte geprüft werden, ob der Vertrag eine Regelung enthält, welche zur Lückenfüllung analog herangezogen werden kann.[153] Die Abgrenzung zwischen Auslegung und Ergänzung ist in diesem Bereich recht schwierig, aber es ist letztlich unerheblich, ob man mittels Auslegung oder Ergänzung des Vertrages eine Lösung findet.[154/155]

- Enthält der Vertrag keine Norm, die analog angewendet werden kann, hat die Ergänzung entweder durch dispositives Recht oder durch richterliche Ergänzung (orientiert am hypothetischen Parteiwillen) zu erfolgen. Bei der Frage, welches Ergänzungsmittel Vorrang hat, sind verschiedene Kriterien zu berücksichtigen:
  Es ist zu prüfen, ob die betreffende Norm des dispositiven Rechts eine spezielle Ordnungsfunktion hat und ob der Gesetzgeber Gerechtigkeitsintentionen hatte. Ist dies der Fall, hat das dispositive Recht grundsätzlich Vorrang vor der richterlichen Ergänzung.[156] Bei wertindifferenten Regeln oder wenn sich aus der Formulierung einer Norm ergibt, dass sie nur „in letzter Linie" gelten soll, kann der Richter eine von der gesetzlichen Ordnung abweichende Regelung treffen.[157]
  Weiter ist zu berücksichtigen, ob der jeweilige Vertrag typisch oder atypisch ist. Ist der Vertrag typisch, d.h. entspricht er dem Leitbild der gesetzlichen Ordnung, macht die Anwendung von dispositiven Gesetzesnormen eher einen Sinn als bei atypischen Verträgen. Dies v.a. auch deshalb, weil im ersten Fall die Anwendung des dispositiven Rechts oft dem hypothetischen Parteiwillen entspricht.[158]
  Es ist aber in jedem Fall zu berücksichtigen, ob die Regelung einer dispositiven Norm dem Sinn und Zweck eines Vertrages angemessen ist und der Interessenlage der Parteien entspricht.

---

152 KRAMER, Berner Kommentar, Art. 18 OR N 232 ff.
153 Vgl. die Ausführungen bei SCHLUEP, Basler Kommentar, Einleitung vor Art. 184 ff. OR N 55; KRAMER, Berner Kommentar, Art. 18 OR N 222.
154 Etwas anderes gilt aufgrund des Legalitätsprinzips bei der Auslegung bzw. Ergänzung von Gesetzesnormen.
155 Vgl. dazu die Ausführungen bei KRAMER, Berner Kommentar, Art. 18 OR N 224 ff.
156 SCHLUEP/AMSTUTZ, Basler Kommentar, Einleitung vor Art. 184 ff. OR N 57.
157 KRAMER, Berner Kommentar, Art. 18 OR N 233.
158 KRAMER, Berner Kommentar, Art. 18 OR N 232; SCHLUEP/AMSTUTZ, Basler Kommentar, Einleitung vor Art. 184 ff. OR N 59.

Bei dem dargestellten Vorgehen ist das Gewohnheitsrecht bewusst nicht berücksichtigt worden, weil es im Vertragsrecht äusserst selten vorkommt.[159]

b)   Vertragsergänzung bei Innominatkontrakten

Die Vertragsergänzung bei Innominatkontrakten erfolgt grundsätzlich nach den gleichen Regeln wie bei Nominatkontrakten. Einzig in Bezug auf die Bedeutung des dispositiven Rechts sind spezielle Überlegungen notwendig, da bei Innominatkontrakten das gesetzliche Typenrecht fehlt.[160] Unproblematisch sind die dispositiven Normen des Allgemeinen Teils des Obligationenrechts, da diese auch für Innominatkontrakte gelten.[161] Deshalb gilt das unter Ziff. 1 bezüglich dispositivem Recht Ausgeführte - soweit es die Normen des Allgemeinen Teils des Obligationenrechts betrifft - auch für Innominatkontrakte.

Problematisch ist dagegen die Frage der Anwendbarkeit der dispositiven Normen des Besonderen Teils des Obligationenrechts. Zu dieser Frage wurden in der Lehre verschiedene Theorien entwickelt:

Absorptionstheorie

Nach dieser Theorie soll bei gemischten Verträgen das Recht des dominanten Vertragstypus angewendet werden, während die beigemischten Elemente rechtlich unberücksichtigt bleiben, d.h. vom dominanten Typ „absorbiert" werden.[162]

Kombinationstheorie

Gemäss dieser Theorie sollen bei gemischten Verträgen die Regeln der im betreffenden Vertrag enthaltenen Vertragstypen auf den jeweils entsprechenden Vertragsteil angewendet werden.[163]

---

[159]   Vgl. JÄGGI/GAUCH, Zürcher Kommentar, Art. 18 OR N 532.

[160]   Vgl. SCHLUEP/AMSTUTZ, Basler Kommentar, Einleitung vor Art. 184 ff. OR N 66.

[161]   Vgl. BGE 103 II 102 ff. und BGE 113 II 424 ff. = Pra 77/1988 Nr. 109. Im ersten Fall wendete das Bundesgericht bei einem Automatenaufstellungsvertrag Art. 102 ff. OR an, im zweiten Fall bei einem Vertrag sui generis Art. 97/101 OR.

[162]   SCHLUEP/AMSTUTZ, Basler Kommentar, Einleitung vor Art. 184 ff. OR N 13; KRAMER, Berner Kommentar, Art. 19-20 OR N 75 ff.

[163]   SCHLUEP/AMSTUTZ, Basler Kommentar, Einleitung vor Art. 184 ff. OR N 14; KRAMER, Berner Kommentar, Art. 19-20 OR N 79.

Theorie der Übernahme gesetzlicher Einzelanordnungen

Diese Theorie besagt, dass atypische Verträge nicht pauschal einem gesetzlichen Vertragstyp zugeordnet werden sollen sondern je nach Rechtsproblem die passende Einzelregel des Nominatrechts anzuwenden sei.[164]

Theorie der analogen Rechtsanwendung

Nach dieser Theorie können die Regeln des Nominatrechts nicht unmittelbar auf Innominatverträge angewendet werden sondern nur analog.[165]

Kreationstheorie

Diese Theorie besagt, dass der Richter bei Innominatkontrakten das erforderliche Recht selbst setzen muss, falls es kein entsprechendes Gewohnheitsrecht gibt.[166]

Diskurstheorie

Diese Theorie sagt nichts darüber aus, nach welcher Methode die Rechtsanwendung bei Innominatkontrakten zu erfolgen hat, sondern will belegen, dass diese einen Kommunikationsprozess zwischen den verschiedenen Rechtsanwendern in Praxis und Wissenschaft erfordert.[167]

Theorie von Schluep

Die dargestellten Theorien werden heute mehrheitlich kritisiert, da diese jeweils nicht allen Innominatkontrakten gerecht werden.[168] SCHLUEP hat deshalb versucht, eine Methode der Vertragsergänzung zu entwickeln, welche die verschiedenen Arten von Innominatkontrakten berücksichtigt.[169] Dabei kam er zu folgenden Ergebnissen: Zur Beantwortung der Frage, ob dispositive Normen des Besonderen Teils des Obligationenrechts bei Innominatkontrakten direkte Anwendung finden, ist zwischen gemischten Verträgen und den Verträgen eigener Art (sui generis), d.h. eigentlichen Neuschöpf-ungen, die nicht nur eine Mischung darstellen[170], zu unterscheiden.[171] Bei

---

[164] SCHLUEP/AMSTUTZ, Basler Kommentar, Einleitung vor Art. 184 ff. OR N 15.

[165] SCHLUEP/AMSTUTZ, Basler Kommentar, Einleitung vor Art. 184 ff. OR N 16; KRAMER, Berner Kommentar, Art. 19-20 OR N 78.

[166] SCHLUEP/AMSTUTZ, Basler Kommentar, Einleitung vor Art. 184 ff. OR N 17.

[167] SCHLUEP/AMSTUTZ, Basler Kommentar, Einleitung vor Art. 184 ff. OR N 18.

[168] LEUENBERGER, S. 61 unten und S. 62 Mitte; SCHLUEP/AMSTUTZ, Basler Kommentar, Einleitung vor Art. 184 ff. OR N 13 ff.

[169] Vgl. zu den folgenden Ausführungen SCHLUEP/AMSTUTZ, Basler Kommentar, Einleitung vor Art. 184 ff. OR N 66 ff.

[170] SCHLUEP/AMSTUTZ, Basler Kommentar, Einleitung vor Art. 184 ff. OR N 9; KRAMER, Berner Kommentar, Art. 19-20 OR N 65.

Letzteren fällt die direkte Anwendung dispositiver Normen des Besonderen Teils des Obligationenrechts ausser Betracht, weil der Bezug zum Typenrecht fehlt. Hier hat der Richter eine eigene Regel zu bilden. Bei den gemischten Verträgen dagegen ist eine direkte Anwendung dispositiver Normen der beteiligten Typenrechte denkbar (wie bei der Theorie der Zuordnung zu gesetzlichen Einzelanordnungen). Eine Anwendung des dispositiven Rechts sollte aber nur erfolgen, wenn dadurch ein harmonisches Gesamtergebnis bewirkt wird. Wenn dies nicht der Fall ist, hat der Richter eine eigene Regel zu bilden. Dabei hat er bei singulären Innominatverträgen die Ergänzung individuell-konkret den Umständen entsprechend vorzunehmen; bei verkehrstypischen Innominatkontrakten, d.h. wenn es sich um einen eigenständigen Vertragstyp handelt, hat er dagegen modo legislatoris vorzugehen. Beim Vorgehen modo legislatoris soll der Richter berücksichtigen, ob sich Gewohnheitsrecht gebildet hat, ob es eine Verkehrsübung oder beste-hendes Richterrecht gibt sowie ob die analoge Anwendung einer dispositiven Norm des Besonderen Teils des OR zu einem sinnvollen Ergebnis führt. Hilft dies alles nicht, muss er eine eigene generelle Regel setzen.

Praxis des Bundesgerichts

Die Praxis des Bundesgerichts zur Frage der Methode der Vertragsergänzung bei Innominatkontrakten wird in der Lehre als unklar und uneinheitlich bezeichnet.[172] Aufgrund des Vorgehens in entsprechenden Urteilen kann man aber darauf schliessen, dass das Bundesgericht bei früheren Entscheiden eher die Absorptionsmethode anwandte, indem es auf gemischte Verträge das Vertragstypenrecht jenes Vertragselementes anwandte, welches im betreffenden Vertrag überwog.[173] Später hat es dann die Möglichkeit der Spaltung der Rechtsfolgen bei gemischten Verträgen bejaht und ist nach der Kombinationstheorie vorgegangen.[174] In einem neueren Entscheid[175] hatte es einen Franchisevertrag zu beurteilen und hielt fest, dass Franchiseverträge „in derart vielgestaltigen Erscheinungsformen" auftreten, „dass weder eine hinreichend scharfe begriffliche Umschreibung dieses Vertragstypus möglich erscheint, noch ein für allemal gesagt werden könnte, welchen Rechtsregeln solche Verträge unterstehen (...). Das anwendba-

---

[171] SCHLUEP behandelt zusätzlich noch die zusammengesetzten Verträge, betont aber selbst, dass es sich dabei nicht um Innominatverträge, sondern nur um eine Innominatfigur handelt (SCHLUEP, Basler Kommentar, Einleitung vor Art. 184 ff. OR N 10 + 70). Auf die entsprechenden Ausführungen wird deshalb hier nicht eingegangen.

[172] Vgl. beispielsweise LEUENBERGER, S. 62 und SCHLUEP/AMSTUTZ, Basler Kommentar, Einleitung vor Art. 184 ff. OR N 41.

[173] Vgl. beispielsweise BGE 94 II 169 E. 2.

[174] Vgl. dazu BGE 109 II 466 E. 3d., 110 II 382 E. 2, 115 II 478 E. 2c., 119 II 29 E. 2 = Pra 82/1993 Nr. 189.

[175] BGE 118 II 157 ff.

re Recht muss deshalb in jedem Einzelfall aufgrund des konkreten Vertrages ermittelt werden. Dabei wird der Vertrag selten einheitlich einem bestimmten gesetzlichen Vertragstypus zugeordnet werden können (...), herrscht doch bei Franchiseverträgen gewöhnlich nicht die Natur eines einzigen gesetzlichen Vertragstypus derart vor, dass typenfremde Elemente ohne weiteres darin aufgingen (Absorptionsprinzip; ...). In der Regel muss vielmehr bei jeder sich stellenden Rechtsfrage gesondert geprüft werden, nach welchen gesetzlichen Bestimmungen oder nach welchen Rechtsgrundsätzen sie zu beurteilen ist."[176] Weiter unten erklärt das Bundesgericht allgemein, es halte an seiner Rechtsprechung fest, wonach bei „aus verschiedenen Einzelverträgen zusammengesetzten Vertragskomplexen und bei gemischten Verträgen; ... auf den Regelungsschwerpunkt abzustellen" ist[177]. Aus diesen Aussagen lässt sich schliessen, dass das Bundesgericht die Absorptionstheorie bei gemischten Verträgen grundsätzlich als anwendbar erklärt. Es erkennt aber, dass ein Vorgehen nach dieser Methode nicht bei allen Innominatverträgen sinnvoll ist (v.a. dort, wo kein gesetzlicher Vertragstyp vorherrscht). Die Methode, die es dann anwendet (es prüft bei jeder sich stellenden Rechtsfrage, welche Regeln anwendbar sind), entspricht der Theorie der Übernahme gesetzlicher Einzelanordnungen.

4. Schlussfolgerungen

Was lässt sich nun aus dem Dargestellten für die Anwendung des dispositiven Rechts bzw. für die Vertragsergänzung allgemein bei Innominatkontrakten folgern? Ein wichtiges Resultat ist m.E. die Feststellung, dass es keine allgemeingültige, eindeutige Methode gibt, die bei allen Innominatkontrakten angewendet werden kann. Das Vorgehen von SCHLUEP, der zwischen verschiedenen Arten von Innominatkontrakten unterscheidet und die Wichtigkeit des sinnvollen Ergebnisses betont, ist daher positiv zu bewerten.

Zusammenfassende Darstellung der Rechtsanwendung bei Innominatkontrakten:

1. In erster Linie sind die konkreten vertraglichen Absprachen massgebend.[178] Es ist deshalb zu prüfen, ob das sich stellende Problem vertraglich geregelt wird.

2. Falls der Vertrag eine Regelung enthält, ist diese einer Inhaltskontrolle zu unterziehen (nach den Kriterien der Art. 19 und 20 OR). Dabei ist in Bezug auf das Kriterium „zwingendes Recht" Folgendes festzuhalten[179]:

---

[176] BGE 118 II 160 f. E. 2c.
[177] BGE 118 II 162 E. 3a.
[178] Vgl. dazu auch BGE 120 II 238 E. 4a.

Allgemeine zwingende Regeln (z.B. der Einleitungsartikel des ZGB und des Allgemeinen Teils des OR) gelten auch für Innominatkontrakte.

Die zwingenden Regeln des Besonderen Teils des Obligationenrechts finden grundsätzlich keine unmittelbare Anwendung auf Innominatverträge, ausser ihr Schutzbereich wäre über den betreffenden Nominatvertrag hinaus festgelegt worden, oder es würde eine Gesetzesumgehung vorliegen. Der Richter kann aber eigene zwingende Regeln aufstellen, falls die Schutzbedürftigkeit einer Partei dies erfordert. Dabei kann er sich an den zwingenden Regeln des BT orientieren und eine Regel analog anwenden, falls die ihr zugrundeliegenden Wertungen im konkreten Fall zutreffen.

3. Wenn der Vertrag keine Regelung enthält und eine Vertragsergänzung nötig wird, ist nach folgender Methode vorzugehen:

Zuerst ist zu prüfen, ob es eine vertragliche Regelung gibt, deren analoge Anwendung eine Lösung bringt.

Kann so keine Lösung gefunden werden, hat der Richter dispositives Recht oder eine eigene Regelung anzuwenden. Bei der Beantwortung der Frage, was Vorrang hat, sollte keiner schematischen Reihenfolge gefolgt werden, sondern das sinnvolle Gesamtergebnis im Vordergrund stehen. Daher können die folgenden Kriterien nur einige Anhaltspunkte geben, sie sind aber nicht als strenge Vorgabe für eine Reihenfolge oder einen Vorrang gemeint:

Dispositives Recht sollte Vorrang haben, falls es einen speziellen Ordnungsgehalt hat. Bei anderen Normen kann der Richter eher eine vom dispositiven Recht abweichende eigene Regelung aufstellen.

Wenn es um Normen des Besonderen Teils geht, kann die Unterscheidung, ob es sich um einen gemischten Vertrag oder einen Vertrag eigener Art handelt, Bedeutung erlangen. Im ersten Fall ist die Anwendung von dispositivem Gesetzesrecht in der Regel eher angebracht als bei Verträgen sui generis.

Ein weiterer Anhaltspunkt für die Anwendung von dispositivem Recht des Besonderen Teils ist die Typizität bzw. Atypizität des Vertrages. In allen Fällen ist aber zu berücksichtigen, ob die Regelung dem Sinn und Zweck des Vertrages entspricht.

II. Rechtsanwendung bei Aktionärbindungsverträgen

In diesem Abschnitt soll das unter Ziffer I Ausgeführte in Bezug auf Aktionärbindungsverträge konkretisiert werden. Dabei kann es aber nur darum gehen, allgemeine

---

[179] Vgl. bezüglich der folgenden Ausführungen Ziff. I/2 vorstehend, S. 36 f.

Grundsätze und einige Beispiele darzustellen. Auf alle konkreten Regelungen und möglicherweise anwendbaren Rechtsnormen kann an dieser Stelle nicht eingegangen werden. Aktionärbindungsverträge enthalten meist mehrere Regelungsbereiche und sind so unterschiedlich ausgestaltet, dass eine umfassende Darstellung der konkreten Rechtsanwendung - falls überhaupt möglich - zu unübersichtlich wäre. Sinnvoller und überschaubarer ist eine getrennte Darstellung der Rechtsanwendung bei Aktionärbindungsverträgen auf zwei Ebenen, der allgemeinen und der konkreten. Daher werden in diesem Kapitel vorerst nur die Grundsätze und Leitlinien der Rechtsanwendung bei Aktionärbindungsverträgen im Allgemeinen behandelt. Auf konkrete Normen und anwendbare Regeln wird weiter hinten eingegangen, einerseits bei der Prüfung der generellen Zulässigkeit von Aktionärbindungsverträgen[180] und andererseits im zweiten Teil der Arbeit bei der Darstellung der verschiedenen Regelungsbereichen. So werden beispielsweise die bei Aktionärbindungsverträgen anwendbaren Beendigungsregeln im Kapitel Dauer und Beendigung präsentiert.[181]

1.   Parteivereinbarung und Inhaltskontrolle

Wie oben dargestellt, ist selbstverständlich die Parteivereinbarung vorrangig und deshalb bei der Rechtsanwendung als Erstes zu prüfen, ob der konkrete Aktionärbindungsvertrag eine Regelung enthält.[182] Wenn ja, ist diese Regelung einer Inhaltskontrolle zu unterziehen und insbesondere zu prüfen, ob durch die vertragliche Regelung zwingende Normen verletzt werden, ein Umgehungsgeschäft gegeben ist oder ein Verstoss gegen Art. 27 ZGB vorliegt.[183] Als zu beachtende zwingenden Gesetzesvorschriften kommen bei Aktionärbindungsverträgen Normen aus folgenden Bereichen in Betracht:

- Allgemeine zwingende Regeln des Allgemeinen Teils des OR oder der Einleitungsartikel des ZGB.

- Zwingende Bestimmungen des Aktienrechts, so beispielsweise Art. 691 Abs. 1 OR, welcher die Umgehung von Stimmrechtsbeschränkungen verbietet.[184]

- Bei jenen Aktionärbindungsverträgen, welche als einfache Gesellschaft qualifiziert werden, können auch zwingende Normen des Rechts der einfachen Gesellschaft in

---

180   Dazu Kapitel 3, S. 49 ff.
181   Kapitel 6, S. 142 ff.
182   Vgl. Ziff I/1, S. 35 f. und die Zusammenfassung in Ziff.I/4, S. 43 f.
183   Vgl. Ziff I/2, S. 36 f. und die Zusammenfassung in Ziff. I/4, S. 43 f.
184   Vgl. dazu Kap. 3, § 1, Ziff. II/1/a, S. 50 ff.

Frage kommen, beispielsweise Art. 539 Abs. 2 OR, wonach beim Vorliegen wichtiger Gründe der Entzug der Geschäftsführungsbefugnis immer möglich ist oder Art. 545 Abs. 2 OR, welcher die Kündigung aus wichtigen Gründen vorsieht.

• Es kommen auch weitere zwingende Gesetzesbestimmungen in Betracht, die entweder Anwendung finden, weil ihr Schutzbereich über den betreffenden Nominatvertrag hinaus festgelegt worden ist oder eine Gesetzesumgehung vorliegt, oder aber weil sie vom Richter analog angewendet werden können, da die ihnen zugrunde liegenden Wertungen im konkreten Fall zutreffen.[185] Solche zwingende Bestimmungen können zum Einen verschiedensten Bereichen des Besonderen Teils des OR entstammen. Zu denken ist vor allem an Vertragstypen, von denen Elemente in Aktionärbindungsverträgen enthalten sind; sieht beispielsweise der Aktionärbindungsvertrag auch die Pflicht zur Arbeitsleistung im Unternehmen vor, ist bezüglich der zulässigen Dauer dieser Verpflichtung Art. 334 Abs. 3 OR[186] zu prüfen. Zum Andern gibt es weitere gesetzliche Vorschriften, welche zwingende Bestimmungen enthalten, die im Zusammenhang mit Aktionärbindungsverträgen zu beachten sind. So enthalten viele Aktionärbindungsverträge Schiedsklauseln, diesbezüglich gibt es zwingende Bestimmungen im Konkordat über die Schiedsgerichtsbarkeit[187] wie beispielsweise die Formvorschrift in Art. 6 Abs. 1 des Konkordats.

2. Vertragsergänzung

Ist eine Vertragsergänzung notwendig, hat der Richter dispositives Recht oder eine eigene Regelung anzuwenden, wobei er nach den vorne genannten Anhaltspunkten[188] vorzugehen hat. Als dispositive Normen kommen dabei - je nach konkretem Aktionärbindungsvertrag - verschiedene in Betracht: Zum Einen sind Normen des Allgemeinen Teils des Obligationenrechts anwendbar wie beispielsweise die Artikel 160 ff. OR bezüglich Konventionalstrafen. Zum Andern können diverse Regelungen des Besonderen Teils des Obligationenrechts analog angewendet werden. Diesbezüglich kommt beispielsweise das Recht der Einfachen Gesellschaft in Frage bei Aktionärbindungsverträgen, bei welchen die Parteien einen gemeinsamen Zweck verfolgen. Weiter ist jeweils zu prüfen, ob Elemente des Aktionärbindungsvertrages Vertragsarten entsprechen, zu

---

[185]   Vgl. oben Ziff. I/4, S. 44.
[186]   Diese zwingende Norm sieht vor, dass auf längere Dauer befristete Arbeitsverhältnisse nach 10 Jahren mit einer Frist von sechs Monaten gekündigt werden können.
[187]   Konkordat über die Schiedsgerichtsbarkeit vom 27. März 1969, SR 279.2
[188]   Vgl. Ziff. I/4, S. 44.

denen sich gesetzliche Regeln finden, so beispielsweise bei Erwerbsrechten oder Veräusserungsbeschränkungen.

a) Dispositive Normen des Allgemeinen Teils des OR

In Bezug auf die Anwendung von Normen des Allgemeinen Teils des Obligationenrechts ist zu berücksichtigen, dass die Art. 1 - 183 OR zwar bezüglich der zweiten Abteilung des Obligationenrechts „allgemein" gelten, nicht aber bezüglich der anderen Abteilungen.[189] Auf Letztere sei der Allgemeine Teil des OR aber aufgrund der Verweisung in Art. 7 ZGB analog anwendbar.[190] Dabei ist aber zu beachten, dass die Art. 1 - 183 OR nicht unbesehen auf die Gesellschaftsformen der dritten Abteilung des OR angewendet werden können. „Jeder solche Entscheid 'setzt eine Wertung voraus, also eine Besinnung auf den Inhalt und den Zweck sowohl der Bestimmungen des OR wie der rechtlich relevanten Tatsache, auf die sie angewendet werden sollen (...)'[191] Sinn und Zweck einer Gesellschaftsform können die Anwendung einer Bestimmung aus dem Allgemeinen Teil des OR u.U. verbieten."[192] Diese Überlegungen zum Verhältnis des Allgemeinen Teils zur dritten Abteilung des Obligationenrechts spielen auch für die einfache Gesellschaft eine Rolle, obwohl diese noch in der zweiten Abteilung des Obligationenrechts geregelt ist.[193] Da die charakteristischen Merkmale, welche zur Nichtanwendung einzelner allgemeiner Bestimmungen des Obligationenrechts auf die Gesellschaftsformen führen, teilweise auch für die einfache Gesellschaft zutreffen, müssen die oben gemachten Einschränkungen auch für die einfache Gesellschaft gelten. Daraus folgt, dass bei Aktionärbindungsverträgen mit gesellschaftsrechtlicher Natur die Normen des Allgemeinen Teils des Obligationenrechts nicht unbesehen angewendet werden können, die Anwendung ist im Einzelfall zu prüfen. So finden einige Normen direkt Anwendung, da sich ein entsprechender Verweis im Recht der einfachen Gesellschaft findet,[194/195] andere Regeln finden bei Verträgen mit gesellschaftsrechtlichem Charakter keine oder nur sehr beschränkt Anwendung. Dazu gehören beispielsweise

---

[189] FURRER, S. 192 m.w.H.; BGE 81 II 438
[190] FURRER, S. 192 m.w.H.
[191] FRIEDRICH, Berner Kommentar, Art. 7 ZGB N 51.
[192] FURRER, S. 192.
[193] Die systematische Stellung der einfachen Gesellschaft im Gesetz darf nicht überbewertet werden und ist weitgehend historisch bedingt. Vgl. dazu Fellmann, ZBJV, S. 286 f.
[194] FURRER, S. 194.
[195] So gelten beispielsweise die Artikel 32 ff. OR aufgrund des Verweises in Art. 543 Abs. 2 OR.

die Artikel 83 oder Art. 119 OR.[196] Es bleibt aber zu beachten, dass Aktionärbindungsverträge mit gesellschaftsrechtlichem Charakter auch synallagmatische Elemente enthalten können.[197] In diesen Fällen sollten m.E. auch Normen, die in der Regel auf einfache Gesellschaften keine oder nur beschränkte Anwendung finden, in Bezug auf die
synallagmatischen Elemente herangezogen werden können.

b)   *Dispositive Normen des Besonderen Teils des OR*

Bezüglich der analogen Anwendung dispositiver Normen des Besonderen Teils des OR
scheinen mir folgende Punkte wichtig: Auch wenn ein Aktionärbindungsvertrag gesellschaftsrechtlicher Natur ist, kommen meist nicht nur die Regeln der Art. 530 ff. OR
analog zur Anwendung. Gerade Aktionärbindungsverträge, bei welchen die Parteien einen gemeinsamen Zweck verfolgen, enthalten häufig umfassende Regelungen in verschiedenen Bereichen und damit oft auch synallagmatische Elemente, beispielsweise die
Vereinbarung einer Konventionalstrafe, Vorkaufsrechte, etc. Deshalb ist es allein mit
der Feststellung, dass die Regeln der einfachen Gesellschaft anwendbar sind, oft noch
nicht getan. Regelmässig sind Fragen zu lösen, für die Art. 530 ff. OR keine Lösung
bieten, so dass andere dispositive Normen analog angewendet oder vom Richter eine
eigene Regel kreiert werden muss. Dabei sollte nie zu schematisch vorgegangen werden, sondern das sinnvolle Gesamtergebnis im Vordergrund stehen. Da die Einzelfallbetrachtung sehr wichtig ist, können auch die Ausführungen im zweiten Teil dieser Arbeit nur Grundsätze aufzeigen und Anhaltspunkte für häufig vorkommende Fälle
geben, nicht aber die Rechtsanwendung bei Aktionärbindungsverträgen definitiv festlegen.

---

[196] FURRER, S. 194 und S. 223; MÜLLER, S. 52 ff., 88 ff., 100 und 104 ff. und 132; SCHRANER, Zürcher Kommentar, Art. 83 OR N 6; WEBER, Berner Kommentar, Art. 82 OR N 30 und N 74 f.
sowie Art. 83 OR N 20; BGE 107 II 413 und 106 III 73.

[197] Vgl. vorne Kap. 2, § 1, Ziff. I/3, S. 29.

Kapitel 3

Zulässigkeit und Rechtswirkungen von Aktionärbindungsverträgen

§ 1 Zulässigkeit von Aktionärbindungsverträgen

I. Aktionärbindungsverträge sind grundsätzlich zulässig

Die schweizerische Lehre[198] und Rechtsprechung[199] betrachten Aktionärbindungsverträge innerhalb der Schranken der Vertragsfreiheit als zulässig. Das heisst, sie sind zulässig, sofern sie gemäss Art. 19 und 20 OR weder gegen zwingende Normen noch gegen die öffentliche Ordnung, die guten Sitten oder das Recht der Persönlichkeit verstossen und nicht unmöglich sind.[200] Dabei ist zu beachten, dass Aktionärbindungsverträge auch dann gegen Art. 19 und 20 OR verstossen, wenn sie ein Umgehungsgeschäft darstellen. Diesfalls nimmt man Rechtsmissbrauch an, also einen Verstoss gegen Art. 2 ZGB und damit Rechtswidrigkeit.

Aufgrund der sehr unterschiedlichen Ausgestaltung von Aktionärbindungsverträgen und der Notwendigkeit der Einzelfallbetrachtung lassen sich die Grenzen der Zulässigkeit nicht abschliessend darstellen. Zudem betreffen viele der Zulässigkeitsschranken nur einzelne Regelungsbereiche von Aktionärbindungsverträgen. In diesem Kapitel werden daher nur die massgebenden Kategorien von Zulässigkeitsgrenzen im Sinne eines Überblicks aufgeführt. Konkretere Aussagen zu den möglichen Schranken folgen dann im zweiten Teil dieser Arbeit im Rahmen der Behandlung der einzelnen Rege-

---

[198] Vgl. AMTLBULL NR 1985 1765; BENOIT, S. 139; BINDER, S. 324; BÖCKLI, Stimmrecht, S. 57 f. m.w.H. v.a. in Fn 62; DOHM, S. 55 f., zusammenfassend S. 94; FELDMANN, S. 49; FORSTMOSER/MEIER-HAYOZ/NOBEL, § 39 N 149; FORSTMOSER, FS Schluep, S. 376; FROMER, S. 129; GLATTFELDER, S. 243a ff.; GOLDSCHMID, S. 74 ff.; GROUPE DE RÉFLEXION, S. 30; LÄNZLINGER, Basler Kommentar, Art. 692 OR N 10f.; PATRY, SJK, S. 10 f.; STUBER, S. 91 m.w.H. Bezüglich der Zulässigkeit von Stimmrechtsvereinbarungen: APPENZELLER, S. 37 f.; KOEBEL, S. 35 ff.; ZIHLMANN, S. 240; SONTAG, S. 210 f.
Für die deutsche Literatur vgl. GRIMM, S. 43, mit vielen weiteren Hinweisen in Fn 1; OVERRATH, S. 7, m.w.H.; DÜRR für die Zulässigkeit von Bindungen bei der GmbH, S. 12.

[199] BGE 109 II 45 E. 3, 88 II 172 ff. = Pra 51/1962 Nr. 128, ZR 1984 Nr. 53, 1970 Nr. 101; Schiedsgerichtsurteil vom 30.8.1957, in: GLATTFELDER, S. 339a Fn 15.
In Deutschland: RGZ 107/70, 119/386 ff., 131/179 ff., 133/90 ff.

[200] Das Zustandekommen und die Problematik der Willensmängel werden hier nicht behandelt. Diesbezüglich gelten die allgemeinen Regeln des Schuldrechts (Art. 1 ff. OR und Art. 23 ff. OR).

lungsbereiche;[201] so wird beispielsweise die Frage der zulässigen Höchstdauer im Kapitel „Dauer und Beendigung" ausführlicher behandelt.

II. Schranken der Zulässigkeit

Die Schranken der generellen Zulässigkeit von Aktionärbindungsverträgen lassen sich den Bereichen „Rechtswidrigkeit", „Sittenwidrigkeit" und „Persönlichkeitsrechtswidrigkeit" zuordnen, weshalb auf diese Kategorien im Folgenden getrennt eingegangen wird.

1. Rechtswidrigkeit

Die Rechtswidrigkeit eines Vertrages kann sich ergeben aus einem Verstoss gegen eine zwingende geschriebene oder ungeschriebene Norm des Privatrechts oder des öffentlichen Rechts.[202] Zwingende Gesetzesnormen, welche Aktionärbindungsverträge als solche ausdrücklich verbieten, gibt es im schweizerischen Recht nicht. Denkbar ist aber ein Verstoss gegen andere zwingende Normen und allgemeine zwingende Prinzipien unserer Rechtsordnung oder das Vorliegen eines Umgehungsgeschäfts. Ob ein solcher Verstoss oder ein Umgehungsgeschäft vorliegt, ist jeweils im Einzelfall zu prüfen. Die zwingenden Normen, welche im Zusammenhang mit Aktionärbindungsverträgen zu beachten sind, lassen sich drei Bereichen zuordnen:

a) Zwingende Normen und Grundprinzipien des Aktienrechts

Aktionärbindungsverträge müssen zunächst einmal daraufhin geprüft werden, ob sie im Einzelfall zwingende Normen oder Grundprinzipien des Aktienrechts umgehen. Zu denken ist dabei beispielsweise an das Verbot der Umgehung von Stimmrechtsbeschränkungen (Art. 691 Abs. 1 OR). Die meisten zwingenden Normen des Aktienrechts, welche eine Zulässigkeitsschranke für Aktionärbindungsverträge darstellen können, spielen bei deren Regelungsbereichen „Stimmrechtsbindung" sowie „Verfügungsbeschränkungen und Erwerbsrechte an Aktien" eine Rolle und werden daher weiter hinten im Zusammenhang mit diesen Themen näher betrachtet. An dieser Stelle sollen dagegen einige in Frage kommenden allgemeine Schranken untersucht werden.

---

[201] Siehe zu den Schranken von Stimmbindungen Kapitel 4, § 3, S. 77 ff., der Zulässigkeit von Veräusserungsverboten Kapitel 5, § 2, Ziff. IV/3, S. 121 ff., und der Zulässigkeit von statutarischen Erwerbsberechtigungen Kapitel 5, § 3, Ziff. II, S. 129 ff.
[202] HUGUENIN JACOBS, Basler Kommentar, Art. 19/20 OR N 15 m.w.H.

Keine Umgehung des Typenzwangs im Gesellschaftsrecht

Von einigen Autoren wurde diskutiert, ob in gewissen Fällen mittels Aktionärbindungsverträgen der Typenzwang im Gesellschaftsrecht umgangen werde und sie diesfalls nichtig seien.[203] Dies ist m.E. zu verneinen: Der Hintergrund des numerus clausus der Gesellschaftsformen ist vor allem der Schutz der Gläubiger, der öffentlichen Ordnung und der Aktionäre. Die Gläubiger sollen sich darauf verlassen können, dass alle Gesellschaften eines bestimmten Typus den gleichen Grundprinzipien folgen. Auch die Aktionäre sollen von diesen Prinzipien ausgehen dürfen. Der Typenzwang bezweckt also eine gewisse Rechtssicherheit im Geschäftsverkehr. Aktionärbindungsverträge, auch jene an denen alle Aktionäre beteiligt sind, verändern den Typus der Aktiengesellschaft gegen aussen nicht. Da sie nur inter partes wirken, bedeuten sie für aussenstehende Dritte keine Änderung des Typus der Aktiengesellschaft. Eine Veränderung kann sich im Innenverhältnis ergeben, aber dies ist m.E. nicht entscheidend, da die betroffenen Aktionäre freiwillig darauf eingehen und sich der Veränderungen bewusst sein müssen.

Das Gesellschaftsinteresse stellt nur ausnahmsweise eine Schranke dar

In der Lehre wird zum Teil die Meinung vertreten, dass eine Stimmrechtsbindungsabsprache unsittlich sei, wenn der Aktionär dadurch die Interessen der Gesellschaft oder der Minderheit verletze.[204] Hierzu ist zunächst festzuhalten, dass der Aktionär nach h.L. weder eine Treuepflicht noch eine Pflicht, die Gesellschaftsinteressen zu fördern, hat.[205] Da keine entsprechenden Pflichten bestehen, gibt es grundsätzlich auch keine diesbezüglichen Schranken für Stimmrechtsbindungen.

Trotz dieses Grundsatzes gibt es eine Schranke, welche auch vor dem Hintergrund der Gesellschaftsinteressen zu betrachten ist: Der Aktionär ist in seiner Stimmausübung nur insoweit frei, als er sein Stimmrecht nicht rechtsmissbräuchlich ausübt.[206/207] Des-

---

[203] So ZIHLMANN, S. 242 f.; JÄGGI, ZSR, S. 734a.

[204] Vgl. Nachweise bei APPENZELLER, S. 39 f. Vgl. auch die Darstellung und die Hinweise bei KÖNIG, S. 165 ff.

[205] Vgl. die Darstellung der Lehre und Praxis bei FORSTMOSER/MEIER-HAYOZ/NOBEL, § 42 N 26 ff.: Es sei intensiv diskutiert worden, ob trotz Art. 680 Abs. 1 OR eine Treuepflicht des Aktionärs bestehe. Während dies in der älteren Lehre zum Teil bejaht worden sei, werde es in der neueren Lehre dagegen überwiegend verneint. In der neueren Lehre werde eine Treuepflicht zum Teil für personenbezogene Aktiengesellschaften bejaht, vom Bundesgericht sei aber bisher die Treuepflicht des Aktionärs verneint worden.

[206] APPENZELLER, S. 40, DOHM, S. 107 f.; GLATTFELDER, S. 263a f.

[207] Bei Rechtsmissbrauch in der Stimmabgabe ist die Anfechtung des Generalversammlungsbeschlusses gestützt auf Art. 706 Abs. 1 OR möglich (FORSTMOSER/MEIER-HAYOZ/NOBEL, § 25 N 17).

halb sind auch Stimmrechtsbindungen unzulässig, welche den Beteiligten eine Stimmabgabe vorschreiben, die rechtsmissbräuchlich wäre. Als Beispiele für solche unzulässigen Bindungen werden in der Literatur Abstimmungsvereinbarungen genannt, die Gegenstand von Komplotten bilden, welche geradezu den Ruin der Gesellschaft zum Ziel haben[208] oder sonst die vorsätzliche Schädigung der Gesellschaft oder anderer Aktionäre bezwecken.[209] Als Beispiele für rechtsmissbräuchliche Stimmrechtsbindungen werden auch solche genannt, welche darauf abzielen, die Gesellschaft an die Konkurrenz auszuliefern.[210]

Zusätzliche Schranken bei Stimmrechtsbindungen von Verwaltungsräten

An vielen Aktionärbindungsverträgen sind auch Verwaltungsräte beteiligt, sei es, dass sie grundsätzlich in ihrer Aktionärseigenschaft beteiligt sind oder sei es, dass sie explizit in ihrer Funktion als Verwaltungsrat gebunden sind und der Aktionärbindungsvertrag auch Regelungen enthält, wie sie ihre Funktion als Verwaltungsrat auszuüben haben und wie die Stimmabgabe in den Verwaltungsratssitzungen zu erfolgen hat.

Über die Zulässigkeit von Aktionärbindungsverträgen mit Verwaltungsräten wird - vor allem seit der Revision des Aktienrechts- mehr diskutiert, als über die grundsätzlich Zulässigkeit von Bindungen der Aktionäre.[211] Dabei geht es um zwei mögliche Schranken: die Treuepflicht sowie die unübertragbaren und unentziehbaren Aufgaben der Verwaltungsräte.

Gemäss Art. 717 OR müssen die Mitglieder des Verwaltungsrates die Interessen der Gesellschaft in guten Treuen wahren. Das heisst, dass die Verwaltungsräte die Interessen der Gesellschaft klar über ihre eigenen Interessen und jene von nahestehenden Personen stellen müssen. Daraus ergibt sich m.E. auch eine Schranke für Aktionärbindungsverträge mit Verwaltungsräten.[212] Diese sind nur insoweit zulässig, als die betroffenen Verwaltungsräte nicht gezwungen sind, ihre Treuepflicht gegenüber der Gesellschaft zu verletzen.

Gemäss Art. 716a OR hat der Verwaltungsrat gewisse unübertragbare und unentziehbare Aufgaben.[213] Seit der Einführung dieser Norm mit der Aktienrechtsrevision wird

---

[208] BÖCKLI, Stimmrecht, S. 59.
[209] MOSER, S. 76. Vgl. auch GLATTFELDER, S. 263a; STUBER, S. 93.
[210] LUEBBERT, S. 252
[211] Vgl. beispielsweise BÖCKLI, ZBJV, S. 481 ff.; DRUEY, Rechtsfragen, S. 13 ff.; FORSTMOSER/ MEIER-HAYOZ/NOBEL, § 31 N 36 ff.; MEYER, S. 421; STIRNEMANN, S. 585 f.
[212] So auch DRUEY, Rechtsfragen, S. 17 f.
[213] Vgl. allgemein zu den unübertragbaren und unentziehbaren Aufgaben des Verwaltungsrates BÖCKLI, Kernkompetenzen; FORSTMOSER, SZW 66, S. 169 ff. und KAMMERER.

diskutiert, ob Verwaltungsratsbindungsverträge deswegen nun unzulässig sind. Laut BÖCKLI[214] sind Bindungen von Verwaltungsräten unzulässig, soweit sie diese im Bereich der unentziehbaren Kernkompetenzen nach Art. 716a OR dem Willen eines Andern unterstellen wollen. Verwaltungsratsbindungsverträge seien nur in dem Masse zulässig, in welchem sie nicht mit der gesetzlichen Eigenverantwortung der Verwaltungsräte in Konflikt stünden.[215] Laut BÖCKLI erscheint aber eine Bindung des Verwaltungsrates an die allgemeine Zwecksetzung des Aktionärbindungsvertrag als zulässig, solange sich dies im Ermessensspielraum der Exekutivtätigkeit bewegt, und nicht in einem Bereich der Hauptaufgaben die Eigenverantwortung der Verwaltungsräte faktisch ausgehöhlt wird.[216] APPENZELLER dagegen ist der Meinung, dass gegen vertragliche Bindungen hinsichtlich der Stimmabgabe im Verwaltungsrat nichts einzuwenden sei, sofern die Verwaltungsräte ihre Treuepflicht gegenüber der Gesellschaft nach Art. 717 OR wahren. Er ist der Auffassung, dass Stimmrechtsbindungen für Abstimmungen im Verwaltungsrat nicht zu einem unzulässigen Eingriff in die gesetzliche Kompetenzabgrenzung führen.[217] Er begründet dies damit, dass ein Auftrag, „wonach die Mitglieder des Verwaltungsrates vorbehältlich gesetzlicher und statutarischer Vorschriften verpflichtet sind, den Willen und die Weisungen der Aktionäre zu befolgen", nach herrschender Lehre zulässig sei[218] und daher auch ein Verwaltungsratsstimmbindungsvertrag zulässig sein müsse.[219] Diese Argumentation APPENZELLERS ist m.E. widersprüchlich, dies aus folgenden Gründen: APPENZELLER begründet die Zulässigkeit von Verwaltungsrats-Stimmbindungsverträgen damit, dass sogenannte Mandatsverträge von der h.L. und der Praxis[220] als zulässig erachtet werden. Bei einem Mandatsvertrag verpflichtet sich der Verwaltungsrat, Weisungen des Auftraggebers zu befolgen; im Gegenzug verpflichtet sich der Auftraggeber, den Verwaltungsrat schadlos zu halten, falls dieser persönlich haftbar gemacht wird. Es handelt sich somit um fiduziarisch tätige Verwaltungsräte

---

[214] BÖCKLI, Aktienrecht, N 1578t und mit ausführlicher Begründung in N 1637; BÖCKLI, Kernkompetenzen, S. 42 f.; BÖCKLI, ZBJV, S. 484 ff.

[215] Vgl. auch KÖNIG, S. 158 ff.

[216] BÖCKLI, ZBJV, S. 486; BÖCKLI, Aktienrecht, N 1639 f.

[217] APPENZELLER, S. 50.

[218] Vgl. dazu das Urteil des Kantonsgerichts Zug vom 11.11.1991 in SJZ 1994 Nr. 23 m.w.H. Aus dem Urteil: „Ein Auftragsverhältnis, wonach die Mitglieder des Verwaltungsrates einer Aktiengesellschaft unter Vorbehalt zwingender gesetzlicher und statutarischer Vorschriften verpflichtet sind, bei ihrer Verwaltungstätigkeit den Willen und die Weisungen des rechtlichen oder tatsächlichen Alleinaktionärs oder einer Aktionärsgruppe zu befolgen, ist herrschender Ansicht zufolge weder rechts- noch sittenwidrig."

[219] APPENZELLER, S. 39.

[220] Vgl. Fn 218.

bzw. Strohmänner. [221] Umstritten ist in der Lehre, wie weit der Verwaltungsrat die Weisungen des Auftraggebers befolgen darf. In dieser Hinsicht kann man die „Theorie des doppelten Pflichtennexus" als die überwiegend vertretene Auffassung bezeichnen: Nach dieser Ansicht gehen die Pflichten des Verwaltungsrates der Gesellschaft gegenüber vor, Drittanweisungen dürfen nur im Rahmen des freien Ermessensbereiches befolgt werden. Zu solchen Pflichten der Gesellschaft gegenüber gehört zweifellos die Beachtung der zwingenden Bestimmungen des Aktienrechts und damit auch des Art. 716a OR. So hat das Kantonsgericht Zug beispielsweise Mandatsverträge als zulässig erklärt, mit der Einschränkung „vorbehältlich gesetzlicher und statutarischer Vorschriften."[222] Dies zeigt, dass auch die sogenannten Mandatsverträge nicht unbeschränkt zulässig sind. Das bedeutet, dass auch aus grundsätzlichen Zulässigkeit von Mandatsverträgen nicht - wie dies APPENZELLER tut - geschlossen werden kann, Verwaltungsratsbindungsverträge seien unbeschränkt möglich und führten nicht zu einem unzulässigen Eingriff in die gesetzliche Kompetenzordnung.

Zusammenfassend kann festgehalten werden, dass Verwaltungsratsbindungsverträge grundsätzlich zulässig sind, allerdings - neben den allgemein für Aktionärbindungsverträge geltenden Schranken - nur unter Beachtung der Artikel 716a und 717 OR. Das bedeutet, dass der Verwaltungsrat dort nicht verpflichtet werden kann, wo er seine Treuepflicht der Gesellschaft gegenüber verletzen würde, und dass im Bereich der unübertragbaren und unentziehbaren Aufgaben keine direkten Weisungen erfolgen dürfen. So wäre es beispielsweise unzulässig, dem Verwaltungsrat vorzuschreiben, welche Personen er als Geschäftsführer ernennen muss (vgl. Art. 716a Abs. 1 Ziff. 4 OR).

b)   Zwingende Normen des Rechts der einfachen Gesellschaft

Bei Aktionärbindungsverträgen mit gesellschaftsrechtlicher Natur sind auch die zwingenden Normen des Rechts der einfachen Gesellschaft - oder anderer Gesellschaftsformen, falls eine andere Gesellschaft vorliegt - zu beachten und zu prüfen, ob eine zwingende Norm analog angewendet werden müsste. Relevant sein kann beispielsweise Art. 545 Abs. 2 OR, welcher die Kündigung aus wichtigen Gründen vorsieht.

---

[221] FORSTMOSER/MEIER-HAYOZ/NOBEL, § 28 N 175 ff.
[222] Vgl. Fn 218.

c)   Zwingende Normen anderer Rechtsgebiete

Neben den zwingenden Normen des Gesellschaftsrechts kommen weitere zwingende Bestimmungen in Betracht, die zwar grundsätzlich keine unmittelbare Anwendung finden,[223] die aber vom Richter angewendet werden können, falls die ihnen zugrunde liegenden Wertungen im konkreten Fall zutreffen.[224] Entsprechende Normen können einerseits dem Besonderen Teil des Obligationenrechts entstammen, andererseits sind auch andere Regelwerke zu beachten. Was den Besonderen Teil des Obligationenrechts betrifft, kommen hauptsächlich zwingende Normen jener Vertragstypen in Frage, die Gegenstand einzelner Regelungen in Aktionärbindungsverträgen bilden. Sieht der Aktionärbindungsvertrag beispielsweise auch die Pflicht zur Arbeitsleistung im Unternehmen vor, ist die Anwendung von Art. 334 Abs. 3 OR zu prüfen. Gemäss dieser Norm kann ein auf länger als zehn Jahre geschlossener Arbeitsvertrag jederzeit mit einer Frist von sechs Monaten gekündigt werden. Bezüglich zwingender Bestimmungen ausserhalb des Obligationenrechts ist vor allem an die zwingenden Bestimmungen des Konkordats über die Schiedsgerichtsbarkeit,[225] wie beispielsweise die Formvorschrift in Art. 6 Abs. 1 des Konkordats, zu denken.

2.   Sittenwidrigkeit

Gemäss Bundesgericht und einem Teil der Lehre gelten Verträge als sittenwidrig, welche „gegen die herrschende Moral, d.h. gegen das allgemeine Anstandsgefühl oder gegen die der Gesamtrechtsordnung immanenten ethischen Prinzipien und Wertmassstäbe verstossen."[226] Um das Kriterium der Sittenwidrigkeit zu konkretisieren, wurden von der Lehre verschiedene Fallgruppen gebildet:[227] So kann Sittenwidrigkeit vorliegen bei einem qualifizierten Verstoss gegen vertragliche Rechte Dritter,[228] wenn ein Ver-

---

[223]   Ausser ihr Schutzbereich wäre über den betreffenden Nominatvertrag hinaus festgelegt worden oder es würde eine Gesetzesumgehung vorliegen.

[224]   Vgl. oben Kap. 2, § 2, Ziff. I/2, S. 36 f.

[225]   BSG 279.2.

[226]   BGE 115 II 235 unter Berufung auf GAUCH/SCHLUEP/SCHMID/REY, N 668, und auf BUCHER, AT, S. 255 f. Ein anderer Teil der Lehre versteht den Begriff der Sittenwidrigkeit einschränkender und ordnet die der Rechtsordnung immanenten Wertmassstäbe der in Art. 19 Abs. 2 OR genannten Schranke der öffentlichen Ordnung zu (HUGUENIN JACOBS, Basler Kommentar, Art. 19/20 OR N 32 f, und KRAMER, Berner Kommentar, Art. 19/20 OR N 174).

[227]   Vgl. dazu HUGUENIN JACOBS, Basler Kommentar, Art. 19/20 OR N 38 ff.; KRAMER, Berner Kommentar, Art. 19/20 OR N ff.

[228]   BGE 114 II 329 ff., 102 II 339 ff., 74 II 166.

stoss gegen ausländisches Recht den schweizerischen ordre public verletzt,[229] bei Verpflichtungen im sexuellen Bereich,[230] in speziellen Fällen von Leistungsinäquivalenz[231] sowie im sozial- und berufsethischen Bereich bei Kommerzialisierung eines bestimmten Verhaltens.[232] Bei Aktionärbindungsverträgen ist vorwiegend die letzte Fallgruppe von Bedeutung. So ist beispielsweise nach fast einhelliger Doktrin der sogenannte Stimmenkauf unsittlich. Mit Stimmenkauf ist eine Abstimmungsvereinbarung gemeint, bei der sich einer oder mehrere Aktionäre für die Stimmrechtsausübung bezahlen oder sich einen besonderen Vorteil ausbedingen lassen.[233] Sittenwidrig wäre wohl auch ein Aktionärbindungsvertrag, welcher den Beteiligten bewusst dazu dient, die Aktiengesellschaft zu schädigen und zu ruinieren.[234] Solche Fälle dürften aber äusserst selten sein.

3. Persönlichkeitsrechtswidrigkeit

Die Vertragsfreiheit wird auch durch das Recht der Persönlichkeit beschränkt. So bezweckt Art. 27 ZGB, einen exzessiven Gebrauch der Privatautonomie zu verhindern bzw. zu beschränken.[235] Schutzzweck von Art. 27 ZGB ist also die Bewahrung der Freiheit des Einzelnen vor übermässiger Selbstbindung.[236] Dabei unterscheidet das Gesetz zwei Bereiche: Abs. 1 von Art. 27 ZGB erklärt die Rechts- und Handlungsfähigkeit als unverzichtbar, was bedeutet, dass Rechtsgeschäfte, durch die jemand seine Entscheidungsfreiheit ganz aufgibt, rechtlich unwirksam sind.[237] Art. 27 Abs. 2 ZGB dagegen will vor rechtsgeschäftlichen Bindungen schützen, welche Personen in ihrer Freiheit übermässig bzw. unzulässig beschränken. Diese Norm betrifft also die rechtsgeschäftliche Entscheidungsfreiheit des Individuums. Grundsätzlich soll jeder Einzelne selbst bestimmen können, wie er seine Angelegenheiten regelt. Wenn man von der Vertragsfreiheit Gebrauch macht und sich für die Zukunft bindet, ist dies normalerweise

---

[229] BGE 80 II 51 f., 76 II 40 f.

[230] BGE 109 II 15 ff.

[231] In den meisten Fällen verneint das Bundesgericht bei Leistungsinäquivalenz das Vorliegen von Sittenwidrigkeit mit dem Hinweis, dass Art. 21 OR diese Fälle abschliessend regle (BGE 115 II 236, 51 II 169 f.), in seltenen Fällen macht es aber Ausnahmen (BGE 93 II 190 f).

[232] BGE 112 II 346, 109 II 126, 66 II 256 ff.

[233] Vgl. dazu hinten Kapitel 6, § 3, Ziff. II/5, S. 83.

[234] STUBER, S. 93.

[235] HUGUENIN JACOBS, Basler Kommentar, Art. 27 ZGB N 1.

[236] BUCHER, Berner Kommentar, Art. 27 ZGB N 1.

[237] Ausführlich dazu BUCHER, Berner Kommentar, Art. 27 ZGB N 30 ff.; A. BUCHER, S. 424; HUGUENIN JACOBS, Basler Kommentar, Art. 27 ZGB N 5 ff. Vgl. auch das Beispiel in BGE 108 II 405 ff.

zulässig und rechtsgültig. Nur wer sich seiner Freiheit entäussert oder sich in ihrem Gebrauch übermässig beschränkt, verstösst gegen Art. 27 Abs. 2 ZGB.[238] In Bezug auf übermässige Beschränkungen nach Abs. 2 von Art. 27 ZGB lassen sich gewisse Kategorien bilden: So liegt eine übermässige Beschränkung vor bei Verpflichtungen und Verfügungen über persönlichkeitsbezogene Güter, bei Einwilligung zum Eingriff in persönlichkeitsbezogene Güter sofern die Einwilligung nicht ein Akt wirklicher Selbstbestimmung ist oder in Handlungen eingewilligt wird, die selbst unsittlich sind (beispielsweise die Einwilligung zur Tötung).[239] Weiter können Dauerschuldverhältnisse, die auf längere Zeit abgeschlossen wurden, eine übermässige Beschränkung darstellen.[240] Welche Höchstdauer noch zulässig ist, kann nicht konkret gesagt werden, sondern muss im Einzelfall beurteilt werden. Fest steht nur, dass nach h.L. und Rechtsprechung Verträge nicht auf ewige Zeiten abgeschlossen werden können.[241] Ansonsten hängt die zulässige Vertragsdauer vor allem von der Intensität der Bindung und vom Gegenstand der Bindung ab.[242]/[243] Eine übermässige Beschränkung kann auch vorliegen bei Gefährdung der wirtschaftlichen Existenz. Hier ist aber das Bundesgericht zurückhaltend in der Annahme eines Verstosses gegen Art. 27 ZGB.[244] Die

---

[238] Zum Ganzen PEDRAZZINI/OBERHOLZER, S. 121.

[239] PEDRAZZINI/OBERHOLZER, S. 125 f.; HUGUENIN JACOBS, Basler Kommentar, Art. 27 ZGB N 11 ff.

[240] BUCHER, Berner Kommentar, Art. 27 ZGB N 334 ff.; HUGUENIN JACOBS, Basler Kommentar, Art. 27 ZGB N 15.

[241] Vgl. beispielsweise BGE 113 II 209 ff, 114 II 159 ff. m.w.H.

[242] HUGUENIN JACOBS, Basler Kommentar, Art. 27 ZGB N 15.

[243] Das Bundesgericht führte in BGE 114 II 159 ff. (161-163) im Zusammenhang mit der übermässigen Dauer von Verträgen aus: „Nach Lehre und Rechtsprechung können Verträge nicht auf unbegrenzte Zeit abgeschlossen werden (BGE 113 II 210 f. mit Hinweisen). Ihre Kündbarkeit ergibt sich aus Art. 27 ZGB, wonach die persönliche und wirtschaftliche Handlungsfreiheit nicht übermässig eingeschränkt werden darf, oder aus Art. 2 ZGB, wonach das Beharren einer Partei auf einer übermässigen Bindung als zweckwidrige Rechtsausübung und damit als rechtsmissbräuchlich erscheint (BGE 93 II 300f. E. 7 und 103 II 185 f. E. 4 zu Art. 27 ZB; BGE 97 II 399 f. E. 7 zu Art. 2 ZGB; MERZ, OR Allgemeiner Teil, in Schweizerisches Privatrecht, Bd. VI/1, S. 129; ders. In ZBJV 109/1973, 89 f. Anm. 1 zu BGE 93 II 290 bzw. BGE 97 II 390). Wann der Zeitpunkt gekommen ist, in dem das Vertragsverhältnis gekündigt werden kann, lässt sich nur von Fall zu Fall entscheiden (...) und hängt namentlich von der Intensität der Bindung des Verpflichteten und vom Verhältnis zwischen Leistung und Gegenleistung ab (Liver, ZBJV 109/1973, 90 Anm. 1). ... Die zulässige Dauer der Bindung hängt vom Gegenstand der Beschränkung ab: Sie ist bei Verpflichtungen zu wiederkehrenden Leistungen oder Bezügen kürzer als beim Verzicht, während einer absehbaren Dauer über eine Sache zu verfügen (BGE 93 II 300 E. 7 mit Hinweisen)."

[244] BGE 111 II 337 E. 4 mit Hinweisen. In BGE 104 II 8 ff. E. 2a. fasste das Bundesgericht seine Praxis wie folgt zusammen: „Die Schutzbestimmungen des Art. 27 ZGB sind insbesondere auch auf wirtschaftliche Betätigungen anwendbar. Wo es jedoch um die Einschränkung der Vertragsfreiheit geht, nimmt das Bundesgericht einen Verstoss gegen Art. 27 ZGB nur mit Zurückhaltung

Schranken, welche aufgrund der oben dargestellten Grundsätze für Aktionärbindungsverträge bestehen, lassen sich vorwiegend den Fallgruppen „übermässige Vertragsdauer" und „Gefährdung der wirtschaftlichen Existenz" zuordnen. Während die Frage der
übermässigen Dauer im Zusammenhang mit Aktionärbindungsverträgen relativ häufig
auftritt,[245] dürften Fälle, in denen die Beteiligten in ihrer wirtschaftlichen Bewegungsfreiheit zu stark einschränken, selten sein. Da die Beschränkung der wirtschaftlichen
Bewegungsfreiheit nur dann eine übermässige ist, wenn diese den Verpflichteten der
Willkür eines anderen ausliefert,[246] stellen Aktionärbindungsverträge, bei denen den Beteiligten ein Mitbestimmungsrecht verbleibt, keine übermässige Bindung dar. Wenn die
Vertragspartner also vorsehen, dass die gemeinsame Stimmausübung aufgrund eines
vor der Generalversammlung nach dem Mehrheitsprinzip gefassten Beschlusses statt-
zufinden habe, ist ein Verstoss gegen Art. 27 ZGB zu verneinen. Wenn sich aber jemand durch einen Aktionärbindungsvertrag dauernd den Weisungen eines Andern unterwirft, kann sich die Frage stellen, ob eine übermässige Beschränkung vorliegt. Eine
Antwort lässt sich jeweils nur im Einzelfall finden, da nicht allein massgebend ist, ob
sich jemand völlig den Weisungen eines Dritten unterwirft, sondern beispielsweise
auch, wie leicht der Betroffene sich von dieser Bindung lösen kann.

---

an. Eine Beschränkung der individuellen Wettbewerbsfähigkeit verstösst nur dann gegen die genannte Bestimmung, wenn sie übermässig ist. Ob das der Fall ist, beurteilt sich nach den konkreten Umständen. Grundsätzlich ist eine vertragliche oder statutarische Einschränkung der wirtschaftlichen Bewegungsfreiheit nur dann eine übermässige, wenn sie den Verpflichteten der
Willkür eines andern ausliefert, seine wirtschaftliche Freiheit aufhebt oder in einem Masse einschränkt, dass die Grundlagen seiner wirtschaftlichen Existenz gefährdet sind (Egger, N. 35 zu
Art. 27 ZGB). In diesem Sinne hat das Bundesgericht wiederholt geurteilt. In BGE 95 II 57/58
führte es aus, die Aufgabe oder Beschränkung der Entschlussfreiheit verstosse jedenfalls dann
nicht gegen Art. 27 Abs. 2 ZGB, wenn sie die wirtschaftliche Existenz des Verpflichteten nicht
gefährde; Art. 27 Abs. 2 ZGB wolle nur die persönliche Freiheit vor zu weitgehenden, den guten
Sitten widersprechenden vertraglichen Eingriffen schützen, nicht aber sagen, in welchem Ausmass
vertragliche Bindungen anderer Art zulässig seien. In BGE 84 II 23 wurde bemerkt, wer einen
Teil seiner wirtschaftlichen Freiheit vertraglich aufgebe, verstosse nur dann gegen die guten Sitten,
wenn er dadurch seine wirtschaftliche Existenz gefährde. Und in BGE 51 II 168 steht zu lesen, im
heutigen Geschäftsleben kämen weitgehende persönliche und wirtschaftliche Bindungen der Bewegungsfreiheit, insbesondere auch in Verkoppelung der gegenseitigen Interessen der Kontrahen-
ten vor, die nicht als anstössig erschienen; es komme darauf an, ob die Bindung das zulässige
Mass überschreite und ob der Verpflichtete im Freiheitsgebrauch in einem das sittliche Gefühle
verletzenden Grad im Sinne von Art. 27 Abs. 2 ZGB beschränkt sei; die Beschränkung der wirtschaftlichen Persönlichkeit werde nur dann zu einer unsittlichen, wenn sie die Grundlage der wirtschaftlichen Existenz des Verpflichteten gefährde (vgl. auch BGE 102 II 218E. 6, 88 II 174; 53 II
320)."
[245] Näheres dazu in Kap. 6, § 1, Ziff. II, S. 150 ff.
[246] Vgl. den in Fn 243 zit. Bundesgerichtsentscheid.

Die Kategorien „Verpflichtungen und Verfügungen über persönlichkeitsbezogene Güter" sowie „unzulässige Einwilligung zum Eingriff in persönlichkeitsbezogene Güter" haben in Zusammenhang mit Aktionärbindungsverträgen regelmässig keine Bedeutung, da sich die Beteiligten in der Regel nicht betreffend persönlichkeitsbezogenen Güter verpflichten. Das Stimmrecht beispielsweise steht dem Aktionär nicht um seiner Persönlichkeit willen zu, sondern hängt mit der Aktionärseigenschaft zusammen und steht ihm wegen seiner vermögensrechtlichen Beteiligung zu.

III. Folgen von unzulässigen Vereinbarungen

1. Folgen in Bezug auf den Aktionärbindungsvertrag

Eine widerrechtliche, persönlichkeitsrechtswidrige oder gegen die guten Sitten verstossende Vereinbarung ist gemäss Art. 20 Abs. 1 OR grundsätzlich nichtig. Betrifft der Mangel bloss einzelne Teile eines Aktionärbindungsvertrages, so sind nur diese nichtig (Teilnichtigkeit), ausser es ist anzunehmen, der Vertrag wäre ohne den nichtigen Teil nicht geschlossen worden (Art. 20 Abs. 2 OR).[247] Nach traditioneller Auffassung hat die Nichtigkeit zur Folge, dass die Vereinbarung keine rechtsgeschäftlichen Wirkungen zeigt, die Nichtigkeit ex tunc wirkt, sie von Amtes wegen zu beachten ist und von jedermann jederzeit geltend gemacht werden kann.[248] Nach neuerer Lehre tritt die Nichtigkeit im traditionellen Sinne nicht automatisch ein, sondern nur dann, „wenn diese Rechtsfolge vom Gesetz ausdrücklich vorgesehen wird oder sich aus dem Sinn und Zweck der verletzten Norm ergibt."[249]

Da Aktionärbindungsverträge in der Regel mehr als einen Regelungsbereich enthalten, ist häufig zu prüfen, ob nur einzelne Teile des Vertrages nichtig sind oder ob gewisse Vereinbarungen nur in bestimmten Situationen ungültig sind.[250] Zu diesem Problembereich folgendes Beispiel:
Aktionärbindungsverträge bzw. die darin enthaltenen Abstimmungsvereinbarungen, welche Stimmrechtsbeschränkungen umgehen, werden nach h.L. als unzulässig und

---

[247] Vgl. die Ausführungen von HUGUENIN JACOBS, Basler Kommentar, Art. 27 ZGB N 18 ff. und Art. 19/20 OR N 52 ff.
[248] HUGUENIN JACOBS, Basler Kommentar, Art. 19/20 OR N 53 m.H.; KRAMER, Berner Kommentar, Art. 19-20 OR N 308 ff.
[249] BGE 102 II 404; HUGUENIN JACOBS, Basler Kommentar, Art. 19/20 OR N 54 m.w.H.
[250] Vgl. dazu auch DRUEY, Rechtsfragen, S. 20 ff.

damit als nichtig betrachtet.[251] Diesbezüglich ist aber zu berücksichtigen, dass an einer Abstimmungsvereinbarung mehrere Parteien beteiligt sind und die Stimmrechtsbeschränkung meist nur Einzelne davon trifft. Weiter ist es häufig so, dass nicht bei jeder Abstimmung eine Stimmrechtsbeschränkung Anwendung findet. So kann einer der Beteiligten als Verwaltungsrat bei einem Déchargebeschluss einer Stimmrechtsbeschränkung nach Art. 695 OR unterliegen, bei allen anderen Abstimmungen aber in der Stimmausübung frei sein. In solchen Fällen kann daher die Abstimmungsvereinbarung nicht im eigentlichen Sinne nichtig sein. Hier ist viel eher von einer Teilnichtigkeit auszugehen, d.h. die Vereinbarung ist nur für den Déchargebeschluss unwirksam. Zu ergänzen ist, dass selbst diese Folge nur dann eintritt, wenn effektiv von einer Umgehung der Stimmrechtsbeschränkung auszugehen ist. Dies ist in der Regel dann der Fall, wenn der Betroffene Einfluss auf die Willensbildung der anderen Beteiligten nehmen kann.[252]

2. Gesellschaftsrechtliche Auswirkungen?

Wird ein Aktionärbindungsvertrag oder Teile davon als nichtig qualifiziert, hat dies für die Beteiligten in obligatorischer Hinsicht zur Folge, dass sie aus dieser Vereinbarung weder verpflichtet noch berechtigt sind. Sie müssen sich also bei der Stimmabgabe nicht an die Vorgaben einer (nichtigen) Stimmrechtsbindung halten und können ein entsprechendes Abstimmungsverhalten auch nicht von den Anderen fordern. Welche Auswirkungen kann eine nichtige Vereinbarung nun aber auf gesellschaftsrechtlicher Ebene haben?

Solange die Beteiligten die nichtige Vereinbarung nicht beachten und ihrem eigenen Willen gemäss handeln, hat die Nichtigkeit auf gesellschaftsrechtlicher Ebene keine Auswirkungen. Problematischer ist es, wenn die Beteiligten so handeln, wie es die nichtige Vereinbarung vorsehen würde. In diesen Fällen stellt sich insbesondere die Frage, ob ein Beschluss der Generalversammlung, bei dem Stimmen gemäss einer nichtigen Vereinbarung abgegeben wurden, nichtig oder anfechtbar ist. M.E. ist dies nur dann der Fall, wenn ein Tatbestand von Art. 706 OR oder Art. 706b OR vorliegt. Art. 706 OR sieht vor, dass Beschlüsse der Generalversammlung, die gegen das Gesetz oder die Statuten verstossen, anfechtbar sind und nennt eine nicht abschliessende Reihe solcher anfechtbarer Beschlüsse. Art. 706b OR führt einige Fälle auf, in denen ein Beschluss nichtig ist; auch diese Aufzählung ist nicht abschliessend.

---

[251] Vgl. dazu hinten Kap. 4, § 3 Ziff. II/3, S. 80 ff.
[252] Vgl. dazu hinten Kap. 4, § 3 Ziff. II/3, S. 80 ff.

In Zusammenhang mit nichtigen Vereinbarungen in Aktionärbindungsverträgen ist vor allem der Tatbestand von Art. 706 Abs. 2 Ziff. 1 OR wichtig: Gemäss dieser Norm sind Beschlüsse anfechtbar, die unter Verletzung von Gesetz oder Statuten Rechte von Aktionären entziehen oder beschränken. Eine entsprechende Gesetzes- oder Statutenverletzung liegt beispielsweise vor, wenn ein Aktionärbindungsvertrag Stimmrechtsbeschränkungen,[253] Stimmverbote oder Vinkulierungsbestimmungen umgeht.[254] In diesen Fällen ist der Generalversammlungsbeschluss anfechtbar.[255] Geht es um die Umgehung einer Stimmrechtsbeschränkung, ist die Anfechtbarkeit allerdings nur dann gegeben, wenn die unzulässige Stimmabgabe für den Ausgang des Entscheides massgebend war.[256] Das Bestehen einer unzulässigen Abstimmungsvereinbarung bewirkt in diesem Falle für sich alleine noch keine Anfechtbarkeit; es muss auch effektiv nach den Weisungen der vom Stimmrecht ausgeschlossenen Aktionäre gestimmt worden sein und die entsprechenden Stimmen müssen für den Ausgang der Entscheidung massgebend gewesen sein.

§ 2 Wirkungen der Aktionärbindungsverträge

I. Wirkungen im Allgemeinen

Aktionärbindungsverträge sind Verträge, sie wirken daher nur inter partes und haben rein obligatorische Wirkungen.[257] Sie haben insbesondere nicht die gleichen Wirkungen wie die Statuten einer Aktiengesellschaft, welche auch das Verhältnis zwischen den Aktionären und der Gesellschaft regeln und welche sich jeder Aktionär entgegenhalten lassen muss. Weiter ist wichtig, dass Aktionärbindungsverträge nur die Ausübung der dem Aktionär zustehenden Rechte regeln, das Recht als solches verbleibt dem Aktionär als Rechtsträger.[258] Dies bedeutet, dass Aktionärbindungsverträge für die Beteiligten nur Schranken des Dürfens, nicht aber des Könnens darstellen.[259]

---

[253] Siehe dazu auch Art. 691 OR.

[254] Vgl. hinten Kap. 4, § 3 Ziff. II/3 und II/4, S. 80 ff.

[255] APPENZELLER, S. 45; BAUDENBACHER, Basler Kommentar, Art. 620 OR N 37; FORSTMOSER/ MEIER-HAYOZ/NOBEL, § 39 N 208; MOSER, S. 77; PATRY, SJK, S. 17. ZR 89/1990 Nr. 49; BGE 81 II 540.

[256] Art. 691 Abs. 3 OR.

[257] Vgl. dazu Kap. 1, § 1 Ziff. II/1, S. 6.

[258] ALTENBERGER, S. 69; BENOIT, S. 137 m.w.H.

[259] FORSTMOSER/MEIER-HAYOZ/NOBEL, § 39 N 159; MEIER, N 247.

II. Keine Wirkung gegenüber Dritten

Da Aktionärbindungsverträge nur obligatorisch wirken, sind Dritte durch sie nicht verpflichtet.[260] Veräussert beispielsweise eine Vertragspartei des Aktionärbindungsvertrages unter Verletzung einer Verfügungsbeschränkung Aktien, so erwirbt der Dritterwerber trotzdem das Eigentum, die Verfügungsbeschränkung zeigt für ihn keine
Wirkung.[261] Weiter ist der Dritterwerber auch nicht an irgendeine Verpflichtung aus
dem Aktionärbindungsvertrag - wie beispielsweise eine Stimmrechtsbindung - gebunden.[262]

III. Wirkungen auf Gesellschaftsebene?

1. Grundsatz: Keine Wirkungen auf Gesellschaftsebene

Aufgrund der bloss obligatorischen Wirkung von Aktionärbindungsverträgen ist die
Aktiengesellschaft, die selbst nicht Vertragspartei sein kann,[263] den Parteien des Aktionärbindungsvertrages gegenüber weder berechtigt noch verpflichtet.[264] Auch zwischen
den beteiligten Aktionären entstehen durch Aktionärbindungsverträge keine aktienrechtlichen Wirkungen. Eine indirekte gesellschaftsrechtliche Auswirkung haben Aktionärbindungsverträge nur in Ausnahmefällen:[265] Falls in einer Generalversammlung
Stimmen aufgrund eines (teil-)nichtigen Aktionärbindungsvertrages abgegeben wurden,
kann der entsprechende Beschluss in Einzelfällen anfechtbar sein. Damit dies der Fall
ist, muss ein Tatbestand von Art. 706 OR oder Art. 706b OR vorliegen, d.h. eine Ge-
setzes- oder Statutenverletzung. Eine entsprechende Verletzung ist beispielsweise gegeben, wenn ein Aktionärbindungsvertrag Stimmrechtsbeschränkungen, Stimmverbote
oder Vinkulierungsbestimmungen umgeht. Geht es um die Umgehung einer Stimmrechtsbeschränkung, ist die Anfechtbarkeit allerdings nur dann gegeben, wenn die unzulässige Stimmabgabe für den Ausgang des Entscheides massgebend war.

---

[260] GLATTFELDER, S. 299a; HIRSCH/PETER, S. 2; KOEBEL, S. 58; MOSER, S. 77.
[261] HIRSCH/PETER, S. 2.
[262] GLATTFELDER, S. 300a f.
[263] Vgl. dazu vorne Kap. 1, § 1, Ziff. II/2/b, S. 9.
[264] Urteil des Handelsgerichts Zürich vom 26.3.1970, in: ZR 69/1970 Nr. 101; GLATTFELDER,
       S. 299a f.; KÖNIG, S. 174; PATRY, SJK, S. 15 f.
[265] Vgl. zum Folgenden die vorstehenden Ausführungen in § 1, Ziff. III/2, S. 63 f.

2. Spezialfall: Anfechtbarkeit eines Generalversammlungsbeschlusses bei aktionärbindungsvertragswidriger Stimmabgabe?

Während man sich über die oben dargestellten Grundsätze in Lehre und Rechtsprechung einig ist, ergaben sich in jüngerer Zeit Kontroversen in Bezug auf die Frage, ob die Stimmabgabe, welche entgegen einer Stimmabsprache abgegeben wird, gültig oder anfechtbar ist. Da die entsprechende Diskussion durch einen deutschen Gerichtsentscheid ausgelöst wurde und vorwiegend in Deutschland stattfindet, wird im Folgenden neben der schweizerischen auch die deutsche Lehre und Rechtsprechung dargestellt.

a) *Schweizerische Lehre und Rechtsprechung*

Die herrschende Lehre und die Rechtsprechung folgern aus den in Ziff. 1 dargestellten Grundsätzen, dass der Aktionär gegenüber der Aktiengesellschaft in der Ausübung seines Stimmrechts frei bleibe. Stimme er nicht so ab, wie er dies aufgrund des Aktionärbindungsvertrages hätte tun müssen, begehe er gegenüber den Partnern des Aktionärbindungsvertrages zwar eine Vertragsverletzung, seine Stimmabgabe sei aber der Gesellschaft gegenüber gültig.[266] Der entsprechende Generalversammlungsbeschluss könne daher auch nicht angefochten werden.[267] Weil die Gesellschaft weder das Recht noch die Pflicht habe, eine Abstimmungsvereinbarung zu beachten oder durchzusetzen,[268] dürften die in der Generalversammlung abgegebenen Stimmen auch nicht so gezählt werden, wie sie aufgrund des Aktionärbindungsvertrages hätten abgegeben werden müssen.[269] Würden die Stimmen nicht wie abgegeben gezählt, sondern so wie sie vertragsgemäss hätten abgegeben werden müssen, sei der so „zustande gekommene" Beschluss anfechtbar.[270]

---

[266] Urteil des Handelsgerichts Zürich vom 26.3.1970, in: ZR 69/1970 Nr. 101; BAUDENBACHER, Basler Kommentar, Art. 620 OR N 37; FORSTMOSER, FS Schluep, S. 374; GLATTFELDER, S. 306a; GOLDSCHMID, S. 77; GROUPE DE RÉFLEXION, S. 31; HIRSCH/PETER, S. 2; KLÄY, S. 495; KRATZ, S. 75; MEIER, N 247; MOSER, S. 77; PATRY, ZSR, S. 82a.; VON BÜREN/STOFFEL/SCHNYDER/CHRISTEN-WESTENBERG, N 833.

[267] BAUDENBACHER, Basler Kommentar, Art. 620 OR N 37; FORSTMOSER/MEIER-HAYOZ/NOBEL, § 39 N 160; GLATTFELDER, S. 306a; LUEBBERT, S. 258; MOSER, S. 77; PATRY, SJK, S. 16. Urteil des Aargauischen Handelsgerichts vom 24.1.1929 (publiziert in VAargR 1929, S. 154 ff.) sowie Urteil des Obergerichts des Kantons Aargau vom 12.12.1949 und Urteil des Bundesgerichts vom 20.3.1950 (beides publiziert in AGVE 1950, S. 54 ff.); Urteil des Handelsgerichts Zürich vom 26.3.1970, in: ZR 69/1970 Nr. 101.

[268] FORSTMOSER/MEIER-HAYOZ/NOBEL, § 39 N 160; GLATTFELDER, S. 300a; PATRY, SJK, S. 16. Urteil des Handelsgerichts Zürich vom 26.3.1970, publiziert in ZR 69/1970 Nr. 101.

[269] BÖCKLI, Aktienrecht, N 1442; GLATTFELDER, S. 300a. Urteil des Handelsgerichts Zürich vom 26.3.1970, in: ZR 69/1970 Nr. 101

[270] Urteil des Handelsgerichts Zürich vom 26.3.1970, in: ZR 69/1970 Nr. 101.

Anders als die dargestellte herrschende Lehre und Rechtsprechung tritt
APPENZELLER[271] dafür ein, dass die Gesellschaft die Stimmen so zu zählen habe, wie
sie nach der vertraglichen Stimmrechtsbindung hätten abgegeben werden müssen; andernfalls sei der Generalversammlungsbeschluss anfechtbar. Er begründet dies damit,
dass die Ansicht der herrschenden Lehre zur Folge habe, dass Stimmrechtsbindungen
zwar zulässig, aber praktisch wirkungslos bleiben würden. Weiter sei die Anfechtbarkeit
auch aus prozessökonomischen Gründen zuzulassen, da so rascher klare Rechtsver-
hältnisse geschaffen werden könnten als bei der Geltendmachung von vertraglichen
Rechtsbehelfen. Die Zulässigkeit der Anfechtbarkeit lasse sich nach Ansicht von
APPENZELLER auch mit Art. 691 Abs. 3 OR begründen, welcher die Anfechtung eines
Generalversammlungsbeschlusses bei der Teilnahme von unbefugten Personen vorsieht: Aktionäre, die ihre Stimme vertragswidrig ausüben, seien zwar in formeller Hinsicht berechtigt, an der Generalversammlung teilzunehmen, in materieller Hinsicht aber
nicht. Dies sei der Situation gleichzustellen, in der ein Stellvertreter die Stimmrechte
nicht vollmachtgemäss ausübe; diesfalls sei der entsprechende Beschluss auch anfechtbar.

b)   Deutsche Lehre und Rechtsprechung

Die ältere deutsche Lehre[272] und das Reichsgericht[273] waren der gleichen Ansicht wie
die herrschende schweizerische Lehre. Auch heute noch wird eine generelle direkte
Wirkung auf gesellschaftsrechtlicher Ebene von der deutschen Lehre und Praxis verneint.[274] Ein Verstoss gegen die nebenvertragliche Vereinbarung hat nach dieser Ansicht keinen Einfluss auf die Wirksamkeit des Gesellschaftsbeschlusses. Die neuere
Rechtsprechung hat allerdings von diesem Grundsatz eine Ausnahme gemacht: Der
Bundesgerichtshof hat mit Urteil vom 20.1.1983 entschieden, dass eine Beschlussanfechtung wegen Verstosses gegen eine schuldrechtliche Vereinbarung unter den Gesell-

---

[271] APPENZELLER, S. 62 f.
[272] JANBERG/SCHLAUS, AG 12, S. 35 f.; LÜBBERT, S.123 ff. und S. 168; PETERS, S. 313; THEISEN,
       S. 33 ff.
[273] RGZ 119, 386 ff. und 107, 67 ff.
[274] HOFFMANN-BECKING, S. 450; HÜFFER, § 133 N 26; JOUSSEN, S. 141; PIEHLER, S. 1659 m.w.H.
       Entscheid des BGH vom 20.1.1983, in: NJW 1983 1910 f.; Entscheid des OLG Koblenz vom
       27.2.1986, in: GmbHR 1986 428 ff., Entscheid des OLG Koblenz vom 25.10.1990, in: GmbHR
       1991 21 f. Entscheid des OLG Hamm vom 12.4.2000, in: GmbHR 2000 673 ff.

schaftern möglich sei, wenn alle Gesellschafter daran beteiligt sind.[275] Diesen Entscheid hat der Bundesgerichtshof wenige Jahre später bestätigt.[276]

Der erstgenannte Fall betraf eine GmbH (Beklagte), deren Unternehmensgegenstand ursprünglich laut Gesellschaftsvertrag „der Vertrieb von Maschinenelementen, Werkzeugen aller Art, insbesondere Kerbstiften, Kerbnägeln und gekerbten Spezialteilen aus Eisen und Metall" war. Später wurde dieser Zweck geändert in „Herstellung und Vertrieb von Maschinenelementen, insbesondere von Inserts aus Stoffen aller Art sowie Werkzeugen aller Art". Die Gesellschafter vereinbarten zusätzlich ausserhalb des Gesellschaftsvertrages einstimmig, dass sich die GmbH an keinem Unternehmen mit einem solchen Geschäftsgegenstand beteiligen solle. Eine mit rund 15% an dieser GmbH beteiligte Gesellschafterin (Klägerin) war gleichzeitig mit etwa 25% an einer anderen Gesellschaft beteiligt, deren Zweck „die Herstellung und der Vertrieb von gekerbten Metallstiften und -nägeln sowie ähnlichen Maschinenelementen" war. 1979 beschloss die Gesellschafterversammlung der beklagten GmbH gegen die Stimmen der Klägerin den Kauf einer 50%-Beteiligung einer Gesellschaft, welche ebenfalls Kerbnägel und -stifte herstellte und vertrieb. Die Klägerin focht diesen Beschluss an. Sie war der Auffassung, der Beschluss verstosse gegen den Gesellschaftszweck der GmbH; diese dürfe keine Kerbnägel und -stifte herstellen und sich deshalb auch nicht an entsprechenden Unternehmen beteiligen. Der BGH stellte in seinem Entscheid zunächst fest, dass der Wortlaut der Satzung der beklagten GmbH den umstrittenen Erwerb des Unternehmens zulasse. Somit liege ein Verstoss gegen den Gesellschaftsvertrag nicht vor. In einem zweiten Schritt prüfte der BGH dann, ob ein Verstoss gegen die ausserhalb des Gesellschaftsvertrages geschlossene, obligatorische Vereinbarung vorliegen könnte. Das Gericht führte dazu aus, dass sich die Gesellschafter jederzeit ausserhalb der Satzung schuldrechtlich verpflichten können, in der Gesellschafterversammmlung in bestimmter Weise abzustimmen. Verletze ein Gesellschafter ein solches Abkommen, indem er abredewidrig stimme, so sei der auf diese Weise zustande gekommene Beschluss grundsätzlich nicht anfechtbar. Der entsprechende Streit sei unter den an der Vereinbarung Beteiligten auszutragen und nicht mit der Gesellschaft. Etwas anderes gelte aber dann, wenn der Beschluss gegen eine von allen Gesellschaftern eingegangene Bindung verstosse. Hätten alle Gesellschafter eine die Gesellschaft betreffende Angele-

---

[275] Entscheid des BGH vom 20.1.1983, in: NJW 1983 1910 f.
[276] Entscheid des BGH vom 27.10.1986, in: NJW 1987 1890 ff. In diesem zweiten Entscheid hat der BGH leider - trotz der inzwischen geäusserten Kritik in der Lehre - auf eine nähere dogmatische Begründung verzichtet und nur auf den ersten Entscheid verwiesen.
Vgl. auch OLG Hamm, Entscheid vom 12.4.2000, in: GmbHR 2000 673.

genheit unter sich einverständlich geregelt, so sei diese Regelung solange als eine der Gesellschaft zu behandeln, als dieser nur die aus der Abrede Verpflichteten angehörten. In diesem Falle bestünde kein Grund, die vertragswidrig überstimmten Gesellschafter auf den umständlichen Weg einer Klage gegen die Mitgesellschafter zu verweisen, um durch deren Verurteilung zu einer gegenteiligen Stimmabgabe den Schluss aus der Welt zu schaffen. Die überstimmten Gesellschafter könnten den Beschluss vielmehr durch Klage gegen die Gesellschaft anfechten.

Dieses Urteil, welches als „Kerbnägelentscheid" bekannt geworden ist, hat eine kontroverse Diskussion in der deutschen Lehre ausgelöst. Viele Autoren lehnen die Rechtsprechung des BGH ab und kritisieren dabei vor allem die dogmatische Begründung des Bundesgerichtshofes als unzureichend.[277] Es wird bemängelt, dass der Bundesgerichtshof den Unterschied zwischen Satzung und Nebenvertrag zu wenig beachtet habe.[278] Weiter wird von den Kritikern der neueren Rechtsprechung argumentiert, die Anfechtungsklage nach § 243 Abs. 1 AktG, welche analog für die GmbH gilt, sei nur gegen Beschlüsse möglich, welche gegen Gesetz oder Statuten verstossen, nicht aber bei einem Verstoss gegen einen obligatorischen Nebenvertrag.[279] Die befürwortenden Stimmen nennen - wie der Bundesgerichtshof - vorwiegend die Prozessökonomie als Begründung.[280] JOUSSEN[281] und NOACK[282], welche den Entscheid des Bundesgerichtshofes ebenfalls befürworten, nennen als weitere Begründung sinngemäss den Durchgriff bzw. die Rechtsmissbräuchlichkeit. Sie verweisen diesbezüglich auf einen früheren Entscheid des Bundesgerichtshofes, bei dem es um die Frage ging, ob eine von allen Aktionären ausserhalb der Hauptversammlung vereinbarte Entlastung des Vorstands auch für die Gesellschaft wie ein Verzicht auf Ersatzansprüche oder ein Anerkennen

---

[277]   KÖNIG, S. 75 f.; HAPP, S. 175; HACHENBURG/HÜFFER, GmbHG, § 47 N 84; HOFFMANN-BECKING, S. 450; ULMER, S. 1849; WINTER, S. 259 ff., zusammenfassend S. 282.

[278]   ULMER, S. 1850 ff.

[279]   DÜRR, S. 148 ff.; KÖNIG, S. 75 m.w.H.; HAPP, S. 173; ULMER (S. 1853 ff.) sieht als einzige Begründung die Annahme eines neuen, ungeschriebenen Anfechtungsgrundes kraft richterlicher Rechtsfortbildung gestützt auf Durchgriffsgesichtspunkte. Er will diesen Tatbestand aber auf Fälle eindeutiger, grob missbräuchlicher Verletzungshandlungen beschränken. Ähnlich HÜFFNER, welcher die Rechtsprechung des BGH grundsätzlich ablehnt und nur für Ausnahmefälle Rechtsmissbräuchlichkeit annehmen will, wenn sich die Aktiengesellschaft auf die schuldrechtliche Natur des Nebenvertrages beruft (AktG, § 243 N 10).

[280]   SCHOLZ/SCHMIDT, GmbHG, § 45 N 116; HAPP kritisiert die dogmatische Begründung (S. 172 f.), begrüsst aber den Entscheid im Ergebnis aus pragmatischen Gründen (S. 173 ff.). So auch das OLG Hamm in seinem Entscheid vom 12.4.2000, in: GmbHR 2000 673 ff.

[281]   JOUSSEN, S. 148 f.

[282]   NOACK, S. 168 f.

des Nichtbestehens derartiger Ansprüche wirke.[283] Der BGH führte dazu aus, dass sich die Aktiengesellschaft nicht auf das Fehlen eines entsprechenden Beschlusses des zuständigen Organs berufen könne, wenn sich alle Träger dieses Organs bereits rechtlich bindend zu einer entsprechenden Beschlussfassung gegenüber dem betreffenden Vorstandsmitglied verpflichtet hätten. Nach JOUSSEN solle in den hier diskutierten Fällen nichts Anderes gelten. Wenn sich alle Gesellschafter gegenseitig gebunden haben, sei ein der gegenseitigen Vereinbarung widersprechendes Verhalten rechtsmissbräuchlich.[284] NOACK argumentiert zusätzlich, dass die strenge Trennung von Gesellschafts- und Gesellschafterebene zunehmend fragwürdig geworden sei. Es sei jeweils darzulegen, welche Argumente für oder gegen eine Unterscheidung sprechen. Die Gesellschaft sei nicht als Dritte anzusehen bei Rechtsverhältnissen, die von sämtlichen Gesellschaftern eingegangen worden seien. Dem Einwand, damit würden Publizitäts- und Verkehrsschutzinteressen vernachlässigt, könne Rechnung getragen werden, indem die Anfechtbarkeit des Gesellschaftsbeschlusses nur dann möglich sei, wenn die Wirkungen auf die Personen beschränkt bleiben, die sich selbst gebunden haben.[285]

c) Stellungnahme

Die Statuten einer Aktiengesellschaft und Aktionärbindungsverträge unterscheiden sich hinsichtlich ihrer Begründung, Änderung, Auslegung, der Übertragung der Rechte der Beteiligten und ihrer Wirkungen gegenüber Dritten grundlegend. Die bisherige Dogmatik berücksichtigt diese Unterschiede und nimmt eine klare Trennung von schuldrechtlicher und gesellschaftsrechtlicher Ebene vor. Die Trennung dieser Rechtssphären führt auch zu Unterschieden bei den Rechtsfolgen von Verletzungen bestehender Verpflichtungen. Auch der deutsche Bundesgerichtshof hält grundsätzlich an dieser Trennung fest. Aus Gründen der Prozessökonomie soll aber laut Bundesgerichtshof in Einzelfällen eine Durchbrechung dieses Prinzips möglich sein, nämlich dann, wenn alle Aktionäre am Aktionärbindungsvertrag beteiligt sind. M.E. ist es äusserst fragwürdig, einen Eingriff in die so grundlegende Trennung von schuldrechtlicher und gesellschaftsrechtlicher Ebene einzig mit dem Argument der Prozessökonomie zu rechtfertigen, wie dies der Bundesgerichthof tut. Allein gestützt auf die Argumentation im „Kerbnägelentscheid" lässt sich daher eine eventuelle Beschlussanfechtung bei aktionärbindungsvertragswidriger Stimmabgabe nicht begründen. Im Folgenden sind daher weitere, in der Literatur diskutierte Argumente zu prüfen.

---

283 Vgl. BGHZ 29, 385 ff.
284 JOUSSEN, S. 148 f.
285 NOACK, S. 164 f. und S. 168 f.

APPENZELLER stützt seine Befürwortung der Anfechtbarkeit unter anderem auf Art. 691 Abs. 3 OR. Gemäss dieser Bestimmung kann ein Beschluss angefochten werden, wenn Personen bei der Beschlussfassung mitgewirkt haben, welche nicht zur Teilnahme an der Versammlung befugt waren. Laut APPENZELLER seien Aktionäre, die ihre Stimme vertragswidrig ausüben, zwar in formeller Hinsicht berechtigt, an der Generalversammlung teilzunehmen, in materieller Hinsicht aber nicht. Dies sei der Situation gleichzustellen, in der ein Stellvertreter die Stimmrechte nicht vollmachtgemäss ausübe.[286] M.E. ist diese Überlegung von APPENZELLER falsch, da ein Beschluss wegen vollmachtswidriger Stimmabgabe nicht anfechtbar ist. Ein Vertreter ist zwar verpflichtet, die Weisungen des vollmachtgebenden Aktionärs zu befolgen.[287] Verletzt der Vertreter diese Pflicht, wird er schadenersatzpflichtig; die weisungswidrige Stimmabgabe bleibt aber gültig.[288] Eine Anfechtung des entsprechenden Beschlusses gestützt auf Art. 691 Abs. 3 OR ist nicht möglich.

Die Anfechtbarkeit einer stimmbindungswidrigen Stimmabgabe lässt sich auch nicht mit den gesetzlich vorgesehenen Anfechtungsnormen vereinbaren. Gemäss Art. 706 OR sind Beschlüsse anfechtbar, die gegen Gesetz oder Statuten verstossen. Dabei führen nicht nur Verletzungen von aktienrechtlichen Vorschriften zur Anfechtbarkeit, sondern Verstösse gegen Normen der gesamten Rechtsordnung, beispielsweise auch gegen Art. 2 ZGB.[289] Keine Anfechtbarkeit begründet dagegen die Verletzung eines zwischen Aktionären geschlossenen Vertrages.[290] Eine Anfechtbarkeit bei stimmbindungswidriger Stimmabgabe wäre m.E. nur möglich, wenn man dies über den Verstoss gegen eine allgemeine Norm wie Art. 2 ZGB begründen könnte. Einige deutsche Autoren haben diesen Weg gewählt und nennen als mögliche Begründung einer Anfechtbarkeit den sogenannten Durchgriff.[291] Durchgriff bedeutet Aufhebung der Trennung der Rechtssphäre der Aktiengesellschaft und deren Aktionären.[292] In der schweizerischen Lehre und Praxis wird die Möglichkeit des Durchgriffs vorwiegend mit Art. 2 Abs. 2 ZGB, oder konkreter mit dem Rechtsmissbrauchsverbot begründet.[293] D.h. ein

---

[286] APPENZELLER, S. 63.
[287] Art. 689b OR.
[288] BÖCKLI, Aktienrecht, N 1345 + 1411; FORSTMOSER/MEIER-HAYOZ/NOBEL, § 24 N 129; VON BÜREN/STOFFEL/SCHNYDER/CHRISTEN-WESTENBERG, N 494.
[289] FORSTMOSER/MEIER-HAYOZ/NOBEL, § 25 N 17.
[290] KUNZ, Klagen, S. 42 Fn 20.
[291] JOUSSEN, S. 148 f.; NOACK, S. 168 f.
[292] FORSTMOSER/MEIER-HAYOZ/NOBEL, § 62 N 48.
[293] FORSTMOSER/MEIER-HAYOZ/NOBEL, § 62 N 52.

Durchgriff soll möglich sein, wenn die Berufung auf die rechtliche Selbständigkeit der juristischen Person als missbräuchlich erscheint.[294] So hielt das Bundesgericht fest, dass „es die rechtliche Selbständigkeit einer juristischen Person grundsätzlich zu beachten gilt, es sei denn, sie werde im Einzelfall rechtsmissbräuchlich, entgegen Treu und Glauben geltend gemacht ...".[295] Dabei wird vorausgesetzt, dass ein Abhängigkeitsverhältnis der Aktiengesellschaft von den betroffenen Aktionären besteht, d.h. dass die beherrschende Person Allein- oder Hauptaktionärin der abhängigen Aktiengesellschaft ist. Man unterscheidet zwischen direktem und umgekehrtem Durchgriff: Beim direkten Durchgriff wird von der juristischen Person auf den dahinterstehenden Aktionär gegriffen, d.h. ein Gläubiger kann seine gegenüber der Aktiengesellschaft bestehende Forderung auch gegen den Aktionär geltend machen. Beim umgekehrten Durchgriff wird die Aktiengesellschaft für Verpflichtungen des Aktionärs in Anspruch genommen.[296] Lehre und Praxis sind bei der Annahme eines umgekehrten Durchgriffs allerdings wesentlich zurückhaltender.[297]

Würde man die stimmbindungswidrige Stimmabgabe als Durchgriffstatbestand bzw. als rechtsmissbräuchlich qualifizieren, so könnte man eventuell auf diesem Wege eine Anfechtbarkeit des entsprechenden Beschlusses gestützt auf Art. 706 OR begründen, da ein Verstoss gegen eine Gesetzesnorm vorliegen würde. Ist nun aber ein solcher Durchgriff tatsächlich zu bejahen? Was die Voraussetzung der Abhängigkeit bzw. Beherrschung betrifft, so ist in den hier diskutierten Fällen nicht die Situation eines Allein- oder beherrschenden Hauptaktionärs gegeben. Trotzdem könnte man bei Beteiligung aller Aktionäre am Aktionärbindungsvertrag m.E. das Erfordernis der Beherrschung als gegeben annehmen. Ebenso könnte man in gewissen Fällen wohl die Missbräuchlichkeit der abredewidrigen Stimmabgabe bejahen. Dies würde auf den ersten Blick dazu führen, dass in krassen Fällen von stimmbindungswidriger Stimmabgabe ein (umgekehrter) Durchgriff und damit eine Anfechtung des entsprechenden Beschlusses wegen Verstosses gegen Art. 2 ZGB als möglich erscheint. Allerdings ist zu berücksichtigen, dass ein solcher Verstoss nicht leichthin bejaht werden könnte. Dies einerseits, weil an das Vorliegen eines offenbaren Rechtsmissbrauchs hohe Anforderungen gestellt werden und die Tendenz besteht, im Zweifel Rechtsmissbrauch zu verneinen.[298] Anderer-

---

[294] FORSTMOSER/MEIER-HAYOZ/NOBEL, § 62 N 49; BGE 102 III 170, 92 II 164, 85 II 114 f.
[295] BGE 113 II 36.
[296] FORSTMOSER/MEIER-HAYOZ/NOBEL, § 62 N 59.
[297] FORSTMOSER/MEIER-HAYOZ/NOBEL, § 62 N 87.
[298] MAYER-MALY, Basler Kommentar, Art. 2 ZGB N 37.

seits sind Lehre und Praxis bei der Annahme eines umgekehrten Durchgriffs zurückhaltend.[299]

Trotz der scheinbaren Möglichkeit eines Durchgriffs in Einzelfällen, ist m.E. die Anfechtbarkeit abzulehnen. Könnte der an einem Aktionärbindungsvertrag Beteiligte einen Beschluss wegen vertragswidriger Stimmabgabe der anderen Aktionäre anfechten,
so würde es sich um einen Durchgriff zugunsten eines Beteiligten handeln. Ob ein
Durchgriff zugunsten eines Beteiligten vorgenommen werden darf, ist umstritten. Die
Mehrheitsmeinung lehnt den Durchgriff zugunsten der Beteiligten ab.[300] M.E. ist die
Anfechtbarkeit eines abredewidrig zustande gekommenen Beschlusses auf dem Wege
über Art. 2 ZGB daher abzulehnen. Dies ist aber nicht der einzige Punkt, welcher gegen die Anfechtbarkeit spricht. Die Bejahung der Anfechtbarkeit wegen stimmbindungswidriger Stimmabgabe hätte verschiedene Auswirkungen, die nicht in Kauf genommen werden können.

Sowohl der deutsche Bundesgerichtshof als auch jene Autoren, welche einen Durchgriffstatbestand annehmen, beschränken die Anfechtbarkeit auf Fälle, wo alle Aktionäre an einem Aktionärbindungsvertrag beteiligt sind. Dies ist unter dem Gesichtspunkt
der Voraussetzung der Beherrschung beim Durchgriffstatbestand auch richtig. Allerdings würde dies dazu führen, dass die Anfechtbarkeit gegeben wäre, wenn alle Aktionäre an einem Aktionärbindungsvertrag beteiligt sind, nicht dagegen, wenn beispielsweise nur neun von zehn Aktionären Vertragspartner sind. Dies wäre m.E. unbillig und
würde zudem ermöglichen, die Anfechtbarkeit durch Verkauf einzelner Aktien an einen Dritten zu verhindern.

Einer der wichtigsten Gründe, welcher gegen die Zulassung der Anfechtbarkeit spricht,
ist aber folgender: In einem Aktionärbindungsvertrag können die Parteien auch Dinge
regeln, die nicht in die Statuten der Aktiengesellschaft aufgenommen werden können.
So dürfen die Statuten aufgrund von Art. 680 OR keine Nebenleistungspflichten der
Aktionäre vorsehen. Auch statutarische Bestimmungen, wonach Aktionäre ihre Stimme
in einem bestimmten Sinne abzugeben haben, sind nichtig.[301] In einem Aktionärbindungsvertrag können aber entsprechende Stimmbindungen oder Nebenleistungspflichten vereinbart werden. Dies wird einhellig als zulässig anerkannt, da es sich bloss um
freiwillige obligatorische Bindungen handelt und der Gebundene auf gesellschaftsrechtlicher Ebene nicht verpflichtet ist. Würde man nun bei einem Verstoss gegen eine ver-

---

[299] FORSTMOSER/MEIER-HAYOZ/NOBEL, § 62 N 87.
[300] FORSTMOSER/MEIER-HAYOZ/NOBEL, § 62 N 91.
[301] DREIFUSS/LEBRECHT, Basler Kommentar, Art. 706b OR N 10. BOTSCHAFT AKTIENRECHT,
       S. 138.

tragliche Stimmbindung die Anfechtbarkeit des Beschlusses auf gesellschaftsrechtlicher Ebene bejahen, würde dies indirekt gegen den genannten Grundsatz verstossen, wonach eine Stimmbindung auf statutarischer, d.h. also gesellschaftsrechtlicher Ebene nichtig ist.

2. Teil

Einzelne Regelungsbereiche

Kapitel 4

Stimmrechtsbindungen

Aktionäre und Verwaltungsratsmitglieder üben ihren Einfluss in der Aktiengesellschaft vor allem mittels ihres Stimm- und Wahlrechts aus, sei es in Generalversammlungen oder in Verwaltungsratssitzungen. Das Stimm- und Wahlrecht hat somit eine zentrale Bedeutung für die Machtverhältnisse und die Beeinflussung von Entscheiden in einer Aktiengesellschaft. Aus diesem Grund enthalten viele Aktionärbindungsverträge Klauseln, welche die Ausübung des Stimm- und Wahlrechts regeln. Damit soll erreicht werden, dass das mit dem Aktionärbindungsvertrag angestrebte gemeinsame Vorgehen auch tatsächlich verwirklicht wird.

§ 1 Begriff und Erscheinungsformen

I. Begriff der Stimmrechtsbindung

Der Begriff „Stimmrechtsbindung"[302] umschreibt Vereinbarungen, durch welche sich alle oder ein Teil der Vertragspartner verpflichten, ihr Stimm- und Wahlrecht in bestimmter Weise auszuüben.[303] Gegenstand einer Stimmrechtsbindung sind neben dem Stimm- und Wahlrecht alle Rechte, welche damit zusammenhängen wie beispielsweise das Recht auf Teilnahme an der Generalversammlung (Art. 689 Abs. 1 OR).[304] Stimmrechtsbindungen gibt es natürlich nicht nur zwischen Aktionären, ebenso verbreitet sind sie beispielsweise bei der GmbH.[305] In dieser Arbeit bezieht sich der Begriff „Stimmrechtsbindung" immer auf Vereinbarungen in Zusammenhang mit einer Aktiengesellschaft.

---

[302] Es werden auch die Begriffe „Stimmbindung", „Stimmbindungsabsprache" oder „Abstimmungsvereinbarung" verwendet.

[303] APPENZELLER, S. 30.

[304] APPENZELLER, S. 31 f.

[305] Stimmbindungen bei der GmbH wurden vor allem in der deutschen Literatur und Rechtsprechung behandelt, da die GmbH in Deutschland bisher bedeutsamer war als in der Schweiz. Vgl. zu Stimmbindungen bei der GmbH beispielsweise BEHRENS, KÖHLER, LÜBBERT, PIEHLER und RGZ 112/273 ff.

II. Erscheinungsformen von Stimmrechtsbindungen

Stimmrechtsbindungen treten in den unterschiedlichsten Varianten auf. Um einen Überblick zu ermöglichen, werden im Folgenden die verschiedenen Erscheinungsformen anhand von drei Gesichtspunkten - Dauer, Gegenstand und Parteien - eingeteilt und dargestellt.

1. Dauer

Stimmrechtsbindungen können zunächst einmal eingeteilt werden in Einzelfallvereinbarungen und längerfristige Verbindungen.

Bei der ersten Variante vereinbaren zwei oder mehr Personen, seien es nur Aktionäre oder auch Dritte, wie die Stimmabgabe in einer bestimmten Abstimmung bezüglich eines einzelnen oder mehrerer Traktanden zu erfolgen habe. Solche Einzelfallvereinbarungen können bezüglich aller denkbaren Abstimmungsthemen und Wahlen abgeschlossen werden. Als Beispiele können genannt werden die Wahl einer bestimmten Person in den Verwaltungsrat, die Abstimmung bezüglich eines Fusionsvertrages oder die Zustimmung zur Übertragung von Aktien (Art. 685a OR).

Längerfristige Stimmrechtsbindungen dagegen wirken nicht nur für eine Generalversammlung oder Verwaltungsratssitzung, sondern während einer längeren Dauer. Sie betreffen entweder nur einen bestimmten Kreis von Abstimmungs- bzw. Wahlgeschäften oder alle Abstimmungen und Wahlen während der Dauer der Stimmrechtsbindung. Die erste Variante würde vorliegen, wenn die Beteiligten vereinbaren, während 10 Jahren immer drei bestimmte Personen in den Verwaltungsrat zu wählen.

2. Gegenstand

Stimmrechtsbindungen unterscheiden sich auch hinsichtlich des Vertragsgegenstandes. So können sie zunächst einmal in Bezug auf das betroffene Willensbildungsorgan differieren: Es gibt Vereinbarungen, welche nur für Abstimmungen in der Generalversammlung gelten, andere nur für die Willensbildung im Verwaltungsrat. Häufig anzutreffen sind aber auch Stimmrechtsbindungen, die beide Organe betreffen.

Neben dieser Unterscheidung variiert der Gegenstand von Stimmrechtsbindungen vor allem hinsichtlich des Umfanges der betroffenen Themen. Die Spannweite des Vereinbarungsgegenstandes reicht von einem einzelnen, klar definierten Traktandum bis hin zu allen Abstimmungen und Wahlen während längerer Zeit.[306]

3. Parteien

Ein weiterer Gesichtspunkt, aufgrund dessen Stimmrechtsbindungen eingeteilt werden können, sind Art und Anzahl der Beteiligten.[307] Es gibt einerseits Stimmrechtsbindungen, an welchen nur zwei Personen beteiligt sind, andererseits solche, durch die mehr als zwei Personen oder sogar alle Aktionäre einer Gesellschaft gebunden sind. Neben der Anzahl der beteiligten Personen kann eine Unterscheidung auch nach der Eigenschaft der Beteiligten erfolgen. Es kommen einerseits Stimmrechtsbindungen vor, an denen nur Aktionäre beteiligt sind und andererseits solche, an denen auch Dritte, also Nichtaktionäre, mitbeteiligt sind. Weiter ist zu unterscheiden, ob die verpflichteten Aktionäre nur in ihrer Stellung als Aktionäre oder ebenso in der Funktion als Verwaltungsräte gebunden sind.[308]

§ 2 Ausgestaltung von Stimmrechtsbindungen

Eine Stimmrechtsbindungsvereinbarung umfasst in der Regel zwei Bereiche: einerseits materielle Bestimmungen (Ziff. I) und andererseits prozedurale bzw. organisatorische Regelungen (Ziff. II).

I.   Materieller Inhalt

Mit materiellem Inhalt ist jener Teil der Stimmrechtsbindungsklausel gemeint, welcher festlegt, auf welche Abstimmungen oder Wahlen in welchem Willensbildungsorgan sich die Vereinbarung bezieht.[309] Weiter gehören zum materiellen Teil Bestimmungen, wie die Stimmabgabe zu erfolgen habe; es können dies konkrete Weisungen oder allgemeine Leitlinien sein. In der Praxis werden Stimmbindungen in Aktionärbindungsverträgen oft so ausgestaltet, dass nicht eine umfassende Bindung stipuliert wird, sondern folgende Lösung: An den Beginn des Vertrages wird einer Klausel gestellt, wonach die Ver-

---

[306] Siehe dazu auch Ziff. 1 vorstehend.
[307] Siehe dazu auch die Einteilung und Typologisierung bei DRUEY, Rechtsfragen, S. 22 ff.
[308] Zu den diesbezüglichen Schranken siehe Kapitel 1, § 1, Ziff. II/2/c, S. 9 ff.; Kapitel 3, § 1, Ziff. II/1/a, S. 52 ff. und Kapitel 4, § 3 Ziff. II/6, S. 83 ff.
[309] Siehe dazu auch oben, § 1 Ziff. II/2, S. 74 ff..

tragspartner ihre Stimme in der Generalversammlung und im Verwaltungsrat stets im Sinne der in den folgenden Ziffern vereinbarten Grundsätze abzugeben haben. In den nachfolgenden Vertragsklauseln werden dann Ziele und Grundsätze zu einzelnen Themen formuliert, beispielsweise bezüglich der Wahl von Verwaltungsräten oder der Übertragung von Aktien.[310]

Zum materiellen Inhalt gehört auch die Frage, wie weit die Parteien zur Stimmabgabe verpflichtet sind: So kann vereinbart sein, dass immer nach der gemeinsamen Vereinbarung abzustimmen ist. Denkbar ist aber auch eine Regelung, wonach niemand entgegen der gemeinsamen Vereinbarung beziehungsweise die Mehrheitsmeinung stimmen darf. Letzteres hat zur Folge, dass bei Meinungsverschiedenheiten jene, die sich in der Minderheit befinden, zumindest der Stimme enthalten müssen.

II. Prozeduraler und organisatorischer Inhalt

Neben den materiellen Bestimmungen enthalten die meisten Stimmrechtsbindungen auch einen Teil, welcher prozedurale Fragen behandelt. Dies ist immer dort notwendig, wo sich die Stimmbindung nicht auf konkrete Anweisungen oder Leitlinien für einzelne Geschäfte beschränkt. In Vereinbarungen, welche nicht nur für eine einzelne Abstimmung, sondern für eine längere Zeitspanne und verschiedenste Geschäfte wirken sollen, können in der Regel noch keine abschliessenden konkreten Anweisungen aufgenommen werden. Es sollte aber festgelegt werden, wie die Vorgaben für die Abstimmungen zustande kommen. Diesbezüglich gibt es verschiedenste Möglichkeiten der Ausgestaltung, die hauptsächlich in zwei Kategorien eingeteilt werden können: Die Beteiligten können sich den Weisungen bestimmter Personen unterwerfen (Ziff. 1) oder Regeln aufstellen für einen separaten Willensbildungsprozess im Vorfeld der Generalversammlung oder der Verwaltungsratssitzung (Ziff. 2).

1. Unterwerfung unter die Weisungen bestimmter Personen

Es gibt Stimmrechtsbindungen, wonach der oder die Betroffenen sich vollständig der Weisungsgewalt einer bestimmten Person unterwerfen. Andere Vereinbarungen sehen vor, dass die Stimmabgabe jeweils nach den Vorgaben des Verwaltungsrates erfolgen soll.[311] Eine weitere Variante besteht darin, eine oder mehrere Personen zu wählen,

---

[310] Siehe dazu als Beispiel Ziff. A/1 des Musteraktionärbindungsvertrages in der Mustersammlung der Bernischen Notare.

[311] Vgl. hierzu, insbesondere zur Zulässigkeit, Ziff. 6, S. 84 ff.

welche dann über die Stimmabgabe bestimmen oder diese vertretungsweise für alle vornehmen, beides eventuell nach vorbestimmten Leitlinien.

2. Willensbildungsprozess im Vorfeld der Willensbildung in der Aktiengesellschaft

Weitaus häufiger als die in Ziff. 1 dargestellten Möglichkeiten sind Stimmrechtsvereinbarungen, wonach die Parteien im Vorfeld von Abstimmungen in der Aktiengesellschaft ihr gemeinsames Stimmverhalten in einem vorgegebenen Prozedere festlegen. Meistens findet eine Vorabstimmung statt, sei es in einer Versammlung oder durch einen Zirkulationsbeschluss. Hier müssen die Parteien beispielsweise regeln, wer diese Abstimmung organisiert und mit welchen Anwesenheits- und Stimmquoren in den Vorabstimmungen die Beschlüsse gefasst werden sollen.

§ 3 Zulässigkeit von Stimmrechtsbindungen

I. Allgemeines

Bezüglich der Zulässigkeit von Stimmrechtsbindungsklauseln gilt das Gleiche wie für Aktionärbindungsverträge als Ganzes:[312] Nach schweizerischer Lehre[313] und Rechtsprechung[314] sind Stimmrechtsbindungsabsprachen grundsätzlich zulässig. Sie müssen sich aber innerhalb der Schranken der Vertragsfreiheit bewegen, das heisst sie dürfen gemäss Art. 19 und 20 OR weder gegen zwingende Normen noch gegen die öffentliche Ordnung, die guten Sitten oder das Recht der Persönlichkeit verstossen und sie dürfen nicht unmöglich sein.[315] Stimmrechtsbindungen verstossen auch dann gegen Art. 19 und 20 OR, wenn sie ein Umgehungsgeschäft darstellen.

Zwingende Gesetzesnormen, welche Stimmbindungsabsprachen als solche ausdrücklich verbieten, gibt es im schweizerischen Recht nicht. Es gibt aber zwingende Normen

---

[312] Vgl. zur generellen Zulässigkeit von Aktionärbindungsverträgen Kapitel 3, S. 49 ff.

[313] APPENZELLER, S. 37 f. m.w.H.; BÖCKLI, Stimmrecht, S. 57 f. m.w.H. in Fn 62; DOHM, S. 55 f.; DRUEY, Rechtsfragen, S. 9; FORSTMOSER/MEIER-HAYOZ/NOBEL, § 39 N 202; FORSTMOSER, FS Schluep, S. 376; GLATTFELDER, S. 243a ff.; GOLDSCHMID, S. 74 ff.; KOEBEL, S. 35 ff., zusammenfassen S. 58; LÄNZLINGER, Basler Kommentar, Art. 692 OR N 10f.; MOSER, S. 74; PATRY, SJK, S. 10 f.; STUBER, S. 91.

[314] BGE 109 II 45 E. 3, 88 II 172, 81 II 542.

[315] Das Zustandekommen und die Problematik der Willensmängel wird hier nicht behandelt. Diesbezüglich gelten die allgemeinen Regeln des Schuldrechts (Art. 1 ff. OR und Art. 23 ff. OR).

und allgemeine Prinzipien des Gesellschaftsrechts, welche in Lehre und Praxis als Schranken von Stimmrechtsbindungen diskutiert werden.

II. Mögliche Schranken

In den folgenden Ziffern wird vor allem auf Stimmrechtsbindungen zwischen Aktionären unter sich oder zwischen Aktionären und aussenstehenden Dritten eingegangen. Die Ausführungen gelten grundsätzlich auch dann, wenn Verwaltungsräte beteiligt sind. Letztere sind aber zusätzlichen Schranken unterworfen, weshalb Stimmrechtsbindungen mit Verwaltungsräten noch speziell betrachtet werden (Ziffer 6 nachfolgend).

1. Kein Verstoss gegen das Prinzip der Unentziehbarkeit und Unverzichtbarkeit des Stimmrechts

Das Stimmrecht als wichtigstes Mitwirkungsrecht ist unentziehbar und unverzichtbar. Dies bedeutet, dass dem Aktionär mindestens eine Stimme zustehen muss (Art. 696 Abs. 2 OR) und er über dieses Mindeststimmrecht nicht frei verfügen kann.[316] Der Aktionär darf also nicht über sein Stimmrecht als solches verfügen und es ganz aufgeben; so ist beispielsweise die Stimmrechtszession laut bundesgerichtlicher Rechtsprechung nicht zulässig.[317]

Das Prinzip der Unentziehbarkeit und Unverzichtbarkeit des Stimmrechts steht aber einer Stimmrechtsvereinbarung nicht entgegen. Dem Aktionär, welcher sich einer Stimmrechtsbindung unterworfen hat, steht das Stimmrecht immer noch zu; er verzichtet nicht auf das Stimmrecht als solches, sondern nur auf dessen völlig freie Ausübung. Zudem ist der Aktionär nur obligatorisch gegenüber den an der Stimmrechtsbindung Beteiligten gebunden; er hat also immer noch die Möglichkeit, in der Generalversammlung wirksam seine Stimme entgegen der Stimmrechtsbindungsabsprache abzugeben. Aus diesen Gründen sind Stimmrechtsbindungsabsprachen mit dem Prinzip der Unentziehbarkeit des Stimmrechts vereinbar.[318]

---

[316] FORSTMOSER/MEIER-HAYOZ/NOBEL, § 12 N 115.
[317] BGE 109 II 43 ff. = Pra 72/1983 Nr. 85, BGE 90 II 239 = Pra 53 Nr. 129, 83 II 302 = Pra 46 Nr. 132
[318] BÖCKLI, Stimmrecht, S. 57; FORSTMOSER, FS Schluep, S. 377; GLATTFELDER, S. 267a; KOEBEL, S. 40.

2. Kein Verstoss gegen das Prinzip der freien Ausübung des Stimmrechts

In der Literatur wird auch diskutiert, ob es im Aktienrecht ein Prinzip der freien Stimmabgabe gibt und wenn ja, ob Stimmrechtsbindungen dagegen verstossen würden.[319] Die h.L. verneint allerdings einen solchen Verstoss klar und sieht im genannten Prinzip keine Schranke für Stimmbindungen.[320] Zwar gibt es eine Freiheit des Aktionärs in der Ausübung des Stimm- und Wahlrechts, doch ist diese nach schweizerischer Auffassung nur relativer Natur. Dies im Gegensatz zur Abstimmungs- und Wahlfreiheit des Bürgers auf politischer Ebene, die absolut ist und die bewirkt, dass das Stimm- und Wahlrecht keiner vertraglichen Bindung zugänglich ist. Der Unterschied rührt daher, dass das Stimmrecht dem Bürgers seiner Persönlichkeit wegen zusteht, dem Aktionär dagegen aufgrund seiner vermögensrechtlichen Beteiligung.[321] Das Stimmrecht des Aktionärs hat eine Kontroll- und Beeinflussungsfunktion. Der Aktionär soll damit einen gewissen Einfluss ausüben können bezüglich der Verwendung des Kapitals. Das Stimmrecht hat aber keine persönlichkeitsrechtliche Komponente bzw. ist nicht mit der Person des Aktionärs sondern mit seinen Aktien verbunden. Das Prinzip der freien Ausübung des Stimmrechts des Aktionärs soll nur die Unabhängigkeit des Aktionärs von der Gesellschaft und ihrer Verwaltung garantieren, es schliesst aber nicht aus, dass der Aktionär sich selbst hinsichtlich der Ausübung dieser Rechte vertraglich bindet. Aus diesen Gründen sieht die Lehre hier keine Schranke für Stimmrechtsbindungen.[322]

Im Zusammenhang mit dem Recht auf freie Stimmausübung, bzw. einer daraus resultierenden Schranke für Aktionärbindungsverträge, wird von einigen Autoren auch diskutiert, ob der Aktionär seinen Willen in der Generalversammlung bilden müsse oder ob er sich vorher binden dürfe.[323] Jene Autoren, welche eine Bindung vor der Generalversammlung verneinen, argumentieren, die Willensbildung des Aktionärs müsse während der Diskussion an der Generalversammlung erfolgen und er dürfe sich nicht vorher in einem bestimmten Sinne binden. Sei dem nicht so, sei eine ausgewogene Entscheidung und das gute Funktionieren der Aktiengesellschaft nicht gewährleistet.[324]

---

[319] APPENZELLER, S. 42 f; DOHM, S. 56 ff.; PATRY, ZSR, S. 69a ff.
[320] APPENZELLER, S. 44; DOHM, S. 69; PATRY, ZSR, S. 78a.
[321] GLATTFELDER, S. 261a f.; ZIHLMANN, S. 241.
[322] APPENZELLER, S. 44 f.; DOHM, S. 59; KÖNIG, S. 167 ff.; BÖCKLI, Stimmrecht, S. 57 f.
[323] APPENZELLER, S. 43; DRUEY, Rechtsfragen, S. 12 f.; PATRY, ZSR, S. 71a f; DOHM, S. 69 ff.; KOEBEL, S. 36 ff.
[324] APPENZELLER, S. 43.

APPENZELLER bemerkt dazu zu Recht, dass in der Rechtswirklichkeit die Aktionäre ihre Meinung auch ohne Stimmrechtsbindung häufig schon vor der Generalversammlung bilden.[325] Weiter ist zu berücksichtigen, dass das Gesetz selbst es zulässt, dass ein Aktionär seine Meinung vor der Generalversammlung festlegt. Das Gesetz lässt nämlich die Möglichkeit der Stimmrechtsvertretung zu,[326] bei welcher der Aktionär seinen Willen auch schon vor der Generalversammlung bilden und dem Vertreter mitteilen muss. Aus diesen Gründen ist m.E. ein Prinzip, wonach die Aktionäre ihren Willen „vor Ort" in der Generalversammlung bilden müssten bzw. die Willensbildung nicht vor der Generalversammlung erfolgen dürfe, zu negieren. Damit ist auch eine entsprechende Schranke für Stimmrechtsbindungen zu verneinen.[327] DRUEY[328] weist zwar zu Recht darauf hin, dass langfristige Abstimmungsvereinbarungen problematisch sein können, weil weniger flexibel auf neue Sachlagen reagiert werden kann. Dies spricht aber nicht gegen die generelle Zulässigkeit von Stimmrechtsvereinbarungen bzw. nicht gegen die Möglichkeit der Willensbildung vor der Generalversammlung. Die Problematik von neuen Sachlagen bei langfristigen Vereinbarungen sind anders zu lösen, beispielsweise über die Auslegung.[329]

3.   Verbot der Umgehung von Stimmrechtsbeschränkungen

Gemäss Art. 691 OR ist die Überlassung von Aktien zum Zwecke der Ausübung des Stimmrechts unstatthaft, wenn damit die Umgehung einer Stimmrechtsbeschränkung beabsichtigt ist. Solche Stimmrechtsbeschränkungen[330] finden sich in Art. 685c Abs. 1 und Art. 685f Abs. 2 OR (Stimmrecht bei vinkulierten Aktien) sowie in Art. 692 Abs. 2 OR (Statutarische Höchststimmklauseln) und Art. 695 OR (Déchargebeschlüsse). Stimmrechtsvereinbarungen erfüllen den Tatbestand von Art. 691 OR nie direkt, da keine „Überlassung von Aktien" vorliegt, es ist aber denkbar, dass mit der Stimmrechtsbindung ein Verstoss gegen Sinn und Zweck und damit eine Umgehung von Art. 691 OR beabsichtigt ist.[331] Dabei sind zwei Fälle zu unterscheiden: Es gibt einerseits

---

325   APPENZELLER, S. 44.
326   Vgl. Art. 689 Abs. 2 und 689b OR.
327   Ebenso DOHM, S. 72; DRUEY, Rechtsfragen, S. 12; GLATTFELDER, S. 260a f.; GOLDSCHMID, S. 75 f., und KOEBEL, S. 37 ff.
328   DRUEY, Rechtsfragen, S. 13.
329   So auch DRUEY, Rechtsfragen, S. 17.
330   Vgl. allgemein zu Stimmrechtsbeschränkungen SCHLEIFFER und BGE 122 III 279.
331   APPENZELLER, S. 45 f.; DOHM, S. 100 ff.; FORSTMOSER/MEIER-HAYOZ/NOBEL, § 39 N 204 f.; FORSTMOSER, FS Schluep, S. 377; GLATTFELDER, S. 264a ff.; LÄNZLINGER, Basler Kommentar, Art. 692 OR N 12; PATRY, SJK, S. 14 f. BGE 114 II 57 ff., E. 6.c, 109 II 43 ff., E. 3.b.

Konstellationen, wo ein beteiligter Aktionär einer Stimmrechtsbeschränkung unterliegt, sei es bei einem Déchargébeschluss, sei es als noch nicht eingetragener Aktienerwerber oder sei es, weil er mit seiner Stimmenzahl die Grenze einer statutarischen Höchststimmklausel überschreitet (Ziff. a nachstehend). Dann gibt es andererseits jene Fälle, wo die Stimmenzahl aller Beteiligten zusammen eine statutarische Höchststimmklausel überschreitet (Ziff. b nachstehend).

a)   Einer der Beteiligten unterliegt einer Stimmrechtsbeschränkung

Ist einer der Beteiligten einer Stimmrechtsbeschränkung unterworfen, so liegt nicht immer eine Umgehung von Art. 691 OR vor. Dies ist m.E. nur dann der Fall, wenn der Betroffene die anderen Aktionäre massgebend beeinflussen kann und diese ihre Stimme nicht in eigenem Interesse abgeben. Besteht dagegen beispielsweise eine einfache Gesellschaft und ist ein bestimmtes Abstimmungsergebnis im Interesse aller oder der Meisten, liegt in der Regel keine Umgehung vor. Dasselbe gilt für den Fall, wo sich die Vertragspartner vor der Generalversammlung zu einer „Vorabstimmung" treffen und mehrheitlich ein bestimmtes Abstimmungsverhalten beschliessen, wobei der von der Stimmrechtsbeschränkung Betroffene keinen entscheidenden Einfluss hatte. Das entscheidende Kriterium zur Beurteilung, ob im Einzelfall ein Umgehungsgeschäft vorliegt, ist die Entscheidungsfreiheit der nicht von der Stimmrechtsbeschränkung betroffenen Beteiligten.[332]

b)   Überschreitung einer Höchststimmklausel bei Addition der Stimmen

Wird eine Höchststimmzahl nur deshalb überschritten, wenn die Stimmen mehrere Partner der Stimmrechtsbindung zusammengezählt werden, so liegt m. E. grundsätzlich noch keine Umgehung von Art. 691 OR vor. Auch hier sollte zur Beurteilung der Umgehungshandlung entscheidend sein, ob einer der Beteiligten einen massgebenden Einfluss auf die Stimmabgabe der Anderen ausüben kann.

4.   Verbot der Umgehung von Vinkulierungsbestimmungen

Abstimmungsvereinbarungen können Vinkulierungsbestimmungen umgehen, indem daran Parteien beteiligt sind, welche aufgrund von Vinkulierungsbestimmungen nicht oder noch nicht an Abstimmungen mitwirken dürfen. Denkbar ist einerseits, dass Absprachen getroffen werden, wonach die beteiligten Aktionäre für die Eintragung des

---

[332] Vgl. auch das Beispiel im Entscheid des OLG Köln vom 18.11.1999, in: GmbHR 2000 141 ff.

Erwerbers ins Aktienbuch stimmen sollten. Andererseits sind Absprachen möglich, wonach sich die Aktionäre verpflichten, nach den Weisungen des Nichteingetragenen abzustimmen. Die - m.E. richtige - h.L. betrachtet den zweitgenannten Fall als Umgehung der Vinkulierungsbestimmungen und somit als unzulässig.[333] Die erstgenannte Variante ist dagegen laut der Mehrheitsmeinung zulässig. Ein Umgehungsgeschäft ist hier schon deswegen nicht anzunehmen, weil der verkaufende Aktionär vor allem auch aus eigenem Interesse für die Eintragung des Erwerbers stimmen wird.

Einige Autoren unterscheiden bei der Frage der Umgehung von Vinkulierungsbestimmungen, ob an entsprechenden Vereinbarungen nur Aktionäre oder auch Dritte beteiligt sind. So nimmt beispielsweise APPENZELLER eine unzulässige Umgehung nur dann an, wenn Aktionäre sich den Weisungen eines Dritten unterwerfen.[334] FORSTMOSER[335] und KÖNIG[336] dagegen stellen richtigerweise nicht allein auf das formelle Kriterium „Aktionär oder Dritter" ab, sondern betrachten die Interessenlage des sich bindenden Gesellschafters als massgebend. Dieser soll sich durchaus berechtigterweise im eigenen Interesse mit andern Mitgesellschaftern zusammenschliessen können, dagegen sei es unzulässig, wenn ein Aktionär sein Stimmrecht „nach den Weisungen eines Dritten und in dessen Interesse ausübt." Auch das Bundesgericht macht die Unterscheidung zwischen Aktionären und Dritten nicht und hielt in BGE 109 II 46 fest, dass „mit der Vinkulierung nicht nur verhindert werden,, soll, „dass unliebsame Dritte Aktien erwerben und auf die Gesellschaft Einfluss nehmen können, sondern auch, dass einzelne Aktionäre ihre bisherige Stellung verstärken und ein bestehendes Gleichgewicht gefährden können."[337]

---

[333] APPENZELLER, S. 46 f.; BAUDENBACHER, Basler Kommentar, Art. 620 N 37; BÄR, S. 236; BÖCKLI, Stimmrecht, S. 61 f.; DOHM, S. 104 f.; FORSTMOSER/MEIER-HAYOZ/NOBEL, § 39 N 206; FORST-MOSER, FS Schluep, S. 377 ff.; GLATTFELDER, S. 267a ff.; KÖNIG, S. 157; MOSER, S. 76; PATRY, SJK, S. 14 f. und ZSR, S. 93a ff.; LÄNZLINGER, Basler Kommentar, Art. 692 OR N 12.
BGE 81 II 539 f., BGE 80 II 540 ff., 109 II 46 E. 3b., 114 II 64 E. 6c; ZR 1990 Nr. 49, vgl. dazu auch die Besprechung von FORSTMOSER, SZW 63 S. 210 ff.

[334] APPENZELLER, S. 46.

[335] FORSTMOSER, FS Schluep, S. 379.

[336] KÖNIG, S. 162 f.

[337] So auch BGE 80 II 540 ff.

5.   Verbot des Stimmenkaufs

In Deutschland ist der sogenannte Stimmen(ver)kauf nach § 405 Abs. 3 Nr. 6 + 7 AktG verboten; Stimmrechtsvereinbarungen die einem Stimmenkauf gleichkommen, sind deswegen nach § 134 BGB nichtig.[338] In der Schweiz existiert diesbezüglich keine spezielle gesetzliche Regelung, die herrschende Lehre[339] betrachtet den Stimmenkauf aber als unsittlich und deswegen nach Art. 19 und 20 OR als nichtig. Mit Stimmenkauf ist eine Abstimmungsvereinbarung gemeint, bei der sich einer oder mehrere Aktionäre für eine bestimmte Stimmrechtsausübung bezahlen oder sich einen besonderen Vorteil ausbedingen lassen.[340] Während über diese Umschreibung Einigkeit herrscht, ist kontrovers, was es heisst, sich einen besonderen Vorteil ausbedingen zu lassen.[341] Ein Teil der Lehre ist dabei der Meinung, dass jede Gewährung eines Entgelts zur Nichtigkeit einer Stimmrechtsbindung führt und dass ein entgeltlicher Charakter nur dann nicht gegeben sei, wenn eine Gefälligkeit oder eine echte Interessengemeinschaft vorliege.[342] So ist nach BÖCKLI ein zweiseitiger Stimmrechtsbindungsvertrag eigentlich immer unzulässig und nur Aktionärbindungsverträge, welche eine Interessengemeinschaft und damit eine einfache Gesellschaft darstellen, unproblematisch. Eine andere Lehrmeinung geht weniger weit und nimmt keinen Stimmenkauf an, wenn sich die besonderen Vorteile aus dem Abstimmungsergebnis selbst ergeben oder die Vorteile allen Aktionären zukommen.[343] Meines Erachtens ist der zweiten Auffassung zu folgen und ein Stimmenkauf bzw. ein „besonderer Vorteil" nur zurückhaltend anzunehmen. So haben beispielsweise bei einer Vereinbarung, welche Personen jeweils als Verwaltungsräte gewählt werden sollen, die Gewählten einen Vorteil. Eine solche Absprache sollte aber nicht als Stimmenkauf qualifiziert werden.[344]

---

[338]   JOUSSEN, S. 82 f.; APPENZELLER, S. 83.

[339]   Vgl. BÖCKLI, Stimmrecht, S. 59 Ziff. c); BÜRGI, Zürcher Kommentar, Art. 692 N 30; FELDMANN, S. 49; FORSTMOSER, SZW 63, S. 214 Ziff. 3; FORSTMOSER/MEIER-HAYOZ/ NOBEL, § 39 N 207; FORSTMOSER, FS Schluep, S. 379; GLATTFELDER, S. 269a f; KOEBEL, S. 42 ff.; LÄNZLINGER, Basler Kommentar, Art. 692 OR N 11; VON STEIGER, SAG 1941/1942, S. 15; LUEBBERT, S. 254; MOSER, S. 76; STUBER, S. 101 f. Unveröffentlichter BGE in SAG 1948/49, S. 77 ff und PATRY, ZSR, S. 100a.
Andere Meinung APPENZELLER, S. 47 und DOHM, S. 82 ff.

[340]   § 405 Abs. 3 Nr. 6 + 7 AktG. APPENZELLER, S. 46 m.w.H.

[341]   APPENZELLER, S. 46. Vergleiche für die deutsche Literatur BRAND, S. 12 f.

[342]   BÖCKLI, Stimmrecht, S. 68.

[343]   GLATTFELDER, 270a. So auch die h.L. in Deutschland, vgl. dazu KÖLNER KOMMENTAR, § 405 AktG N 144.

[344]   So qualifiziert auch die h.L. in Deutschland solchen Wahlabsprachen nicht als Stimmenkauf (JOUSSEN, S. 83 m.w.H.; KÖLNER KOMMENTAR, § 405 AktG N 145).

6.   Schranken bei der Beteiligung von Verwaltungsräten

An vielen Aktionärbindungsverträgen sind auch solche Aktionäre beteiligt, welche gleichzeitig ein Verwaltungsratsmandat inne haben.[345] In diesen Fällen sind zusätzliche Zulässigkeitsschranken zu beachten. Dabei sind zwei Konstellationen zu unterscheiden: Es gibt einerseits Stimmrechtsbindungen, mit denen die Beteiligten die Einflussnahme auf Beschlüsse im Verwaltungsrat bezwecken (Ziff. a). Andererseits können Abstimmungsvereinbarungen auch zum Ziel haben, dass die Verwaltungsräte Einfluss auf die Aktionäre bzw. die Beschlüsse in der Generalversammlung gewinnen (Ziff. b).

a)   Schranken von Verwaltungsratsbindungen: Art. 716a und 717 OR

Stimmrechtsbindungen von Verwaltungsräten sind grundsätzlich zulässig. Neben den allgemein geltenden Zulässigkeitsschranken sind aber solchen Bindungen zusätzliche Beschränkungen gesetzt durch die Art. 716a OR, welcher dem Verwaltungsrat gewisse unübertragbare und unentziehbare Aufgaben überträgt, und Art. 717 OR, welche die Sorgfalts- und Treuepflicht der Verwaltungsräte statuiert.[346]

b)   Verbot des Eingriffs in die unübertragbaren Kompetenzen
der Generalversammlung

Wird mit einer Stimmrechtsvereinbarung auch bezweckt, dass der Verwaltungsrat einen grösseren Einfluss auf die Aktionäre bzw. die Abstimmungen in der Generalversammlung gewinnt, so ist Art. 698 Abs. 1 OR zu beachten. Diese Norm sieht die Generalversammlung als oberstes Organ der Aktiengesellschaft vor und weist ihr gewisse unübertragbare Befugnisse zu. Es stellt sich deshalb die Frage, inwieweit Stimmrechtsbindungen mit Verwaltungsräten unter diesem Gesichtspunkt[347] Schranken gesetzt sind.[348] M.E. ist die Grenze der Zulässigkeit dort zu ziehen, wo die Aktionäre im Bereich der unübertragbaren Befugnisse der Generalversammlung verpflichtet werden, nach den Weisungen von Verwaltungsräten zu stimmen. In diesem Zusammenhang ist auch Art. 706b Ziff. 3 OR zu beachten, wonach Beschlüsse der Generalversammlung nichtig sind, welche die Grundstrukturen der Aktiengesellschaft missachten.

---

[345]   Vgl. dazu Kap. 1, § 1 Ziff. II/2/c, S. 9 ff.
[346]   Siehe dazu ausführlicher Kap. 1, § 1 Ziff. II/2/c, S. 9 ff. und Kap. 3, § 1 Ziff. II/1/a, S. 52 ff.
[347]   Zu beachten ist natürlich auch, dass Stimmrechtsbindungen mit der Aktiengesellschaft selbst unzulässig sind (vgl. dazu Kap. 1, § 1 Ziff. II/2/b, S. 9). Beteiligen sich Verwaltungsräte nicht für sich selbst, sondern als „Vertreter" der Aktiengesellschaft an einer Stimmrechtsvereinbarung, wäre dies unzulässig.
[348]   Vgl. auch KÖNIG, S. 157 f.

§ 4 Ausgestaltung von Stimmrechtsbindungen in Aktionärbindungsverträgen

Sehr viele Aktionärbindungsverträge enthalten Stimmrechtsbindungsklauseln, die sich bezüglich Ausgestaltung und Inhalt aber stark unterscheiden können. Da die Begleitumstände und Zielsetzungen der einzelnen Aktionärbindungsverträge stark variieren, ist es nicht zweckmässig, an dieser Stelle detaillierte Musterklauseln vorzuschlagen. Einige allgemeingültige Hinweise sind allerdings möglich: Bei der Vereinbarung von Stimmbindungen sind zunächst die in diesem Kapitel dargestellten Schranken zu beachten. Dabei ergibt sich teilweise das Problem, dass eine Stimmbindungsvereinbarung an sich zulässig ist, ein Verstoss gegen eine gesetzliche Schranke aber unter Umständen bei einzelnen Abstimmungen vorliegen könnte. Als Beispiel für einen solchen Fall kann jener genannt werden, wo einer der beteiligten Aktionäre zugleich in seiner Eigenschaft als Verwaltungsrat gebunden ist. Eine solche Bindung ist nach der hier vertretenen Auffassung grundsätzlich zulässig, allerdings beschränkt durch die Art. 716a und 717 OR.[349] In Anbetracht dieses Problems findet sich in Aktionärbindungsverträgen manchmal die Formulierung „Die Parteien verpflichten sich, soweit gesetzlich zulässig, ...". Aufgrund einer solchen Formulierung sind die Beteiligten bei Abstimmungen, wo eine Zulässigkeitsschranke zum Zuge kommt, nicht an die Stimmabsprache gebunden und die Stimmbindung deshalb zulässig.

Weiter ist vor allem bei längerfristigen, umfassenden Aktionärbindungsverträgen zu entscheiden, ob und wenn ja, wie man mit der Stimmbindungsklausel alle Abstimmungen abdeckt. Es gibt dabei zwei Hauptvarianten:
Will man alle Abstimmungen und Wahlen abdecken und gleichzeitig für jede Abstimmung und Wahl den Beteiligten ein bestimmtes Abstimmungsverhalten vorschreiben, so lässt sich dies nicht allein im Aktionärbindungsvertrag regeln. In diesem Fall müsste man im Aktionärbindungsvertrag einen speziellen Willensbildungsprozess vorsehen, beispielsweise, dass sich die Beteiligten vor jeder Generalversammlung in einer Vorversammlung treffen. In dieser Vorversammlung wird dann über das Stimmverhalten an der Generalversammlung der betroffenen Aktiengesellschaft beschlossen. In diesem Fall ist es sehr wichtig, diesen Willensbildungsprozess so zu regeln, dass hier keine Probleme auftreten können. Es gilt beispielsweise Pattsituationen zu verhindern oder Stimmquoren für die Vorversammlung festzulegen.

---

[349] Siehe dazu ausführlich Kap. 1, § 1 Ziff. II/2/c, S. 9 ff. und Kap. 3, § 1 Ziff. II/1/a, S. 52 ff.

Eine ganz andere Regelung kann getroffen werden, wenn die Stimmbindung zwar recht weitgehend sein soll, aber nur in wichtigen Punkten konkretisiert werden soll. Hier genügt eine Art Generalklausel im Aktionärbindungsvertrag, wonach sich die Parteien verpflichten, bei ihrer Stimmabgabe stets die Regelungen und Grundsätze des Aktionärbindungsvertrages zu beachten.[350] Die für die Parteien wichtigen Punkte und Grundsätze müssen dann im Aktionärbindungsvertrag festgehalten werden. Bei der Formulierung einer solchen Generalklausel sind eine negative und positive Pflichtumschreibung möglich: Es kann einerseits stipuliert werden, dass die Parteien sich verpflichten, „ihre Stimme stets im Sinne" oder „ihre Stimme nicht entgegen" der Grundsätze und Regeln des Aktionärbindungsvertrages abzugeben. Im zweiten Fall sind die Beteiligten nicht zu einer bestimmten Stimmabgabe verpflichtet, sie müssen sich höchstens der Stimme enthalten. Diese Unterscheidung kann bei der Durchsetzung dieser Pflichten eine Rolle spielen.[351]

---

[350] Vgl. beispielsweise Ziff. III./1 im Musteraktionärbindungsvertrag der Mustersammlung der Bernischen Notare.

[351] Vgl. dazu hinten, Kap. 9, S. ff.

Kapitel 5

Verfügungsbeschränkungen und Erwerbsrechte

§ 1 Übersicht über Zweck und Erscheinungsformen

Die meisten Aktionärbindungsverträge statuieren Beschränkungen des Verfügungsrechts der Beteiligten über ihre Aktien sowie Erwerbsrechte und Übernahmeverpflichtungen. Hintergrund für diese Regelungen ist der Wunsch, kontrollieren bzw. beeinflussen zu können, wer Aktionär ist oder wird. Es geht den Beteiligten darum, unerwünschte Aktionäre fernzuhalten bzw. einen bestimmten Aktionärskreis - und damit auch einen bestimmten Gesellschaftscharakter - beizubehalten. Häufig soll auch die bestehende Verteilung des Aktienbesitzes gesichert und einer Verschiebung der Machtverhältnisse entgegengewirkt werden. In Einzelfällen werden mit Verfügungsbeschränkungen noch andere Zwecke verfolgt: So werden beispielsweise bedingte Kaufsrechte vorgesehen für den Fall, dass ein Aktionär Bestimmungen des Aktionärbindungsvertrages verletzt. Damit soll einerseits die Sicherung der Einhaltung des Vertrages verstärkt und andererseits der „Ausschluss" des Vertragsbrüchigen ermöglicht werden, indem die anderen Vertragspartner seine Aktien erwerben können.

In der Praxis werden verschiedene Mittel eingesetzt, um die genannten Zwecke zu erfüllen. Folgende Erscheinungsformen sind in Aktionärbindungsverträgen anzutreffen:

- Kaufsrecht
- Vorkaufsrecht
- Vorhandrecht
- Beschränkung der Nutzniessung
- Verbot der Verpfändung
- Obligatorisches Veräusserungsverbot

Daneben werden auch ausserhalb der Aktionärbindungsverträge Vorkehrungen getroffen, welche für sich alleine oder zusammen mit den Regelungen in den Aktionärbindungsverträgen die genannten Ziele erreichen sollen:

- Vinkulierung
- Gemeinsame Hinterlegung
- Gemeinsame Nutzniessung
- Übertragung des Eigentums auf einen unabhängigen Dritten (Treuhänder)
- Übertragung des Eigentums auf eine Gesellschaft

Im Folgenden werden zunächst die in Aktionärbindungsverträgen anzutreffenden Erscheinungsformen von Erwerbsrechten und Verfügungsbeschränkungen dargestellt (§
2). Anschliessend wird auf die Vorkehrungen, welche ausserhalb eines Aktionärbindungsvertrages möglich sind, eingegangen (§ 3). Dabei wird jeweils am Schluss der
Darstellung der einzelnen Regelungsmöglichkeiten deren Eignung für Aktionärbindungsverträge untersucht und aufgezeigt, welche Punkte besonders zu beachten sind.

§ 2 Erscheinungsformen von Verfügungsbeschränkungen und Erwerbsrechten in Aktionärbindungsverträgen

I. Kaufsrecht, Vorkaufsrecht und Vorhandrecht

1. Begriffe

a) Kaufsrecht

Das Kaufsrecht ist eine dem Berechtigten durch Rechtsgeschäft[352] verliehene Befugnis,
jederzeit oder bei Vorliegen bestimmter Bedingungen durch einseitige Willenserklärung
eine bestimmte Sache käuflich zu erwerben.[353] Notwendiger Inhalt des Kaufsrechtsvertrages ist die Angabe der Parteien und des Kaufgegenstandes sowie des Kaufpreises.[354/355] Neben gewöhnlichen Kaufsrechten, die jederzeit ausgeübt werden können,
gibt es auch bedingte Kaufsrechte; bei diesen kann der Berechtigte sein Recht erst nach
Eintritt einer bestimmten Bedingung ausüben.[356] Kaufsrechte in Aktionärbindungsverträgen werden mit ganz unterschiedlichen Bedingungen verknüpft: So werden beispielsweise Kaufsrechte vorgesehen für den Fall, dass ein Aktionär seine Mitarbeit in

---

[352] Zur Qualifikation der Verträge, welche Kaufs-, Vorkaufs- und Rückkaufsrechte begründen:
FOËX, S. 386 ff.; MEIER-HAYOZ, ZBJV, S. 306 ff. und Berner Kommentar, Art. 681 ZGB N 41
ff. und 48 f.; NOELPP, S. 39 ff. ; REY, Sachenrecht, N 1238; WISSMANN, N 1407 ff.
Vor allem die Erfassung des Vorkaufsvertrages gibt zu Kontroversen Anlass. Dabei gibt es bezüglich der Qualifikation verschiedene Theorien. Im Vordergrund stehen die Begründungstheorie,
welche den Vorkaufsvertrag als Innominatvertrag betrachtet, und die Bedingungstheorie, welche
einen doppelt bedingten Kaufvertrag annimmt (vgl. dazu REY, Sachenrecht, N 1238). Das Bundesgericht liess die Frage in BGE 94 II 111 f. ausdrücklich offen. Diese Kontroverse ist aber für
die hier interessierenden Fragen nicht von Bedeutung.
[353] Vgl. zum Begriff des Kaufsrechts beispielsweise CAVIN, SPR, S. 153; MEIER, S. 158 N 255;
MEIER-HAYOZ, Berner Kommentar, Art. 683 ZGB N 16; NOELPP, S. 5; SALZGEBER-DUERIG,
S. 89; SIMONIUS/SUTTER, § 11 N 4.
[354] Vgl. SALZGEBER-DUERIG, S. 93 und 95 f.; NOELPP, S. 6.
[355] Vgl. zur Bestimmung des Kaufpreises die Ausführungen in Ziff. 2, S. 91 f.
[356] SALZGEBER-DUERIG, S. 89 und 97.

der Aktiengesellschaft aufgibt oder stirbt. Als Bedingungen können auch die Insolvenz eines Aktionärs oder die Verletzung des Aktionärbindungsvertrages durch einen Beteiligten vorgesehen werden.

b) Vorkaufsrecht

Das vertragliche[357] Vorkaufsrecht ist eine dem Berechtigten vom Verpflichteten eingeräumte Befugnis, durch einseitige Willenserklärung gegenüber dem Verpflichteten eine Sache zu erwerben, sofern Letzterer die Sache an einen Dritten verkauft oder so veräussert, dass die Veräusserung einem Verkauf gleichkommt.[358/359] Der Vorkaufsvertrag muss als notwendigen Inhalt die Parteien, also den Vorkaufsberechtigten und den Vorkaufsbelasteten, sowie den Gegenstand des Vorkaufsrechts festlegen.[360] Der Kaufpreis kann, muss aber nicht, bestimmt werden. Wenn die Parteien keinen Preis festgelegt haben, richtet er sich nach dem Kaufpreis, den der Vorkaufsbelastete mit dem Dritterwerber vereinbart (Art. 216d Abs. 3 OR).[361] Ist der Preis oder dessen Bestimmung im Vorkaufsvertrag geregelt, spricht man von einem „limitierten" Vorkaufsrecht, wobei es richtigerweise Vorkaufsrecht mit „limitiertem" Vorkaufspreis heissen müsste. Fehlt eine Bestimmung über den Preis, handelt es sich um ein „unlimitiertes" oder „unbegrenztes" Vorkaufsrecht.[362] Neben den Essentialia können die Parteien natürlich auch noch andere Punkte regeln, beispielsweise den Vorkaufsfall[363] umschreiben.

c) Vorhandrecht

Das Vorhandrecht räumt dem Berechtigten ein Vorrecht an einer bestimmten Sache ein für den Fall, dass der Verpflichtete diese veräussern will oder eine bestimmte vertraglich vorgesehene Situation eintritt.[364] Vorhandrechte werden auch als Optionen,

---

[357] Neben vertraglichen gibt es auch gesetzliche Vorkaufsrechte, beispielsweise das gesetzliche Vorkaufsrecht der Miteigentümer nach Art. 682 Abs. 1 ZGB. In der vorliegenden Arbeit wird allerdings nur auf vertragliche Vorkaufsrechte eingegangen.

[358] Vgl. zur Gleichstellung von Verkauf und anderen Veräusserungsformen die Ausführungen unten in Ziff. 5/b, S. 97 ff.

[359] Zur Definition des Vorkaufsrechts vgl. CAVIN, SPR, S. 156; MEIER, S. 158 N 256; MEIER-HAYOZ, Berner Kommentar, Art. 681 ZGB N 19; SALZGEBER-DUERIG, S. 10.

[360] MEIER-HAYOZ, Berner Kommentar, Art. 681 ZGB N 63; REY, Sachenrecht, N 1239.

[361] Art. 216d Abs. 3 OR bezieht sich zwar nur auf Grundstücke, ist aber laut Botschaft sinngemäss auf Fahrnis anwendbar (BOTSCHAFT VORKAUFS-, KAUFS- UND RÜCKKAUFSRECHTE, S. 1076). Gleicher Meinung zum alten Recht SALZGEBER-DUERIG, S. 23.

[362] CAVIN, SPR, S. 156; GUHL/KOLLER/SCHNYDER/DRUEY, S. 344; REY, Sachenrecht, N 1247; SALZGEBER-DUERIG, S. 25 ff.

[363] Zum Vorkaufsfall vgl. Ziff. 5, S. 97 ff.

[364] Vgl. die Definition bei MEIER-HAYOZ, Berner Kommentar, Art. 681 ZGB N 33.

unechte Vorkaufsrechte oder als Anbietungs- bzw. Andienungspflichten bezeichnet.[365] Die Ausgestaltung des Vorhandrechts kann verschieden sein, es werden in der Literatur[366] drei Varianten[367] unterschieden:

Erste Variante: Verpflichtung zur Abgabe eines Angebots[368]

Hier muss der Vorhandverpflichtete, sobald er Aktien veräussern will oder eine bestimmte vertraglich vorgesehene Situation eintritt[369], den Berechtigten darüber informieren und ihm die Aktien offerieren. Der Vorhandberechtigte hat dann die freie Wahl, ob er das Angebot annehmen will oder nicht.[370] Nimmt er das Angebot an, kommt ein Kaufvertrag zustande; lehnt er ab, darf der Verpflichtete an einen eventuellen Drittinteressenten veräussern.

Zweite Variante: Verpflichtung zur Annahme eines Angebots[371]

Bei dieser Variante muss der Vorhandverpflichtete ebenfalls den Berechtigten über Veräusserungsabsichten oder den Eintritt einer bestimmten Situation informieren, er muss aber im Gegensatz zur ersten Variante keine Verkaufsofferte abgeben. Nach der Mitteilung hat dann der Berechtigte die Wahl, ob er eine Kaufofferte machen will. Tut er dies, muss der Verpflichtete das Angebot annehmen, ausser wenn es sich um ein unlimitiertes Vorhandrecht[372] handelt und das Angebot des Berechtigten schlechter ist als dasjenige eines Drittofferenten.

---

[365] Vgl. beispielsweise MEIER, N 257.

[366] SALZGEBER-DUERIG, S. 121; MEIER-HAYOZ, Berner Kommentar, Art. 681 ZGB N 33 ff.; KLÄY, S. 461.

[367] Wo bei den weiteren Ausführungen verschiedene Varianten behandelt werden, wird jeweils nur noch die im Folgenden gewählte Nummerierung verwendet.

[368] MEIER-HAYOZ, Berner Kommentar, Art. 681 ZGB N 34; LEHNER, SJZ, S. 77; SALZGEBER-DUERIG, S. 121 f. (Ziff. C/1.).

[369] Ein Beispiel zeigt der dem Bundesgerichtsentscheid vom 13. Februar 1990 (publiziert in SZW 1990, S. 213 ff) zugrunde liegende Fall: Die Parteien des Aktionärbindungsvertrages hatten vereinbart, dass im Falle der Auflösung des Arbeitsverhältnisses mit der Aktiengesellschaft der Ausscheidende seine Aktien dem Verwaltungsrat zur Verfügung stellen muss und die anderen Aktionäre dann ein Übernahmerecht haben.

[370] Die Parteien können allerdings eine Übernahmepflicht vereinbaren. In dem in der obenstehenden Fussnote erwähnten Fall nahm das Bundesgericht eine solche Übernahmepflicht an.

[371] MEIER-HAYOZ, Berner Kommentar, Art. 681 ZGB N 35; SALZGEBER-DUERIG, S. 122 f.

[372] Vgl. zum unlimitierten Vorkaufsrecht Ziff. 2/b, S. 92.

Dritte Variante: Verpflichtung zur Unterlassung der Veräusserung an einen
Dritten, falls der Berechtigte eine mindestens gleichwertige
Offerte macht[373]

Möglich ist auch eine Vereinbarung, wonach der Verpflichtete zwar seinen Ver-
äusserungswillen mitteilen muss, er aber weder zur Offertstellung noch zur Annahme
einer Offerte des Berechtigten verpflichtet ist. Er ist einzig gehalten, nicht mit einem
Dritten zu kontrahieren, falls der Berechtigte ein Angebot macht, welches mindestens
gleichwertig mit jenem des Dritten ist. Das bedeutet, dass der Vorhandverpflichtete in
diesem Fall gezwungen ist, die Aktien zu behalten, falls er sie nicht dem Berechtigten
verkaufen will.

Will man die zu Beginn gemachte Begriffsumschreibung des Vorhandrechts konkretisieren, so kann man in Bezug auf die erste und zweite Variante sagen, dass es sich um
eine dem Berechtigten eingeräumte Befugnis handelt, nach Eintritt einer Bedingung
- Veräusserungswille oder eine bestimmte vertraglich vorgesehene Situation - den Abschluss eines Kaufvertrages zu fordern.[374] Von der Rechtsnatur her betrachtet handelt
es sich um bedingte, einseitig den Veräusserungswilligen verpflichtende Vorverträge.[375]
Bei der dritten Variante handelt es sich um die dem Berechtigten eingeräumte Befugnis,
nach Eintritt der Bedingung alternativ den Abschluss eines Kaufvertrages - entweder zu
im voraus festgelegten Bedingungen oder zu mindestens den gleichen Konditionen wie
sie ein eventueller Drittinteressent anbietet - oder aber die Unterlassung eines Vertragsschlusses zu fordern.[376] SALZGEBER-DÜRIG bezeichnet dieses Vertragsgebilde als bedingten Vertrag sui generis, welcher eine Wahlschuld begründe.[377]

2. Festlegung des Kaufpreises

a) Kaufsrecht

Der Kaufpreis gehört zu den essentialia negotii eines Kaufsrechtsvertrages. Es ist aber
nicht erforderlich, dass der Kaufpreis bereits in einer genauen Zahl ausgedrückt wird,
sondern es genügt, wenn der Kaufpreis bestimmbar ist.[378] Die Vertragsparteien haben

---

[373] MEIER-HAYOZ, Berner Kommentar, Art. 681 ZGB N 36; SALZGEBER-DUERIG, S. 124.
[374] SALZGEBER-DUERIG, S. 127.
[375] KRAMER, Berner Kommentar, Art. 22 OR N 77 m.w.H.; LEHNER, SJZ, S. 77; SALZGEBER-
DUERIG, S. 128.
[376] SALZGEBER-DUERIG, S. 127 f.
[377] SALZGEBER-DUERIG, S. 130.
[378] Zum Erfordernis der Bestimmbarkeit des Kaufpreises vgl. SJZ 1963 S. 343 Nr. 163.

verschiedene Möglichkeiten, den Preis im Kaufsrechtsvertrag zu bestimmen; es kann hier auf die nachfolgenden Ausführungen im Zusammenhang mit dem limitierten Vorkaufsrecht verwiesen werden.

b)   Vorkaufsrecht

Beim unlimitierten Vorkaufsrecht

Wenn die Parteien im Vorkaufsvertrag den Preis nicht regeln, handelt es sich um ein unlimitiertes Vorkaufsrecht und der Vorkaufsberechtigte muss „die Sache zu jenem Preis übernehmen, den der Drittkäufer laut Vertrag mit dem Verkäufer effektiv entrichtet hat oder entrichtet hätte".[379]

Beim limitierten Vorkaufsrecht

Hier ist der Kaufpreis bereits im Vorkaufsvertrag festgelegt, der Preis, den ein Dritterwerber zahlen würde, spielt also keine Rolle. Die Bestimmung des Preises im Vorkaufsvertrag kann auf unterschiedlichste Weise erfolgen, wobei sich die verschiedenen Arten in drei Gruppen einteilen lassen:[380]

- *Preisbestimmung durch eine feste Zahl:*
  In diesem Fall wird entweder ein zahlenmässig bestimmter Betrag oder ein Wert genannt, der ohne weiteres feststellbar ist (z.B. der Börsenpreis am Tag des Verkaufs, der Nominalwert oder allenfalls der Nominalwert zuzüglich der offenen Reserven beziehungsweise abzüglich der offenen Verluste gemäss der letzten Bilanz vor dem Vorkaufsfall).

- *Preisbestimmung durch Angabe eines Berechnungsmodus:*
  Wird ein Berechnungsmodus angegeben, ist der Preis nur bestimmbar. Dies bedeutet, dass es einer Berechnung oder Bewertung bedarf, die eventuell auch ein gewisses Ermessen beinhaltet. So kann beispielsweise auf den wirklichen Wert oder einen Bruchteil davon abgestellt werden, wobei zum Teil auch die Berechnung des wirklichen Wertes vorgegeben wird.[381]

---

[379]   SALZGEBER-DUERIG, S. 25 f.; vgl. auch LEHNER, SJZ, S. 75; SIMONIUS/SUTTER, § 11 N 6.
[380]   Vgl. die Einteilung von LEHNER, SJZ, S. 75. Ähnlich auch SALZGEBER-DUERIG, S. 26.
[381]   Weitere Beispiele finden sich bei SALZGEBER-DUERIG, S. 29 f.

- *Preisbestimmung durch einen Dritten, beispielsweise einen Experten:*
  Bei dieser Möglichkeit kann die Preisbestimmung dem freien Ermessen eines Dritten[382] überlassen oder es können bestimmte Grundvoraussetzungen festgelegt werden[383]. Nimmt man diese Variante der Preisbestimmung in den Aktionärbindungsvertrag auf, so ist es im Hinblick auf Vermeidung künftiger Konflikte wichtig, die Tragung der Kosten des Dritten zu regeln.

Sofern die Parteien keine Einigung über den Preis erzielen bzw. mit dem ermittelten Wert nicht einverstanden sind, haben sie die Möglichkeit, den Richter anzurufen. Die Parteien können im Vorkaufsvertrag bzw. im Aktionärbindungsvertrag auch ein anderes Verfahren vorsehen, insbesondere ein Schiedsgericht für zuständig erklären. Zu beachten ist, dass die Erklärung des Berechtigten, die Aktien erwerben zu wollen, den Kauf sofort wirksam macht, auch wenn der Preis in diesem Zeitpunkt noch nicht definiert ist.[384]

c) Vorhandrecht

Vorhandrechte können - wie Vorkaufsrechte - unlimitiert oder limitiert sein. Bei einem limitierten Vorhandrecht ist der Kaufpreis bereits im Vorhandvertrag festgelegt. Die Preisbestimmung kann dabei auf verschiedene Weise erfolgen; diesbezüglich kann auf die obenstehenden Ausführungen zum Vorkaufsrecht verwiesen werden. Handelt es sich dagegen um ein unlimitiertes Vorhandrecht, d.h. regelt der Vorhandvertrag die Preisbestimmung nicht, so stellt sich die Frage, wie der Kaufpreis festgelegt wird. Dies ist deshalb problematisch, weil es zum Wesen der Vorhand gehört, dass noch kein Vertrag mit einem Dritten vorliegt, auf welchen - wie beim Vorkaufsrecht - abgestellt werden könnte. In der Literatur werden verschiedene Möglichkeiten genannt, wie bei unlimitierten Vorhandrechten die Preisbestimmung erfolgen könnte. Während LEHNER[385] ausführt, dass der Preis durch den Aktionär, d.h. durch den Belasteten zu bestimmen ist, meint GLATTFELDER[386] dagegen, das sich der Preis nach dem Angebot des Dritten richten soll. SALZGEBER-DÜRIG[387] nennt als weitere Möglichkeit die Regel von Art. 212 OR, wonach der mittlere Marktpreis vermutet wird, falls der Käufer fest

---

[382] Vgl. zur Unabhängigkeit des Preisermittlungsorgans BÖCKLI, Rechtsfragen, S. 61 f.
[383] So sehen gewisse Klauseln vor, dass für den Preis der wirkliche Wert massgebend ist und dass dieser durch ein unabhängiges Treuhandbüro festgestellt werden soll.
[384] Vgl. zum ganzen Absatz LEHNER, SJZ S. 76 f.
[385] LEHNER, SJZ, S. 78 (der Autor geht vom Fall der ersten Variante aus).
[386] GLATTFELDER, S. 331a.
[387] SALZGEBER-DUERIG, S. 136.

bestellt hat ohne den Preis zu nennen. Letzteres ist m.E. dann eine valable Möglichkeit, wenn die vom Vorhandrecht betroffenen Aktien börsenkotiert sind; in anderen Fällen wird es schwierig sein, einen Marktpreis zu bestimmen. Die Möglichkeit, den Preis nach dem Angebot eines eventuellen Drittinteressenten zu richten, ist schon besser geeignet, führt aber auch nicht in allen Fällen zum Ziel, da nicht immer ein Drittinteressent vorhanden ist. Das Preisbestimmungsproblem so zu lösen, dass eine der Parteien den Preis festlegt - naheliegenderweise jeweils der Offerent - ist m.E. höchstens bei der dritten Variante des Vorhandrechts vertretbar, in den anderen Fällen dagegen besteht die Gefahr eines Missbrauchs. So könnte bei der ersten Variante der Belastete eine Offerte mit einem viel zu hohen Preis machen, wenn er verhindern will, dass der Berechtigte anstelle eines Dritterwerbers kauft. Bei der zweiten Variante hat der Berechtigte die Möglichkeit, ein sehr schlechtes Angebot zu machen, welches der Belastete annehmen muss, falls kein Drittinteressent vorhanden ist.

Die obenstehenden Ausführungen zeigen, dass die Preisbestimmung bei unlimitierten Vorhandrechten nicht von vornherein klar ist und zu Streitigkeiten zwischen den Parteien führen kann. Es empfiehlt sich deshalb, die Festlegung des Kaufpreises genau zu regeln, entweder durch eine Limitierung oder indem bei einem unlimitierten Vorhandrecht festgelegt wird, wonach sich der Preis richtet. So kann beispielsweise ein Drittangebot als massgebend erklärt werden, wobei für den Fall, dass ein solches fehlt, eine Ersatzregelung vereinbart werden sollte.

Die Festlegung des Kaufpreises ist auch deshalb sinnvoll, weil nach herrschender Meinung[388] ein Vorvertrag - und darum handelt es sich zumindest bei zwei Varianten des Vorhandvertrages - bereits die wesentlichen Elemente des zu schliessenden Hauptvertrages enthalten muss. Bei einem Vorvertrag eines Kaufvertrages muss daher der Kaufpreis bestimmt oder bestimmbar sein.

Neben der genauen Festlegung der Preisbestimmung empfiehlt sich im Hinblick auf die Vermeidung von Streitigkeiten weiter, das Vorhandrecht so zu umschreiben, dass klar ist, welche der in Ziff. 1 dargestellten Variante gemeint ist.

3.   Form

Das Gesetz sieht für Vorverträge sowie Verträge, die ein Kaufs- oder Vorkaufsrecht begründen, nur dann eine besondere Form vor, wenn der Kaufgegenstand ein Grund-

---

[388]   Vgl. BUCHER, Basler Kommentar, Art. 22 OR N 39; KRAMER, Berner Kommentar, Art. 22 OR N 79 und 97.

stück ist.[389] Kaufs- und Vorkaufsrechtsverträge sowie Vorhandrechte an Fahrnis können dagegen grundsätzlich formfrei vereinbart werden. Aktionärbindungsverträge, die entsprechende Rechte an Aktien vorsehen, sind daher formlos gültig, in der Praxis werden sie aus Beweisgründen aber in der Regel in einfacher Schriftform festgehalten.

Bei Aktionärbindungsverträgen werden Kaufsrechte teilweise für den Fall des Todes des oder der Kaufsrechtsbelasteten vorgesehen (bedingtes Kaufsrecht). Hier stellt sich die Frage, ob es sich dabei um eine Verfügung von Todes wegen handelt, welche der Form des Erbvertrages bedarf, oder ob ein formfreies Geschäft unter Lebenden vorliegt. Massgebend für die Unterscheidung ist, ob nach dem Willen der Vertragschliessenden die Wirkungen des Rechtsgeschäfts zu Lebzeiten oder beim Tod der Parteien eintreten sollen. Dies ist jeweils auf Grund einer Würdigung der Umstände im Einzelfall zu entscheiden.[390] In Aktionärbindungsverträgen wird in der Regel immer ein mehrseitiges Kaufsrecht vereinbart.[391] Jeder der Beteiligten ist bei einem mehrseitigen Kaufsrecht nicht nur belastet, sondern auch berechtigt, da er eine Ausübungsmöglichkeit beim Tod einer andern Vertragspartei hat. Es können also für jeden Berechtigten bereits während seiner Lebzeit Wirkungen eintreten. Zudem wird bei Aktionärbindungsverträgen das Kaufsrecht immer im Zusammenhang mit anderen Rechten und Pflichten vereinbart, welche bereits während Lebzeiten der Parteien Wirkung zeigen. Bei der Vereinbarung eines Kaufsrechts im Rahmen eines Aktionärbindungsvertrages handelt es sich deshalb m.E. um ein Rechtsgeschäft unter Lebenden.[392] Aus diesen Gründen ist m.E. auch keine besondere Formvorschrift zu beachten.

4. Mehrseitiges Erwerbsrecht

Bei Aktionärbindungsverträgen wird in der Regel ein mehrseitiges Erwerbsrecht vereinbart, d.h. jeder Beteiligte ist zugleich Berechtigter an den Aktien aller Anderen und bezüglich seinen Aktien Belasteter. Das bedeutet, dass auf der Berechtigtenseite mehrere Personen stehen und deren Verhältnis untereinander geregelt werden muss. Es sind drei Varianten denkbar: Es kann entweder eine gemeinschaftliche Berechtigung bestehen oder es kann jeder einzeln in einer gewissen Reihenfolge berechtigt sein oder es kann auch jedem Berechtigten ein bestimmter Teil des Kaufobjekts zustehen. Enthält

---

[389] Art. 216 OR.
[390] Vgl. BGE 99 II 268 ff. m.w.H.
[391] Vgl. dazu Ziff. 4 nachfolgend.
[392] So auch BÖCKLI, Rechtsfragen, S. 62.

der Aktionärbindungsvertrag keine ausdrückliche Regelung, so ist auf das Verhältnis abzustellen, welches die Parteien auch sonst unter sich haben. In der Regel wird es sich beim Aktionärbindungsvertrag um eine Einfache Gesellschaft handeln, so dass den Parteien ohne ausdrückliche Regelung das Erwerbsrecht zu gesamter Hand zusteht. Da dies oft nicht erwünscht ist, empfiehlt es sich, eine konkrete Regelung in den Aktionärbindungsvertrag aufzunehmen. Am häufigsten trifft man dabei auf Klauseln, wonach jeder der Beteiligten proportional zu seinem bisherigen Aktienbesitz Anspruch auf den Erwerb der vom Kaufsrecht betroffenen Aktien hat.[393] Hier ist zu beachten, dass es zwei denkbare Varianten gibt: Einerseits kann gewollt sein, dass die Aktien in einem ersten Schritt gemeinsam erworben werden und anschliessend auf die Aktionäre übertragen werden, andererseits kann es sein, dass die einzelnen Parteien das Erwerbsrecht direkt (bezogen auf die Anzahl der ihnen zustehenden Aktien) ausüben. Im zweiten Fall kann die Situation eintreten, dass nicht alle Berechtigten das Erwerbsrecht ausüben. Für den Belasteten würde dies einen zu grossen Nachteil bedeuten, da die verbleibenden Aktien eventuell schlechter veräusserbar sind. Aus diesem Grund ist davon auszugehen, dass das Erwerbsrecht immer das Aktienpaket eines Aktionärs als Ganzes betrifft. Eine mögliche Folge davon ist, dass die Rechte derjenigen, welche ihr Recht nicht ausüben, den andern anteilsmässig anwachsen.[394] Kommt es zu einer Situation, in welcher nicht alle Aktien von den Berechtigten übernommen werden, so ist das Erwerbsrecht als Ganzes als nicht ausgeübt zu betrachten.

5. Ausübung

a) *Kaufsrecht*

Dem Kaufsrechtsberechtigten steht es frei, sein Recht auszüben oder nicht. Auch der Zeitpunkt der Ausübung ist bei einem gewöhnlichen Kaufsrecht frei, solange das Kaufsrecht nicht untergegangen ist.[395] Bei bedingten Kaufsrechten ist die Ausübung erst nach Eintritt der vorgesehenen Bedingung möglich, wobei vereinbart werden kann, dass die Ausübung des Kaufsrechts innert einer bestimmten Frist nach Eintritt der Bedingung zu erfolgen hat. Eine solche Frist beginnt erst in dem Zeitpunkt zu laufen, in welchem der Berechtigte vom Eintritt der Bedingung Kenntnis hat bzw. hätte haben müssen.

---

[393] STUBER R., S. 57, Ziff. Va.
[394] STUBER R., S. 57, Ziff. Va.
[395] SALZGEBER-DUERIG, S. 97; SIMONIUS/SUTTER, § 11 N 47.

b)   Vorkaufsrecht

Das Vorkaufsrecht kann ausgeübt werden, sobald ein Vorkaufsfall eintritt. Art. 216c OR definiert bei Grundstücken als Vorkaufsfall den Verkauf der Sache sowie jedes andere „Rechtsgeschäft, das wirtschaftlich einem Verkauf gleichkommt". Da bezüglich der Definition der Vorkaufsfälle bei Fahrnis grundsätzlich das Gleiche gilt wie bei Grundstücken, kann die genannte Norm auch zur Bestimmung des Vorkaufsfalls bei Aktien herbeigezogen werden. Aufgrund der gesetzlichen Formulierung werden die Vorkaufsfälle oft in negativer Weise definiert, d.h. es wird geprüft, welche Rechtsgeschäfte nicht einem Verkauf gleichkommen. Das Gesetz sieht in der oben genannten Norm vor, "dass namentlich die Zuweisung an einen Erben in der Erbteilung, die Zwangsversteigerung und der Erwerb zur Erfüllung öffentlicher Aufgaben" nicht als Vorkaufsfall gelten. Die Botschaft[396] nennt - in Übereinstimmung mit der h.L.[397] und Praxis[398] zum alten Recht - weitere Situationen, die *nicht* als Vorkaufsfälle gelten. Diese Fälle lassen sich - der Einteilung von MEIER-HAYOZ[399] und REY[400] und der Definition des Bundesgerichtes folgend - in vier Kategorien einteilen:[401]

- *Unfreiwillige Handänderung:*
  Gemeint sind damit Handänderungen infolge Zwangsvollstreckung, Enteignung und enteignungsähnlicher Rechtsgeschäfte sowie Handänderungen zur Erfüllung öffentlicher Aufgaben.

- *Unentgeltliche Handänderung:*
  Darunter fallen die Errichtung einer Stiftung, der Erbgang und andere Universalsukzessionen sowie die Erbteilung (zu beachten ist, dass ein Vorkaufsfall vorliegt, falls die Erbengemeinschaft die Sache veräussert) und Verkaufsgeschäfte, welche die Erbfolge antizipieren. Schenkungen gehören grundsätzlich auch zu dieser Kategorie, wobei bei gemischten Schenkungen zu unterscheiden ist, ob der Dritte aus persönli-

---

[396]   BOTSCHAFT VORKAUFS-, KAUFS- UND RÜCKKAUFSRECHTE, S. 1079 f.
[397]   Vgl. dazu beispielsweise MEIER-HAYOZ, Berner Kommentar, Art. 681 ZGB N 137 ff.; SALZGEBER-DUERIG, S. 32 ff.; REY, Sachenrecht, N 1254 ff. ; SUTTER, S. 278 ff.
[398]   Vgl. BGE 118 II 401 ff., 115 II 175 ff., 87 II 268, 70 II 149 ff., 44 II 362 ff. und 387 ff.
[399]   MEIER-HAYOZ, Berner Kommentar, Art. 681 ZGB N 159 ff.
[400]   REY, Sachenrecht, N 1255 ff.
[401]   Vgl. zu den verschiedenen Fällen, die keinen Vorkaufsfall darstellen Art. 216c OR, BOTSCHAFT VORKAUFS-, KAUFS- UND RÜCKKAUFSRECHTE, S. 1079 f.; CAVIN, SPR, S. 156 f.; MEIER-HAYOZ, Berner Kommentar, Art. 681 N 159 ff. sowie SALZGEBER-DUERIG, S. 34 ff. und SIMONIUS/SUTTER, § 11 N 62 ff. Siehe auch aus der neueren Bundesgerichtsrechtsprechung BGE 115 II 175 ff., insbesondere S. 178 f. E. 4a + b sowie BGE 118 II 401 ff.

chen Gründen eine unentgeltliche Zuwendung erhält (kein Vorkaufsfall) oder ob die Schenkungskomponente nur die Eigenschaft einer Nebenleistung hat oder eine Umgehungsabsicht vorliegt (Vorkaufsfall).[402]

- *Geschäfte bei denen die Gegenleistung wesentlich mit der Person des Dritten verknüpft ist:*
  Damit sind Fälle gemeint wie die Verpfründung, die Einbringung in eine Gesellschaft, güterrechtlich motivierte Übertragungen sowie der Tausch (hier ist es im Einzelfall möglich, dass der Vorkaufsberechtigte die Gegenleistung erbringen kann, diesfalls könnte man einen Vorkaufsfall annehmen).

- *Rechtsgeschäfte, welche nicht auf Eigentumsübertragung ausgerichtet sind:*
  Darunter fallen nach bisheriger Meinung beispielsweise die Nutzniessung und die Verpfändung. Aufgrund der im neuen Art. 216c OR enthaltenen Formulierung „wirtschaftlich einem Verkauf gleichkommt" ist aber nicht mehr eindeutig klar, dass kein Vorkaufsfall vorliegt. So kommt REY zum Schluss, die vom Gesetz angetönte wirtschaftliche Betrachtungsweise könne dazu führen, dass auch Verträge, die nicht eigentlich eine Eigentumsübertragung bewirken, einen Vorkaufsfall darstellen könnten.[403]

Dem Verkauf wirtschaftlich gleichgestellt und damit als Vorkaufsfall gelten beispielsweise die Hingabe an Zahlungsstatt und die freiwillige Versteigerung.[404] Neben diesen klaren Fällen gibt es auch einige umstrittene Sachverhalte. So wird in der Lehre[405] diskutiert, ob es sich bereits beim Abschluss eines Kaufsrechtsvertrages oder erst bei der Ausübung des Kaufsrechts um einen Vorkaufsfall handelt;[406] ebenfalls diskutiert wird

---

[402] Vgl. zur gemischten Schenkung BGE 101 II 59 ff.; WISSMANN, N 1460; MEIER-HAYOZ, Berner Kommentar, Art. 681 ZGB N 171.

[403] REY, ZSR, S. 56.

[404] MEIER-HAYOZ, Berner Kommentar, Art. 681 ZGB N 157 f.; REY, Sachenrecht, N 1257; SALZGEBER-DUERIG, S. 33.

[405] MEIER-HAYOZ, Berner Kommentar, Art. 681 ZGB N 180; SALZGEBER-DUERIG, S. 38 f.; GUHL/KOLLER/SCHNYDER/DRUEY, S. 345; REY, ZSR, S. 50 Fn 58.

[406] Die herrschende Auffassung nimmt hier an, dass bei Einräumung eines Kaufsrechts noch kein Vorkaufsfall vorliegt, sondern erst bei dessen Ausübung (BGE 85 II 572 ff., 90 II 142; SIMONIUS/SUTTER, § 11 N 64 ff.). Es gibt aber gewichtige Gegenmeinungen (vgl. MEIER-HAYOZ, Berner Kommentar, Art. 681 ZGB N 180 ff., GUHL/KOLLER/SCHNYDER/DRUEY, S. 345, sowie die Hinweise bei SALZGEBER-DUERIG, S. 40 Fn 45).

der Vorvertrag.[407] Wichtig ist jedenfalls die Tatsache, dass die Parteien die Möglichkeit haben, im Vorkaufsvertrag den Vorkaufsfall genau zu definieren.[408] Es empfiehlt sich, dies bei Aktionärbindungsverträgen zu tun, insbesondere für jene Fälle, die nicht eindeutig als Vorkaufsfälle zu definieren sind.

Ein Sonderproblem in Bezug auf den Vorkaufsfall stellen nichtige oder einseitig unverbindliche Handänderungsgeschäfte dar. Laut herrschender Lehre[409] und Rechtsprechung[410] entfaltet die Ausübungserklärung bei einem nichtigen Kaufvertrag keine Wirkung und das Vorkaufsrecht bleibt weiterhin bestehen. Bei einseitiger Unverbindlichkeit des Vertrages steht dagegen der Ausübung des Vorkaufsrechts nichts entgegen, der Vorkauf fällt aber ex tunc dahin, wenn der Kaufvertrag erfolgreich angefochten wird.[411] Die Aufhebung des Vertrages mit dem Dritten dagegen machte den Eintritt des Vorkaufsfalles nicht rückgängig; die Aufhebung bleibt gegenüber dem Vorkaufsberechtigten wirkungslos.[412]

Der Berechtigte kann sein Vorkaufsrecht ausüben sobald ein Vorkaufsfall eingetreten ist. Liegt der Handänderung, welche den Vorkaufsfall darstellt, ein Rechtsgeschäft zugrunde, muss dieses abgeschlossen sein, blosse Vorverhandlungen genügen nicht.[413] Will der Vorkaufsberechtigte sein Recht ausüben, hat er eine bestimmte eindeutige vorbehaltlose und unwiderrufliche Erklärung abzugeben.[414] Adressat dieser Erklärung ist der Verpflichtete, nicht etwa der Dritterwerber.[415]

Die Möglichkeit des Berechtigten, die Ausübungserklärung abzugeben, ist befristet; bei Nichtausübung innert Frist verwirkt das Recht.[416] Die Frist läuft ab Kenntnis des Berechtigten vom Vorkaufsfall sowie vom wesentlichen Inhalt des betreffenden Rechtsge-

---

[407] Auch hier liegt nach herrschender Meinung kein Vorkaufsfall vor (BGE 80 II 371; SALZGEBER-DUERIG, S. 39 m.w.H.). Aber auch hier gibt es Gegenmeinungen: GUHL/KOLLER/SCHNYDER/DRUEY, S. 345; MEIER-HAYOZ, Berner Kommentar, Art. 681 ZGB N 178 f.)

[408] BGE 78 II 357. Laut REY (ZSR, S. 45 f.) besteht diese Möglichkeit auch unter neuem Recht.

[409] REY, Sachenrecht, N 1267; MEIER-HAYOZ, Berner Kommentar, Art. 681 ZGB N 185 ff.; WISSMANN, N 1463 ff.

[410] BGE 82 II 583.

[411] Im zweiten Fall ist noch genauer zu differenzieren (vgl. WISSMANN, N 1462), dies ist aber in casu nicht relevant.

[412] Art. 216d Abs. 2 OR.

[413] MEIER-HAYOZ, Berner Kommentar, Art. 681 ZGB N 176 ff.

[414] MEIER-HAYOZ, Berner Kommentar, Art. 681 ZGB N 224; SALZGEBER-DUERIG, S. 47 ff.

[415] Der Dritterwerber ist nur Adressat bei vorgemerkten Vorkaufsrechten an Grundstücken, sofern er bereits Eigentümer geworden ist. Vgl. REY, Sachenrecht, N 1276.

[416] SALZGEBER-DUERIG, S. 50; BGE 102 II 379.

schäftes.[417] Bei einem limitierten Vorkaufsrecht hat der Berechtigte bereits insoweit Kenntnis von den wesentlichen Vertragselementen, als diese im Vorkaufsvertrag geregelt sind. Dabei stellt sich bei Verträgen mit relativer Preisbestimmung[418] die Frage, ob die Ausübungsfrist erst ab Kenntnis des effektiven Preises beginnt, wie dies von SALZGEBER-DÜRIG[419] befürwortet wird oder bereits vorher.[420] Meines Erachtens sollte die Frist sofort beginnen;[421] um Unklarheiten zu vermeiden, empfiehlt sich eine entsprechende Regelung im Vorkaufs- bzw. Aktionärbindungsvertrag.

Heikel ist auch die Frage nach der Länge der Ausübungsfrist: Gilt für Fahrnis dieselbe (dispositive) Frist von drei Monaten, welche das Gesetz in Art. 216e OR für Vorkaufsrechte an Grundstücken festlegt? Sowohl die Botschaft[422] als auch die meisten Autoren,[423] welche sich zum neuen Recht geäussert haben, treten dafür ein, dass die Art. 216a ff. OR grundsätzlich bei Fahrnis analog anwendbar sind. Auch vor der Neuregelung der Vorkaufsrechte trat die h.L. dafür ein, dass die gesetzlich vorgesehene Ausübungsfrist, welche nach dem Wortlaut des alten Recht nur für vorgemerkte Vorkaufsrechte an Immobilien galt[424], auf andere Arten von Vorkaufsrechten analog anwendbar sei.[425] Anderer Ansicht war das Bundesgericht[426], welches festhielt, dass Art. 681 Abs. 3 aZGB nur für vorgemerkte Vorkaufsrechte gelte und bei andern Vorkaufsrechten „eine angemesse Frist" zur Ausübung anzusetzen sei. Dieser Entscheid befürwortet m.E. eine unpraktikable Lösung und ist der Rechtssicherheit nicht dienlich. Falls die Parteien im Vorkaufsvertrag nichts geregelt haben, ist die in Art. 216e OR vorgesehene Ausübungsfrist anzuwenden. Die Dreimonatsfrist kann im Übrigen durch Parteiabrede verkürzt, nicht aber verlängert werden.[427] Um Unklarheiten vorzubeugen, empfiehlt

---

[417] MEIER-HAYOZ, Berner Kommentar, Art. 681 ZGB N 217; SALZGEBER-DUERIG, S. 52.

[418] Gemeint ist damit, dass der Preis im Vorkaufsvertrag nur insoweit festgelegt ist, als eine Berechnungsbasis oder die Festlegung des Preises durch einen Dritten vereinbart wurde. Vgl. dazu Ziff. 2/b, S. 92 f.

[419] SALZGEBER-DUERIG, S. 53.

[420] So beispielsweise LEHNER, S. 76.

[421] GIGER, Berner Kommentar, Art. 216a OR N 138 ff.

[422] BOTSCHAFT VORKAUFS-, KAUFS- UND RÜCKKAUFSRECHTE, S. 1076.

[423] REY, ZSR, S. 40; ROBERTO, S. 172. REY merkt aber an, dass die in Art. 216e OR statuierte Ausübungsfrist bei Fahrnis unbefriedigend ist und empfiehlt, kürzere Fristen zu vereinbaren (Fn 5). FOËX (S. 392) zweifelt daran, ob es sich bei Fahrnis wirklich aufdrängt, eine Frist von drei Monaten anzunehmen.

[424] Art. 681 Abs. 3 ZGB.

[425] Vgl. DOHM, S. 148; LEHNER, SJZ, S. 74; MEIER-HAYOZ, Berner Kommentar, Art. 681 ZGB N 216; SALZGEBER-DUERIG, S. 51 m.w.H.; WISSMANN, N 1481. Ebenso das Obergericht des Kantons Zürich in einem Entscheid vom 12. April 1991, in: ZR 90 Nr. 51.

[426] BGE 83 II 16.

[427] BOTSCHAFT VORKAUFS-, KAUFS- UND RÜCKKAUFSRECHTE , S. 1081; SCHÖBI, S. 569.

sich, die Länge der Frist im Aktionärbindungsvertrag zu regeln, selbst wenn sie der gesetzlichen Frist entspricht.

c) Vorhandrecht

Ein Vorhandfall liegt vor, wenn der Vorhandbelastete sich entschlossen hat, das Vorhandobjekt zu verkaufen oder eine vertraglich vereinbarte Situation eintritt.[428] Während beim Vorkaufsrecht ein Kaufvertrag mit einem Dritten vorliegen muss, genügt beim Vorhandvertrag die Absicht zu einem Verkauf. Die Parteien können vereinbaren, dass nicht nur die Verkaufsabsicht als Vorhandfall gilt, sondern auch andere Veräusserungsbzw. Übertragungsabsichten wie Schenkungsabsicht oder Tauschabsicht.[429] Da die Veräusserungsabsicht ein innerer Vorgang ist, stellt sich die Frage, wie diese Absicht nach aussen manifest werden muss, damit ein Vorhandfall vorliegt. In der Literatur wird in diesem Zusammenhang vertreten, dass blosse „Marktsondierungen" noch nicht auf eine Veräusserungsabsicht schliessen lassen.[430] Umstritten ist, ob Vertragsverhandlungen oder Angebote von Dritten immer einen Vorhandfall darstellen.[431] Klar ist die Situation dann, wenn der Belastete seine Veräusserungsabsicht dem Berechtigten mitteilt. SALZGEBER-DÜRIG nimmt denn auch eine dem Vorhandvertrag immanente Mitteilungspflicht an. Um gar keine Unsicherheiten über die Rechtslage entstehen zu lassen, sollten die Parteien im Vorhandvertrag ausdrücklich eine Mitteilungspflicht statuieren.

Nach erfolgter Mitteilung der Veräusserungsabsicht durch den Vorhandbelasteten hat der Berechtigte eine Erklärung abzugeben. Diese stellt je nach Vorhandvariante ein Akzept (1. Variante) oder eine Offerte (2. und 3. Variante) dar. Macht der Berechtigte eine Offerte, ist es wiederum am Belasteten, eine Erklärung abzugeben. Dabei hat er bei einer limitierten Vorhand der 2. Variante keine Wahlmöglichkeit, er muss die Offerte annehmen[432]; in den anderen Fällen dagegen hat der Belastete eine Wahlmöglichkeit bzw. die Möglichkeit, ein besseres Angebot eines Dritten nachzuweisen.[433] Es empfiehlt sich, die genannten Erklärungen im Vorhandvertrag klar zu befristen.

---

[428] SALZGEBER-DUERIG, S. 138.
[429] SALZGEBER-DUERIG, S. 139.
[430] LEHNER, SJZ, S. 78; SALZGEBER-DUERIG, S. 139.
[431] LEHNER, SJZ S. 78; SALZGEBER-DUERIG, S. 139 f.
[432] M.E. ist hier Art. 6 OR anwendbar, d.h. aufgrund der Tatsache, dass der Belastete einem Vorhandvertrag zugestimmt hat, eine ausdrückliche Annahme nicht zu erwarten. Lehnt der Belastete die Offerte also nicht innert angemessener Frist ab, so gilt der Vertrag als geschlossen.
[433] Vgl. zum Ganzen SALZGEBER-DUERIG, S. 143 ff.

6.   Wirkungen der Ausübung

a)   *Kaufsrecht*

Durch die Ausübung des Kaufsrechts, d.h durch die Erklärung des Kaufsberechtigten wird der bis zu diesem Zeitpunkt in der Schwebe befindliche Kaufvertrag wirksam. Aufgrund dieses Vertrages hat der Kaufsberechtigte dann einen Anspruch gegen den Kaufsbelasteten auf Übertragung des Eigentums am Kaufobjekt.

Es kann vorkommen, dass der Belastete über die betroffenen Aktien einen weiteren Veräusserungsvertrag mit einem Dritten abschliesst. Dieser hat dann ebenfalls einen Anspruch auf Eigentumsübertragung. Die Erfüllung der Eigentumsübertragungsverpflichtung ist aber in der Regel nur gegenüber einer Person möglich (anders ist es, wenn der Veräusserer noch mehr von den gleichen Aktien besitzt). Sind die betroffenen Aktien bereits ins Eigentum des Dritten übergegangen, kann der Berechtigte seinen Erfüllungsanspruch nicht dem Dritten gegenüber geltend machen, da das Kaufsrecht nur obligatorisch wirkt. Der Veräusserer wird dem Berechtigten gegenüber aber eventuell schadenersatzpflichtig.

b)   *Vorkaufsrecht*

Wie beim Kaufsrecht wird durch die Erklärung des Vorkaufsberechtigten der bis zu diesem Zeitpunkt in der Schwebe befindliche Kaufvertrag wirksam.[434] Aufgrund des Kaufvertrages hat der Vorkaufsberechtigte einen Anspruch gegen den Vorkaufsbelasteten auf Übertragung des Eigentums am Kaufobjekt. Der Vertrag mit dem Dritten[435] fällt dadurch nicht dahin, ausser wenn er unter der Bedingung abgeschlossen worden ist, dass er bei Ausübung des Vorkaufsrechts gegenstandslos werden soll.[436] Ist der Vertrag des Dritten mit dem Vorkaufsbelasteten noch bestehend, hat dieser ebenfalls einen Anspruch auf Eigentumsübertragung. Die Erfüllung der Eigentumsübertragungsverpflichtung ist aber meistens nur gegenüber einer Person möglich (anders ist es, wenn der Veräusserer noch mehr von den gleichen Aktien besitzt), der andern Person gegenüber wird der Veräusserer aber eventuell schadenersatzpflichtig. Der Vorkaufsberechtigte kann seinen Erfüllungsanspruch dem Dritten gegenüber nicht geltend machen, da das Vorkaufsrecht nur obligatorisch wirkt, d.h. nur der Veräusserer verpflichtet ist, nicht aber der Dritte.

---

[434]   MEIER-HAYOZ, Berner Kommentar, Art. 681 ZGB N 236.
[435]   In der Regel bildet ein Rechtsgeschäft den Vorkaufsfall. Es ist auch möglich, dass gar kein Vertrag mit einem Dritten vorliegt, beispielsweise wenn der Erbgang als Vorkaufsfall vereinbart wurde.
[436]   SALZGEBER-DUERIG, S. 54 f.

c) Vorhandrecht

Bei der ersten Variante:

Bei dieser Variante des Vorhandrechts muss der Verpflichtete in bestimmten Situationen seine Aktien offerieren. Der Berechtigte hat dann die Wahl, ob er das Angebot annehmen will oder nicht.[437] Akzeptiert er das Angebot, kommt ein Kaufvertrag mit dem Belasteten zustande. Aufgrund dieses Vertrages hat der Vorhandberechtigte einen Anspruch auf Übertragung des Eigentums am Kaufobjekt. Es kann nun vorkommen, dass der Belastete über die betroffenen Aktien einen weiteren Veräusserungsvertrag mit einem Dritten abschliesst. Diesfalls ergibt sich die gleiche Problematik wie in entsprechenden Fällen bei Kaufs- und Vorkaufsrechten:[438] Der Vertrag wirkt nur obligatorisch und der Vorhandberechtigte kann nicht mehr Eigentum am Kaufobjekt erlangen, falls dieses bereits auf den Dritten übergegangen ist.

Bei der zweiten Varianten

Bei dieser Vorhandform muss der Belastete den Berechtigten über den Eintritt einer bestimmten Situation informieren, aber keine Offerte abgeben. Der Berechtigte hat dann die Wahl, ob er ein Angebot machen will.[439] Die Ausübungserklärung des Berechtigten stellt also bloss eine Offerte dar, zu deren Annahme der Belastete aber verpflichtet ist, ausser wenn ein unlimitiertes Vorhandrecht vorliegt und das Angebot schlechter ist als dasjenige eines eventuellen Drittinteressenten. Falls ein Vertrag zustandekommt, gilt ebenfalls das bereits Ausgeführte; der Belastete kann sich auch gegenüber Dritten verpflichten. Weiter ist denkbar, dass der Belastete die Offerte des Vorhandberechtigten ablehnt, obwohl er zur Annahme verpflichtet wäre.

Bei der dritten Variante

Nach dieser Vorhandvariante ist der Belastete weder zur Offertstellung noch zur Annahme einer Offerte verpflichtet. Es ist ihm nur untersagt, mit einem Dritten zu kontrahieren, falls der Berechtigte ein gleichwertiges Angebot macht.[440] Auch hier stellt die Ausübungserklärung des Berechtigten eine Offerte dar. Der Belastete hat die Wahl, ob er das Angebot annehmen oder ganz auf den Vertragsschluss verzichten will. Dabei sind verschiedene Möglichkeiten eines vertragswidrigen Verhaltens des Belasteten denkbar. So ist es wiederum möglich, dass der Belastete trotz Vertragsschlusses mit

---

[437] Vgl. Ziff. 1/c, S. 89 ff.
[438] Vgl. dazu die Ausführungen in Ziff. 6/a und 6/b, S. 102.
[439] Vgl. dazu Ziff. 1/c, S. 89 ff.
[440] Vgl. dazu Ziff. 1/c, S. 89 ff.

dem Vorhandberechtigten die Aktien noch an einen Dritten verkauft. Weiter ist es möglich, dass der Belastete das Angebot des Vorhandberechtigten nicht annimmt und dann gegen seine Pflicht zur Unterlassung des Vertragsschlusses mit Dritten verstösst.

7. Mitteilungspflicht

a) Kaufsrecht

Das Kaufsrecht geht bei Handänderungen unter.[441] Die Kaufsrechtsberechtigten sind aber meist daran interessiert, eine Veräusserung an einen Dritten zu verhindern und ihr Kaufsrecht vorher noch auszuüben. Damit sie diese Möglichkeit überhaupt haben, müssen sie rechtzeitig Kenntnis von der künftigen Handänderung haben. Deshalb besteht von ihrer Seite her ein Interesse an einer Mitteilung der Veräusserungsabsichten durch den Belasteten. Auch bei bedingten Kaufsrechten kann ein Interesse an einer Mitteilung bestehen; so wenn die Bedingung eingetreten ist, die Berechtigten aber noch keine Kenntnis davon haben. Nach SALZGEBER-DÜRIG besteht bei bedingten Kaufsrechten keine Mitteilungspflicht, wenn es sich um Bedingungen handelt, „welche der allgemeinen Kenntnis oder auch speziell der Kenntnis des Kaufsberechtigten zugänglich sind". Eine Mitteilungspflicht bestehe dagegen dann, wenn der Eintritt der Bedingung dem Willen des Kaufsrechtsbelasteten unterstehe. Weiter sei die Pflicht zur Mitteilung zu bejahen „für ähnliche Fälle, die jedoch nicht direkt dem Willen des Belasteten unterstehen, deren mögliche Kenntnis aber vorwiegend bei ihm liegt". In Fällen, in welchen als Bedingung eine Vertragsverletzung vorgesehen ist, verneint SALZGEBER-DÜRIG eine Mitteilungspflicht, da dies einer Pflicht zur Selbstanzeige gleichkomme. Die Frage, ob bei geplanten Handänderungen eine Mitteilungspflicht des Kaufsrechtsbelasteten besteht, wird sowohl von SALZGEBER-DÜRIG[442] als auch von MEIER-HAYOZ[443] verneint. SALZGEBER-DÜRIG präzisiert aber, dass bei entgeltlicher Einräumung eines Kaufsrechts an Fahrnis „die stillschweigende Vereinbarung einer Pflicht zur Mitteilung des beabsichtigten Verkaufs anzunehmen" ist. Die differenzierten Unterscheidungen von SALZGEBER-DÜRIG erscheinen sinnvoll. Da aber in vielen Fällen eine gewisse Unsicherheit über die Frage der Mitteilungspflicht bestehen bleibt, ist es empfehlenswert, eine Mitteilungspflicht im Kaufsrechtsvertrag vorzusehen.

---

[441] MEIER-HAYOZ, Berner Kommentar, Art. 683 ZGB N 64.
[442] SALZGEBER-DUERIG, S. 99.
[443] MEIER-HAYOZ, Berner Kommentar, Art. 683 ZGB N 65.

b) **Vorkaufsrecht**

Beim Vorkaufsrecht wird die Mitteilungspflicht des Belasteten über den Abschluss und den Inhalt des Vertrages mit dem Dritten von Lehre[444] und Rechtsprechung[445] klar bejaht und für Grundstücke auch gesetzlich ausdrücklich festgehalten.[446] Kommt der Vorkaufsbelastete seiner Mitteilungspflicht nicht ordnungsgemäss nach, wird er dem Berechtigten gegenüber nach Massgabe von Art. 97 OR[447] schadenersatzpflichtig.[448]

c) **Vorhandrecht**

Da beim Vorhandrecht in der Regel die Veräusserungsabsicht, also ein innerer Vorgang, den Vorhandfall bewirkt, wird eine den Vorhandverträgen immanente Mitteilungspflicht angenommen.[449] Um keine Unsicherheiten über die Rechtslage entstehen zu lassen, sollten die Parteien im Vorhandvertrag ausdrücklich eine Mitteilungspflicht statuieren.

8. Dauer

In folgenden Fällen gehen Kaufs-, Vorkaufs- und Vorhandrechte unter:[450/451]

a) **Ausübung**

Mit der Ausübung gehen Kaufs-, Vorkaufs- und Vorhandrecht grundsätzlich unter.[452] Dies ist jedoch bei Aktionärbindungsverträgen nicht unbedingt erwünscht, weil dann Aktien, welche ein Aktionärbindungsvertragspartner von einem anderen Beteiligten erwirbt, in Zukunft nicht mehr dem Kaufsrecht unterstehen würden. Angestrebt wird bei Aktionärbindungsverträgen aber meist, dass alle Aktien der Beteiligten während der ganzen Dauer der Beteiligung der Aktionäre von einem mehrseitigen gegenseitigen Er-

---

[444]	Vgl. MEIER-HAYOZ, Berner Kommentar, Art. 681 ZGB N 201; SALZGEBER-DUERIG, S. 45.
[445]	BGE 83 II 16.
[446]	Art. 216d Abs. 1 OR.
[447]	Die von REY (ZSR S. 57 f.) vertretene Auffassung, wonach die Haftungsgrundlage nicht im Vertragsrecht, sondern in Art. 41 ff. OR zu suchen sei, ist m.E. falsch.
[448]	MEIER-HAYOZ, Berner Kommentar, Art. 681 ZGB N 203 m.w.H.; SALZGEBER-DUERIG, S. 46.
[449]	SALZGEBER-DUERIG, S. 141.
[450]	Vgl. zum Ganzen SALZGEBER-DUERIG, S. 103 f. und S. 63 ff.; sowie MEIER-HAYOZ, Berner Kommentar, Art. 683 ZGB N 61 ff.
[451]	Vgl. zum Folgenden MEIER-HAYOZ, Berner Kommentar, Art. 681 ZGB N 294 ff.; REY, Sachenrecht, N 1277 ff.; SALZGEBER-DUERIG, S. 63 ff.
[452]	MEIER-HAYOZ, Berner Kommentar, Art. 683 ZGB N 64; ISLER, S. 89.

werbsrecht[453] umfasst sind. Um dies zu erreichen, müssen bei Abschluss des Aktionärbindungsvertrages nicht nur jene Aktien, welche die Parteien in diesem Zeitpunkt besitzen, dem Erwerbsrecht unterstellt werden, sondern auch alle, die sie künftig je erwerben werden.[454] Besteht eine solche Vereinbarung, geht zwar das entsprechende
Recht des Erwerbers gegenüber dem Verkäufer unter, es besteht aber wieder ein
Kaufsrecht zwischen dem Erwerber und den anderen am Aktionärbindungsvertrag Beteiligten. Mit einer solchen Regelung kann allerdings nicht verhindert werden, dass bei
Veräusserung der Aktien an einen nicht beteiligten Dritten die Erwerbsrechte an diesen
Aktien untergeht.[455]

b) Nichtausübung innert Frist bzw. nach Eintritt eines Vorkauf- oder Vorhandfalles

Gewöhnliche Kaufsrechte können jederzeit ausgeübt werden. Zu einem Untergang
des Rechts bei Nichtausübung zu einem bestimmten Zeitpunkt kann es bei diesen
Kaufsrechten nicht kommen. Dieser Fall kann nur bei **bedingten Kaufsrechten**, bei
welchen eine Frist zur Ausübung vereinbart wurde, eintreten.[456] Wird das Kaufsrecht
während der ganzen Dauer des Kaufsrechtsvertrages nicht ausgeübt, liegt im Übrigen
nicht ein Untergang des Kaufsrechts infolge Nichtausübung, sondern ein anderer Untergangsgrund vor (z.B. Untergang durch Zeitablauf oder Handänderung).

Das **Vorkaufsrecht** erlischt grundsätzlich, wenn es bei Eintritt eines Vorkaufsfalles
nicht innert Frist ausgeübt wird.[457] Auch hier gilt etwas anderes, falls ein mehrseitiges
gegenseitiges Vorkaufsrecht für künftige Aktien vereinbart wurde.

Bei **Vorhandrechten** ist es so, dass bei einer Nichtausübung nach Eintritt eines Vor-
handfalles das Vorhandrecht nur für den betreffenden Vorhandfall erlischt, nicht aber
generell. Das Vorhandrecht bleibt bestehen und kann bei späteren Vorhandfällen wieder ausgeübt werden (dies natürlich nur unter der Voraussetzung, dass der Belastete die
Aktien immer noch besitzt und sie nicht nach dem Verzicht des Berechtigten auf die
Ausübung an einen Dritten verkauft hat). Diese Regelung verhindert, dass der Belastete

---

453 Vgl. dazu vorne Ziff. 4, S. 95 f.
454 Ein Kaufsrecht an Aktien, an welchen der Kaufrechtsbelastete noch gar kein Eigentum hat, ist
     möglich; vgl. dazu SALZGEBER-DUERIG, S. 95; MEIER-HAYOZ, Berner Kommentar, Art. 683
     ZGB N 50 und Art. 681 ZGB N 87. Siehe auch STUBER, S. 56.
455 Vgl. zum Ganzen SALZGEBER-DUERIG, S. 104 und 69 f.
456 SALZGEBER-DUERIG, S. 103.
457 MEIER-HAYOZ, Berner Kommentar, Art. 681 ZGB N 296; SALZGEBER-DUERIG, S. 64 und 70 f.

durch hohe Scheinangebote oder Ähnliches missbräuchlich die Befreiung von der Vorhandbelastung erlangt.[458] Das Recht geht bei Nichtausübung nur dann unter, wenn der Belastete die Aktien an einen Dritten verkauft.

c) Zeitablauf

Haben die Parteien eine bestimmte Dauer vereinbart, gehen Kaufs-, Vorkaufs- und Vorhandrechte grundsätzlich nach Ablauf dieser Zeit unter. Eine Ausnahme besteht dann, wenn die vereinbarte Zeitdauer über der maximal zulässigen Dauer liegt, in diesem Fall geht das Recht bereits vor der vereinbarten Dauer unter. Auch die auf unbestimmte Zeit eingeräumten Rechte gehen unter, sobald die zulässige Maximaldauer erreicht ist. Die Begrenzung der Dauer ergibt sich grundsätzlich aus Art. 27 ZGB. Bei Kaufs- und Vorkaufsrechten an Fahrnis stellt sich die Frage, ob anstelle der allgemeinen Bestimmung von Art. 27 ZGB die Spezialnorm von Art. 216a OR richterrechtlich zur Anwendung kommen soll.[459] Diese Norm sieht als Höchstdauer 10 Jahre für Kaufsrechte und 25 Jahre für Vorkaufsrechte vor, allerdings nur bei Grundstücken. Laut Botschaft[460] sind die Art. 216a ff. OR auf Fahrnis sinngemäss anwendbar. Von den Autoren, die sich diesbezüglich geäussert haben, schliessen sich ROBERTO[461] und REY[462] der in der Botschaft vertretenen Ansicht an. SCHÖBI[463] dagegen meint, ohne zwischen Fahrnis und Grundstücken zu unterscheiden, dass die Fristen nach Art. 216a OR nicht in jedem Fall gelten. „Namentlich bei Sachverhalten, die einen gesellschaftsrechtlichen Einschlag aufweisen", seien „legitime Bedürfnisse nach längeren (oder auch kürzeren) Fristen nicht auszuschliessen".[464] FOËX[465] äussert Zweifel, ob die genannten Normen bei Fahrnis sinngemäss anwendbar sein sollen und meint „il appartiendra bien plutôt aux parties (voire au juge) de trouver les solutions appropriées".

---

[458] Vgl. zum Ganzen SALZGEBER-DUERIG, S. 152 f.

[459] Vor dem 1.1.1994 war nur die Dauer der Vormerkung gesetzlich geregelt (Art. 683 aZGB), woraus das Bundesgericht und die h.L. schlossen, dass die obligatorische Vereinbarung auf längere Zeit möglich sei, wobei die Dauer aber durch die Art. 2 und 27 ZGB begrenzt werde (BGE 121 III 210 E. 2 = Pra 1996 Nr. 101, 102 II 243). Vgl. dazu MERZ, FS Simonius, S. 235 ff. m.w.H.

[460] BOTSCHAFT VORKAUFS-, KAUFS- UND RÜCKKAUFSRECHTE, S. 1076.

[461] ROBERTO, S. 172.

[462] REY, ZSR, S. 40.

[463] SCHÖBI, AJP, S. 569.

[464] SCHÖBI, AJP, S. 569.

[465] FOËX, S. 392.

M.E. sollten die Fristen nach Art. 216a OR nicht auf Kaufs- und Vorkaufsrechte an Fahrnis angewendet werden.[466/467] Dies aus folgenden Gründen: Die gesetzliche Regelung gilt ausdrücklich nur bei Grundstücken. Zwar könnte der Richter die genannte Norm analog bei Fahrnis anwenden, falls die Schutzbedürftigkeit einer Partei dies erfordert. Letzteres hat sicher zur Folge, dass eine gewisse zeitliche Begrenzung gegeben sein muss, diese muss aber nicht in allen Fällen genau bei 10 bzw. 25 Jahren liegen. Eine Definition der zeitlichen Begrenzung gestützt auf Art. 27 ZGB im Einzelfall sollte dem Schutzbedürfnis der Beteiligten genügend Rechnung tragen und hat den Vorteil, dass auf den konkreten Einzelfall eingegangen wird.

d) Handänderung

Bei einer Handänderung am Kaufgegenstand gehen Kaufs- und Vorhandrechte unter. Vorkaufsrechte dagegen gehen nur bei solchen Handänderungen unter, die keinen Vorkaufsfall darstellen. Stellt eine Veräusserung einen Vorkaufsfall dar, ist die Ausübung des Vorkaufsrechts noch möglich. Zu einem Untergang des Rechts bei Handänderungen kommt es dann nicht, wenn der Erwerber der Aktien die Verpflichtung übernimmt (Art. 175 ff. OR),[468] wenn der Erwerber am Aktionärbindungsvertrag beteiligt ist und ein mehrseitiges Kaufsrecht vereinbart wurde[469] oder grundsätzlich[470] bei einer Universalsukzession[471].[472]

---

[466] Unter altem Recht war das Bundesgericht und die Mehrheitsauffassung in der Literatur der Meinung, dass die Fristen nach Art. 681 und Art. 683 ZGB nur für die Vormerkung, nicht aber für die Wirkung unter den Parteien Geltung hätten. Vgl. dazu MEIER-HAYOZ, Berner Kommentar, Art. 681 ZGB N 319 und Art. 683 ZGB N 40; HAAB, Art. 681/82 ZGB N 23 und Art. 683 ZGB N 2; LEEMANN, Art. 681 ZGB N 25 und Art. 683 ZGB N 19; OSER/SHÖNENBERGER, Art. 216 OR N 26; BGE 102 II 244, 97 II 53, 89 I 505, 87 II 361, 73 II 159, 71 II 156.

[467] Falls man die Anwendung von Art. 216a OR doch bejaht, sind die Übergangsbestimmungen zu beachten. Es bestehen heute wahrscheinlich noch Verträge, welche vor Inkrafttreten des Art. 216a OR geschlossen wurden und in denen Kaufsrechte auf eine längere Zeit vorgesehen sind. BUCHER (Berner Kommentar, Art. 27 ZGB N 243), FOEX (S. 414 f.) und PIOTET (S. 143 f.) sind der Meinung, dass keine Rückwirkung der neuen Normen auf vor dem 1.1.1994 geschlossene Verträge erfolgt. SCHÖBI (AJP, S. 570) und ROBERTO (S. 174 f.) befürworten dagegen die Anwendung von Art. 3 SchlT ZGB, was bedeuten würde, dass unmittelbar die zwingenden Bestimmungen des neuen Rechts Anwendung finden. Auch HESS (Basler Kommentar, Art. 216a OR N 8) befürwortet eine Rückwirkung der neuen Normen, allerdings ohne dies zu begründen. Diferenzierend SIMONIUS/SUTTER, § 11 N 3. Das Bundesgericht hat in einem Entscheid die Frage des Übergangsrechts angesprochen, dann aber offengelassen (BGE 121 III 210 ff. E. 3).

[468] MEIER-HAYOZ, Berner Kommentar, Art. 683 ZGB N 65; SALZGEBER-DUERIG, S. 103.

[469] Vgl. dazu die Ausführungen oben unter dem Titel „Ausübung".

[470] Etwas anderes gilt, wenn die Parteien die Vererblichkeit ausgeschlossen haben.

[471] Das gleiche gilt bei der Erbteilung oder bei einer Antizipation der Erbfolge. Vgl. dazu MEIER-HAYOZ, Berner Kommentar, Art. 681 ZGB N 307; SALZGEBER-DUERIG, S. 66.

e) Aufhebungsvertrag

Die Parteien können durch gegenseitige Übereinkunft den Kaufsrechts-, Vorkaufs- oder Vorhandvertrag aufheben (Art. 115 OR analog). Bei mehrseitigen Erwerbsrechten - welche bei Aktionärbindungsverträgen die Regel bilden - müssen alle Vetragspartner zustimmen, ausser es sei etwas Anderes vereinbart worden.[473] Ein einseitiger Verzicht ist, da es sich (nach h.l) beim das Erwerbsrecht begründenden Geschäft um einen Vertrag - und nicht um ein einseitiges Rechtsgeschäft - handelt,[474] nur bezüglich der Ausübung des Rechts möglich, nicht aber bezüglich des zugrunde liegenden Vertrages.[475]

f) Konfusion

Erwerbsrechte gehen unter, wenn Verpflichtung und Belastung aus dem Recht bei einer Person zusammenfallen, beispielsweise wenn der Berechtigte die betreffenden Aktien erbt (Art. 118 OR).[476/477]

g) Untergang der Aktien

Grundsätzlich erlöschen Erwerbsrechte bei Untergang des Kaufsgegenstandes. Bei Aktien gehen die Rechte allerdings nicht bei jedem Verlust oder jeder Zerstörung der Urkunde unter, sondern nur dann, wenn gleichzeitig mit der Aktie die Mitgliedschaft verloren geht. Das heisst, in jenen Fällen, wo eine Kraftloserklärung und die Ausstellung einer neuen Urkunde nach Art. 971 f. OR möglich ist, bleiben die Erwerbsrechte bestehen.[478/479/480]

h) Tod einer Partei, falls die Vererblichkeit wegbedungen wurde

Laut Art. 216b OR sind Kaufs- und Vorkaufsrechte vererblich, sofern nichts anderes vereinbart wird. Wie bereits ausgeführt wurde, ist nicht eindeutig klar, ob die im dritten Abschnitt des OR unter dem Titel „Der Grundstückkauf" platzierten Normen auf Fahrnis sinngemäss anwendbar sind. Dies spielt aber bezüglich der Frage der Vererb-

---

[472] MEIER-HAYOZ, Berner Kommentar, Art. 681 ZGB N 307, SALZGEBER-DUERIG, S. 65 f.
[473] SALZGEBER-DUERIG, S. 71.
[474] Vgl. SALZGEBER-DUERIG, S. 90; MEIER-HAYOZ, Berner Kommentar, Art. 683 ZGB N 31; WISSMANN, N 1504; BGE 88 II 159 E. 1.
[475] Vgl. SALZGEBER-DUERIG, S. 64 f. m.w.H.
[476] SALZGEBER-DUERIG, S. 104, S. 69 + 74; MEIER-HAYOZ, Berner Kommentar, Art. 683 ZGB N 67 und Art. 681 ZGB N 323.
[477] MEIER-HAYOZ, Berner Kommentar, Art. 681 ZGB N 323; SALZGEBER-DUERIG, S. 69.
[478] SALZGEBER-DUERIG, S. 104; MEIER-HAYOZ, Berner Kommentar, Art. 683 ZGB N 62.
[479] MEIER-HAYOZ, Berner Kommentar, Art. 681 ZGB N 294; SALZGEBER-DUERIG, S. 68 und 73 f.
[480] SALZGEBER-DUERIG, S. 156.

lichkeit keine Rolle, da auch vor Inkrafttreten der genannten Regelung die h.L. der Auffassung war, dass Kaufs- und Vorkaufsrechte vererblich seien.[481] Das bedeutet, dass der Tod einer Partei in der Regel nicht den Untergang des Rechts bewirkt. Ein Untergangsgrund liegt nur vor, wenn die Parteien die Vererblichkeit wegbedungen haben.[482] Das Gleiche gilt bei Vorhandrechten, auch hier führt der Tod einer Partei nur dann zum Untergang des Vorhandrechts, wenn die Vererblichkeit[483] wegbedungen wurde.[484]

i)   *Andere Arten der Universalsukzession, falls der Übergang des Erwerbsrechts ausgeschlossen wurde*

Der Übergang der Erwerbsrechte wird ausser beim Tod eines Beteiligten auch bei anderen Formen der Universalsukzession bejaht, beispielsweise bei einer Fusion. Das Kaufrecht geht in diesen Fällen also nur unter, wenn der Übergang auf den Universalsukzessor ausgeschlossen wurde.[485]

j)   *Richterliches Urteil*

Auch ein richterliches Urteil kann zum Untergang der Erwerbsrechte führen. Richterliche Urteile sind v.a. denkbar in Fällen, bei denen es um die Frage der Dauer der Rechte geht, also um die Anwendung von Art. 27 ZGB oder der clausula rebus sic stantibus. Möglich ist aber auch, dass ein richterliches Urteil indirekt zum Untergang des Rechts führt, indem es den ganzen Aktionärbindungsvertrag aufhebt.

k)   *Kündigung oder andere Auflösung des Aktionärbindungsvertrages*

Kaufs-, Vorkaufs- und Vorhandrechte können auch deswegen untergehen, weil der Aktionärbindungsvertrag als Ganzes aufgelöst wird.

9.   Kann der angestrebte Zweck erreicht werden?

Zu Beginn dieses Kapitels wurde ausgeführt, dass mit Verfügungsbeschränkungen in Aktionärbindungsverträgen zwei Ziele verfolgt werden: In erster Linie soll der Aktionärskreis beeinflusst werden können und in zweiter Linie soll die Einhaltung des Akti-

---

[481] SALZGEBER-DUERIG, S. 102 f.; MEIER-HAYOZ, Berner Kommentar, Art. 683 ZGB N 53.

[482] SALZGEBER-DUERIG, S. 69.

[483] SALZGEBER-DUERIG, S. 150 f., leitet aus der Analogie zum Vorkaufsrecht und aus der Rechtsnatur des Vorvertrages einleuchtend ab, dass das Vorhandrecht aktiv und passiv vererblich ist.

[484] SALZGEBER-DUERIG, S. 156.

[485] SALZGEBER-DUERIG, S. 63; MEIER-HAYOZ, Berner Kommentar, Art. 683 ZGB N 53 f. und Art. 681 ZGB N 107.

onärbindungsvertrages gesichert werden. Das Ziel der Beeinflussung des Aktionärskreises kann mit Kaufs-, Vorkaufs- und Vorhandrechten an sich erreicht werden. Die berechtigten Aktionäre haben es in der Hand, durch Ausübung ihres Rechts auf die Zusammensetzung des Aktionärskreises Einfluss zu nehmen. Allerdings ist die Erreichung dieses Ziels nicht garantiert. Der Belastete kann nämlich immer noch das Eigentum an den Aktien auf einen unerwünschten Dritten übertragen. In diesem Fall können die Berechtigten den Dritterwerber nicht zur Herausgabe der übertragenen Aktien zwingen. Der Verpflichtete schuldet in diesem Fall zwar eventuell Schadenersatz und eine Konventionalstrafe, die Vorkaufsberechtigten haben aber keine Garantie, dass dies den Belasteten vom erwähnten Vorgehen abhalten würde.

Das zweitgenannte Ziel, die Sicherung der Einhaltung des Aktionärbindungsvertrages kann vor allem mit Kaufsrechten (indirekt) erreicht werden. Die Berechtigten können die Aktien eines Vertragspartners, welcher den Aktionärbindungsvertrag verletzt, erwerben, indem sie ihr Kaufsrecht ausüben. Der Betroffene kann dann keine Mitwirkungsrechte mehr ausüben. So kann verhindert werden, dass er weiterhin in diesem Bereich gegen den Aktionärbindungsvertrag verstösst. Ein Kaufsrecht für den Fall einer Vertragsverletzung hat zudem abschreckende Wirkung, so dass bereits dadurch Vertragsverletzungen verhindert werden könnten. Es ist allerdings fraglich, ob die am Aktionärbindungsvertrag Beteiligten tatsächlich bereit sind, der Aufnahme eines Kaufsrechts in den Vertrag zuzustimmen, da sie dadurch der Gefahr, dass das Recht ihnen gegenüber ausgeübt wird, ausgesetzt werden. Insbesondere ein gewöhnliches Kaufsrecht bedeutet eine erhebliche Belastung, da es jederzeit ohne besondere Voraussetzungen geltend gemacht werden kann. Einem solchen Kaufsrecht werden in der Praxis wohl die Wenigsten zustimmen.[486] Anders sieht es bei einem bedingten Kaufsrecht aus; je nachdem wie die Bedingungen formuliert werden, hat man es hier mit einem brauchbaren Mittel zu tun, dem die Parteien auch eher zustimmen werden. Um den hier diskutierten Zweck zu erreichen, können die Vertragspartner eine Vertragsverletzung als Bedingung für die Ausübung des Kaufrechts statuieren.

---

[486] Vgl. auch STUBER, S. 56, nach dem die Einräumung eines eigentlichen Kaufsrechts selten sein dürfte.

10. Ausgestaltung der Verfügungsbeschränkungen und Erwerbsrechte in Aktionärbindungsverträgen

Folgende Punkte sollten bei der Ausgestaltung von Kaufs-, Vorkaufs- und Vorhandrechten in Aktionärbindungsverträgen berücksichtigt werden:

a) Art des Rechts / Ausgestaltung

• Wird ein **Kaufsrecht** in einen Aktionärbindungsvertrag aufgenommen, ist zunächst zu klären, ob ein allgemeines oder ein bedingtes Kaufsrecht statuiert werden soll. Ersteres wird in der Regel bei den meisten der Beteiligten keine Zustimmung finden (es schafft zwar für die Berechtigten eine positive Situation; jeder der Beteiligten ist aber auch Belasteter und für diese bedeutet ein allgemeines Kaufsrecht eine starke Einschränkung). In den meisten Fällen wird daher wohl ein bedingtes Kaufsrecht vereinbart werden. Hier ist der richtigen Umschreibung der Bedingung grosse Bedeutung zuzumessen. Es ist bei der Ausarbeitung eines Aktionärbindungsvertrages auch zu berücksichtigen, dass ein Kaufsrecht nicht in jedem Fall das beste Mittel ist um den Aktionärskreis zu kontrollieren, sondern dass für eine optimale Gesamtlösung auch andere Mittel - Vinkulierung, Vorhandrecht etc. - geprüft und eventuell kombiniert werden müssen.

• Falls die Beteiligten ein **Vorkaufsrecht** vorsehen, aber den Vorkaufsfall nicht umschreiben, gelten jene Handänderungen als Vorkaufsfälle, welche allgemein als solche anerkannt werden.[487] Es ist diesbezüglich zu prüfen, ob es für den konkreten Aktionärbindungsvertrag sinnvoll ist, weitere Handänderungen als Vorkaufsfälle zu definieren oder neben dem Vorkaufsrecht ein Kaufsrecht und/oder ein Vorhandrecht zu statuieren.

• Wird ein **Vorhandrecht** vorgesehen, empfiehlt es sich, genau zu regeln, welche Variante vereinbart sein soll. So werden eventuelle Unklarheiten und Streitigkeiten darüber, wer zur Offertstellung verpflichtet ist und ob eine Annahmepflicht besteht, vermieden.

b) Vereinbarung von mehrseitigen Rechten

Sowohl Kaufsrechte als auch Vorkaufs- und Vorhandrechte in Aktionärbindungsverträgen sollten mit Vorteil als mehrseitige Rechte ausgestaltet werden, so dass jeder am Aktionärbindungsvertrag Beteiligte zugleich Belasteter und Berechtigter ist.[488] Zudem

---

[487] Vgl. dazu oben Ziff. 5/b, S. 97 ff.
[488] Vgl. vorne S. 95.

sollten alle Aktien, welche die Vertragspartner im Zeitpunkt des Vertragsschlusses besitzen und künftig je besitzen werden, einbezogen werden.[489] Bei mehrseitigen Erwerbsrechten ist es zudem wichtig, zu regeln, wie sich das Zusammenwirken der verschiedenen Berechtigten abspielen soll (Willensbildung, Verteilschlüssel etc.).

c) Festlegung Kaufpreis

Eine weitere Entscheidung, die bei der Ausgestaltung eines Erwerbsrechtes in einem Aktionärbindungsvertrag zu treffen ist, betrifft die Festlegung des Kaufpreises:

- Bei **Kaufsrechten** müssen die Parteien zwingend eine Vereinbarung treffen, da der Kaufpreis zu den essentialia negotii gehört. Es kann aber gewählt werden, ob bereits eine feste Zahl bestimmt wird oder ob die Bestimmung aufgrund eines Berechnungsmodus oder durch einen Dritten erfolgen soll. In den letztgenannten Fällen empfiehlt es sich, die Tragung eventueller Kosten zu klären.

- Bei **Vorkaufsrechten** können die Parteien einen „unlimitierten" oder einen „limitierten" Kaufpreis wählen. Entscheiden sie sich für ein limitiertes Vorkaufsrecht, ist die Preisbestimmung näher zu regeln. Wenn diese nicht durch eine feste Zahl sondern aufgrund eines Berechnungsmodus oder durch einen Dritten erfolgen soll, sollte die Tragung eventueller Kosten bereits geregelt werden.

- Auch bei **Vorhandrechten** können die Parteien grundsätzlich einen „unlimitierten" oder einen „limitierten" Kaufpreis vorsehen. Da die Preisbestimmung bei unlimitierten Vorhandrechten aber schwierig ist,[490] empfiehlt es sich, den Kaufpreis bereits festzulegen, sei es durch eine feste Zahl oder Angabe eines Preisbestimmungsverfahrens.

d) Statuierung einer Mitteilungspflicht

- Es ist zu beachten, dass das **Kaufsrecht** bei Veräusserung der Aktien an einen aussenstehenden Dritten untergeht. Das bedeutet, dass die Kaufsrechtsberechtigten frühzeitig vor der Handänderung in Kenntnis gesetzt werden müssen, damit sie ihr Kaufsrecht noch ausüben können. Aus diesem Grund sollte eine Mitteilungspflicht statuiert werden. Da eine solche Pflicht bloss obligatorisch wirkt, wird zwar nicht garantiert, dass die Mitteilung tatsächlich erfolgt und die Berechtigten ihr Kaufsrecht vor der Handänderung ausüben können. Weil aber die Pflichtverletzung zur Folge

---

489 Vgl. oben die Ziff. 4, S. 95 ff.
490 Vgl. Ziff. 2/c, S. 93 f.

hat, dass der Veräusserer Schadenersatz oder eine Konventionalstrafe schuldet, wird immerhin ein gewisser Druck erreicht.

- Bei **Vorkaufsrechten** besteht eine Mitteilungspflicht des Belasteten im Falle des Eintritts eines Vorkaufsfalles ohne weiteres und müsste nicht ausdrücklich vertraglich festgehalten werden.[491] Trotzdem empfiehlt es sich, eine Regelung in den Aktionärbindungsvertrag aufzunehmen. Dies einerseits um diesbezüglich für die Beteiligten Klarheit zu schaffen und andererseits um gleichzeitig eine Frist festzulegen, innert welcher die Mitteilung zu erfolgen hat.

- Obwohl in der Literatur zum Teil davon ausgegangen wird, dass der **Vorhandvertrag** dem Vorhandbelasteten auch ohne ausdrückliche Regelung eine Mitteilungspflicht auferlegt, sollte eine solche der Klarheit halber ausdrücklich festgehalten werden.

e)   Ausübungsfrist
Bei der Ausgestaltung von bedingten Kaufsrechten sowie Vorkaufs- und Vorhandrechten sollte geregelt werden, innert welcher Fristen die Parteien ihre Ausübungserklärungen abgeben müssen.[492]

f)   Dauer
Zu prüfen ist weiter, ob eine Regelung bezüglich Dauer des Erwerbsrechtes in den Aktionärbindungsvertrag aufgenommen werden soll. Wird nichts geregelt, gilt das Erwerbsrecht als für die gleiche Dauer vereinbart wie der Aktionärbindungsvertrag selbst, ausser wenn die zulässige Maximaldauer überschritten wird. Es sollte aber berücksichtigt werden, dass die Frage der Maximaldauer von Kaufs- und Vorkaufsrechten an Fahrnis noch nicht geklärt ist und diesbezüglich bei länger dauernden Aktionärbindungsverträgen ein gewisses Risiko besteht.[493] Die Gefahr einer übermässigen Bindung durch zu lange Dauer besteht natürlich auch bei Vorhandrechten.

g)   Tod eines Belasteten oder Berechtigten
- Zu beachten ist weiter, dass Kaufs-, Vorkaufs- und Vorhandrechte bei Universalsukzession übergehen, dieser Übergang jedoch ausgeschlossen werden kann.[494] Je nach Interessenlage muss Entsprechendes vorgekehrt werden. In der Regel wird es

---

[491] Vgl. oben Ziff. 7/b, S. 105.
[492] Vgl. dazu Ziff. 5, S. 96 ff.
[493] Vgl. Ziff. 8/c, S. 107 f.
[494] Vgl. dazu Ziff. I/8/h, S. 109 f.

so sein, dass von den am Aktionärbindungsvertrag Beteiligten gewünscht wird, dass die Belastung auf den Universalsukzessor übergeht, damit ihm gegenüber das Erwerbsrecht ausgeübt werden kann, falls er als Aktionär unerwünscht ist.

II. Beschränkung der Nutzniessung

1. Hintergrund und Zweck

Art. 690 Abs. 2 OR sieht vor, dass „im Falle der Nutzniessung an einer Aktie" diese „durch den Nutzniesser vertreten" wird. Das bedeutet, dass dem Nutzniesser - anstelle des Aktionärs - nicht nur die Vermögensrechte, sondern grundsätzlich auch die Mitgliedschaftsrechte zustehen, insbesondere das Stimmrecht.[495] Gewisse Rechte allerdings stehen nach h.L. Nutzniesser und Aktionär gleichzeitig zu, so beispielsweise das Anfechtungsrecht bei Generalversammlungsbeschlüssen oder die Kontroll- und Auskunftsrechte.[496] Die Regelung von Art. 690 Abs. 2 OR entspricht jener von Art. 755 ZGB, wonach der Nutzniesser das Recht auf den Besitz, den Gebrauch und die Nutzung der Sache hat, sowie deren Verwaltung besorgt. Da dies zur Folge hat, dass jemand ausserhalb des Aktionärkreises Einfluss auf die Aktiengesellschaft nehmen kann und diese Person meist auch nicht Partei des Aktionärbindungsvertrages ist, haben die am Aktionärbindungsvertrag Beteiligten ein Interesse daran, die Nutzniessung zu verhindern bzw. verhindern zu können, falls ihnen ein potenzieller Nutzniesser nicht zusagt. Aus diesem Grund findet man in einigen Aktionärbindungsverträgen Nutzniessungsverbote oder Klauseln, wonach Nutzniessungen ohne Zustimmung der Beteiligten oder des Verwaltungsrates nicht zulässig seien, oder wonach Erstere in solchen Fällen ein Erwerbsrecht haben.

2. Wirkungen

Die Beschränkung der Nutzniessung in einem Aktionärbindungsvertrag wirkt nur obligatorisch, also zwischen den Vertragspartner.[497] Das bedeutet, dass die Errichtung einer Nutzniessung entgegen einer entsprechenden Klausel wirksam ist, der Nutzniesser ins

---

[495] Vgl. auch FORSTMOSER/MEIER-HAYOZ/NOBEL, § 45 N 13; VON GREYERZ, Schweizerisches Privatrecht, S. 132 f.; LÄNZLINGER, Basler Kommentar, Art. 690 OR N 12.

[496] LÄNZLINGER, Basler Kommentar, Art. 690 OR N 16 m.w.H.; FORSTMOSER/MEIER-HAYOZ/ NOBEL, § 45 N 22; BÖCKLI, Stimmrecht, S. 144; BAUMANN, S. 51.

[497] Zu grundsätzlichen Ausführungen bezüglich der Wirkung von Regelungen in Aktionärbindungsverträgen vgl. Kap.3/§ 2, S. 61 ff. .

Aktienbuch eingetragen werden muss und alle Mitwirkungsrechte hat. Um eine verstärkte Wirkung der Nutzniessungsbeschränkung zu erreichen, müssen andere Wege
gewählt werden: Entweder sind die Aktien zu vinkulieren oder es ist zu bestimmen,
dass die Mitwirkungsrechte im Falle der Nutzniessung beim Aktionär verbleiben (vgl.
zu diesen beiden Möglichkeiten die folgenden Ausführungen).

3.   Anwendung der Vinkulierungsbestimmungen bei Nutzniessungen

Seit der letzten Aktienrechtsrevision gibt es mit Art. 685a Abs. 2 OR eine gesetzliche
Regelung, wonach statutarische Vinkulierungsbestimmungen auch für die Begründung
einer Nutzniessung gelten. Die Aktiengesellschaft kann sich daher aus den gleichen
Gründen, aus denen sie eine Eigentumsübertragung ablehnen könnte, der Begründung
einer Nutzniessung widersetzen.[498] Mittels Vinkulierung ist also eine Nutzniessungsbeschränkung, welche von der Aktiengesellschaft gegenüber allen Aktionären und potenziellen Nutzniessern durchgesetzt werden kann, möglich. Aufgrund der Regelung in
Art. 685a Abs. 2 OR ist es nicht notwendig, in den Statuten speziell darauf hinzuwei-
sen, die Vinkulierung gelte auch für eventuelle Nutzniessungen.[499]

4.   Ausschluss der Mitwirkungsrechte für Nutzniesser

Da Art. 690 Abs. 2 OR dispositiver Natur ist, kann vorgesehen werden, dass das
Stimmrecht und die übrigen Mitwirkungsrechte beim Aktionär verbleiben und nicht auf
den Nutzniesser übergehen sollen.[500] Eine solche Regelung ist in verschiedener Form
möglich, einerseits kann sie statutarisch festgelegt werden,[501] andererseits durch eine
vertragliche Vereinbarung zwischen dem Aktionär und dem Nutzniesser, wobei dann
der Nutzniesser den Aktionär zur Ausübung der Mitwirkungsrechte bevollmächtigen
muss.[502] Bei der zweitgenannten Möglichkeit ist zu beachten, dass die Vereinbarung
zwischen dem Aktionär und dem Nutzniesser nur zwischen diesen wirkt, nicht aber gegenüber der Gesellschaft.

---

[498] DU PASQUIER/OERTLE, Basler Kommentar, Art. 685a OR N 6.
[499] DU PASQUIER/OERTLE, Basler Kommentar, Art. 685a OR N 6; BOTSCHAFT AKTIENRECHT,
       S. 155.
[500] BAUMANN, S. 51 m.w.N.; VON GREYERZ, SPR, S. 133 f.; BÜRGI, Zürcher Kommentar, Art. 690
       OR N 22; BÖCKLI, Aktienrecht, N 1262g; BÖCKLI, Stimmrecht, S. 143 f.; LÄNZLINGER, Basler
       Kommentar, Art. 690 OR N 13; FORSTMOSER/MEIER-HAYOZ/NOBEL, § 45 N 23.
[501] BÖCKLI, Aktienrecht, N 1262g.
[502] BÖCKLI, Stimmrecht, S. 143; LÄNZLINGER, Basler Kommentar, Art. 690 OR N 13.

Für die an einem Aktionärbindungsvertrag Beteiligten ist die zweite Möglichkeit nicht sinnvoll, da sie keinen Einfluss auf den Nutzniesser, von dem die Bevollmächtigung ausgehen sollte, haben. Von Interesse ist dagegen die Möglichkeit der Regelung in den Statuten, weil eine solche Bestimmung gegenüber jedem Aktionär und jedem Nutzniesser durchgesetzt werden kann.

5. Würdigung und Schlussfolgerungen

Wenn die am Aktionärbindungsvertrag Beteiligten Nutzniessungen bzw. die Einflussnahme von Nutzniessern verhindern wollen, genügt eine entsprechende Klausel im Aktionärbindungsvertrag nicht. Eine solche Vereinbarung kann höchstens abschreckende Wirkung haben, da bei Vertragsverletzungen grundsätzlich Schadenersatz und eventuell Konventionalstrafen geschuldet sind. Besser geeignet ist eine Vinkulierung der Aktien, welche auch die Nutzniessung betrifft. Die Vinkulierung hat aber den Nachteil, dass zur Abwehr eines Nutzniessers die betroffenen Aktien zum wirklichen Wert erworben werden müssen, falls keine wichtigen Gründe gemäss Art. 685b Abs. 2 OR vorliegen. Zudem sind dem Erwerb eigener Aktien gewisse Grenzen gesetzt. Mit einer statutarischen Bestimmung, wonach die Mitwirkungsrechte im Falle einer Nutzniessung beim Aktionär verbleiben sollen, kann dagegen zwar die Errichtung von Nutzniessungen nicht verhindert werden, sie ermöglicht aber die Beschränkung der Einwirkungsmöglichkeiten unerwünschter Dritter.

Eine bestmögliche Abwehr gegenüber Nutzniessern kann dann erreicht werden, wenn die oben genannten Möglichkeiten kombiniert werden. Wird in den Statuten nicht nur eine Vinkulierung, sondern auch ein Ausschluss der Mitwirkungsrechte für Nutzniesser aufgenommen, besteht eine Regelung für den Fall, dass die Vinkulierung in einem konkreten Fall nicht zum Tragen kommen kann. Wird zusätzlich eine entsprechende Klausel in den Aktionärbindungsvertrag aufgenommen, hat dies nicht nur eine gewisse Abschreckungswirkung, sondern den Beteiligten wird auch vertraglich auferlegt, die Vinkulierungsbestimmungen in Nutzniessungsfällen anzuwenden.

III. Verbot der Verpfändung

1. Hintergrund und Zweck

Der Pfandgläubiger hat grundsätzlich nicht die Möglichkeit, mittels der Mitgliedschaftsrechte Einfluss auf die Aktiengesellschaft ausüben zu können, weil diese bei der Verpfändung beim Aktionär verbleiben (Art. 905 ZGB). Da aber Art. 905 ZGB dispositiver Natur ist, besteht immerhin die Möglichkeit, dass der Aktionär den Pfandgläubiger zur Ausübung der Mitgliedschaftsrechte bevollmächtigt.[503]/[504] Diese relativ geringe Gefahr der Einflussmöglichkeit des Pfandgläubigers kann - wenn auch selten - dazu führen, dass ein Verpfändungsverbot in Aktionärbindungsverträgen aufgenommen wird. Häufig bezwecken solche Klauseln allerdings nicht in erster Linie die Verhinderung eines eventuellen Einflusses von Pfandgläubigern. Meist soll durch ein Verpfändungsverbot die Gefahr ausgeschaltet werden, dass es im schlimmsten Fall zu einer Pfandverwertung kommt und die verpfändeten Aktien durch einen unerwünschten Dritten erworben werden.

2. Wirkungen

Ein Verpfändungsverbot in Aktionärbindungsverträgen wirkt nur obligatorisch zwischen den Beteiligten; Dritten - d.h. den Pfandgläubigern - gegenüber hat es keine Wirkung, unabhängig davon ob diese das Verbot kennen oder nicht.[505] Verpfändet ein Aktionär seine Aktien trotzdem, haben die anderen Beteiligten nur eine Forderung auf Zahlung von Schadenersatz oder einer Konventionalstrafe, die Verpfändung aber ist wirksam. Gibt es neben einem obligatorischen Verpfändungsverbot auch andere Mittel um die oben genannten Zwecke zu erreichen? In Betracht kommen eine Ausdehnung der Vinkulierung (Ziff. 3 nachfolgend) sowie eine Regelung nach Art. 689 Abs. 2 OR (Ziff. 4 nachfolgend).

3. Möglichkeiten zur Verhinderung der Verpfändung oder des Übergangs auf einen Dritten bei Verwertung der gepfändeten Aktien

a) Anwendung der Vinkulierungsbestimmungen bei Verpfändungen

Die Vinkulierungsbestimmungen sind grundsätzlich bei Verpfändungen nicht anwendbar.[506] Die Frage, ob in den Statuten vorgesehen werden kann, dass sich die Vinkulie-

---

[503] ZOBL, Berner Kommentar, Art. 905 ZGB N 34 m.w.N.

[504] Näheres zur Bevollmächtigung bei BÖCKLI, Aktienrecht, N 1264 und 1335 ff.; FORSTMOSER/MEIER-HAYOZ/NOBEL, § 45 N 29; SCHAAD, Art. 689a OR N 1 ff. und 689b OR N 1 ff.; ZOBL, Berner Kommentar, Art. 905 ZGB N 17 ff.

[505] ZOBL, Berner Kommentar, Art. 884 ZGB N 162 und N 738 ff.

[506] Art. 685a Abs. 2 OR erwähnt neben dem Eigentumsübergang nur die Nutzniessung. Dies lässt sich v.a. damit begründen, dass bei der Verpfändung die Mitwirkungsrechte grundsätzlich nicht

rung auch auf Verpfändungen beziehen soll, wird unterschiedlich beantwortet.[507] In der Botschaft[508] findet sich - ohne nähere Begründung - die Aussage, die Vinkulierung gelte nicht für die Verpfändung, „es sei denn, die Statuten unterstellen die Verpfändung der Vinkulierung." DU PASQUIER/OERTLE[509] betrachten die Ausdehnung der Vinkulierung auf die Verpfändung ebenfalls als zulässig; sie verweisen dabei ohne nähere Begründung auf die Botschaft. Überzeugender ist aber die Argumentation von BÖCKLI[510], FORSTMOSER/MEIER-HAYOZ/NOBEL[511], KLÄY[512] und ZOBL[513], welche der Meinung sind, dass die Statuten - im Gegensatz zum alten Recht - die Vinkulierung nicht mehr auf die Verpfändung ausdehnen können, „da über das Gesetz hinausgehende Erschwernisse der Übertragbarkeit ausdrücklich für unstatthaft erklärt worden sind".[514] Während die Vinkulierung eine Verpfändung somit nicht verhindern kann, kann durch sie das Ziel der Verhinderung des Übergangs der verpfändeten Aktien auf einen unerwünschten Dritten bei einer eventuellen Verwertung[515] erreicht werden. Gestützt auf Abs. 4 von 685b OR hat die Gesellschaft die Möglichkeit, einen unerwünschten Erwerber abzulehnen, falls sie die Aktien zum wirklichen Wert übernimmt.

b) *Art. 689 Abs. 2 OR*

Gemäss Art. 689 Abs. 2 OR sind statutarische Vorschriften zulässig, wonach sich die Aktionäre nur durch andere Aktionäre vertreten lassen dürfen. Diese Regelung erlaubt es einer Gesellschaft zu verhindern, dass bei der Verpfändung von Aktien an einen Dritten ein Aussenstehender Einfluss auf die Aktiengesellschaft nehmen kann (dies ist - wie in Ziff. 1 ausgeführt - grundsätzlich möglich, weil Art. 905 ZGB dispositiver Natur ist und der verpfändende Aktionär den Pfandgläubiger bevollmächtigen darf).

übergehen und damit in der Regel kein Bedarf besteht, die Einflussnahme des Pfandgläubigers verhindern zu wollen. Vgl. dazu auch ZOBL, SZW, S. 165 f.

[507] Unter altem Aktienrecht wurde dies von der h.L. als zulässig betrachtet. Vgl. dazu ZOBL, SZW, S. 163 Ziff. c) m.w.N.

[508] BOTSCHAFT AKTIENRECHT, S. 155.

[509] DU PASQUIER/OERTLE, Basler Kommentar, Art. 684 OR N 13.

[510] BÖCKLI, Aktienrecht, N 751a.

[511] FORSTMOSER/MEIER-HAYOZ/NOBEL, § 45 N 34.

[512] KLÄY, S. 310.

[513] ZOBL, SZW, S. 166 Ziff. b).

[514] BÖCKLI, Aktienrecht, N 751a.

[515] Genaueres bei ZOBL, SZW, S. 167 Ziff. 2.

4. Würdigung und Schlussfolgerungen

Zu Beginn dieses Abschnitts wurden die Situationen erwähnt, welche die Aktionäre e-
ventuell zu verhindern suchen: zum Einen der mögliche Einfluss eines aussenstehenden Pfandgläubigers - falls ihn der Pfandgeber zur Stimmrechtsausübung bevollmächtigt - und zum Anderen den Erwerb der Aktien durch einen Dritten in einer
Pfandverwertung. Die obenstehenden Ausführungen haben gezeigt, dass das erste Ziel
am besten durch eine statutarische Regelung, wonach eine Vertretung nur durch andere
Aktionäre zulässig ist, erreicht werden kann. In der zweiten Situation steht der Gesellschaft die Ablehnung des Erwerbers gestützt auf die Vinkulierungsbestimmungen zur
Verfügung. Weniger Wirkung zeigt dagegen die Aufnahme eines Verpfändungsverbotes
in den Aktionärbindungsvertrag, da eine solche Regelung nur obligatorisch wirkt und
die Verhinderung der Verpfändung nicht garantiert.

IV. Obligatorisches Veräusserungsverbot

1. Hintergrund und Zweck

In Aktionärbindungsverträgen finden sich manchmal Klauseln, welche die Aktien einem Veräusserungsverbot unterwerfen oder die Veräusserung von der Zustimmung
der anderen Vertragspartner abhängig machen. In der Regel wird ein solches Verbot
nur für eine gewisse Zeit vorgesehen, meist für die ersten Jahre nach Abschluss des Aktionärbindungsvertrages. Ein Veräusserungsverbot wird häufig dann vereinbart, wenn
die Parteien nicht nur verhindern wollen, dass Aktien an Aussenstehende veräussert
werden, sondern dass die Beteiligten überhaupt wechseln oder vermindert werden. Mit
den verschiedenen Arten von Kaufrechten kann nur verhindert werden, dass ein Dritter die Aktien erwirbt, es kann aber nicht verhindert werden, dass ein Aktionär seine
Aktien veräussert. Ein Veräusserungsverbot soll nun auch dies verhindern. Das Bedürfnis nach einem solchen Verbot tritt beispielsweise auf, wenn die Aktionäre im Unternehmen mitarbeiten und durch ihr Ausscheiden wertvolles Knowhow verloren gehen würde. Bei neugegründeten Unternehmen besteht auch insofern ein Interesse an
einem Veräusserungsverbot, als die Aktionäre einen Aktienkauf im Zusammenhang mit
einem Vorkaufsrecht in der Regel in den ersten Jahren nach der Gründung nicht finan-
zieren können.

2. Wirkungen

Veräusserungsverbote in Aktionärbindungsverträgen wirken rein obligatorisch, das bedeutet, dass die Aktionäre ihre Aktien nicht veräussern dürfen, es aber weiterhin können. Abgeschlossene Veräusserungsverträge sind wirksam, die veräussernden Aktionäre werden aber ihren Vertragspartnern gegenüber schadenersatzpflichtig oder müssen ihnen eine Konventionalstrafe zahlen. Diese Sanktionen wirken zwar abschreckend, die effektive Verhinderung von Veräusserungen ist aber durch ein entsprechendes Verbot nicht möglich.

3. Zulässigkeit

Veräusserungsverbote sind innerhalb der Schranken der Vertragsfreiheit zulässig. Als solche Schranke kommt einzig Art. 27 Abs. 2 ZGB in Betracht. Gemäss dieser Norm kann sich niemand seiner Freiheit entäussern oder sich in ihrem Gebrauch in einem das Recht oder die Sittlichkeit verletzenden Grad beschränken. Die Norm bezweckt also den Schutz des Einzelnen vor Bindungen, welche ihn in übermässiger Weise in seiner Freiheit einschränken. Ob eine übermässige Freiheitsbeschränkung vorliegt, muss anhand von verschiedenen Einzelfaktoren beurteilt werden, wobei aber immer eine Gesamtbeurteilung vorzunehmen ist. Dabei sind einerseits belastende Faktoren zu berücksichtigen, daneben aber auch gewisse kompensatorische.[516] Bei den belastenden Faktoren steht die Dauer der Gebundenheit sicher im Vordergrund.[517] Daneben ist auch der Inhalt der Bindung wichtig; massgeblich ist dabei, „in welchem Umfang die Pflichterfüllung in die höchstpersönliche Sphäre des Verpflichtenden eingreift".[518] Bei Unterlassungspflichten, worum es sich bei Veräusserungsverboten handelt, ist die Freiheitsbeschränkung umso intensiver, „je wichtiger und grösser der vom Verbot erfasste Bereich beruflicher oder gewerblicher Tätigkeit ist", d.h. je weniger sonstige Aktivitätsmöglichkeiten verbleiben.[519] Zudem ist zu berücksichtigen, dass laut Bundesgericht die zulässige Dauer einer Bindung bei einem Verzicht, über eine Sache zu verfügen, in der Regel länger ist, als bei einer Verpflichtung zu wiederkehrenden Leistungen oder Bezügen.[520] Ebenso ist zu berücksichtigen, dass das Bundesgericht in Fällen, wo es um die Freiheit der wirtschaftlichen Betätigung geht, in der Annahme eines Verstosses ge-

---

[516] BUCHER, Berner Kommentar, Art. 27 ZGB N 274.
[517] BUCHER, Berner Kommentar, Art. 27 ZGB N 275 ff.
[518] BUCHER, Berner Kommentar, Art. 27 ZGB N 278.
[519] BUCHER, Berner Kommentar, Art. 27 ZGB N 278.
[520] BGE 114 II 162 m.w.H.

gen Art. 27 ZGB zurückhaltend ist. „Eine vertragliche Einschränkung der wirtschaftlichen Bewegungsfreiheit wird nur dann als übermässig angesehen, wenn sie den Verpflichtenden der Willkür eines anderen ausliefert, seine wirtschaftliche Freiheit aufhebt
oder in einem Masse einschränkt, dass die Grundlagen seiner wirtschaftlichen Existenz
gefährdet sind."[521]

Bei der Beurteilung der Übermässigkeit der Bindung sind - wie bereits erwähnt - auch
entlastende Momente zu berücksichtigen. Solche Faktoren sind einmal die persönlichen
Vorteile des Verpflichteten[522] und eventuelle Gegenleistungen seiner Vertragspartner.[523] Daneben ist auch zu berücksichtigen, dass eine Übernahme von Risiken zulässig
ist.[524] Zu beachten ist weiter, dass eine vertragliche Bindung in der Regel nur so einschränkend ist, wie die für ihre Verletzung vorgesehene Sanktion. Ist diese nur gering-
fügig, kann dies entlastend wirken, wobei natürlich auch das Gegenteil gilt.[525]

Bei der Anwendung dieser Grundsätze auf Veräusserungsverbote in Aktionärbindungsverträgen ist vor allem zu berücksichtigen, dass es um den Bereich der Freiheit
der wirtschaftlichen Betätigung geht, bei welchem das Bundesgericht einen Verstoss
gegen Art. 27 ZGB nur selten annimmt. Beteiligt sich jemand an einer Aktiengesellschaft und stimmt einem Veräusserungsverbot der Aktien für eine gewisse Zeit zu, liegt
in der Regel keine Gefährdung der Grundlagen seiner wirtschaftlichen Existenz vor. Es
handelt sich normalerweise nur um eine Vermögensanlage, daneben verdient der Aktionär seinen Lebensunterhalt anderweitig. Dies gilt auch dann, wenn der Aktionär seinen Lebensunterhalt in der Aktiengesellschaft verdient, da er auch hier einen Lohn erhält. Zu berücksichtigen ist auch, dass alle am Aktionärbindungsvertrag beteiligten
Aktionäre den gleichen Beschränkungen unterliegen und alle auch Vorteile haben. Aus
diesen Gründen ist m.E. ein Veräusserungsverbot grundsätzlich zulässig und es bleibt
bloss die zulässige Dauer zu prüfen. Während ein zeitlich unbeschränktes Verbot zweifellos zu weit geht, sollte ein Verbot für einige Jahre zulässig sein.

---

[521]   BGE 114 II 162 m.w.H.
[522]   BUCHER, Berner Kommentar, Art. 27 ZGB N 285.
[523]   BUCHER, Berner Kommentar, Art. 27 ZGB N 284.
[524]   BUCHER, Berner Kommentar, Art. 27 ZGB N 286.
[525]   BUCHER, Berner Kommentar, Art. 27 ZGB N 287.

4. Schlussfolgerungen und Würdigung

Veräusserungsverbote sind, solange sie auf einige wenige Jahre beschränkt bleiben, zulässig. Bezüglich ihres Nutzens bzw. ihrer Wirksamkeit ist zunächst festzuhalten, dass sie - da nur obligatorisch wirkend - nicht garantieren, dass eine Veräusserung unterbleibt.

Geht es bei einem Veräusserungsverbot darum, die Mitarbeit aller oder gewisser Aktionäre während einer gewissen Zeit zu garantieren, ist eine Veräusserungsbeschränkung sowieso nur ein mittelbarer Weg. Die Mitarbeit der Beteiligten und deren Dauer muss in erster Linie in einem entsprechenden Arbeitsvertrag zwischen der Aktiengesellschaft und den jeweiligen Aktionären geregelt sein.[526] Ein Veräusserungsverbot kann die Beteiligten aber nicht unmittelbar davon abhalten, das Arbeitsverhältnis überhaupt zu kündigen.

§ 3 Vorkehrungen neben dem Aktionärbindungsvertrag

Oftmals treffen die Vertragspartner neben oder anstelle von Verfügungsbeschränkungen und Erwerbsrechten in Aktionärbindungsverträgen weitere Vorkehrungen. Meist haben diese Regelungen ausserhalb des Aktionärbindungsvertrages den Zweck, die nur obligatorisch wirkenden Verfügungsbeschränkungen oder Erwerbsrechte stärker zu sichern. Im Folgenden wird auf einige in der Praxis anzutreffenden Erscheinungsformen eingegangen.

I. Vinkulierung

1. Vorbemerkungen und Begriff

Laut Art. 685a Abs. 1 OR können die Statuten einer Aktiengesellschaft bestimmen, dass Namenaktien nur mit Zustimmung der Gesellschaft übertragen werden dürfen. Die Artikel 685b ff. OR konkretisieren diese Regel, wobei zwischen börsenkotierten und nicht börsenkotierten Aktien unterschieden wird.[527] Im Folgenden wird nicht im Detail auf das Thema Vinkulierung eingegangen - gibt es doch genug entsprechende Li-

---

[526] Dabei ist die Schranke von Art. 334 Abs. 3 OR zu beachten, wonach befristete Arbeitsverhältnisse, welche für mehr als zehn Jahre abgeschlossen wurden, jederzeit mit einer Frist von 6 Monaten gekündigt werden können.

[527] In den folgenden Ausführungen wird nur noch auf nicht kotierte Aktien eingegangen, da die vorliegende Arbeit insbesondere auf kleine und mittlere Aktiengesellschaften ausgerichtet ist.

teratur[528] -, sondern nur auf einige Fragen im Zusammenhang mit Aktionärbindungsverträgen.

2. Ablehnungsmöglichkeiten

Bei nicht börsenkotierten Aktien kann die Gesellschaft die Zustimmung zur Übertragung ablehnen, wenn sie einen wichtigen in den Statuten genannten Grund geltend
macht oder wenn sie anbietet, die Aktien zum wirklichen Wert zu übernehmen. Bei
Übergang der Aktien durch Erbgang, Erbteilung, eheliches Güterrecht oder Zwangsvollstreckung ist nur die zweite Ablehnungsmöglichkeit gegeben. Eine zusätzliche Ablehnungsmöglichkeit liegt vor, wenn der Erwerber nicht ausdrücklich erklärt, dass er
die Aktien im eigenen Namen und auf eigene Rechnung erworben hat.[529]

a)   Ablehnung aus wichtigen Gründen

Die Gesellschaft kann sich nur auf wichtige Gründe berufen, welche in den Statuten
ausdrücklich aufgeführt sind.[530] Dabei ist der Kreis dieser Gründe eingeschränkt. Als
wichtige Gründe gelten laut Art. 685b Abs. 2 OR Bestimmungen, welche „die Zusammensetzung des Aktionärskreises" betreffen und „die im Hinblick auf den Gesellschaftszweck oder die wirtschaftliche Selbständigkeit des Unternehmens die Verweigerung rechtfertigen". Die Zusammensetzung des Aktionärskreises für sich allein stellt
keinen wichtigen Grund dar, sondern es muss immer kumulativ eine der zweitgenannten Voraussetzungen gegeben sein.[531]
Bezüglich der Ablehnung im Hinblick auf den Gesellschaftszweck werden in der Literatur vor allem drei Gründe genannt: Die Fernhaltung von Konkurrenten und Gegnern
der spezifischen Unternehmenstätigkeit[532] die Fernhaltung von Ausländern[533] und das

---

[528]   Vgl. beispielsweise die Monographie von KLÄY oder BÖCKLI, Aktienrecht, N 572 ff.; BÖCKLI,
         ZBJV, S. 487 ff.; BÖCKLI, ST, S. 583 ff.; DU PASQUIER/OERTLE, AJP, S. 758 ff.; DU
         PASQUIER/OERTLE, Basler Kommentar, Art. 684 bis 685g OR; FORSTMOSER, ST, S. 592 ff.;
         FORSTMOSER/MEIER-HAYOZ/NOBEL, § 44 N 103 ff.
[529]   Vgl. zum ganzen Abschnitt Art. 685b OR.
[530]   BÖCKLI, Aktienrecht, N 715; BENZ, S. 62; DU PASQUIER/OERTLE, Basler Kommentar, Art.
         685b OR N 3; FORSTMOSER/MEIER-HAYOZ/NOBEL, § 44 N 156 ff.; KLÄY, S. 137.
[531]   FORSTMOSER/MEIER-HAYOZ/NOBEL, § 44 N 140; TROXLER, S. 53.
[532]   Vgl. BÖCKLI, Aktienrecht, N 720 und FORSTMOSER/MEIER-HAYOZ/NOBEL, § 44 N 146; DU
         PASQUIER/OERTLE, Basler Kommentar, Art. 685b OR N 4; FORSTMOSER, SJZ, S. 87. Siehe auch den
         Vorschlag in den Musterstatuten von ZINDEL/HONEGGER/ISLER/BENZ, S. 16 f. und Rudolf
         TSCHÄNI, S. 18.
[533]   Vgl. BÖCKLI, Aktienrecht, N 723 f. und 741 ff. sowie FORSTMOSER/MEIER-HAYOZ/NOBEL,
         § 44 N 145; DU PASQUIER/OERTLE, Basler Kommentar, Art. 685b OR N 7.

Fehlen von persönlichen Eigenschaften von potenziellen Aktionären für die Zweckerreichung.[534] Beim Ablehnungsgrund der wirtschaftlichen Selbständigkeit ist vorwiegend an den Schutz vor Konkurrenten oder das Verhindern der Beherrschung durch einen Konzern zu denken.[535] Bei den genannten Gründen stellt sich die Frage, ob für das Vorliegen eines Ablehnungsgrundes eine konkrete Gefährdung des Gesellschaftszweckes oder der wirtschaftlichen Selbständigkeit vorliegen muss. Ist ein Ablehnungsgrund bereits gegeben, wenn jemand nur eine Aktien erwirbt oder nur dann, wenn eine Beteiligung erworben wird, welche wegen ihrer Grösse gewisse besondere Rechte oder Einflussmöglichkeiten vermittelt? Soweit ersichtlich geht die Mehrheitsmeinung davon aus, dass eine konkrete Gefährdung vorliegen muss.[536]

Im Zusammenhang mit Aktionärbindungsverträgen stellt sich insbesondere die Frage, ob die Zustimmung der Gesellschaft vom Beitritt des Erwerbers zu einem bestehenden Aktionärbindungsvertrag abhängig gemacht werden kann.[537] Unter altem Aktienrecht wurden solche Bedingungen des Öfteren in die Vinkulierungsbestimmungen der Statuten aufgenommen.[538] Teilweise wurde auch in den Statuten nur die Möglichkeit der Ablehnung ohne Grundangabe festgeschrieben und dann im Aktionärbindungsvertrag festgehalten, dass der Verwaltungsrat Aktienerwerber ablehnen müsse, wenn kein Beitritt des Erwerbers zum Aktionärbindungsvertrag erfolgt.[539] Heute geht die Mehrheit der Autoren[540] davon aus, dass nach neuem Aktienrecht der Nichtbeitritt zu einem Aktionärbindungsvertrag nicht zu den möglichen Ablehnungsgründen gemäss Art. 685b Abs. 2 OR gehört. FORSTMOSER[541] meint differenzierend, aus Art. 685b Abs. 2 OR könne nicht gefolgert werden, dass die Koppelung von Vinkulierung und Aktionärbindungsvertrag a priori unzulässig sei. Massgebend seien dieselben Kriterien zur Beurteilung der Zulässigkeit wie bei anderen Vinkulierungsklauseln. Es stelle sich die Frage, ob der Nichtbeitritt zu einem Aktionärbindungsvertrag einen wichtigen Grund im Sinne

---

[534]   Vgl. BÖCKLI, Aktienrecht, N 719, und FORSTMOSER/MEIER-HAYOZ/NOBEL, § 44 N 147.

[535]   Näheres bei KLÄY, S. 148, 161 f. und 167 ff.; FORSTMOSER/MEIER-HAYOZ/NOBEL, § 44 N 148 ff.; BÖCKLI, Aktienrecht, N 725 ff.

[536]   DU PASQUIER/OERTLE, Basler Kommentar, Art. 685b OR N 6; BÖCKLI, Aktienrecht, N 720, KLÄY, S. 162 f.; a. A. REYMOND, S. 262.

[537]   KURER, Basler Kommentar, Art. 680 OR N 13; KLÄY, S. 175 f.; FORSTMOSER, FS Bär, S. 93 ff.

[538]   Zum Ganzen FORSTMOSER, FS Bär, S. 93.

[539]   BÖCKLI, Aktienrecht, N 757a.

[540]   BÖCKLI, Aktienrecht, 757a m.w.H.; DU PASQUIER/OERTLE, Basler Kommentar, Art. 685b OR N 20; FORSTMOSER, SJZ, S. 89; KLÄY, S. 176, TSCHÄNI, S. 44. A.A. sind KURER, Art. 680 OR N 13; WEBER, SAV, S. 84 und SETTELEN, Kap. 2.4, S. 3.

[541]   FORSTMOSER, FS Bär, S. 96 ff.

von Art. 685b Abs. 2 OR darstelle und eine Ablehnung rechtfertige. Dies sei im Einzelfall aufgrund der Ausgestaltung der Gesellschaft und des Inhaltes des Aktionärbindungsvertrages zu entscheiden. Je nach Aktiengesellschaft könne es zulässig sein, die
Zustimmung zum Aktionärswechsel von der Unterwerfung unter eine vertraglich verankerte Geheimhaltungspflicht oder ein vertragliches Konkurrenzverbot abhängig zu
machen. Unzulässig sei die Abhängigmachung vom Beitritt zu einem Aktionärbindungsvertrag dann, wenn dieser Stimmrechtsbindungen, Erwerbsbeschränkungen und
andere Nebenleistungen vorsehe. Zusammenfassend kann also festgehalten werden,
dass nach FORSTMOSER die Verbindung von Vinkulierung und Aktionärbindungsvertrag möglich ist, aber nur in engen Grenzen: Die Verknüpfung sei nur möglich, wenn
der Aktionärbindungsvertrag nichts verlangt, was nicht auch Gegenstand einer Vinkulierungsbestimmung sein könnte (v.a. Konkurrenzverbote und Geheimhaltungspflichten). Da Aktionärbindungsverträge nur in den seltensten Fällen auf die genannten Vertragsgegenstände beschränkt sein werden, sondern in aller Regel Stimmbindungen oder
Erwerbsbeschränkungen vorsehen, nützt die von FORSTMOSER als zulässig erachtete
Variante in der Praxis nichts. Es ist davon auszugehen, dass in fast allen Fällen die Zustimmung der Gesellschaft nicht vom Beitritt des Erwerbers zu einem bestehenden Aktionärbindungsvertrag abhängig gemacht werden kann. Die einzig valable Verknüp-
fungsmöglichkeit von Aktionärbindungsverträgen und Vinkulierung besteht darin, dass
über die „Escape clause"[542] vorgegangen wird: So können die Verwaltungsräte im Aktionärbindungsvertrag dazu verpflichtet werden, einen Erwerber abzulehnen, wenn er
dem Aktionärbindungsvertrag nicht beitreten will. Tritt ein solcher Fall ein, kann die
Gesellschaft bzw. der Verwaltungsrat den Erwerber ohne Grundangabe ablehnen,
wenn die Übernahme der Aktien zum wirklichen Wert angeboten wird.[543] Man könnte
m.E. auch soweit gehen und eine Bestimmung in die Statuten aufnehmen, wonach ein
Erwerber im Falle des Nichtbeitritts zum Aktionärbindungsvertrag abgelehnt werden
kann, falls man ihm ein Übernahmeangebot zum wirklichen Wert macht. Eine solche
Bestimmung sollte zulässig sein, da sie ein „Minus" zur Generalklausel darstellt.[544]

Weiter stellt sich die Frage, ob die Bewahrung der Aktiengesellschaft als Familiengesell-
schaft bzw. "die Bewahrung der Gesellschaft als selbständiges Unternehmen unter
stimmenmässiger Kontrolle der Familie"[545] einen wichtigen Grund darstellt. In der Li-

---

[542] Vgl. zur Escape clause unten Ziff. b) nachfolgend.
[543] FORSTMOSER, FS Bär, S. 101.
[544] FORSTMOSER, FS Bär, S. 101.
[545] Vgl. den Vorschlag aus den Musterstatuten von ZINDEL/HONEGGER/ISLER/BENZ, S. 17.

teratur wird dies überwiegend bejaht.[546] Von einigen Autoren wird allerdings zu Recht darauf hingewiesen, dass Familienklauseln nur in jenen seltenen Fällen zulässig sein dürften, wo sie in einem relevanten Verhältnis zum Gesellschaftszweck oder zur Selbständigkeit der Gesellschaft stehen.[547]

b) Übernahme zum wirklichen Wert / Escape clause

Die Gesellschaft kann die Übertragung auch ohne Grundangabe ablehnen, sofern sie anbietet, die zu veräussernden Aktien zum wirklichen Wert zu übernehmen. Diese Übernahme kann durch die Gesellschaft für eigene Rechnung, für Rechnung anderer Aktionäre oder für Rechnung Dritter erfolgen.[548] Dabei ist aber zu beachten, dass die Übernahme auf Rechnung der Gesellschaft nur in den Schranken von Art. 659 OR erfolgen darf. Laut DU PASQUIER/OERTLE muss das Übernahmeangebot immer von der Aktiengesellschaft ausgehen; handelt sie für Rechnung von Aktionären oder Dritten, liege eine indirekte Stellvertretung vor. Dagegen müsse sich der Veräusserer eine direkte Stellvertretung, d.h. ein direktes Handeln eines anderen Aktionärs oder eines Dritten, wegen des Kreditrisikos nicht gefallen lassen.[549] Es ist aber zulässig, in den Statuten vorzusehen, dass nur auf Rechnung der Gesellschaft oder nur auf Rechnung anderer Aktionäre erworben werden soll.[550]

Nach h. L. muss die „Escape clause" nicht explizit in den Statuten vorgesehen werden, sondern gilt von Gesetzes wegen, falls die Statuten überhaupt eine Vinkulierung vorsehen.[551] Folgende Schranken und Voraussetzungen müssen in Zusammenhang mit der „Escape clause" beachtet werden: Damit die escape clause überhaupt angewendet werden kann, muss die Gesellschaft das entsprechende finanzielle Potenzial haben oder absichern, dass Aktionäre oder Dritte fest zu übernehmen bereit sind.[552] Weiter muss die Gesellschaft das Sorgfalts- und Treueprinzip, das Gleichbehandlungsgebot und das Missbrauchsverbot beachten.[553]

---

[546] BÖCKLI, Aktienrecht, N 737; HOMBURGER, Zürcher Kommentar, Art. 717 OR N 1029 ff.; TROXLER, S. 53; TSCHÄNI, S. 19; ZINDEL/HONEGGER/ISLER/BENZ, S. 17.

[547] KLÄY, S. 173.

[548] Art. 685b Abs. 1 OR.

[549] DU PASQUIER/OERTLE, Basler Kommentar, Art. 685c OR N 6.

[550] REYMOND, S 261.

[551] BÖCKLI, Aktienrecht, N 692 f.; BENZ, S. 62 Fn 56; REYMOND 259 f.; KLÄY, S. 178 f.; aa. M. DU PASQUIER/OERTLE, Basler Kommentar, Art. 685b OR N 10.

[552] BÖCKLI, Aktienrecht, N 695.

[553] Vgl. dazu BÖCKLI, Rechtsfragen, S. 49 und KLÄY, S. 181 f.

3. Zuständigkeit für den Entscheid über die Anerkennung

Grundsätzlich ist der Verwaltungsrat dafür zuständig, über die Anerkennung oder Ablehnung eines Erwerbers zu entscheiden. Wenn die Statuten eine entsprechende Kompetenzdelegation vorsehen, kann der Verwaltungsrat die Entscheidbefugnis auch an die Direktion oder an einen Ausschuss delegieren.[554] Weiter ist es auch zulässig, dass die Statuten die Entscheidkompetenz der Generalversammlung zuweisen.[555] Diese Lösung hat jedoch zur Folge, dass bei jeder Übertragung von Namenaktien eine ausserordentliche Generalversammlung durchgeführt werden muss, weshalb sie höchstens für nicht börsenkotierte Aktiengesellschaften mit kleinem Aktionärskreis praktikabel ist.

4. Würdigung

Die Vinkulierung hat im Gegensatz zu Verfügungsbeschränkungen oder Erwerbsrechten in Aktionärbindungsverträgen den Vorteil, dass sie statutarisch, d.h. gegenüber Allen wirkt und nicht nur obligatorisch. Allerdings lassen sich die Ziele der Vertragspartner des Aktionärbindungsvertrages häufig nur über die „Escape clause" verwirklichen, was den Nachteil hat, dass ein Erwerb zum wirklichen Wert erfolgen muss. Eine Ablehnung aus wichtigen Gründen ist dagegen oft nicht möglich. So ist beispielsweise die Ablehnung eines Erwerbers wegen Nichtunterzeichnung des Aktionärbindungsvertrages mit der Begründung der wichtigen Gründe in den allermeisten Fällen nicht zulässig.[556]

Trotz der genannten Nachteile empfiehlt es sich, die obligatorischen Regelungen des Aktionärbindungsvertrages mit einer statutarischen Vinkulierung zu kombinieren. So besteht für „Notfälle" die Sicherheit, dass der Aktienerwerb eines den Vertragspartnern unerwünschten Dritterwerbers über die „Escape clause" verhindert werden kann. Dies ist selbstverständlich nur möglich, wenn die am Aktionärbindungsvertrag Beteiligten genügenden Einfluss haben, um die Aufnahme von Vinkulierungsbestimmungen in die Statuten und die Ablehnung eines Dritten durchsetzen zu können.

---

[554] DU PASQUIER/OERTLE, Basler Kommentar, Art. 685a OR N 8.
[555] REYMOND, S. 260; DU PASQUIER/OERTLE, Basler Kommentar, Art. 685a OR N 8.
[556] Vgl. dazu oben, Ziff. 2/a, S. 124 ff.

II. Statutarische Verankerung von Erwerbsrechten und Verfügungsbeschränkungen?

1. Hintergrund

Die in § 2 dieses Kapitels dargestellten Kaufs-, Vorkaufs- und Vorhandrechte an Aktien, welche in Aktionärbindungsverträgen statuiert sind, haben rein obligatorische Wirkung. Das bedeutet, dass der Belastete das Eigentum an den Aktien trotz Verfügungsbeschränkungen oder Erwerbsrechten rechtsgültig auf einen unerwünschten Dritten übertragen kann. Die Erwerbsberechtigten können den Dritterwerber in einem solchen Falle nicht zur Herausgabe der übertragenen Aktien zwingen. Der Verpflichtete schuldet zwar eventuell Schadenersatz und eine Konventionalstrafe, die Erwerbsberechtigten haben aber keine Garantie, dass dies den Belasteten von einer Übertragung der Aktien auf einen Dritten abhalten würde. Ein Schadenersatzanspruch ist nun aber häufig eine unbefriedigende Lösung für die Beteiligten, da sie mit Verfügungsbeschränkungen ja in erster Linie den Aktionärskreis beeinflussen wollen. Von grösserem Interesse für die Beteiligten wäre dagegen eine Wirkung der Verfügungsbeschränkungen und Erwerbsrecht auch gegenüber nicht am Vertrag beteiligten Dritten. Im Immobiliarsachenrecht kann dies durch eine Vormerkung des Erwerbsrechtes im Grundbuch bewirkt werden; im Mobiliarsachenrecht, also bei Aktien, gibt es diese Möglichkeit nicht. Deshalb wird und wurde häufig diskutiert, ob durch eine Aufnahme der Verfügungsbeschränkungen und Erwerbsrechte in die Statuten der betroffenen Aktiengesellschaft eine verstärkte Wirkung geschaffen werden kann.

2. Zulässigkeit einer statutarischen Verankerung?

a) *Unter altem Aktienrecht*

Vor der Revision des Aktienrechts war die Verankerung von Vorkaufs-, Kaufs- und Vorhandrecht in den Statuten sehr verbreitet.[557] So wurden häufig Erwerbsrechte und Verfügungsbeschränkungen mit Vinkulierungsbestimmungen verbunden. Da nach der Vinkulierungsordnung des alten Aktienrechts die Anerkennung eines Dritten als Aktionär grundsätzlich ohne Grundangabe verweigert werden konnte,[558] war es möglich, die

---

[557] HERREN, SAG, S. 41.
[558] Art. 686 Abs. 2 aOR.

Durchsetzung der Erwerbsrechte zu sichern bzw. bei Nichteinhaltung der entsprechenden Vereinbarungen einen Dritterwerber abzulehnen.[559]

In der Lehre war die Zulässigkeit dieses Vorgehens umstritten und das Bundesgericht hat die Frage nie entschieden.[560] Die Auffassungen und Argumentationslinien der verschiedenen Autoren waren sehr vielfältig; eine ausführliche Darstellung der Lehrmeinungen unter altem Aktienrecht findet sich bei KLÄY.[561]

b) Unter neuem Aktienrecht

Auch nach der Revision des Aktienrechts ist die Frage der statutarischen Erwerbsrechte und Verfügungsbeschränkungen nicht vollständig geklärt und teilweise umstritten. Die Mehrheit der Autoren verneint deren Zulässigkeit bzw. hält sie höchstens im Rahmen der „Escape clause" für wirksam.[562] Einig ist man sich dagegen, dass nach geltendem Aktienrecht die Frage der Zulässigkeit von statutarischen Erwerbsrechten und Verfügungsbeschränkungen von Art. 685b Abs. 7 OR abhängt, welcher die Erschwerung der Voraussetzungen der Übertragbarkeit von Aktien durch die Statuten verbietet.

MEIER-SCHATZ[563], KRATZ[564] und REYMOND[565] bejahen die Zulässigkeit von statutarischen Erwerbsrechten und Verfügungsbeschränkungen, unter der Voraussetzung, dass eine Übernahme zum wirklichen Wert vereinbart wird. In diesen Fällen ist ihrer Meinung nach keine unzulässige Erschwerung der Übertragbarkeit gegeben.

Die Mehrheit der Autoren[566] dagegen betrachtet statutarische Verankerungen von Erwerbsrechten und Verfügungsbeschränkungen nur im engen Rahmen der eigentlichen „Escape clause" als zulässig. Das bedeutet insbesondere, dass - im Unterschied zur Minderheitsmeinung - ein Erwerb nur durch die Aktiengesellschaft selbst auf Rechnung der berechtigten Aktionäre erfolgen darf, nicht aber eine direkte Übernahme durch die Aktionäre vorgesehen werden kann. Weiter stellt nach dieser Auffassung jedes Angebots- oder Übernahmeverfahren, welches von der gesetzlichen Regelung abweicht, eine unzulässige Erschwerung dar.

---

[559] Vgl. dazu das Beispiel bei BÖCKLI, Rechtsfragen, S. 68 f.

[560] KLÄY, S. 464. Vgl. auch die Darstellung bei SALZGEBER-DUERIG, S. 254 ff. und S. 270 ff. sowie HERREN, S. 42.

[561] KLÄY, S. 464 ff. Ausführlich zu statutarischen Erwerbsrechten die Dissertation von HERREN.

[562] Vgl. die Darstellung der verschiedenen Meinungen bei KLÄY, S. 475 ff.

[563] MEIER-SCHATZ, S. 226 f

[564] KRATZ, S. 248 f.

[565] REYMOND, SZW, S. 261.

[566] BÖCKLI, ZBJV, S. 498 ff.; DU PASQUIER/OERTLE, Basler Kommentar, Art. 685b OR N 20; FORSTMOSER/MEIER-HAYOZ/NOBEL, § 44, N 265 ff.; GROUPE DE RÉFLEXION, S. 28 f.; KLÄY, S. 484 ff.; TROXLER, S. 55 f.; TSCHÄNI, S. 39.

Zusammenfassend kann festgehalten werden, dass man sich in der Lehre einig ist, dass aufgrund von Art. 685b Abs. 7 OR in den Statuten verankerte Erwerbsrechte und Verfügungsbeschränkungen nur zulässig sind, wenn eine Übernahme zum wirklichen Wert vorgesehen ist. Uneinig ist man sich dagegen insbesondere darüber, ob der direkte Erwerb der Aktien durch andere Aktionäre vorgesehen werden kann. Die Mehrheitsmeinung ist der Auffassung, dass ein solcher direkter Erwerb bereits ein Verstoss gegen Art. 685b Abs. 7 OR darstellen würde, und daher nur ein Angebotsrecht der Aktiengesellschaft vorgesehen werden könne. Der Veräusserer könne daher nicht gezwungen werden, die betroffenen Aktien der Gesellschaft zu verkaufen; er habe die Wahl, ob er das Angebot der Aktiengesellschaft annehmen oder die Aktien behalten will. Nach der von der Minderheitsmeinung vertretenen Lösung, d.h. einem direkten Erwerbsrecht der Berechtigen, hätte der ursprünglich verkaufswillige Aktionär kein Wahlrecht mehr und müsste die Aktien an die Berechtigten veräussern.

3. Stellungnahme

Statutarisch verankerte Übertragungsbeschränkungen und Erwerbsrechte dürfen sich nur im Rahmen der gesetzlichen Vinkulierungsordnung bewegen; weitergehende Verpflichtungen der Aktionäre würden gegen das Nebenleistungsverbot[567] verstossen. Erwerbsrechte oder Verfügungsbeschränkungen, welche sich nicht im engen Rahmen von Art. 685b OR bewegen, stellen eine zusätzliche Erschwerung nach Art. 685b Abs. 7 OR dar. Daher müssten statutarisch verankerte Erwerbsrechte und Verfügungsbeschränkungen folgende Grenzen beachten, um zulässig zu sein:

– Die Aktien müssen statutarisch vinkuliert sein.

– Direkte Erwerbsrechte zu Gunsten anderer Aktionäre sind nicht zulässig; der Ankauf der Aktien darf nur durch die Aktiengesellschaft erfolgen.

– Verweigert die Gesellschaft die Zustimmung zur Übertragung von Aktien unter Anbietung der Übernahme zum wirklichen Wert, kann der bisherige Aktionär wählen, ob er verkaufen will; die Aktien können ihm aber nicht gegen seinen Willen entzogen werden.

– Der Ankauf muss mindestens zum wirklichen Wert erfolgen.

– Die Aktiengesellschaft muss den Erwerb des gesamten zu übertragenden Aktienpaketes anbieten.

---

[567] Art. 680 Abs. 1 OR.

– Verfahrensmässige Regelungen dürfen nicht über jene der Vinkulierung hinausgehen, d.h. keine Erschwerung darstellen.

– Das Gleichbehandlungsgebot ist zu beachten, d.h. Erwerbsrechte müssen zugunsten aller Aktionäre statuiert werden.

Im engen Rahmen der genannten Grenzen sind nun aber Erwerbsrechte und Verfügungsbeschränkungen wie Kaufs- oder Vorkaufsrechte gar nicht möglich: Bei Kaufs- und Vorkaufsrechten hat der Belastete keine Wahlmöglichkeit bezüglich der Veräusserung seiner Aktien, sondern ein Veräusserungsvertrag kommt bereits durch einseitige Willenserklärung des Berechtigten zustande. Aktionäre können aber im Rahmen der „Escape clause" nicht gezwungen werden, ihre Aktien zu veräussern. Da dies bei Kaufs- und Vorkaufsrechten anders ist, läge bei ihrer statutarischen Verankerung eine unzulässige Erschwerung der Übertragbarkeit vor. Auch bei Vorhandrechten gilt grundsätzlich dasselbe. Eine Ausnahme besteht nur bei jener Vorhandvariante, bei welcher der Veräusserungswillige weder zur Offertstellung noch zur Annahme einer Offerte verpflichtet ist, sondern nur zur Unterlassung der Veräusserung an einen Dritten, falls der Berechtigte eine gleichwertige Offerte macht.[568] Die statutarische Verankerung eines solchen Vorhandrechtes bringt aber keinen Vorteil gegenüber der „Escape clause".

III. Gemeinsame Hinterlegung / Sperrdepot

1. Hintergrund und Zweck

Beim sogenannten Sperrdepot handelt es sich um eine gemeinsame Hinterlegung der Aktien durch die Parteien eines Aktionärbindungsvertrages. Die Hinterlegung geschieht meist bei einer Bank, einem Treuhänder, einem Anwalt oder einem Notar mit der Abrede, dass die Aktien nur an alle gemeinsam herausgegeben werden dürfen.[569] Mit die-

---

[568] Vgl. dazu vorne S. 90.

[569] Bei Sperrdepots in Zusammenhang mit Aktionärbindungsverträgen wollen die Parteien etwas anderes, als bei der vor allem bei Aktien von Publikumsgesellschaften verbreiteten Sammelverwahrung von Inhaberaktien (vgl. zu Letzterem beispielsweise FORSTMOSER/MEIER-HAYOZ/NOBEL, § 45 N 6 ff. und MEIER-HAYOZ/VON DER CRONE, 293 ff.).
Bei der Sammelverwahrung hält der Verwahrer, meist eine Bank, die Inhaberaktien in einem Sammeldepot. Der Aktionär hat hier kein Recht mehr auf ein bestimmtes individuelles Papier, sondern erlangt einen Miteigentumsanteil am Gesamtbestand. Sammelverwahrung wird in der Lehre als atypisches, modifiziertes und labiles Miteigentum bezeichnet, da zwischen den Deponenten nur theoretisch Rechtsbeziehungen bestehen und weil die Teilung des Miteigentums durch jeden Einzelnen verlangt werden kann. Jeder kann somit die Herausgabe verlangen, er erhält je-

ser Art von Hinterlegung bezwecken die Beteiligten, einander an der Veräusserung ihrer Aktien zu hindern.[570] Solche Vereinbarungen sind sehr häufig.[571]

2. Wirkungen

Durch die gemeinsame Hinterlegung wird verhindert, dass die einzelnen Aktionäre ohne Willen der anderen wieder in den alleinigen Besitz ihrer Aktien gelangen. Nicht verhindert werden kann dagegen, dass die Aktionäre trotzdem Veräusserungsverträge über die hinterlegten Aktien abschliessen. Solche Verpflichtungsgeschäfte sind für die anderen an der Verhinderung der Veräusserung interessierten Aktionäre aber noch nicht das massgebende Problem. Entscheidend ist vielmehr die Frage, ob ein Sperrdepot Verfügungen über die Aktien - und damit den Eigentumserwerb Dritter - verhindert.

Der Eigentumserwerb an Aktien[572] setzt neben einem gültigen Verpflichtungsgeschäft die Übergabe des Besitzes an den Aktien voraus. Bei Namenaktien ist, da es sich um Ordrepapiere handelt, zusätzlich ein Indossament notwendig[573] und bei vinkulierten Namenaktien ist zudem die Zustimmung der Gesellschaft erforderlich.[574] Da der Eigentumsübergang Besitzübertragung voraussetzt, könnte ein Sperrdepot seinen Zweck dann erreichen, wenn die Besitzübertragung verunmöglicht würde. Wie oben bereits erwähnt wurde, verhindert ein Sperrdepot, dass die Aktionäre ohne den Willen der andern Beteiligten wieder unmittelbaren Besitz an den Aktien erlangen. Eine Besitzübertragung ist aber auch möglich, ohne dass der Verfügende den unmittelbaren Besitz an der Sache hat, nämlich mittels sogenannter Traditionssurrogaten[575] Wenn im hier interessierenden Fall eine solche Besitzübertragung möglich wäre, würde dies bedeuten, dass ein Sperrdepot die Eigentumsübertragung an den Aktien auf Dritte nicht verhindern kann.

---

doch nicht die eingelieferten Titel, sondern Aktien der gleichen Art und Anzahl (BGE 112 II 406 ff./415).
[570] Vgl. dazu GLATTFELDER, S. 324a f.; FORSTMOSER/MEIER-HAYOZ/NOBEL, § 39 N 197; FROMER, S. 129 f.; SALZGEBER-DUERIG, S. 80 f.; STUBER, S. 52; WEBER, SAV, S. 87; ZIHLMANN, S. 239.
[571] Vgl. BGE 88 II 172 und Urteil des Handelsgerichts Zürich vom 26.3.1970, publiziert in SAG 1972 S. 85 ff. In beiden Fällen hatten die Parteien unter anderem die Hinterlegung in einem Depot vereinbart.
[572] Vgl. dazu beispielsweise FORSTMOSER/MEIER-HAYOZ/NOBEL, § 44 N 85 ff.
[573] Art. 967 OR.
[574] Vgl. Art. 685c Abs. 1 und 2 sowie Art. 685f Abs. 1 OR.
[575] Vgl. Art. 922 und Art.924 ZGB.

Da es sich bei der Hinterlegung um ein Dreiecksverhältnis handelt, in dem der Aufbewahrer unmittelbaren, unselbständigen Besitz hat und der Aktionär bzw. Veräusserer mittelbarer, selbständiger Besitzer ist und diesen Besitz auf den Erwerber übertragen möchte, kommt von den verschiedenen Traditionssurrogaten die Besitzesanweisung in Frage. So hat auch das Handelsgericht des Kantons Zürich in einem Urteil vom 24.6.1980[576] entschieden, dass der Besitz an in einem Sperrdepot liegenden Inhaberaktien durch Besitzesanweisung erfolgen kann.[577] Im Zusammenhang mit der Besitzesanweisung von Inhaberpapieren spielt es auch keine Rolle, dass bei der gemeinsamen Hinterlegung von Inhaberaktien Miteigentum[578] und analog auch Mitbesitz entsteht (diese Folge tritt nur dann nicht ein, wenn eine Nummernliste der hinterlegten Aktien erstellt wird). Als Miteigentümer können die einzelnen Aktionäre über ihren Miteigentumsanteil verfügen und ihn auch veräussern, nicht jedoch über die Aktien selbst.[579] Es ist dagegen m.E. nicht wie bei einer andern Sammelverwahrung modifiziertes und labiles Miteigentum[580] anzunehmen, was dazu führen würde, dass jeder einzelne Berechtigte jederzeit die Herausgabe der von ihm hinterlegten Anzahl Aktien verlangen kann.[581] Bei einem Sperrdepot geht die vertragliche Abmachung klar dahin, dass der Aufbewahrer nur an alle gemeinsam herausgeben darf.

Es ist m.E. grundsätzlich möglich, den (Mit)Besitz an den hinterlegten Aktien mittels Besitzanweisung zu übertragen.[582] Bei Inhaberaktien geht damit - sofern ein gültiges Verpflichtungsgeschäft vorliegt - ohne weiteres das Eigentum über. Bei Namenaktien muss zur Besitzesanweisung noch ein Indossament[583] oder eine Zession[584] hinzukommen. Da das Indossament auf der Aktienurkunde oder einem Aktienzertifikat erfolgen muss, ist bei hinterlegten Aktien das Indossament und damit die Eigentumsübertragung faktisch nicht möglich. Anders verhält es sich bezüglich der Zession: Da diese nicht auf der Aktienurkunde selbst erfolgen muss, ist eine Besitzesanweisung mittels Zession

---

[576]   Publiziert in SAG 1981, S. 65 f.
[577]   Vgl. dazu auch HIRSCH/PETER, S. 3 f. Ziff. C.
[578]   BÄRLOCHER, SPR, S. 689 f. Vgl. Art. 727 ZGB; STARK, Berner Kommentar, Art. 920 ZGB N 60.
[579]   Art. 646 ZGB.
[580]   Vgl. dazu BÄRLOCHER, SPR, S. 690; FORSTMOSER/MEIER-HAYOZ/NOBEL, § 45 N 9 f.
[581]   Vgl. FORSTMOSER/MEIER-HAYOZ/NOBEL, § 45 N 9 f.; BGE 112 II 406 ff.
[582]   Ebenso KLÄY, S. 496; GUHL/KOLLER/SCHNYDER/DRUEY, S. 754.
[583]   Art. 684 und 976 OR.
[584]   BGE 90 II 179. FORSTMOSER/MEIER-HAYOZ/NOBEL, § 44 N 101.

möglich. Ausgeschlossen kann dies nur werden, wenn in den Statuten vorgesehen wird, dass eine Übertragung mittels Zession nicht zulässig ist.[585]

3. Schlussfolgerungen und Würdigung

Die gemeinsame Hinterlegung der Aktien in einem Sperrdepot kann eine Veräusserung von Inhaberaktien nicht verhindern. Bei Namenaktien wird eine Verfügung ebenfalls nicht verhindert, sofern eine Übertragung mittels Zession möglich ist. Oder anders formuliert: Ein Sperrdepot verunmöglicht die Eigentumsübertragung an Aktien nur dann, wenn es sich um Namenaktien handelt und statutarisch die Übertragungsmöglichkeit der Zession ausgeschlossen wurde.

IV. Gemeinsame Nutzniessung

1.   Hintergrund und Zweck

HIRSCH/PETER[586] schlagen als weitere Variante der Übertragungsbeschränkung eine „gemeinschaftliche Nutzniessung" vor. Gemeint ist damit, dass die Mitglieder des Aktionärbindungsvertrages eine einfache Gesellschaft bilden und dieser das Nutzniessungsrecht an den Aktien einräumen. Den Aktionären verbleibt in diesem Fall nur das nackte Eigentum an den Aktien.[587] Der Hauptzweck einer solchen Konstruktion liegt darin, dass die im Aktionärbindungsvertrag vereinbarte gemeinsame Stimmabgabe sichergestellt werden kann. Dies ist deshalb möglich, weil bei der Nutzniessung gemäss Art. 690 Abs. 2 der Nutzniesser - hier also die einfache Gesellschaft bzw. ihr Vertreter - das Stimmrecht ausübt. Eine Veräusserung der Aktien kann aber grundsätzlich nicht verhindert werden. Es kommt höchstens zu einer faktischen Erschwerung der Veräusserungsmöglichkeiten, da es in der Regel schwieriger sein wird, einen Käufer für nutzniessungsbelastete Aktien zu finden.

---

[585] Eine solche Regelung in den Statuten ist m.E. zulässig und stellt keine gemäss Art. 685b Abs. 7 OR unerlaubte Erschwerung der Übertragbarkeit dar. Der Ausschluss von Aktienübertragungen mittels Zession stellt nur eine Einschränkung der Wahl bezüglich des formellen Vorgehens dar, bewirkt aber grundsätzlich keine materielle Erschwerung.

[586] HIRSCH/PETER, S. 7 Ziff. C.

[587] HIRSCH/PETER, S. 7.

2. Wirkungen

Wie bereits erwähnt, stehen die Mitgliedschaftsrechte der Einfachen Gesellschaft als
Nutzniesserin zu. Die Beteiligten müssen sinnvollerweise im Aktionärbindungsvertrag
regeln, wie die Willensbildung in der einfachen Gesellschaft stattfinden soll. In der Regel wird diesbezüglich eine „Vorabstimmung" in der einfachen Gesellschaft vorgesehen
und teilweise werden gewisse Leitlinien für die Beschlussfassung im Aktionärbindungsvertrag festgehalten.

Die Übertragung der Nutzniessung auf die einfache Gesellschaft bedeutet dagegen
nicht, dass die Aktionäre auch auf die vermögensrechtlichen Vorteile der Aktien verzichten müssen. Über die Gewinnbeteiligung an der Einfachen Gesellschaft partizipiert
jeder Aktionär nach wie vor an den Vermögensrechten der Aktien.

3. Schlussfolgerungen und Würdigung

Die Übertragung der Nutzniessung auf die einfache Gesellschaft der am Aktionärbindungsvertrag Beteiligten wirkt in erster Linie bezüglich der gemeinsamen und vertragskonformen Stimmrechtsausübung. Eine effektive Verhinderung von Veräusserungen
kann aber damit nicht erreicht werden.

V. Übertragung des Eigentums auf einen Treuhänder

1. Zweck

Verschiedene Autoren erwähnen als weitere Möglichkeit der Verfügungsbeschränkung
die fiduziarische Eigentumsübertragung aller Aktien der Beteiligten auf einen Dritten,
einen Treuhänder. Damit soll einerseits verhindert werden, dass die einzelnen Aktionäre vertragswidrig über ihre Aktien verfügen können, und andererseits soll erreicht werden, dass die Stimmrechtsausübung einheitlich im Sinne des Aktionärbindungsvertrages
erfolgt.

2. Wirkungen

Bei einer fiduziarischen Eigentumsübertragung wird dem Fiduziar oder Treuhänder das
volle Eigentumsrecht übertragen, aber gleichzeitig eine Abrede getroffen bezüglich der

Ausübung der übertragenen Rechte (pactum fiduciae).[588] Nach h.L. kommt es zum vollen Rechtserwerb durch den Treuhänder, falls die Rechtseinräumung durch den Treugeber tatsächlich gewollt ist.[589] Ist diese Voraussetzung gegeben, handelt es sich auch nicht um ein simuliertes Geschäft.[590] Der Treuhänder wird fiduziarischer Eigentümer und damit Aktionär. Er muss gemäss Vertrag das Stimmrecht und alle anderen Mitgliedschaftsrechte nach den Vorschriften des Aktionärbindungsvertrages ausüben. Die einzelnen ehemaligen Aktionäre haben keine Einflussmöglichkeit auf die Aktiengesellschaft und können auch nicht mehr über die Aktien verfügen. Der volle Rechtserwerb durch den Treuhänder hat zur Folge, dass dieser auch die volle Verfügungsmacht über die Aktien hat. Verletzt er die im Aktionärbindungsvertrag oder im pactum fiduciae enthaltenen Weisungen, wird er nur schadenersatzpflichtig. Die Wirksamkeit von Handlungen und Verfügungen gegenüber Dritten bleiben aber wirksam.[591]

3. Zulässigkeit[592]

Das pactum fiduciae ist wie alle Vertragsverhältnisse nur in den Schranken der Vertragsfreiheit gültig. Im vorliegenden Fall ist die Nichtigkeit des fiduziarischen Verhältnisses dann anzunehmen, wenn damit zwingende gesetzliche Bestimmungen des Aktienrechts umgangen werden sollen.[593] In Frage kommen einerseits eine Umgehung einer Stimmrechtsbeschränkung - welche von Art. 691 OR als unstatthaft erklärt wird - und andererseits die Umgehung von Vinkulierungsvorschriften.[594] Was die Umgehung von Stimmrechtsbeschränkungen betrifft, ist insbesondere die Regelung von Art. 692 Abs. 2 OR zu beachten, wonach die Statuten die Stimmenzahl der Besitzer mehrerer Aktien beschränken können. Eine Umgehung der Vinkulierungsbestimmungen kann m.E. bei der Übertragung von Aktien auf einen Treuhänder verneint werden, wenn die an einem Aktionärbindungsvertrag Beteiligten dieses Vorgehen wählen, um die einheitliche Stimmrechtsausübung und die Veräusserungsbeschränkung zu garantieren. In die-

---

588   Vgl. WIEGAND, Basler Kommentar, Art. 18 OR N 140 ff. Vgl. auch die Ausführungen in BGE 71 II 100 f.
589   BGE 117 II 464.
590   WIEGAND, Basler Kommentar, Art. 18 OR N 143 m.w.H.; WEBER, Basler Kommentar, Art. 394 OR N 13.
591   WIEGAND, Basler Kommentar, Art. 18 OR N 144.
592   Vgl. zum Ganzen FORSTMOSER/MEIER-HAYOZ/NOBEL, § 45 N 40 ff.
593   Vgl. BGE 117 II 296 = Pra 1992 S. 485.
594   BGE 109 II 46 E. 3b m.w.H.

sen Fällen ist der Wille der Beteiligten nicht auf die Umgehung von Vinkulierungsbestimmungen gerichtet.

Bei der Übertragung des Eigentums auf einen Treuhänder ist zu beachten, dass die Gesellschaft nach Art. 685b Abs. 3 und Art. 685d Abs. 2 OR die Eintragung im Aktienbuch verweigern kann, wenn der Erwerber nicht ausdrücklich erklärt, dass er die Aktien in eigenem Namen und auf eigene Rechnung erworben hat. Bezüglich dieser Normen spielt es keine Rolle, ob der Wille der Beteiligten effektiv auf eine Umgehung der Vinkulierungsbestimmungen ausgerichtet war. Solange aber - wie dies in kleineren Aktiengesellschaften meist der Fall ist - alle oder die Mehrheit der Aktionäre am Aktionärbindungsvertrag beteiligt sind, wird eine Verweigerung der Eintragung nicht erfolgen, da die Beteiligten massgebenden Einfluss auf die Willensbildung der Aktiengesellschaft ausüben können.

4. Würdigung

Mittels fiduziarischer Übertragung des Eigentums an den Aktien auf einen Treuhänder kann wirkungsvoll verhindert werden, dass die einzelnen Aktionäre vertragswidrig über ihre Aktien verfügen. Es ist aber fraglich, wieweit die Aktionäre bereit sind, bei einem solchen Vorgehen mitzuwirken, da doch gewisse Risiken für sie bestehen. Der Treuhänder kann - wie oben ausgeführt - abredewidrig über die Sache verfügen. Zudem besteht die Gefahr, dass bei Insolvenz des Treuhänders die Aktien in dessen Konkursmasse fallen.

VI. Übertragung des Eigentums auf eine Gesellschaft

1. Hintergrund und Zweck

Von verschiedenen Autoren[595] wird die Möglichkeit erwähnt, dass alle am Aktionärbindungsvertrag beteiligten Aktionäre ihre Aktien in das Eigentum einer Gesellschaft bzw. in das Gesamteigentum der Gesellschafter einbringen, sei es in eine einfache Gesellschaft, eine Kollektiv- oder Kommanditgesellschaft oder eine GmbH. Dadurch soll einerseits verhindert werden, dass die Vertragspartner ihre Aktien an unerwünschte Dritte veräussern. Anderseits soll die einheitliche Stimmausübung garantiert werden.

---

[595] DOHM, S. 190; GLATTFELDER, S. 232a; FORSTMOSER/MEIER-HAYOZ/NOBEL, § 39 N 199; GUHL/KOLLER/SCHNYDER/DRUEY, S. 754; HIRSCH/PETER, S. 4 ff.; SETTELEN, WEKA, 2.4 S. 2; STUBER, S. 34 ff.; WEBER, SAV, S. 87.

Einige Autoren weisen aber gleichzeitig darauf hin, dass in der Praxis von dieser Möglichkeit selten Gebrauch gemacht wird, da die Beteiligten ihr Eigentum an den Aktien nicht aufgeben wollen.[596]

2. Wirkungen

Die Einbringung der Aktien in eine Gesellschaft mit eigener Rechtspersönlichkeit bedeutet, dass diese Aktionärin wird und die entsprechenden Rechte ausübt. Bei der Bildung einer einfachen Gesellschaft und der Übertragung der Aktien ins Gesamteigentum aller Beteiligten sind die Mitgliedschaftsrechte durch einen gemeinsam bestellten Vertreter auszuüben.[597] In beiden Fällen ist es nicht mehr möglich, dass ein Aktionärbindungsvertragspartner entgegen den gemeinsamen Beschlüssen stimmt. Es besteht auch, entgegen der Sachlage bei Bestellung eines Vertreters zur Stimmabgabe, nicht die Gefahr, dass die einzelnen Beteiligten die Vollmacht widerrufen können. Da die Aktien im Eigentum einer Gesellschaft stehen bzw. im Gesamteigentum aller Beteiligten, ist es den einzelnen Gesellschaftern auch verunmöglicht, entgegen dem Willen der andern ihre Aktien zu veräussern.

3. Würdigung

Die Einbringung der Aktien in eine Gesellschaft bzw. ins Gesamteigentum der am Aktionärbindungsvertrag Beteiligten stellt ein wirksames Mittel dar, um die Veräusserung von Aktien zu verhindern. Allerdings hat eine solche Lösung auch gewichtige Nachteile: So tritt mit der Gründung einer Gesellschaft der Zusammenschluss der Vertragspartner an die Öffentlichkeit, was meist nicht erwünscht ist. Weiter wird bei der Gründung einer weiteren Gesellschaft oft ein Teil der Problematik nur verlagert, da beispielsweise auch bei der Gründung einer GmbH nicht alles im Gesellschaftsvertrag geregelt werden kann; es braucht dann unter Umständen trotzdem einen Zusatzvertrag.

§ 4 Schlussbetrachtung

In den §§ 2 und 3 wurden verschiedene Formen von Erwerbsrechten und Verfügungsbeschränkungen dargestellt, wobei in § 2 auf Regelungen in Aktionärbindungsverträgen und in § 3 auf Vorkehrungen ausserhalb dieser Verträge eingegangen wurde. Es kann

---

[596] HIRSCH/PETER, S. 4; GLATTFELDER, S. 232a; STUBER, S. 36 f.

nicht generell gesagt werden, welche der dargestellten Formen idealerweise in einen Aktionärbindungsvertrag integriert werden soll. Es ist jeweils im Einzelfall, je nach den Umständen und den Zielen der Vertragspartner, zu entscheiden, welche Art von Erwerbsrechten oder Verfügungsbeschränkung sinnvoll ist. In den meisten Fällen wird es aber von Vorteil sein, nicht nur eine Art von Erwerbsrecht oder Verfügungsbeschränkung vorzusehen; häufig ist eine Kombination verschiedener Formen sowie zusätzliche Vorkehrungen neben dem Aktionärbindungsvertrag von Vorteil. Folgendes Beispiel soll dies verdeutlichen: Die Parteien eines Aktionärbindungsvertrages möchten verhindern, dass Nutzniessungen an den Aktien der Beteiligten errichtet werden können, da Nutzniesser auch das Stimmrecht haben und so Dritte Einfluss nehmen könnten. Um Nutzniessungen zu verhindern, können die Aktien vinkuliert werden, da die Vinkulierungsbestimmungen auch für die Nutzniessung gelten.[598] Trotzdem sollte man sich nicht allein auf die Vinkulierung beschränken, sondern zusätzlich eine Regelung in den Aktionärbindungsvertrag aufnehmen, auch wenn diese nur obligatorisch wirkt. Die Vinkulierung hilft nämlich nur dann, wenn ein wichtiger Grund vorliegt oder wenn eine Übernahme zum wirklichen Wert angeboten wird; zudem sind dem Erwerb eigener Aktien Grenzen gesetzt. Um eine weitergehende Beschränkung von Nutzniessungen zu erreichen, kann nun zusätzlich ein generelles Verbot der Errichtung von Nutzniessungen in den Aktionärbindungsvertrag aufgenommen werden, dann ist kein wichtiger Grund oder eine Übernahme zum wirklichen Wert notwendig. Diese Variante hat zwar den Nachteil, dass sie nur obligatorisch wirkt; vielfach werden sich Parteien aber daran halten (beispielsweise wegen einer Konventionalstrafe). Neben der Vinkulierung der Aktien und einem Verbot der Nutzniessung im Aktionärbindungsvertrag kann zusätzlich in den Statuten geregelt werden, dass die Mitwirkungsrechte im Falle einer Nutzniessung beim Aktionär verbleiben sollen.[599] So ist - wenn die Nutzniessung einmal nicht verhindert werden kann - die Einflussmöglichkeit Dritter doch beschränkt.

Kombinationen, wie anhand dieses Beispiels dargestellt, sind deshalb sinnvoll, weil viele Erwerbsrechte und Verfügungsbeschränkungen nur obligatorisch wirken. So haben Kaufs-, Vorkaufs- und Vorhandrechte nur Wirkung inter partes. Daher ist eine zusätzliche Vinkulierung der Aktien sinnvoll; so kann bei Nichtbeachtung der Erwerbsrechte im Notfall die „Escape clause"[600] angewendet werden.

---

[597] Art. 690 OR.
[598] Art. 685a Abs. 2 OR.
[599] Siehe dazu vorne § 2, Ziff. II/4, S. 116 f.
[600] Siehe S. 126.

Auch die Kombination von Kaufs-, Vorkaufs- und Vorhandrechten kann sinnvoll sein. Das Vorhandrecht kommt bereits bei einer Veräusserungsabsicht um Zuge, das Vorkaufsrecht dagegen, wenn schon ein Vertrag geschlossen wurde. Enthält der Aktionärbindungsvertrag sowohl ein Vorhand- als auch ein Vorkaufsrecht, so hat dies folgende Vorteile: Die Berechtigten haben mit dem Vorhandrecht bereits eine Erwerbsmöglichkeit, bevor ein Verkauf an einen Dritten stattgefunden hat. Dies kann auch für den Verpflichteten von Vorteil sein, da er keinen Dritterwerber suchen muss. Veräussert aber der Verpflichtete in Verletzung des Vorhandrechts seine Aktien an einen Dritten, ohne diese zuerst den Berechtigten anzubieten, können die Berechtigten unter Umständen noch rechtzeitig ihr Vorkaufsrechts ausüben. Ein Kaufsrecht wiederum kann für bestimmte Situation vorgesehen werden, beispielsweise bei der Aufgabe einer Erwerbstätigkeit in der betroffenen Aktiengesellschaft.

Kapitel 6

Dauer und Beendigung

So unterschiedlich wie die einzelnen Aktionärbindungsverträge ausgestaltet sind, so vielfältig sind auch die Regeln bezüglich ihrer Dauer und Beendigung. Im Folgenden wird ein Überblick über die in Frage kommenden Beendigungsregeln gegeben. Dabei wird in § 1 die ordentliche und in § 2 die ausserordentliche Beendigung dargestellt. Neben einem allgemeinen Überblick über die anwendbaren Normen erfolgt auch eine Darstellung von häufig in Aktionärbindungsverträgen anzutreffende Vereinbarungen bezüglich Dauer und von möglichen Beendigungsgründen, d.h. Tatsachen, welche den Eintritt des Vertragsendes rechtfertigen.[601] Da sich bei langdauernden Aktionärbindungsverträgen oft die Frage der längstmöglichen Dauer stellt, wird auf diese Problematik in § 1 speziell eingegangen.

Ergänzend ist festzuhalten, dass es in diesem Kapitel nur um die Beendigung des Aktionärbindungsvertrages als Ganzes geht; die „Beendigung" für einen Einzelnen der Beteiligten - beispielsweise durch sein Ausscheiden - bei gleichzeitigem Weiterbestehen des Aktionärbindungsvertrages wird in Kapitel 8 behandelt .

§ 1 Ordentliche Beendigung

Eine ordentliche Beendigung eines Vertrages ist gegeben, wenn das Vertragsverhältnis so endet, wie es die Parteien oder das Gesetz für den störungsfreien Vertragsablauf vorgesehen haben.[602] Bei Dauerverträgen geschieht dies infolge einer ordentlichen Kündigung gemäss der gesetzlichen Normen für den betreffenden Vertrag oder aufgrund einer auf Parteivereinbarung beruhenden ordentlichen Beendigungsregel. Beides wird in Ziffer I dargestellt, dies sowohl für schuldrechtlich als auch für gesellschaftsrechtlich ausgestaltete Aktionärbindungsverträge.

In Ziff. II wird dann speziell auf die Frage der zulässigen Höchstdauer eingegangen und schliesslich werden in Ziffer III einige der in Aktionärbindungsverträgen anzutreffenden Parteivereinbarungen untersucht.

---

[601] GAUCH, S. 25.
[602] Vgl. zum Ganzen GAUCH, S. 35.

I.   Vertragliche und gesetzliche Beendigungsregeln

1.   Beendigung durch Zeitablauf

Aktionärbindungsverträge können die Regelung enthalten, dass sie ohne weiteres durch
Zeitablauf enden; es handelt sich diesfalls um befristete Verträge. Diese Verträge nennen entweder einen konkreten Endtermin (z.B. Dauer bis 31.12.2010) oder einen bestimmten Zeitraum (z.B. 5 Jahre). Nach Ablauf der vorgesehen Dauer enden die Verträge bzw. die einfache Gesellschaft automatisch.[603]
Es ist allerdings jeweils durch Vertragsauslegung zu prüfen, ob der im Vertrag angege-
bene Zeitraum zugleich als Höchst- und Mindestdauer vereinbart wurde; nur in diesen
Fällen endet der Vertrag bzw. die einfache Gesellschaft genau mit Ablauf der vereinbarten Dauer.[604] Ist dagegen der vereinbarte Zeitraum einzig als Höchstdauer zu ver-
stehen, endet der Vertrag oder die Gesellschaft zwar spätestens mit deren Ende durch
Zeitablauf, es ist aber schon vor Ablauf der Höchstdauer eine ordentliche Beendigung
des Vertrages bzw. Auflösung der Gesellschaft möglich, sei es aufgrund einer vertraglich vorgesehenen Kündigungsmöglichkeit oder aufgrund von Art. 546 OR.[605] Ist dagegen die vereinbarte Dauer beziehungsweise der Endtermin lediglich als Mindestdauer
zu interpretieren, endet der Vertrag bzw. die Gesellschaft nicht durch Zeitablauf. Vereinbarung einer Mindestdauer bedeutet, dass der (Gesellschafts-)Vertrag während der
verabredeten Mindestdauer nicht ordentlich aufgelöst, also insbesondere nicht nach
Art. 546 Abs. 1 OR gekündigt werden kann.[606] Nach Ablauf der Mindestdauer ist die
Gesellschaft - sofern nichts anderes vereinbart wurde - gestützt auf Art. 546 OR mit einer Frist von sechs Monaten ordentlich kündbar. Schuldrechtlich gestaltete Aktionärbindungsverträge sind - falls die Kündigungsmöglichkeit im Vertrag nicht geregelt ist -
ausserordentlich auflösbar, insbesondere gestützt auf Art. 27 Abs. 2 ZGB.[607] In seltenen Fällen besteht auch eine Beendigungsmöglichkeit gestützt auf Art. 404 OR, so bei
einseitigen Aktionärbindungsverträgen und bei zweiseitigen Aktionärbindungsverträgen
mit einem speziellen Vertrauensverhältnis.[608]

---

[603] Art. 545 Abs. 1 Ziff. 5 OR; APPENZELLER, S. 56; FORSTMOSER/MEIER-HAYOZ/NOBEL, § 39
      N 182; GLATTFELDER, S. 337a.
[604] Vgl. VON STEIGER, SPR, S. 452, Fn 4.
[605] BGE 106 II 230.
[606] BGE 106 II 229.
[607] Vgl. dazu hinten Ziff. 4/b, S. 146 ff.
[608] Siehe Ziff. 4/b, S. 148 ff.

Der Vollständigkeit halber sei darauf hingewiesen, dass es neben echten befristeten Verträgen auch solche mit einer unechten Befristung gibt. Damit sind Vertragsverhältnisse gemeint, die an einem bestimmten Termin oder nach einer bestimmten Zeit enden sollen, wenn dies von einer Partei unter Einhaltung einer bestimmten Frist angezeigt wird, ansonsten soll das Vertragsverhältnis fortgesetzt werden (Prolongationsklausel). Unecht befristete Verträge enden daher nicht durch Zeitablauf, sondern aufgrund einer Kündigung.[609]

Bei Aktionärbindungsverträgen, welche eine längere Vertragsdauer vorsehen, stellt sich jeweils auch die Frage nach der zulässigen Höchstdauer. Auf diese Problematik wird weiter hinten eingegangen.[610]

2.   Beendigung durch Eintritt eines bestimmten Ereignisses

Aktionärbindungsverträge können vorsehen, dass sie beendet werden, sobald ein bestimmtes Ereignis eintritt (z.B. der Tod einer Partei). Stellt man auf den Eintritt eines Ereignisses ab, liegt streng genommen ein befristeter Vertrag mit ungewisser Dauer vor, falls das Ereignis sicher eintreten wird (z.B. der Tod einer Partei). Ist dagegen nicht nur der Zeitpunkt, sondern auch die Tatsache des Eintritts des Ereignisses unsicher, liegt eigentlich eine Bedingung vor (z.B. der Verkauf der Aktien). Diese Unterscheidung ist m.E. bei gesellschaftsrechtlich ausgestalteten Aktionärbindungsverträgen insofern von Bedeutung, als nur im zweiten Fall eine Gesellschaft auf unbestimmte Zeit vorliegt, welche mit einer Frist von sechs Monaten ordentlich gekündigt werden kann.[611] Im ersterwähnten Fall dagegen ist eine ordentliche Kündigung nach Art. 546 OR nicht möglich, da es sich um einen befristeten Vertrag handelt.

Auch bei Verträgen, die nach Eintritt eines bestimmten Ereignisses enden sollen, kann sich unter Umständen die Frage der zulässigen Höchstdauer stellen; so beispielsweise, wenn das Vertragsverhältnis mit dem Tod einer bei Vertragsschluss erst dreissigjährigen Person enden soll.[612]

---

[609] Vgl. zur Beendigung durch Kündigung unten Ziff. 4, S. 145.
[610] Vgl. dazu unten Ziff. II, S. 150 ff.
[611] Art. 546 OR; VON STEIGER, SPR, S. 461.
[612] Zur zulässigen Höchstdauer vgl. unten Ziff. II, S. 150 ff.

3. Beendigung bei Zweckerreichung

Es gibt Aktionärbindungsverträge, welche im Hinblick auf eine bestimmte Generalversammlung oder ein ganz bestimmtes Ereignis geschlossen wurden, beispielsweise indem die Beteiligten sich verpflichten, die Fusion „ihrer" Aktiengesellschaft mit einer anderen Gesellschaft zu verwirklichen, oder indem sich mehrere Aktionäre zusammenschliessen, um einen bestimmten Verwaltungsrat zu wählen. Sobald dieser Zweck erreicht ist, das heisst, in den genannten Beispielen alle notwendigen Schritte der Fusion vollzogen wurden bzw. die Wahl erfolgt ist, endigt der Aktionärbindungsvertrag ohne weiteres infolge Zweckerreichung.[613]

Häufig bezwecken aber Aktionärbindungsverträge ein längerfristiges gemeinsames Vorgehen, was dazu führt, dass der Auflösungsgrund der „Zweckerreichung" in der Regel keine grosse Bedeutung hat.[614]

4. Beendigung durch Kündigung

a) *Vertragliche Kündigungsordnung*

Eine weitere Variante der ordentlichen Beendigung ist die Ausübung eines vertraglich vereinbarten Kündigungsrechts. Die Parteien können eine Auflösungsmöglichkeit vorsehen, die nicht von einem besonderen Grund abhängt, sondern die Parteien berechtigt, den Aktionärbindungsvertrag bzw. den Gesellschaftsvertrag grundlos zu kündigen, meist unter Einhaltung einer bestimmten Frist.

Die Kündigungsmöglichkeit wird teilweise mit einer Mindestdauer des Vertrages kombiniert. Es wird vereinbart, dass das Vertragsverhältnis bzw. die einfache Gesellschaft während eines bestimmten Zeitraumes nicht durch eine ordentliche Kündigung beendet werden kann und erst nach Ablauf dieser Mindestdauer jeweils mit einer bestimmten Frist gekündet werden darf.[615] Nach Ablauf der Mindestdauer gilt der Vertrag bzw. die einfache Gesellschaft als auf unbestimmte Zeit abgeschlossen; eine einfache Gesellschaft ist diesfalls gemäss Art. 546 OR ordentlich kündbar, sofern der Vertrag nichts anderes vorsieht. Schuldrechtliche Aktionärbindungsverträge sind ausserordentlich beendbar, beispielsweise gestützt auf Art. 27 Abs. 2 ZGB.[616] Selten besteht auch eine Be-

---

[613] Vgl. GLATTFELDER, S. 337a; DOHM, S. 123 und 135, sowie PATRY, ZSR, S. 127a. Bei gesellschaftsrechtlich ausgestalteten Aktionärbindungsverträgen ergibt sich die Beendigung bei Zweckerreichung explizit aus Art. 545 Abs. 1 Ziff. 1 OR.

[614] Ebenso GLATTFELDER, S. 343a, und PATRY, ZSR, S. 127a f.

[615] Vgl. im Zusammenhang mit der einfachen Gesellschaft BGE 106 II 226 ff.

[616] Siehe hinten Ziff. 4/b, S. 146 ff.

endigungsmöglichkeit gestützt auf Art. 404 OR, so bei einseitigen Aktionärbindungsverträgen und bei zweiseitigen Aktionärbindungsverträgen mit einem speziellen Vertrauensverhältnis.[617]

Hinsichtlich der gesellschaftsrechtlich ausgestalteten Aktionärbindungsverträge ist zu
ergänzen, dass die Parteien bei der Ausgestaltung einer vertraglichen Kündigungsordnung nicht an die in Art. 546 OR genannte Frist von sechs Monaten gebunden sind,
sondern eine längere oder kürzere Frist vereinbaren können.[618]

b) Gesetzliche Kündigungsordnung

Gesellschaftsrechtlich ausgestaltete Aktionärbindungsverträge:

Wenn der Aktionärbindungsvertrag beziehungsweise die einfache Gesellschaft auf unbestimmte Zeit abgeschlossen wurde[619] - das heisst, wenn der Vertrag nicht befristet ist,
keine Mindestdauer vereinbart wurde oder diese abgelaufen ist und auch nicht die Beendigung durch ein sicher eintretendes Ereignis vereinbart wurde - hat jeder Gesellschafter von Gesetzes wegen eine ordentliche Kündigungsmöglichkeit.[620] Die ordentliche gesetzlich vorgesehene Kündigung kann mit einer Frist von sechs Monaten auf
einen beliebigen Termin erfolgen. Sie darf jedoch nur in guten Treuen und nicht zur
Unzeit erfolgen.[621] Da die Bestimmung dispositiver Natur ist, kann das Kündigungsrecht nach Art. 546 OR ausgeschlossen werden oder es können bestimmte Kündi-
gungsgründe verlangt werden.[622]

Schuldrechtlich ausgestaltete Aktionärbindungsverträge:

Da es sich bei schuldrechtlich gestalteten Aktionärbindungsverträgen um Innominatverträge handelt,[623] besteht keine gesetzlich vorgesehene Kündigungsordnung. Als ordentliche Beendigungsregeln kommen also in erster Linie solche in Frage, welche die
Parteien vertraglich vereinbart haben. Im Folgenden wird dargestellt, was in Fällen von
fehlenden vertraglichen Vereinbarungen bezüglich ordentlicher Beendigung geschieht

---

617 Siehe Ziff. 4/b, S. 148 ff.
618 STAEHELIN, Basler Kommentar, Art. 545/546 OR N 22; VON STEIGER, SPR, S. 455.
619 Dazu gehören auch Verträge, die eine Höchstdauer vorsehen, welche nicht zugleich eine Mindestdauer sein soll (BGE 106 II 230).
620 Art. 546 Abs. 1 OR; vgl. auch STAEHELIN, Basler Kommentar, Art. 545/546 OR N 21 ff. und
APPENZELLER, S. 56.
621 Art. 546 Abs. 2 OR. Zu den Folgen vgl. SIEGWART, Zürcher Kommentar, Art. 545-547 OR N 22
und STAEHELIN, Basler Kommentar, Art. 545/546 OR N 23.
622 BGE 106 II 226 ff. (anders noch BGE 90 II 341 E. 5a); STAEHELIN, Basler Kommentar, Art.
545/546 OR N 24; GAUCH, Dauerverträge, S. 48 ff.; VON STEIGER, SPR, S. 459.
623 Vgl. vorne Kap. 2, § 1, Ziff. II/1, S. 31 f.

und ob das Gesetz zwingende ordentliche Beendigungsregeln kennt, welche trotz der Qualifikation von Aktionärbindungsverträgen als Innominatverträge anzuwenden sind.[624]

Vertragsergänzung durch richterliche Regel:

Wenn der individuelle Vertrag keine Regelung bezüglich der ordentlichen Beendigung enthält - was praktisch kaum vorkommen dürfte[625] - ist zunächst zu prüfen, ob ein absichtliches Schweigen der Vertragspartner vorliegt oder tatsächlich keine Regelung getroffen wurde:

Ist das Schweigen der Vertragspartner als absichtliches zu qualifizieren, bedeutet dies m.E., dass sie einen Vertrag mit unbeschränkter Dauer beziehungsweise einen Vertrag für die Dauer des Bestehens der Aktiengesellschaft schliessen wollten. Theoretisch würde diesfalls die ordentliche Beendigung durch Eintritt eines bestimmten Ereignisses,[626] nämlich der Liquidation der Aktiengesellschaft, erfolgen. Allerdings sind Verträge mit unbeschränkter Dauer gemäss herrschender Lehre und Rechtsprechung unzulässig. Als Konsequenz daraus müsste die Beendigung entsprechender Verträge bereits vor der Liquidation der Aktiengesellschaft gestützt auf Art. 27 Abs. 2 ZGB möglich sein. Daneben gibt es natürlich weitere ausserordentliche Beendigungsmöglichkeiten, beispielsweise die Kündigung aus wichtigen Gründen.[627]

Falls die Vertragspartner die ordentliche Beendigung tatsächlich nicht geregelt haben, hat der Richter in einem Streitfall den Vertrag zu ergänzen. Da es sich bei schuldrechtlichen Aktionärbindungsverträgen um Innominatkontrakte handelt, hat der Richter grundsätzlich folgende Möglichkeiten der Vertragsergänzung:[628] Analoge Anwendung einer vertraglichen Regelung, (analoge) Anwendung von dispositivem Recht oder Schaffung einer eigenen Regelung. Da der Vertrag gerade keine Regelung enthalten wird und die Anwendung dispositiven Rechts bei Verträgen sui generis, worum es sich bei Aktionärbindungsverträgen handelt, keine grosse Bedeutung hat, muss der Richter eine eigene, richterrechtliche Regelung schaffen. Dabei hat er vor allem Sinn und Zweck des Vertrages und die Erreichung eines sinnvollen Gesamtergebnisses zu beachten. In der Lehre ist umstritten, ob in diesen Fällen nur eine Kündigung aus wichtigem

---

[624] Vgl. dazu Kapitel 2, § 2, Ziff. I/2, S. 36 f.

[625] Alle Aktionärbindungsverträge, welche die Autorin bisher einsehen konnte, enthielten eine Regelung der ordentlichen Beendigung.

[626] Vgl. zur Beendigung durch Eintritt eines bestimmten Ereignisses oben Ziff. 2, S. 144.

[627] Vgl. zur Kündigung aus wichtigen Gründen unten § 2, Ziff. I/3, S. 162 ff.

Grund oder wegen übermässiger Bindung (Art. 27 Abs. 2 ZGB) möglich ist, oder ob nach einer gewissen Zeit die Kündigung ohne Grundangabe zulässig ist.[629] Letzteres wird von GLATTFELDER[630] bejaht, der eine Kündigung ohne Grundangabe nach Richterrecht vorschlägt, wobei sich der Zeitpunkt der Kündigungsmöglichkeit und die Dauer der Kündigungsfrist nach dem mutmasslichen Parteiwillen richten sollen. DOHM dagegen verneint eine solche Möglichkeit.[631]

Jederzeitige Widerrufsmöglichkeit gemäss Art. 404 Abs. 1 OR nur bei einseitigen Aktionärbindungsverträgen und bei besonderen Vertrauensverhältnissen:

Im Recht des einfachen Auftrages sieht Art. 404 Abs. 1 OR vor, dass die Parteien das Vertragsverhältnis jederzeit durch einseitige Willenserklärung auflösen können, ohne dass bestimmte Gründe vorliegen oder bestimmte Fristen eingehalten werden müssen. In der Literatur wird nun die Möglichkeit der Anwendung von Art. 404 OR auf Aktionärbindungsverträge geprüft[632] und von einigen Autoren auch bejaht.[633] Gemäss ständiger Rechtsprechung des Bundesgerichts[634] ist Art. 404 OR zwingender Natur und „beschlägt sowohl reine Auftragsverhältnisse als auch gemischte Verträge, für welche hinsichtlich der zeitlichen Bindung der Parteien die Bestimmungen des Auftragsrechts als sachgerecht erscheinen".[635] Da es sich bei Aktionärbindungsverträgen nicht um eigentliche Auftragsverhältnisse, sondern um Innominatverträge handelt,[636] ist die Anwendbarkeit von Art. 404 OR nicht ohne weiteres gegeben[637], sondern es ist zu prüfen, ob sie sachgerecht ist. Das jederzeitige Auflösungsrecht nach Art. 404 OR hat insbesondere den Zweck, bei Vertragsbeziehungen, in welchen das Vertrauen eine wichtige Rolle spielt, den Parteien im Falle der Zerstörung des Vertrauensverhältnisses eine sofortige Beendigungsmöglichkeit zu geben.[638] In dieselbe Richtung gehen auch kantona-

---

[628] Vgl. zum Folgenden die allgemeine Darstellung der Vertragsergänzung bei Innominatkontrakten in Kapitel 2, § 2, Ziff. I/3/b, S. 40 ff. und die Zusammenfassung auf S. 43.

[629] FORSTMOSER/MEIER-HAYOZ/NOBEL, § 39 N 179.

[630] GLATTFELDER, S. 347a.

[631] DOHM, S. 125.

[632] APPENZELLER, S. 51 f.; BÖCKLI, Stimmrecht, S. 52 ff.

[633] FORSTMOSER/MEIER-HAYOZ/NOBEL, § 39 Fn 72; BÖCKLI, Stimmrecht, S. 52 ff. (bejahend für den einseitigen Stimmbindungsvertrag).

[634] BGE 115 II 466, 109 II 467, 106 II 159, 104 II 115 f. ZBJV 133 (1997) 333 f.

[635] BGE 115 II 466.

[636] Vgl. dazu Kapitel 2, § 1, Ziff. II, S. 31 ff.

[637] Anders FORSTMOSER/MEIER-HAYOZ/NOBEL, § 39 Fn 72, welche einem Teil der Aktionärbindungsverträge auftragsrechtlichen Charakter zuerkennen und Art. 404 OR direkt anwenden.

[638] BGE 104 II 115 f.

le Gerichtsentscheide[639] und die Mehrheitsauffassung in der Lehre,[640] welche zwischen typischen und atypischen Aufträgen unterscheiden. „Typisch" soll ein Auftrag dann sein, wenn er entweder unentgeltlich oder höchstpersönlicher Natur ist. Bei diesen Aufträgen würde eine Bindung ohne jederzeitige Auflösungsmöglichkeit gegen die persönliche Freiheit verstossen. Seien dagegen die Merkmale „Unentgeltlichkeit" oder „höchstpersönliche Natur" nicht gegeben, liege ein atypischer Auftrag vor, bei dem das Auflösungsrecht wegbedungen werden könne.[641] Die Heranziehung der genannten Kriterien „Unentgeltlichkeit" und „höchstpersönliche Natur" scheint m.E. auch sinnvoll, um die Frage zu beantworten, ob die Anwendung von Art. 404 OR auf einen bestimmten Innominatvertrag sachgerecht ist.

Aufgrund des Kriteriums „Unentgeltlichkeit" rechtfertigt sich die Anwendung des jederzeitigen Auflösungsrechts bei den (seltenen) einseitigen Aktionärbindungsverträgen, bei welchen der eine Vertragspartner keine Leistung erbringt.[642]

Die (analoge) Anwendung von Art. 404 OR auf zweiseitige Aktionärbindungsverträge ist dagegen nur dann sachgerecht, wenn der Vertrag durch ein starkes Vertrauensverhältnis gekennzeichnet ist.[643] Auf den ersten Blick scheint dies für viele Aktionärbindungsverträge zuzutreffen, bei näherer Betrachtung ist dem aber nicht so: In der Regel verpflichten sich die Beteiligten zu Leistungen, bei denen die Erfüllung nicht speziell von der Person des Verpflichteten abhängt. Verpflichtet sich jemand im Rahmen eines Aktionärbindungsvertrages zu einer Stimmabgabe in einem bestimmten Sinn oder zur Einhaltung einer Verfügungsbeschränkung, ist kein spezielles Vertrauensverhältnis gegeben und es liegt eine Leistungspflicht vor, die - abgesehen von der Aktionärseigenschaft - nicht von einer bestimmten Eigenschaft des Verpflichteten abhängt. Ein Aktionärbindungsvertrag ist nicht mit der Beauftragung eines Arztes oder eines Anwaltes zu vergleichen, bei denen das Vertrauen in die Qualität der Dienstleistung sehr wichtig ist. Es ist sogar häufig so, dass bei Aktionärbindungsverträgen nicht ein Vertrauensverhältnis gegeben ist, sondern die Parteien zwar eine Zweckgemeinschaft bilden, diese aber mit einem gewissen Misstrauen verbunden ist. Dies zeigt sich unter anderem darin, dass bei der Gestaltung von Aktionärbindungsverträgen häufig grosser Wert auf die Sicherung der Vertragseinhaltung[644] gelegt wird. Aus diesen Gründen ist m.E. im Regelfall

---

[639] So beispielsweise OGer Luzern, in: SJZ 1989, 215 f.

[640] BUCHER, BT, S. 228; BUCHER, ZSR 1983 II 322 ff.; HONSELL, S. 282; WEBER, Basler Kommentar, Art. 404 N 10 m.w.H.; a.M. LEUENBERGER, ZSR 1987 II 42 f.

[641] Zum Ganzen WEBER, Basler Kommentar, Art. 404 OR N 10.

[642] Vgl. dazu Kapitel 2, §1 Ziff. I/1/a, S. 24. Ebenso BÖCKLI, Stimmrecht, S. 54.

[643] Vgl. APPENZELLER, S. 53.

[644] Vgl. dazu Kapitel 10.

bei zweiseitigen Aktionärbindungsverträgen nicht von einem speziellen Vertrauensverhältnis auszugehen und die Anwendung von Art. 404 OR ist daher abzulehnen.

II. Zulässige Höchstdauer

Bei Aktionärbindungsverträgen besteht häufig ein Interesse an einer langfristigen Bindung. Oft bilden nämlich der Aktionärbindungsvertrag und die Statuten der betreffenden Aktiengesellschaft eine organisatorische Einheit; daraus ergibt sich das Bedürfnis, den Aktionärbindungsvertrag mit dem Bestand der Aktiengesellschaft zu verknüpfen.[645] Weiter haben die an Aktionärbindungsverträgen beteiligten Vertragspartner regelmässig den Wunsch nach Kontinuität und Stabilität, insbesondere in Bezug auf Machtverhältnisse und die Mitwirkung der beteiligten Personen in der Aktiengesellschaft. Werden langfristige Verträge abgeschlossen, stellt sich aber sofort die Frage nach der längstmöglichen Dauer; eine Frage, die im Zusammenhang mit Aktionärbindungsverträgen oft diskutiert wird.[646]

1. Art. 27 Abs. 2 ZGB im Allgemeinen

Nach schweizerischer Lehre[647] und Rechtsprechung[648] können Verträge nicht auf „ewige Zeiten" abgeschlossen werden. Sogar eine begrenzte, aber langfristige Vertragsdauer kann bereits unzulässig sein. Es stellt sich deshalb im Zusammenhang mit befristeten Verträgen oder mit solchen, welche die Vertragsdauer von einem bestimmten Ereignis abhängig machen, die Frage der zulässigen Höchstdauer.

Es gibt keine gesetzliche Regel, die speziell für Aktionärbindungsverträge eine Höchstdauer vorsieht, die Begrenzung der Dauer ergibt sich einzig aufgrund von Art. 27 Abs. 2 ZGB. Diese Norm bezweckt, die Freiheit der Person vor übermässigen Bindungen zu schützen. Man soll sich nicht durch Verträge binden können, die einem in der künftigen Entscheidungsfreiheit zu stark einschränken. Die Unzulässigkeit einer Bindung nach Art. 27 Abs. 2 ZGB beruht entweder darauf, dass die Bindung als solche unzulässig ist oder dass eine vom Gegenstand her an sich zulässige Bindung übermässig ist.[649]

---

[645] FORSTMOSER, FS Schluep, S. 369.

[646] APPENZELLER, S. 54; FORSTMOSER, FS Schluep, S. 369; FORSTMOSER/MEIER-HAYOZ/NOBEL, § 39 N 173; LUDWIG, S. 432 ff.

[647] Vgl. etwa GAUCH, S. 24; A. BUCHER, N 434; FORSTMOSER, FS Schluep, S. 369.

[648] Vgl. die Übersicht bei BUCHER, Berner Kommentar, Art. 27 ZGB N 348; PEDRAZZINI/OBERHOLZER, S. 126 f. BGE 113 II 210 f. und 114 II 161.

[649] HUGUENIN JACOBS, Basler Kommentar, Art. 27 ZGB N 9.

Im Zusammenhang mit der zulässigen Dauer von Aktionärbindungsverträgen interessiert der zweite Fall; der Abschluss eines Aktionärbindungsvertrages an und für sich ist zulässig,[650] die entsprechende Bindung kann aber übermässig sein.[651]

Ob eine übermässige Freiheitsbeschränkung vorliegt, muss im konkreten Fall anhand von verschiedenen Faktoren beurteilt werden, wobei aber immer eine Gesamtbeurteilung vorzunehmen ist.[652] Dabei sind einerseits belastende Faktoren zu berücksichtigen, daneben aber auch gewisse kompensatorische.[653] Um das eventuelle Übermass einer Bindung zu beurteilen, sind in erster Linie die Intensität und die Dauer der Bindung zu betrachten,[654] wobei diese Kriterien eine gewisse Wechselwirkung haben, hängt doch die zulässige Dauer auch von der Intensität der Verpflichtung ab.[655] Massgeblich in Bezug auf die Intensität der Bindung ist vor allem, „in welchem Umfang die Pflichterfüllung in die höchstpersönliche Sphäre des Verpflichteten eingreift".[656] Zu beachten ist auch, dass die Gerichte eine unzulässige Beschränkung nur mit Zurückhaltung annehmen, wenn es um die Beschränkung der wirtschaftlichen Freiheit geht.[657] Das Bundesgericht sieht eine Einschränkung der wirtschaftlichen Bewegungsfreiheit nur dann als übermässig an, „wenn sie den Verpflichteten der Willkür eines anderen ausliefert, seine wirtschaftliche Freiheit aufhebt oder in einem Masse einschränkt, dass die Grundlagen seiner wirtschaftlichen Existenz gefährdet sind".[658]

Bei der Beurteilung der Übermässigkeit der Bindung müssen - wie bereits erwähnt - auch entlastende Momente Berücksichtigung finden. Diesbezüglich spielen einmal die persönlichen Vorteile des Verpflichteten[659] und eventuelle Gegenleistungen seiner Vertragspartner[660] eine Rolle. Weiter ist zu beachten, dass eine vertragliche Bindung in der

---

650 Vgl. vorne Kap. 3, § 1, S. 49 ff.
651 Auch für gesellschaftsrechtlich ausgestaltete Aktionärbindungsverträge gilt die Beschränkung von Art. 27 Abs. 2 ZGB, da diese Norm auch auf die einfache Gesellschaft anwendbar ist. Dazu BUCHER, Berner Kommentar, Art. 27 ZGB N 18 und HUGUENIN JACOBS, Basler Kommentar, Art. 27 ZGB N 4.
652 BUCHER, Berner Kommentar, Art. 27 ZGB N 274 ff.
653 BUCHER, Berner Kommentar, Art. 27 ZGB N 274.
654 BGE 114 II 162; HUGUENIN JACOBS, Basler Kommentar, Art. 27 ZGB N 10.
655 HUGUENIN JACOBS, Basler Kommentar, Art. 27 ZGB N 15. BGE 93 II 300 E. 7.
656 BUCHER, Berner Kommentar, Art. 27 ZGB N 278.
657 BGE 114 II 162, BGE 104 II 8.
658 BGE 114 II 162, 111 II 337, 104 II 8.
659 BUCHER, Berner Kommentar, Art. 27 ZGB N 285.
660 BUCHER, Berner Kommentar, Art. 27 ZGB N 284.

Regel nur in dem Masse einschränkend ist, wie die für ihre Verletzung vereinbarte Sanktion.[661]

Bei der Beurteilung, ob die Dauer einer Vertragsbindung übermässig ist, spielt auch der Zeitpunkt, in welchem die Beurteilung erfolgt, eine wichtige Rolle. Die (neuere) Mehrheitsmeinung[662] ist der Auffassung, dass der Zeitpunkt der Geltendmachung des Mangels massgebend ist.

Wichtig ist auch, dass Art. 27 ZGB vor übermässiger Bindung schützt, nicht aber vor langer Dauer[663] Das bedeutet, dass Art. 27 ZGB nicht verbietet, ein Dauerschuldverhältnis periodisch oder in unregelmässigen Abständen zu erneuern. Massgebend ist nur, dass die einzelnen Perioden nicht eine übermässige Bindung bewirken.[664]

2.   Anwendung von Art. 27 Abs. 2 ZGB auf Aktionärbindungsverträge

Bei der Anwendung der oben dargestellten Grundsätze auf Aktionärbindungsverträge ist zu berücksichtigen, dass es *den* Aktionärbindungsvertrag nicht gibt. Die Ausgestaltung kann sehr verschieden sein, nicht alle Aktionärbindungsverträge enthalten die gleichen Vertragsgegenstände. Dies hat zur Folge, dass man nicht eine konkrete Höchstdauer für alle Aktionärbindungsverträge festlegen kann[665]; es ist jeweils der Einzelfall zu betrachten. Als Leitlinien können die folgenden Kriterien dienen:

a)   *Die zulässige Dauer hängt vom konkreten Vertragsinhalt ab*

Die zulässige Bindungsdauer hängt davon ab, welche Vertragsgegenstände ein konkreter Aktionärbindungsvertrag enthält. Die verschiedenen möglichen Vertragsinhalte können auf die persönliche Freiheit des Verpflichteten unterschiedlich einschränkend wirken. Je nach Intensität der Einwirkung und Beschränkung ist die noch zulässige Bindungsdauer mehr oder weniger lang. Häufige Vertragsgegenstände von Aktionärbindungsverträgen sind beispielsweise Regelungen bezüglich der Ausübung des Stimmrechts, Verfügungsbeschränkungen und vermögensrechtliche Pflichten. Das Stimmrecht des Aktionärs in der Generalversammlung ist wohl das wichtigste der Mitwirkungsrechte der Aktionäre. Diesbezügliche Bindungen haben einen doch recht

---

[661] BUCHER, Berner Kommentar, Art. 27 ZGB N 287.
[662] HUGUENIN JACOBS, Basler Kommentar, Art. 27 ZGB N 21; BUCHER, Berner Kommentar, Art. 27 ZGB N 295 ff.; BGE 117 II 275 f., 114 II 163.
[663] BGE 114 II 163.
[664] BGE 114 II 163.

einschneidenden Charakter, was eher gegen die Zulässigkeit einer sehr langen Vertragsdauer sprechen würde. Allerdings ist - im Sinne eines kompensatorischen Faktors zu
berücksichtigen, dass der gebundene Aktionär in der Regel selbst auch Vorteile hat und
meist eine gegenseitige Bindung vorliegt. Was dagegen Verfügungsbeschränkungen betrifft ist zunächst einmal festzuhalten, dass der Aktionär, der nicht mehr frei ist, seine
Aktien frei zu verkaufen oder zu belasten, vorwiegend in seiner wirtschaftlichen Betäti-
gungsfreiheit eingeschränkt wird. Geht es aber um die Einschränkung der wirtschaftlichen Freiheit, ist das Bundesgericht zurückhaltend in der Anwendung von Art. 27 Abs.
2 ZGB.[666] Bezüglich dieses Vertragsgegenstandes ist also eine übermässige Beschränkung nur selten anzunehmen. Das gleiche gilt für Vereinbarungen in Aktionärbindungsverträgen, welche andere vermögensrechtliche Bereiche betreffen wie Nachschusspflichten oder der Verzicht auf Dividende.

b) *Gesetzliche Normen betreffend bestimmter Vertragsgegenstände*

Aktionärbindungsverträge enthalten zum Teil auch Vertragsgegenstände, für welche
bezüglich der Beurteilung der zulässigen Höchstdauer Bestimmungen des Obligationenrechts herangezogen werden können. Zu denken ist dabei beispielsweise an Konkurrenzverbote: Wenn die vom Konkurrenzverbot betroffenen Vertragsparteien Arbeitnehmer oder Verwaltungsräte der Aktiengesellschaft sind, verursacht ein
Konkurrenzverbot grundsätzlich keine übermässige Bindung, da bei Arbeitsverhältnissen das Gesetz selbst in Art. 321a Abs. 3 OR eine Konkurrenzierung des Arbeitgebers
untersagt und Art. 717 OR eine Treuepflicht für Verwaltungsräte statuiert, aus welcher
ein Konkurrenzverbot folgt. Sieht der Aktionärbindungsvertrag dagegen ein Konkurrenzverbot auch für die Zeit nach Auflösung des Arbeitsverhältnisses bzw. des Verwal-
tungsratsmandates vor, kann eine übermässige Bindung gegeben sein. Handelt es sich
beim Betroffenen um einen (ehemaligen) Arbeitnehmer, wären Art. 340 und Art. 340a
OR - zumindest analog oder durch richterrechtliche Regelung - auf den Aktionärbindungsvertrag bzw. auf das darin vereinbarte Konkurrenzverbot anwendbar. Dies hätte
zur Folge, dass ein Konkurrenzverbot nur unter besonderen Voraussetzungen und mit
(relativ kurzer) zeitlicher Begrenzung möglich wäre.[667] Wenn der durch das Konkurrenzverbot belastete Aktionär nicht als Arbeitnehmer oder Verwaltungsrat betroffen
ist, kommt nicht eine Spezialregelung des Obligationenrechts zur Anwendung. Auf-

---

[665] So auch der Gesetzgeber (AMTLBULL NR 1985 1763 ff.).
[666] Vgl. BGE 114 II 167, 104 II 8.
[667] Details zu der Regelung von Art. 340a OR finden sich z.B. bei BUCHER, Berner Kommentar, Art.
27 ZGB N 417 ff.; REHBINDER, Berner Kommentar, Art. 340a OR.

grund von Art. 27 ZGB und der Tatsache, dass das Gesetz für Aktionäre keine Treuepflicht vorsieht, gibt es aber auch in diesen Fällen Grenzen und den Betroffenen kann
nicht ein unbeschränktes Konkurrenzverbot auferlegt werden. Aus der Rechtsprechung
zu Konkurrenzverboten ausserhalb von Arbeitsverhältnissen[668] kann jedoch geschlossen werden, dass ein Konkurrenzverbot in diesen Fällen nicht gleich streng zu beurteilen wäre wie bei (aufgelösten) Arbeitsverhältnissen nach Art. 340 f. OR. Bei der Beurteilung der Frage der Übermässigkeit eines Konkurrenzverbotes nach Art. 27 Abs. 2
ZGB ist vor allem zu prüfen, ob die wirtschaftliche Existenz des Verpflichteten gefährdet ist. Dies ist der Fall, wenn das Konkurrenzverbot „die gesamte Betätigung im
wirtschaftlichen Bereich hindert".[669] Zu beachten ist dabei beispielsweise, ob der Bereich der geschützten Tätigkeit abgegrenzt ist und wieweit das Verbot in örtlicher Hinsicht geht.[670]

c) Kompensatorische Faktoren

Zu berücksichtigen ist weiter, ob alle am Aktionärbindungsvertrag Beteiligten den gleichen Beschränkungen unterliegen und ob sie neben ihrer Verpflichtung auch Vorteile
haben. Ist dies zu bejahen, liegen gewisse kompensatorische Faktoren vor, welche im
Hinblick auf die Übermässigkeit einer Bindung auch entlastend wirken können.[671]

d) Schwere der Sanktionen

Nicht ausser Acht gelassen werden dürfen die im Vertrag vorgesehenen Sanktionen für
Vertragsverletzungen. Je nachdem wie einschneidend eine Sanktion ist, wird die Bindung verstärkt oder vermindert.[672]

e) Ausgestaltung von Verfügungsbeschränkungen

Einen entscheidenden Einfluss hat auch die Tatsache, ob der Aktionärbindungsvertrag
Verfügungsbeschränkungen bezüglich der Aktien der Beteiligten enthält und wie diese
ausgestaltet sind. Können die Beteiligten ihre Aktien leicht veräussern und sich auf diese Weise vom Vertragsverhältnis lösen, ist eine übermässige Bindung bezüglich der
Dauer des Vertrages in der Regel zu verneinen. Unterliegen die Parteien dagegen stren-

---

[668] Vgl. den Überblick bei BUCHER, Berner Kommentar, Art. 27 ZGB, N 426 ff.
[669] BGE 93 II 300.
[670] Allgemein zur Problematik der Konkurrenzverbote für Aktionäre WÜRSCH, S. 98 ff.
[671] Vgl. dazu oben Ziff. II/1, S. 150.
[672] Vgl. dazu oben Ziff. II/1, S. 150.

gen Verfügungsbeschränkungen, kann eine lange Vertragsdauer eher eine übermässige Bindung darstellen.

3. Folgen einer Überschreitung der zulässigen Höchstdauer

Gemäss Art. 20 Abs. 1 OR ist ein Vertrag, der einen unmöglichen oder widerrechtlichen Inhalt hat oder gegen die guten Sitten verstösst, nichtig. Nichtigkeit bedeutet nach traditioneller Auffassung, dass von Anfang an keine Vertragswirkungen eintreten, die Nichtigkeit unheilbar ist, sich jedermann jederzeit darauf berufen kann und sie durch den Richter von Amtes wegen zu beachten ist.[673] Nach heutiger Auffassung von Lehre[674] und Rechtsprechung[675] hat aber ein Verstoss gegen Art. 19 OR oder Art. 27 Abs. 2 ZGB nicht mehr unbedingt die genannten Auswirkungen. Insbesondere bei Fällen von Art. 27 Abs. 2 ZGB wird davon ausgegangen, dass nicht jedermann, sondern nur der in seiner Freiheit zu Schützende sich auf die Unwirksamkeit des Vertrages berufen könne (Beschränkung des Klägerkreises) und dass der Zeitpunkt des Einsetzens der Unwirksamkeit variabel sein sollte (je nach Umständen Wirkung ex tunc oder ex nunc).[676] Während man sich über die Angemessenheit dieser weniger weit gehenden Folgen einig ist mit der Begründung, das Ziel der Sanktionen solle nicht das Dahinfallen des Vertrages, sondern die Behebung des Mangels, also der übermässigen Bindung sein, ist man sich über die dogmatische Begründung uneinig. Während HUGUENIN JACOBS[677] von Art. 20 Abs. 1 OR ausgeht, aber den Nichtigkeitsbegriff relativiert - sie spricht von einem flexiblen Nichtigkeitsbegriff -, ist KRAMER[678] der Meinung, dass Art. 20 OR nur den traditionellen Nichtigkeitsbegriff beinhaltet und abweichende Modalitäten bezüglich der Folgen nur im Sinne einer Einschränkung des traditionellen Nichtigkeitsbegriffs oder durch Ausklammerung der entsprechenden Fälle aus dem Anwendungsbereich von Art. 20 OR zu begründen seien. Letztere Variante wird von BUCHER[679] vertreten, der Art. 27 ZGB als eigenständig und nicht unter die Folgen von Art. 20 OR fallend betrachtet. Er beurteilt die Nichtigkeitsthese als verfehlt und vertritt

---

[673] HUGUENIN JACOBS, Basler Kommentar, Art. 19/20 OR N 53, KRAMER, Berner Kommentar, Art. 19-20 OR N 308 ff.; GAUCH/SCHLUEP/SCHMID/REY, N 681; BGE 114 II 333, 110 II 368, 108 II 409, 97 II 115, 95 II 537.

[674] A. BUCHER, N 448; KRAMER, Berner Kommentar, Art. 19-20 OR N 370; GAUCH/SCHLUEP/ SCHMID/REY, N 685; HUGUENIN JACOBS, Basler Kommentar, Art. 19/20 OR N 55 ff.

[675] BGE 120 II 35, 117 II 275, 114 II 163 f, 112 II 436 ff..

[676] BUCHER, Berner Kommentar, Art. 27 ZGB N 527.

[677] HUGUENIN JACOBS, Basler Kommentar, Art. 19/20 OR N 55.

[678] KRAMER, Berner Kommentar, Art. 19-20 OR N 308 ff.

[679] BUCHER, AT, S. 241 f. und Berner Kommentar, Art. 27 ZGB N 556 ff.

den Standpunkt, aus Art. 27 ZGB ergebe sich eine Vertragsterminierung oder Kündigungsmöglichkeit eigner Art.[680] Diese Kontroverse soll hier nicht vertieft werden, da
Lehre und Rechtsprechung trotz uneinheitlicher Begründung zu denselben Resultaten
kommen. Entscheidend ist, dass die hier interessierende Frage der Folgen einer übermässigen Bindung einheitlich betrachtet wird: Der zu Schützende (und nur er) kann
sich auf die Unwirksamkeit des Vertrages berufen; der Zeitpunkt des Einsetzens der
Unwirksamkeit kann je nach den Umständen verschieden sein (ex tunc oder ex nunc),
wobei bei Dauerverträgen in der Regel die Unwirksamkeit ex nunc angenommen werden wird.[681]

Folgt man der herrschenden Lehre, wonach die Folgen einer übermässigen Bindung
nach Art. 27 Abs. 2 ZGB grundsätzlich gestützt auf Art. 20 OR zu beurteilen sind
(wenn auch mit den dargestellten Einschränkungen), so ist auch die Regel des Abs. 2
von Art. 20 OR zu beachten. Dieser sieht vor, dass wenn der Mangel bloss einzelne
Teile des Vertrages betrifft, nur diese nichtig sind, ausser es sei anzunehmen, dass er
ohne den nichtigen Teil nicht geschlossen worden wäre. Im Zusammenhang mit Aktionärbindungsverträgen kann diese Norm durchaus Bedeutung erlangen. Aktionärbindungsverträge enthalten in der Regel mehrere Vertragsgegenstände und es ist möglich,
dass eine übermässige Bindung bzw. Dauer nur bezüglich einzelner Punkte bejaht wird.
Die Möglichkeit der Teilnichtigkeit kommt aber nur dann zum Zuge, wenn ein Teil-
mangel vorliegt und das Gesetz bezüglich der Sanktionen Ganz- oder Teilnichtigkeit
indifferent ist.[682] Neben dieser Voraussetzung ist weiter zu prüfen, ob die Parteien
selbst eine von Art. 20 Abs. 2 OR abweichende Regelung vereinbart haben. Es ist jedenfalls immer jene Lösung zu wählen, die dem hypothetischen Parteiwillen am ehesten entspricht.[683]

---

[680] BUCHER, Berner Kommentar, Art. 27 ZGB N 531 ff.
[681] Vgl. auch A. BUCHER, N 446 und 448.
[682] HUGUENIN JACOBS, Basler Kommentar, Art. 19/20 OR N 62; BGE 120 II 41, 114 II 163.
[683] HUGUENIN JACOBS, Basler Kommentar, Art. 19/20 OR N 63 ff.; BGE 120 II 41, 114 II 163, 107
II 218 + 424.

III. Konkrete Regelungen bezüglich der Dauer von Aktionärbindungsverträgen

1. Vertrag auf Lebzeit eines Aktionärs

Eine Regelung, wonach der Aktionärbindungsvertrag bis zum Tode eines Aktionärs dauern soll, ist problematisch, es kann aber nicht generell gesagt werden, dass die so bestimmte Dauer per se zu lang ist und eine übermässige Bindung darstellt.[684] Man muss jeweils den konkreten Einzelfall und den Vertragsinhalt betrachten. Wesentlich ist vor allem auch das Alter der Beteiligten: Hängt die Vertragsdauer beispielsweise von einem dreissigjährigen Aktionär ab, ist eine Überschreitung der Höchstdauer wohl zu bejahen; ist der betreffende Aktionär dagegen siebzig, ist die Dauer nicht übermässig.[685] Für die als einfache Gesellschaft zu qualifizierenden Aktionärbindungsverträge ist Folgendes zu ergänzen: Das Gesetz sieht in Art. 545 Abs. 1 Ziff. 6 vor, dass Gesellschaften, die auf Lebenszeit eines Gesellschafters geschlossen wurden, ordentlich - also mit einer Frist von sechs Monaten - gekündigt werden können. Da aber diese Bestimmung nur dispositiver Natur ist,[686] kann die einfache Gesellschaft auf Lebenszeit eines Gesellschafters geschlossen und die ordentliche Kündigungsmöglichkeit vertraglich ausgeschlossen werden.[687] Bei einer solchen Regelung ist dann - wie oben dargestellt - immer die Beschränkung durch Art. 27 Abs. 2 ZGB zu berücksichtigen.

Um Missverständnisse und Unklarheiten zu verhindern, ist in einer entsprechenden Vereinbarung jeweils zu definieren, ob der Vertrag bzw. die Gesellschaft bis zum Tod einer bestimmten Person dauern soll oder bis zum Tod irgendeines Beteiligten (was bedeutet, bis zum Tod des Erstversterbenden). Es muss im Übrigen mit einem „Vertrag auf Lebenszeit eines Vertragspartners" nicht immer gemeint sein, dass der (Gesellschafts-)Vertrag genau bis zum Tod des Betreffenden bestehen soll. Der Tod eines Beteiligten kann auch lediglich die Höchst- oder Mindestdauer des Vertrags festlegen.[688] Ist eine Mindestdauer vorgesehen, bedeutet dies, dass der Vertrag oder die Gesellschaft vor Ablauf dieser Dauer nicht ordentlich aufgelöst werden kann, also insbesondere eine

---

[684] Vgl. dazu auch BGE 56 II 191 f.

[685] Vgl. dazu JÄGGI, Gesellschaft auf Lebenszeit, S. 120; LUDWIG, S. 435.

[686] BGE 106 II 229. Diese Meinung vertrat JÄGGI bereits 1964 mit überzeugenden Argumenten (Gesellschaft auf Lebenszeit, S. 122 ff.).

[687] APPENZELLER, S. 56, STAEHELIN, Basler Kommentar, Art. 545/546 OR N 28, FORSTMOSER/ MEIER-HAYOZ/NOBEL, § 39 N 183.

[688] Vgl. das Beispiel, welches BGE 106 II 226 ff. zugrunde liegt.

Kündigung nach Art. 546 Abs. 1 OR ausgeschlossen ist.[689] Möglich bleibt aber immer eine ausserordentliche Kündigung wie beispielsweise bei wichtigen Gründen und die Beschränkung durch Art. 27 ZGB. Ist dagegen eine Höchstdauer vereinbart, bleibt die ordentliche Kündigung möglich.[690]

2.   Vertrag auf Dauer der Aktiengesellschaft

Es besteht oft ein Interesse der Beteiligten, einen Aktionärbindungsvertrag für die ganze Dauer des Bestehens der Aktiengesellschaft abzuschliessen.[691] Eine entsprechende Regelung ist aber problematisch,[692] da die Dauer des Bestehens einer Aktiengesellschaft unbestimmt ist und sie theoretisch „ewig" bestehen kann. Der Abschluss eines Aktionärbindungsvertrages auf „ewige Zeiten" ist aber nicht mit Art. 27 Abs. 2 ZGB vereinbar.[693] Eine Klausel, welche die Dauer des Aktionärbindungsvertrages vom Bestehen der Aktiengesellschaft abhängig macht, ist daher in den meisten Fällen unzulässig.[694] Eine Ausnahme kann dann bestehen, wenn sich die Beteiligten leicht vom Vertrag lösen können, indem beispielsweise der Vertrag vorsieht, dass ein Gesellschafter austreten kann, wenn er die Aktien veräussert und eine Veräusserung nicht zu stark erschwert wird.

3.   Vertrag auf eine bestimmte Anzahl Jahre

Es ist grundsätzlich zulässig, in Aktionärbindungsverträgen zu vereinbaren, dass der Vertrag beziehungsweise die einfache Gesellschaft während einer bestimmten Anzahl Jahre dauern und mit Ablauf dieser Dauer ohne weiteres enden soll. Eine solche Rege-

---

[689] BGE 106 II 229.

[690] STAEHELIN, Basler Kommentar, Art. 545/546 OR N 28 m.w.H. Bei einfachen Gesellschaften ist insbesondere eine ordentliche Kündigung nach Art. 546 Abs. 1 OR möglich, sofern die Parteien nichts anderes vereinbart haben (BGE 106 II 230).

[691] AMTLBULL NR 1985 1765; APPENZELLER, S. 54; FORSTMOSER/MEIER-HAYOZ/NOBEL, § 39 N 174 und 188; SETTELEN, WEKA, 2.3 S. 2.

[692] APPENZELLER, S. 54; FORSTMOSER/MEIER-HAYOZ/NOBEL, § 39 N 188 und FORSTMOSER, FS Schluep, S. 372 f.; BÖCKLI, Aktienrecht, N 1440; LUDWIG, S. 435. Vgl. auch die Diskussion im Nationalrat, AMTLBULL NR 1985 1765.

[693] BÖCKLI/MORSCHER, S. 63; WEBER, SAV, S. 86.

[694] BINDER, S. 324, hält einen auf Dauer der Aktiengesellschaft abgeschlossenen Aktionärbindungsvertrag, der die Kündigungsmöglichkeit auf den Fall von wichtigen Gründen beschränkt, für zulässig.

lung ist allerdings nur insoweit zulässig, als die noch mit Art. 27 Abs. 2 ZGB zu vereinbarende Höchstdauer nicht überschritten wird.[695]
Bezüglich der längstmöglichen Dauer lassen sich keine verbindlichen Aussagen machen, da diese im Einzelfall zu beurteilen ist und vom konkreten Vertragsinhalt abhängt. Man kann aber generell feststellen, dass die Gerichte dazu tendieren, auch sehr lange dauernde Bindungen zu tolerieren und Dauerschuldverhältnisse im Bereich von 20 Jahren noch geschützt werden.[696]

4. Vertrag auf Dauer der Aktionärseigenschaft

Sieht ein Aktionärbindungsvertrag vor, dass die Vertragsbindung für die Dauer der Aktionärseigenschaft gelten soll, bezwecken die Parteien meist Folgendes: Verliert ein Aktionär die Aktionärseigenschaft, soll er aus der einfachen Gesellschaft bzw. als Vertragspartner ausscheiden und das Vertragsverhältnis soll mit den verbleibenden Partnern weitergeführt werden. Es handelt sich also meist nicht um eine Beendigung des ganzen Vertragsverhältnisses (sofern mehr als zwei Personen beteiligt sind), sondern um eine Regelung des Ausscheidens einer Person. Diese Problematik wird weiter hinten näher betrachtet.[697]
Wollten die Parteien dagegen effektiv die Beendigung des Vertragsverhältnisses bei Verlust der Aktionärseigenschaft eines Beteiligten, so ist Folgendes zu beachten: Aktionärbindungsverträge auf Dauer der Aktionärseigenschaft sind unter dem Gesichtspunkt von Art. 27 Abs. 2 ZGB dann unproblematisch, wenn die Verfügungsmöglichkeit der beteiligten Aktionäre über ihre Aktien nicht oder nicht zu stark eingeschränkt wird und sie sich damit von der Vertragsbindung befreien können[698] oder wenn der Vertrag noch eine ordentliche Beendigungsmöglichkeit vorsieht. Bestehen dagegen strenge Verfügungsbeschränkungen, kann ein solcher Aktionärbindungsvertrag in Bezug auf die Dauer übermässig bindend sein.

---

[695] Vgl. zu Art. 27 Abs. 2 ZGB oben Ziff. II, S. 150 ff.
[696] LUDWIG, S. 433; vgl. auch FORSTMOSER, FS Schluep, S. 370. Das deutsche Reichsgericht hatte gegen eine Dauer von 10 Jahren nichts einzuwenden (RGZ 111, 405) = JW 1926 549 mit Anm. von FISCHER.
[697] Siehe Kapitel 8, S.
[698] FORSTMOSER, FS Schluep, S. 372; FORSTMOSER/MEIER-HAYOZ/NOBEL, § 39 N 187.

5. Prolongationsklausel

Laut Bundesgericht schützt Art. 27 ZGB „nicht vor langer Vertragsdauer, sondern vor übermässiger Bindung. Die Bestimmung verbietet insbesondere nicht, ein Dauerschuldverhältnis periodisch oder in unregelmässigen Abständen durch autonome Absprache zu erneuern, solange die einzelnen Perioden nicht eine übermässige Bindung bewirken."[699] Massgebend ist also die Dauer der unausweichlichen Vertragsbindung, nicht die Dauer der tatsächlich gelebten Vertragsbeziehung. Das bedeutet, dass Regelungen in Aktionärbindungsverträgen, welche eine feste Vertragsdauer verbunden mit einer Prolongationsklausel vorsehen, unproblematisch sind, sofern die feste Vertragsdauer innerhalb der zulässigen Höchstdauer nach Art. 27 Abs. 2 ZGB liegt.[700]

§ 2 Ausserordentliche Beendigung

Ausserordentliche Beendigung eines Vertrages bedeutet, dass er vor der einem störungsfreien Ablauf entsprechenden Dauer beendet wird. Damit eine ausserordentliche Beendigung eintritt, muss ein spezieller Grund oder eine bestimmte Situation vorliegen (Beendigungsgrund) und eine gesetzliche Norm oder vertragliche Vereinbarung bestehen, welche die Vertragsbeendigung für diese Situation vorsieht (Beendigungsregel). Was die Nominatverträge betrifft, hat der Gesetzgeber im Besonderen Teil des Obligationenrechts und in Spezialgesetzen Normen für diese ausserordentlichen Situationen aufgestellt. Daneben gibt es weitere Beendigungsregeln, welche für alle Nominat- und Innominatverträge gelten. Diese Regeln sind entweder im Allgemeinen Teil des Obligationenrechts genannt oder wurden von Lehre und Rechtsprechung entwickelt. Daneben können auch die Parteien selbst im Vertrag ausserordentliche Beendigungsregeln vorsehen.

Im Zusammenhang mit Aktionärbindungsverträgen ist von Bedeutung, dass es schuldrechtlich und gesellschaftsrechtlich ausgestaltete Verträge gibt. Da erstere als Innominatverträge zu qualifizieren sind, sind auf sie die Regeln des Besonderen Teils des Obligationenrechts nicht direkt anwendbar. Auf Aktionärbindungsverträge, welche gesellschaftsrechtlich ausgestaltet sind, kommen dagegen Regeln des Gesellschaftsrecht zur Anwendung. Da es sich in den meisten Fällen um einfache Gesellschaften handelt -

---

[699]   BGE 114 II 163; ZR 1933 139 E. 10; BUCHER, Berner Kommentar, Art. 27 ZGB N 277.
[700]   Vgl. dazu Ziff. II, S. . BGE 114 II 163; ZR 1933 139 E. 10; BUCHER, Berner Kommentar, Art. 27 ZGB N 277.

andere Gesellschaftsformen sind möglich, aber eher selten[701] - wird im Folgenden bezüglich der Beendigungsregeln nur auf die einfache Gesellschaft eingegangen. Anzu-
merken ist, dass die Art. 545 ff. OR unter der Marginalie „Beendigung der Gesellschaft" einerseits die Auflösungsgründe[702] und andererseits die Liquidation[703] der
Gesellschaft behandeln. Damit wird gezeigt, dass die Beendigung einer einfachen Gesellschaft zwei Schritte umfasst: Der erste Schritt besteht in der Verwirklichung eines
Auflösungsgrundes und damit der Auflösung, in einem zweiten Schritt muss dann die
Liquidation der Gesellschaft erfolgen.[704] In der vorliegenden Arbeit werden nur die
Auflösungsgründe behandelt, da im Zusammenhang mit dem behandelten Thema in
erster Linie die Beendigungsgründe und -regeln interessieren, weniger aber die Liquida-
tionsmodalitäten.

Im Folgenden werden zuerst in Ziffer I die möglichen Beendigungsregeln aufgezeigt.
Anschliessend folgt in Ziffer II eine Untersuchung der verschiedenen Beendigungsgründe beziehungsweise der Situationen, welche den Wunsch nach einer vorzeitigen
ausserordentlichen Beendigung hervorrufen können. Gleichzeitig wird geprüft, inwieweit die vorgängig dargestellten Regeln darauf angewendet werden können.

I.   Beendigungsregeln

1.   Clausula rebus sic stantibus / Art. 2 ZGB

Verträge sind jeweils von äusseren Umständen und Rahmenbedingungen beeinflusst,
welche den Wert eines Vertrages bzw. einer Leistung für die Parteien bestimmen und
die Interessenlage beeinflussen. Diese Verhältnisse können sich im Verlauf der Ver-
tragsabwicklung - vor allem bei Dauerschuldverhältnissen - verändern und die Frage
aufwerfen, ob bei solchen Änderungen der Vertrag überhaupt noch gilt bzw. ob ihn der
Richter anpassen kann (Anpassung meint dabei entweder Änderung des Inhalts oder
der Vertragsdauer). Gestützt auf das Prinzip „pacta sunt servanda" und die Überlegung,
dass die Parteien mit gewissen Veränderungen rechnen müssen, gilt grundsätzlich die
Regel, dass bei Änderungen der Verhältnisse keine Vertragsanpassung eintritt, ausser
wenn Vertrag oder Gesetz es speziell vorsehen. Dies kann jedoch bei unvorhersehba-
ren und sehr wesentlichen Veränderungen zu einer Vertragsungerechtigkeit führen. Um

---

[701]   Vgl. dazu Kapitel 2, § 1, Ziff. II/2, S. 33 f.
[702]   Art. 545 f. OR
[703]   Art. 548 ff. OR
[704]   VON STEIGER, SPR, S. 450; STAEHELIN, Basler Kommentar, Art. 545/546 OR N 2.

dies zu verhindern, hat man sich in der älteren Lehre zum Teil mit der „clausula rebus sic stantibus" beholfen und eine stillschweigende vertragliche Abrede angenommen, wonach „der Vertrag nur solange gelten solle, als sich die Verhältnisse in dem bisherigen Rahmen bewegen".[705] Heute wird die Problematik - vor allem auch durch das Bundesgericht - mit Hilfe von Art. 2 Abs. 2 ZGB (Rechtsmissbrauch) angegangen, mit der Begründung, dass bei veränderten Verhältnissen das Festhalten einer Partei an ihrem Vertragsanspruch rechtsmissbräuchlich sein kann.[706] Die Voraussetzungen dazu sind aber sehr streng: Gemäss Bundesgericht kann der Richter aufgrund veränderter Verhältnisse nur eingreifen, wenn die Veränderung nachträglich und von der betroffenen Partei nicht voraussehbar war[707] und ein grobes Missverhältnis zwischen dem Wert der Leistungen bewirkt.[708] Als selbstverständlich vorausgesetzt wird, dass die betroffene Partei die Veränderung nicht selbst verschuldete. In Bezug auf die Rechtsfolgen eines rechtsmissbräuchlichen Festhaltens am Vertrag ist heute anerkannt, dass der betreffende Vertrag nicht einfach nichtig ist, sondern auch die Möglichkeit besteht, den Vertrag nur anzupassen.[709]

2.   Art. 27 Abs. 2 ZGB

Wie bereits ausgeführt wurde, können Verträge mit einer zu langen Dauer eine übermässige Bindung nach Art. 27 Abs. 2 ZGB bewirken. Der von der übermässigen Bindung Betroffene kann in einem solchen Fall die Beendigung des Vertrages verlangen.[710]

3.   Kündigung aus wichtigem Grund

Bei den gesetzlich geregelten Dauerschuldverhältnissen ist in vielen Fällen zwingend vorgesehen, dass beim Vorliegen wichtiger Gründe der Vertrag vorzeitig aufgelöst werden kann.[711] Bei anderen Dauerschuldverhältnissen, d.h. bei gesetzlich geregelten, bei denen keine Kündigung aus wichtigem Grund vorgesehen ist, sowie bei Innominat-

---

[705] BUCHER, AT, S. 396 Fn 21.
[706] BGE 97 II 398 E. 6, 100 II 349 E. 2b, 107 II 348, je m.w.H.
[707] Vgl. BGE 101 II 21, wo die Anwendung der clausula rebus sic stantibus wegen Voraussehbarkeit der Änderung verneint wurde.
[708] Vgl. BGE 100 II 349.
[709] Vgl. BUCHER, AT, S. 397 m.w.H.
[710] Vgl. vorne Ziff. II/3, S. 155 f.
[711] So beispielsweise im Mietrecht (Art. 266g OR), im Pachtrecht (Art. 297 OR) und im Arbeitsrecht (Art. 337 OR) oder bei der Verpfründung (Art. 527 OR).

kontrakten, kann der Richter mittels Richterrecht eine analoge Regelung schaffen.[712] Heute wird die Möglichkeit der Kündigung aus wichtigem Grund als allgemein geltendes Prinzip bei Dauerschuldverhältnissen anerkannt.[713]

a) Kündigung aus wichtigem Grund bei der einfachen Gesellschaft

Das Recht der einfachen Gesellschaft sieht vor, dass jeder Gesellschafter jederzeit beim Richter die Auflösung der Gesellschaft aus wichtigen Gründen beantragen kann.[714] Wichtige Gründe liegen nach bundesgerichtlicher Rechtsprechung vor, wenn „die wesentlichen Voraussetzungen persönlicher und sachlicher Natur, unter denen der Gesellschaftsvertrag eingegangen wurde, nicht mehr vorhanden sind, so dass die Erreichung des Gesellschaftszweckes in der bei der Eingehung der Gesellschaft beabsichtigten Art nicht mehr möglich,[715] wesentlich erschwert oder gefährdet wird" und dem Gesellschafter „die Fortsetzung der Gesellschaft nicht mehr zugemutet werden kann".[716] Hat ein Gesellschafter den Eintritt der wichtigen Gründe überwiegend selbst verschuldet oder auf die Geltendmachung definitiv verzichtet, kann er die Auflösung nicht verlangen, da dies rechtsmissbräuchlich wäre.[717]

Gestützt auf Judikatur und Lehre lassen sich v.a. folgende Kategorien von Fällen von wichtigen Gründen bilden:[718]

- Verfehlungen oder Vorkommnisse ausserhalb des Geschäftsbetriebs

---

[712] Bei den gesetzlich geregelten Dauerschuldverhältnissen, welche keine Kündigung aus wichtigem Grund vorsehen, ist noch zu prüfen, ob ein qualifiziertes Schweigen des Gesetzgebers oder eine Lücke vorliegt. Gemäss GAUCH, (S. 193 ff.) liegt - ausser im Mietrecht - eine Lücke vor. (Die genannte Ausnahme des Mietrechts gibt es aber mittlerweile nicht mehr, da auch im Mietrecht eine Kündigung aus wichtigem Grund eingeführt wurde.) Zustimmend KRAMER, Berner Kommentar, Allgemeine Einleitung in das schweizerische OR N 164. Vgl. auch BGE 99 II 310, 96 II 156, 92 II 300 = Pra 56/1967 Nr. 55 S. 174, sowie BGE 78 II 37 und 60 II 336 = Pra 41 Nr. 44 S. 120 ff., wo die Regelung des Arbeitsrechts auf den Alleinvertriebsvertrag angewendet wurde.

[713] BUCHER, Basler Kommentar, Vorbemerkungen zu Art. 1-40 OR N 30; KRAMER, Berner Kommentar, Allgemeine Einleitung in das schweizerische OR N 164. Vgl. auch SCHLUEP, der bei denjenigen Innominatkontrakten, welche ein Dauerschuldverhältnis begründen, meist auf diese Regel verweist (SCHLUEP, Basler Kommentar, Einleitung vor Art. 184 ff. OR, N 106, 26, 143, 173, 209, 286, 311, 360, 378, 401, 417, 437); BERGSMA, S. 17. Vgl. auch BJM 1994, S. 139 f. und die in der vorhergehenden Fussnote angegebenen Entscheide.

[714] Art. 545 Abs. 1 Ziff. 7 OR. Ausführlich zur Kündigung aus wichtigem Grund ROGGWILER, S. 36 ff.; SAXER und MERZ, FS Gutzwiler.

[715] Hierzu ist zu bemerken, dass die Unmöglichkeit der Erreichung des Gesellschaftszweckes einen eigenen Beendigungsgrund darstellt.

[716] BGE 20 596 ff., 24 II 193, 30 II 461 ff., ZR 1945 237 f.; STAEHELIN, Basler Kommentar, Art. 545/546 OR N 30; VON STEIGER, SPR, S. 459.

[717] BGE 12 199 f., 20 596.

[718] Vgl. dazu ausführlich BERGSMA, S. 28 ff.

- Subjektive Gründe beim Auflösungswilligen, z.B: schwere Krankheit oder Unfall[719]
- Erschwerung der Erreichung des Gesellschaftszweckes[720]

Der Richter hat jeweils eine Einzelfallentscheidung zu treffen, wobei ihm die obgenannte Formel als Richtschnur dienen sollte.[721] Im Rahmen der Interessenabwägung zwischen dem beendigungswilligen Gesellschafter und dem Erhaltungsinteresse der übrigen Gesellschafter, können beispielsweise folgende Kriterien als Entscheidungshilfe dienen:[722] Art und Zweck der Gesellschaft, die Stellung der Parteien, die ordentlichen Kündigungsmöglichkeiten oder der mögliche Schaden. Wichtige Gründe können u.a. bejaht werden bei Verschweigen von bedeutenden Privatschulden durch einen Gesellschafter[723], bei Verwendung von Gesellschaftsvermögen zu eigenen Zwecken[724], Insolvenz[725] u.ä. Das Vorliegen von wichtigen Gründen wurde dagegen beispielsweise verneint bei Ausübung der Geschäftsführung gegen den Willen des Mitgesellschafters aber innerhalb der zustehenden Kompetenz.[726]

Das Kündigungsrecht aus wichtigen Gründen ist ein Gestaltungsklagerecht, der Auflösungswillige muss also an den Richter gelangen.[727] Das Urteil, welches die Gesellschaft auflöst, ist ein Gestaltungsurteil mit Wirkung ex nunc.[728] Es ist zu empfehlen, vor der Einreichung einer Klage zuerst eine Kündigung gegenüber den Mitgesellschaftern auszusprechen, beispielsweise gestützt auf Art. 27 Abs. 2 ZGB, und diese anzufragen, ob sie mit der Auflösung einverstanden sind. Unter Umständen hat der Auflösungswillige bereits damit Erfolg und kann sich einen Prozess ersparen. Es liegt dann allerdings nicht eine Auflösung nach Art. 545 Abs. 1 Ziff. 7 OR vor, da eine solche eines Urteils bedarf, sondern eine Auflösung nach Art. 27 ZGB oder eine einvernehmliche Auflösung. Die Parteien haben auch die Möglichkeit, vertraglich eine Kündigung aus wichtigen Gründen vorzusehen, sei es fristlos oder unter Einhaltung einer bestimmten Frist;

---

[719] BERGSMA, S. 40 f.; BECKER, Berner Kommentar, Art. 545 OR N 24.
[720] BERGSMA, S. 41 ff. Bei Unmöglichkeit der Erreichung des Gesellschaftszweckes gibt es einen eigenen Auflösungsgrund, nämlich Art. 545 Abs. 1 Ziff. 1 OR.
[721] BERGSMA, S. 20.
[722] Vgl. BERGSMA, S. 21 ff.
[723] SIEGWART, Zürcher Kommentar, Art. 545-547 OR N 31
[724] BGE 20 597, 24 II 199.
[725] BGE 29 II 103
[726] BGE 24 II 195, weitere Beispiele bei STAEHELIN, Basler Kommentar, Art. 545/546 OR N 31 und BERGSMA, S. 28 ff. sowie SIEGWART, Zürcher Kommentar, Art. 545-547 OR N 31.
[727] Art. 545 Abs. 1 Ziff. 7 OR.
[728] BGE 74 II 173; SIEGWART, Zürcher Kommentar, Art. 545-547 OR N 34; VON STEIGER, SPR, S. 460; BECKER, Berner Kommentar, Art. 545 OR N 20.

eine solche Kündigung würde bereits mit Ablauf der Kündigungsfrist wirksam, nicht erst mit einem Urteil. Selbstverständlich kann es auch in diesen Fällen immer noch zu einem Prozess kommen, falls die übrigen Gesellschafter die Kündigung nicht akzeptieren wollen. Trotzdem kann die Folge der früheren Wirksamkeit der Kündigung vorteilhaft sein.

b) Kündigung aus wichtigem Grund bei schuldrechtlichen Aktionärbindungsverträgen

Wie bereits erwähnt,[729] ist die Kündigungsmöglichkeit aus wichtigem Grund ein allgemeines Prinzip, welches auch bei Innominatverträgen, wie den schuldrechtlichen Aktionärbindungsverträgen, gilt. Bei der Anwendung dieses Prinzips auf Verträge, bei denen eine Kündigung aus wichtigem Grund nicht bereits gesetzlich vorgesehen ist, muss jeweils noch entschieden werden, ob die Auflösung fristlos möglich ist (wie beispielsweise im Arbeitsrecht) oder ob eine bestimmte Frist einzuhalten ist (wie im Miet- und Pachtrecht). Dabei ist m.E. in der Regel eine fristlose Auflösungsmöglichkeit anzunehmen. Dies aus folgenden Gründen: Eine Kündigungsfrist bei der Auflösung aus wichtigem Grund ist nur im Miet- und Pachtrecht vorgesehen. Dies stellt eine im Gesetz ausdrücklich geregelte Ausnahme dar, in den anderen Fällen besteht keine Kündigungsfrist. Eine fristlose Auflösung entspricht auch eher dem Sinn und Zweck der Auflösung aus wichtigem Grund. Wenn ein Weiterbestehen des Vetragsverhältnisses als unzumutbar betrachtet wird, dann ist eine sofortige Auflösung angebracht und eine Weiterführung bereits während einer kurzen Frist unzumutbar.

Für die einzelnen Vertragsarten ist jeweils auch zu prüfen, ob das Beendigungsrecht bei Vorliegen wichtiger Gründe ein Gestaltungsrecht oder ein Gestaltungsklagerecht ist (wie nach Art. 545 Abs. 1 Ziff. 7 OR). Dabei ist im Normalfall Ersteres anzunehmen, da die Notwendigkeit der Beschreitung des Prozessweges nur im Gesellschaftsrecht vorgesehen ist und ein solches Vorgehen bei andern Vertragsarten nicht sinnvoll erscheint.[730] In der Praxis wird es aber auch bei Verneinung eines Gestaltungsklagerechts häufig zu einem (schieds-)gerichtlichen Verfahren kommen, da die Vertragspartner die Beendigung oft nicht ohne weiteres akzeptieren.

Der Begriff „wichtiger Grund" ist sehr unbestimmt, und es ist in jedem konkreten Fall aufgrund der speziellen Umstände zu prüfen, ob ein solcher vorliegt. Bei dieser Prüfung handelt es sich um einen Ermessensentscheid, bei dem Art. 4 ZGB zu berück-

---

[729] Vgl. oben S. 163 f.
[730] Vgl. die Ausführungen bei GAUCH, S. 181 f.

sichtigen ist.[731] Das Gesetz nennt als Konkretisierung das Kriterium, dass die Erfüllung bzw. das Weiterbestehen des Vertrages für den Kündigenden nach Treu und Glauben unzumutbar ist.[732] Das Bundesgericht hat zudem in mehreren Entscheiden als Voraussetzung genannt, „dass die Veränderungen der Verhältnisse, die als wichtiger Grund geltend gemacht werden, bei Vertragsschluss nicht voraussehbar waren".[733]

4. Aufhebung durch gegenseitige Übereinkunft

Die Parteien können einen Aktionärbindungsvertrag jederzeit durch gegenseitige Übereinkunft auflösen. Handelt es sich beim Zusammenschluss der Vertragspartner um eine einfache Gesellschaft, ergibt sich diese Möglichkeit aus Art. 545 Abs. 1 Ziff. 4 OR; der entsprechende Beschluss bedarf diesfalls der Zustimmung sämtlicher Gesellschafter, ausser wenn der Gesellschaftsvertrag ausdrücklich etwas anderes vorsieht.[734] Handelt es sich um einen als Innominatvertrag qualifizierten Aktionärbindungsvertrag, besteht die gleiche Möglichkeit. Der Aufhebungsvertrag (auch contrarius actus oder contrarius consensus) wird zwar vom Obligationenrecht nicht allgemein vorgesehen; die Zulässigkeit der vertraglichen Aufhebung eines ganzen Schuldverhältnisses ergibt sich aber aus der Vertragsfreiheit.[735] Für das Zustandekommen des Aufhebungsvertrages gelten die allgemeinen Regeln des Vertragsschlusses.

Bezüglich der Frage der Formerfordernisse gilt die Regelung von Art. 115 OR, der nach herrschender Lehre und Rechtsprechung auf die Aufhebung von Rechtsgeschäften analog angewendet werden kann, obwohl er gemäss Wortlaut nur für die Aufhebung von Forderungen gilt.[736] Art. 115 OR bestimmt, dass die Aufhebung formlos möglich ist, selbst wenn „zur Eingehung der Verbindlichkeit eine Form erforderlich oder von den Vertragsschliessenden gewählt war". Aktionärbindungsverträge sehen nun häufig vor, dass alle Änderungen des Vertrages schriftlich zu erfolgen haben. Eine solche Abrede bezieht sich nun auch auf die gänzliche oder teilweise Aufhebung des Vertrages. In diesen Fällen - wenn also nicht nur zu Eingehung des Vertrages, sondern

---

[731] GAUCH, S. 174 ff.
[732] Vgl. beispielsweise die Art. 266g, 297 und 337 OR.
[733] BGE 63 II 82 m.w.H.; vgl. auch das nichtveröffentlichte Bundesgerichtsurteil vom 24.10.1994, in SJZ 1995, S. 177.
[734] VON STEIGER, SPR, S. 455; STAEHELIN, Basler Kommentar, Art. 545/546 OR N 18; SIEGWART, Zürcher Kommentar, Art. 545-547 OR N 14; PATRY, S. 257.
[735] BUCHER, AT, S. 390.
[736] BGE 95 II 425; BUCHER, AT, S. 390; GAUCH/SCHLUEP/SCHMID/REY, N 3523; GONZENBACH, Basler Kommentar, Art. 115 OR N 2.

auch zu dessen Änderung ausdrücklich die Einhaltung einer bestimmten Form vereinbart wurde - geht diese Parteivereinbarung der Regelung von Art. 115 OR vor und die Aufhebung bedarf der vereinbarten Form.[737]

5.   Art. 83, 95, 96, 97 und 107 Abs. 2 OR

a)   *Anwendbarkeit bei schuldrechtlichen Aktionärbindungsverträgen*

Art. 83 OR:

Diese Norm enthält eine Regelung für den Fall, dass bei synallagmatischen Verträgen eine Partei zahlungsunfähig wird. Zahlungsunfähigkeit bedeutet dabei, dass der Schuldner mangels genügender Geldmittel während unbestimmter Zeit nicht imstande ist, seinen Verpflichtungen nachzukommen. Die Zahlungsunfähigkeit äussert sich beispielsweise durch Konkurs, fruchtlose Pfändung, Einstellung der Zahlungen etc.[738] Für diese Fälle sieht Art. 83 OR vor, dass die andere Vertragspartei bei Gefährdung ihres Anspruches ihre Leistung solange zurückhalten kann, bis ihr die Gegenleistung sichergestellt wird. Erfolgt die Sicherstellung nicht innerhalb einer angemessenen Frist, ist der Rücktritt vom Vertrag möglich.[739] Bei Dauerverträgen sollte laut GAUCH[740] und SCHRANER[741] nach Beginn der typischen Hauptleistung nicht mehr ein Rücktritt mit ex tunc-Wirkung die Folge sein, sondern eine Kündigung bzw. eine Beendigungswirkung ex nunc. Diese Auffassung wird unterstützt durch die Tatsache, dass das Gesetz dies bei den typischen Dauerschuldverhältnissen so vorsieht.[742]

Das Rücktrittsrecht nach Art. 83 OR kommt, da es einen synallagmatischen Vertrag voraussetzt, bei (den seltenen) einseitigen Aktionärbindungsverträgen[743] nicht zur Anwendung. Aber auch bei zweiseitigen Aktionärbindungsverträgen spielt diese Norm nur insoweit eine Rolle, als die vereinbarten Leistungspflichten überhaupt finanzieller Natur sind. Dies ist beispielsweise der Fall bei der Gegenleistung für Erwerbsrechte.

Auch wenn damit nur ein Teil der Leistungspflichten des Vertrages betroffen ist, sollte m.E. ein Rücktritt möglich sein. Sieht der Vertrag dagegen keine Hauptleistungspflich-

---

[737]   AEPLI, Zürcher Kommentar, Art. 115 OR N 69 f.; GONZENBACH, Basler Kommentar, Art. 115 OR N 11; SCHRANER, Zürcher Kommentar, Art. 115 OR N 69; SCHÖNENBERGER/JÄGGI, Zürcher Kommentar, Art. 16 OR N 43 ff.

[738]   LEU, Basler Kommentar, Art. 83 OR N 3; SCHRANER, Zürcher Kommentar, Art. 83 OR N 11 ff.

[739]   Näheres bei LEU, Basler Kommentar, Art. 83 OR N 1 ff.; WEBER, Berner Kommentar, Art. 83 OR N 57 ff.; SCHRANER, Zürcher Kommentar, Art. 83 OR N 27 ff.

[740]   GAUCH, S. 97 Ziff. 2.

[741]   SCHRANER, Zürcher Kommentar, Art. 83 OR N 43.

[742]   Vgl. beispielsweise Art. 266h, 297a und 337a OR.

[743]   Vgl. dazu vorne Kap. 2, § 1, Ziff. I/1/a, S. 24.

ten finanzieller Natur vor, ist ein Rücktritt nach Art. 83 OR nicht möglich. Bei Konkurs des Vertragspartners etc. ist aber eventuell eine Kündigung aus wichtigen Gründen denkbar, wenn die wirtschaftliche Situation einen Einfluss auf den Vertrag haben kann.

Art. 95 und 96 OR:

Gemäss Art. 95 OR kann der Schuldner im Falle von Gläubigerverzug nach den Bestimmungen des Schuldnerverzuges vom Vertrag zurücktreten, falls die geschuldete Leistung keine Sachleistung ist.[744] Es gibt zwar im Zusammenhang mit Aktionärbindungsverträgen Leistungen, welche nicht Sachleistungen sind, wie Stimmrechtsvereinbarungen, Treuepflichten oder Konkurrenzverbote. Bei diesen Leistungen muss aber der Gläubiger in den wenigsten Fällen mitwirken, so dass ein diesbezüglicher Gläubigerverzug äusserst selten vorkommen wird und die Art. 95 und 96 OR bei Aktionärbindungsverträgen keine grosse Rolle spielen. Eine Ausnahme ist denkbar bei Stimmrechtsvereinbarungen, wenn der Schuldner vom Gläubiger Anweisungen erhalten muss, damit er pflichtgemäss abstimmen kann. Aber auch hier wird das Interesse an einem Rücktritt relativ klein sein.

Art. 97 OR:

Diese Norm bestimmt die Rechtsfolgen bei Nichterfüllung oder nichtgehöriger Erfüllung eines Vertrages (ausgenommen die Fälle des Verzugs und der nachträglichen, nicht vom Schuldner zu verantwortenden Unmöglichkeit). Sie sieht dabei vor, dass der Schuldner dem Gläubiger Schadenersatz zu leisten hat. In der Lehre wird zum Teil als weitere Sanktion ein Rücktrittsrecht i.S. von Art. 107 ff. OR gefordert, dies aber nur bei schwerwiegenden Pflichtverletzungen, wenn dem Gläubiger die Aufrechterhaltung des Vertrages nicht mehr zugemutet werden kann.[745] Solche Situationen sind bei Aktionärbindungsverträgen durchaus denkbar.

Art. 107 Abs. 2 OR:

Die Art. 102 ff. OR regeln die Folgen des Schuldnerverzuges. Als Rechtsfolge wird unter anderem ein Rücktrittsrecht vorgesehen (Art. 107 Abs. 2 OR). Auch hier ist zu beachten, dass eine ex tunc-Wirkung nur solange angenommen werden kann, als mit der typischen Hauptleistung noch nicht begonnen wurde. Später sollte eine Auflösung bei Dauerverträgen[746] nur ex nunc-Wirkung haben.[747]

---

744 Näheres bei BERNET, Basler Kommentar, Art. 95 OR N 1.
745 WIEGAND, Basler Kommentar, Art. 97 OR N 58 m.w.H.
746 Zur Anwendung von Art. 102 ff. OR bei Dauerverträgen vgl. GAUCH, S. 145 ff.

Die Anwendung von Art. 107 Abs. 2 OR ist auch bei (zweiseitigen) Aktionärbindungsverträgen möglich. Zu beachten ist, dass Aktionärbindungsverträge meist mehrere Leistungspflichten vorsehen und der Verzug daher häufig nur bezüglich eines Teils der Leistungspflichten vorliegen wird beziehungsweise überhaupt möglich ist. Grundsätzlich besteht auch bei Teilverzug die Möglichkeit des Rücktritts. Der Rücktritt erfasst aber diesfalls nur die Teilleistung und ist nur möglich, wenn die Leistung des Gläubigers teilbar ist. Nur in Ausnahmefällen ist ein Rücktritt bezüglich des gesamten Vertrages möglich; so wenn die Leistung unteilbar oder wenn die Teilleistung für den Gläubiger ohne Interesse ist.[748]

b) *Keine Anwendbarkeit dieser Normen bei einfachen Gesellschaften*

Im Zusammenhang mit den schuldrechtlich ausgestalteten Aktionärbindungsverträgen wurde gezeigt, dass auch die Art. 83, 95, 96, 97 und 107 OR zu einer Vertragsbeendigung führen können.[749] Ist dies bei gesellschaftsrechtlich ausgestalteten Aktionärbindungsverträgen auch der Fall? Diese Frage ist zu verneinen. Die Art. 82 und 83 OR sowie Art. 107 OR gelten in erster Linie für vollkommen zweiseitige Verträge, bei unvollkommenen zweiseitigen Verträgen wird die (analoge) Anwendung ebenfalls bejaht.[750] Die Anwendung auf einfache Gesellschaften dagegen wird von der Lehre grundsätzlich ausgeschlossen.[751] Das Bundesgericht hatte bisher einzig zu Art. 82 OR einen Fall zu beurteilen; dabei kam es zum Schluss, dass es nicht willkürlich sei, diese Norm nicht auf Gesellschaftsverträge anzuwenden.[752]

II. Beendigungsgründe

Es gibt verschiedenste Situationen, welche die Beendigung eines Aktionärbindungsvertrages bzw. einer entsprechenden einfachen Gesellschaft rechtfertigen können. Diese Beendigungsgründe lassen sich in folgende Kategorien einteilen: Änderungen in der Person eines Beteiligten, störendes Verhalten einer Partei, sonstige Änderungen der Verhältnisse. In diesem Abschnitt werden einige Beendigungsgründe aus diesen Kategorien untersucht und dargestellt, wie und wann eine Vertragsbeendigung möglich ist.

---

[747] GAUCH, S. 150 und SCHRANER, Zürcher Kommentar, Art. 83 OR N 43.
[748] WIEGAND, Basler Kommentar, Art. 107 OR N 21.
[749] Vgl. vorne Ziff. 5/a, S. 167 ff.
[750] BGE 94 II 263 ff.
[751] GAUCH/SCHRANER, Zürcher Kommentar, Art. 83 OR N 7; LEU, Basler Kommentar, Art. 83 OR N 1; GAUCH, S. 97; MÜLLER, S. 88. BGE 116 III 73 f. m.w.H.
[752] BGE 116 III 70 ff.

1.   Änderungen in der Person eines Beteiligten

a)   Tod eines Beteiligten

Mit dem Tod einer Vertragspartei endet ihre Rechtspersönlichkeit, d.h. sie kann nicht länger Trägerin von Rechten und Pflichten sein. Dies bedeutet aber nicht, dass deswegen ein bestehendes Vertragsverhältnis, an welchem diese Person beteiligt war, ohne weiteres untergeht. Da in unserer Rechtsordnung das Prinzip der Universalsukzession gilt, treten grundsätzlich die Erben bzw. die Erbengemeinschaft an die Stelle des verstorbenen Vertragspartners, und das Vertragsverhältnis besteht weiter. Das Obligationenrecht sieht nun aber Ausnahmen von dieser Regel vor und macht bei gewissen Vertragsverhältnissen den Tod einer oder beider Vertragsparteien zu einem ausserordentlichen Beendigungsgrund[753].[754] Die Gründe dafür liegen zum einen darin, dass bei bestimmten Verträgen die individuellen Eigenschaften einer Person wichtig sind und bei deren Tod der anderen Partei nicht zugemutet werden soll, das Vertragsverhältnis weiterzuführen. Zum andern sieht der Gesetzgeber bei gewissen Vertragsarten die Beendigung des Vertrags aus sozialpolitischen Gründen vor, da das Weiterbestehen eines Vertrages für die Erben überflüssig und finanziell belastend sein kann[755].[756] Wie ist es nun bei Aktionärbindungsverträgen; stellt hier der Tod eines Vertragspartners einen ausserordentlichen Beendigungsgrund dar? Dies soll in der Folge für schuldrechtliche und gesellschaftsrechtliche Aktionärbindungsverträge getrennt beantwortet werden.

Gesellschaftsrechtliche Aktionärbindungsverträge:

Der Tod eines Gesellschafters bewirkt grundsätzlich die Auflösung der einfachen Gesellschaft. Dem Tod einer natürlichen Person ist deren Verschollenerklärung sowie bei juristischen Personen die Liquidation gleichgestellt.[757] Keine Auflösung findet in jenen Fällen statt, in denen vorher vereinbart wurde, dass die Gesellschaft mit den Erben

---

[753]   Vgl. beispielsweise die Art. 266i, 297b, 311 + 338a Abs. 2, 418s OR und für die einfache Gesellschaft Art. 545 Abs. 1 Ziff. 2 OR.

[754]   Zum Ganzen siehe GAUCH, S. 66 f.

[755]   Beispiel: Ein Wohnungsmietvertrag ist für Erben, die nicht selbst in der betreffenden Wohnung leben, meist nutzlos und die Wohnungsmiete eine finanzielle Belastung.

[756]   Detailliertere Ausführungen dazu bei GAUCH, S. 67 ff.

[757]   STAEHELIN, Basler Kommentar, Art.. 545/546 OR N 9; BECKER, Berner Kommentar, Art. 545 OR N 11.

fortbestehen solle (Nachfolgeklausel)[758] oder dass die Gesellschaft durch die verbleibenden Gesellschafter fortgesetzt wird (Fortsetzungsklausel)[759].

Schuldrechtliche Aktionärbindungsverträge:

Da es sich bei Aktionärbindungsverträgen um Innominatverträge handelt, gibt es keine entsprechende gesetzliche Beendigungsregel; eine Beendigungsmöglichkeit könnte aber vom Richter festgelegt werden, sofern dies sachgerecht erschiene.[760] Ist dies der Fall? Um diese Frage zu beantworten, ist es sinnvoll, sich als Erstes die Folgen des Todes einer Partei vor Augen zu führen. Aufgrund der erwähnten Universalsukzession werden die Erben - zunächst als Erbengemeinschaft, falls es sich um mehrere Erben handelt - des Verstorbenen einerseits Eigentümer der Aktien und andererseits Vertragspartner des Aktionärbindungsvertrages.[761]

Gibt es nun Gründe, die dafür sprechen würden, dass das Vertragsverhältnis ausserordentlich beendet werden kann? Oben wurde erwähnt, dass der Gesetzgeber vor allem dann eine ausserordentliche Beendigung vorsieht, wenn die individuellen Eigenschaften eines Vertragspartners sehr wichtig sind. Bei jenen Aktionärbindungsverträgen, die nicht als einfache Gesellschaften zu qualifizieren sind, spielt die Person des bzw. der Vertragspartner meist keine grosse Rolle. Massgebend ist für die Beteiligten in der Regel die Tatsache, dass der jeweilige Aktienbesitzer vertraglich gebunden ist. Auch die vertraglichen Verpflichtungen sind bei schuldrechtlichen Aktionärbindungsverträgen fast ausschliesslich so gehalten, dass sie von Jedem, der das betreffende Aktienpaket besitzt, erfüllt werden können. Andere spezielle Eigenschaften sind dazu selten erforderlich. Ist es aber doch einmal so, dass die Beteiligten nicht Jeden als Vertragspartner wünschen, so nehmen sie eine entsprechende Regelung in den Aktionärbindungsvertrag auf, beispielsweise ein Kaufrecht beim Tod eines Vertragspartners.

Zusammenfassend kann festgehalten werden, dass beim Tod eines Vertragspartners des Aktionärbindungsvertrages seine Stellung als Vertragspartner auf die Erben übergeht und der Tod nicht einen speziellen Beendigungsgrund darstellt. In Ausnahmefällen ist eine Auflösung aus wichtigen Gründen möglich.

---

[758] Art. 545 Abs. 1 Ziff. 2 zweiter Satzteil. STAEHELIN, Basler Kommentar, Art. 545/546 OR N 9 f., BGE 88 II 234, SJZ 1989 144 f. Vgl. dazu auch unten Kapitel 7, § 1, Ziff. II, S. 178 ff.

[759] STAEHELIN, Basler Kommentar, Art. 545/546 OR N 12; BGE 100 II 379. Vgl. dazu unten Kapitel 7, § 1, Ziff. II, S. 178 ff.

[760] Vgl. Kap. 2, § 2, S. 34 ff.

b)   Zwangsverwertung und Zahlungsunfähigkeit

Für die einfache Gesellschaft sieht das Gesetz als weiteren Auflösungsgrund den Konkurs eines Gesellschafters vor.[762] Dem Konkurs gleichgestellt ist der Nachlassvertrag mit Vermögensabtretung, nicht aber die anderen Arten des Nachlassvertrages.[763] Auch die Versteigerung des Liquidationsanteils eines Gesellschafters - nicht bereits die Pfändung[764] - führt zur Auflösung.[765]

Ist ein Aktionärbindungsvertrag als Innominatvertrag zu qualifizieren, besteht keine gesetzliche Auflösungsregelung; der Konkurs eines Vertragspartners sollte aber ebenfalls einen Beendigungsgrund darstellen. Eine Beendigung des Vertrages ist diesfalls gestützt auf das Prinzip der Kündigung aus wichtigem Grund möglich. Falls die Parteien Hauptleistungspflichten finanzieller Natur vereinbart haben, kann eine Auflösung des Vertrages auch nach Art. 83 OR[766] möglich sein.

Liegt nicht ein Konkurs, sondern bloss die Zahlungsunfähigkeit einer Partei vor, so ist bei Aktionärbindungsverträgen, welche als synallagmatische Verträge zu qualifizieren sind, eine Beendigung gestützt auf Art. 83 OR möglich, falls die Parteien Hauptleistungspflichten finanzieller Natur vereinbart haben. In allen anderen Fällen, so auch bei einfachen Gesellschaften, ist Art. 83 OR nicht anwendbar. Bei einfachen Gesellschaften sieht das Gesetz für den Fall der Zahlungsunfähigkeit eines Gesellschafters auch keine andere spezielle Beendigungsmöglichkeit vor. Trotz des beschränkten Anwendungsbereichs von Art. 83 OR sollte aber eine Beendigung des Vertrages immer möglich sein, falls die Zahlungsunfähigkeit einer Partei gravierende Auswirkungen auf den Vertrag bzw. die anderen Beteiligten haben kann. Die betroffenen Vertragspartner haben in diesen Fällen die Möglichkeit einer Kündigung aus wichtigen Gründen.

2.   Störendes Verhalten einer Partei / Vertragswidrigkeit der Leistungen

Unter Umständen kann die ausserordentliche Beendigung des Aktionärbindungsvertrages erwünscht sein, weil eine Partei die von ihr geschuldete Leistung nicht, nur teilweise oder schlecht erbringt oder weil sie ihre Leistung zwar korrekt erbringt, sich aber an-

---

[761]   Siehe auch GLATTFELDER, S. 301a.

[762]   Art. 545 Abs. 1 Ziff. 3 OR.

[763]   BGE 107 III 27 f.; STAEHELIN, Basler Kommentar, Art. 545/546 OR N 16; BECKER, Berner Kommentar, Art. 545 OR N 12.

[764]   BGE 52 II 6 ff., 78 III 171; SJZ 1943 488, a. M. BGE 113 III 41 f., allerdings ohne Hinweise.

[765]   Näheres bei STAEHELIN, Basler Kommentar, Art. 545/546 OR N 14.

[766]   Vgl. dazu vorne S. 167.

derweitig vertragswidrig verhält oder ihre Vertragspartner schädigt. In diesen Fällen
kommen bei den als schuldrechtlich zu qualifizierenden Aktionärbindungsverträgen die
Art. 97 ff. OR zur Anwendung. Gestützt auf diese Normen ist unter Umständen ein
Rücktritt und damit die Vertragsbeendigung möglich.[767] Auf die Aktionärbindungsverträge in Form einer einfachen Gesellschaft sind die genannten Normen dagegen nicht
anwendbar.[768] Hier ist unter Umständen aber eine Auflösung aus wichtigen Gründen
möglich.

3. Sonstige Änderung der Verhältnisse

Was geschieht mit einem Aktionärbindungsvertrag bei nachträglicher objektiver Unmöglichkeit der Leistungserbringung oder der Zweckerreichung, beispielsweise verursacht durch die Auflösung der betreffenden Aktiengesellschaft? Ist in diesen Fällen -
oder auch bei anderen Änderungen der Verhältnisse - eine Beendigung des Aktionärbindungsvertrages möglich?

a) Unmöglichkeit der Zweckerreichung

Handelt es sich um eine einfache Gesellschaft, wird diese bei Unmöglichkeit der
Zweckerreichung gestützt auf Art. 545 Abs. 1 Ziff. 1 OR aufgelöst. Da die Auflösung
im Moment der Zweckunmöglichkeit eo ipso geschieht, muss die Unmöglichkeit definitiv und offensichtlich sein, eine blosse Wahrscheinlichkeit sollte nicht genügen.[769]
Nach Meinung des Bundesgerichts kann ein Anwendungsfall von Art. 545 Abs. 1 Ziff.
1 OR vorliegen, wenn die Gesellschafter aufgrund interner Differenzen endgültig keinen gültigen Gesellschaftsbeschluss mehr zustande bringen.[770] Die Annahme einer definitiven Unmöglichkeit bei internen Differenzen ist aber sehr heikel, weshalb hier eine
Auflösung eo ipso selten sein dürfte.[771] Im Zusammenhang mit Aktionärbindungsverträgen ist die Unmöglichkeit der Zweckerreichung insbesondere dann anzunehmen,
wenn die betreffende Aktiengesellschaft aufgelöst wird. Während die nachträgliche ob-
jektive Unmöglichkeit im Gesellschaftsrecht als Beendigungsgrund vorgesehen ist, besteht für Schuldverträge nur die Regelung von Art. 119 OR, wonach der Vertrag nicht

---

[767] Vgl. dazu vorne S. 168 f.
[768] Vgl. dazu S. 169.
[769] STAEHELIN, Basler Kommentar, Art. 545/546 OR N 8.
[770] BGE 110 II 292.
[771] STAEHELIN, Basler Kommentar, Art. 545/546 OR N 8; BECKER, Berner Kommentar, Art. 546
OR N 10.

beendet wird, sondern nur die Forderung erlischt. Deshalb statuiert Art. 119 OR keinen eigentlichen Beendigungsgrund, führt aber zu einem ähnlichen Ergebnis.

b) Objektive Unmöglichkeit der Leistungserbringung

Ist die Leistungserbringung für eine oder mehrere Parteien objektiv unmöglich geworden, kommt bei schuldrechtlichen Aktionärbindungsverträgen Art. 119 OR zur Anwendung; bei einfachen Gesellschaften ist diese Norm sinngemäss anwendbar. Art. 119 OR führt allerdings nur zum Erlöschen der konkreten Leistungspflicht, nicht aber zur Beendigung des ganzen Vertrages bzw. der einfachen Gesellschaft. Eine Beendigung des Vertrages bzw. der einfachen Gesellschaft ist aber unter Umständen aus wichtigem Grund möglich, nämlich dann, wenn der Ausfall der unmöglich gewordenen Leistung sehr gravierend ist. Allenfalls ist bei Unmöglichwerden einer Leistung auch die Beendigung einer einfachen Gesellschaft gestützt auf Art. 545 Ziff. 1 OR möglich; so wenn der Ausfall dieser Leistung die Zweckerreichung verunmöglicht.

c) Andere Änderungen der Verhältnisse

Ganz generell kann festgehalten werden, dass bei Änderungen der Verhältnisse eine Beendigung des Vertrages bzw. der einfachen Gesellschaft am ehesten über das Prinzip der Kündigungsmöglichkeit aus wichtigen Gründen wird erfolgen können. Theoretisch denkbar ist auch die Anwendung von Art. 2 ZGB bzw. der clausula rebus sic stantibus. Da die entsprechenden Voraussetzungen aber streng sind, wird ein Vorgehen über diese Norm nur in den allerseltensten Fällen zum Erfolg führen.

§ 3 Ergebnisse

Im Hinblick auf die Dauer bzw. die Beendigung von Aktionärbindungsverträgen ist einerseits zwischen der ordentlichen und der ausserordentlichen Beendigung zu unterscheiden.[772] Andererseits ist zu differenzieren, ob der Vertrag selbst eine Regelung enthält oder nicht. In der Regel enthalten Aktionärbindungsverträge entsprechende Vereinbarungen. Was die ordentliche Beendigung betrifft, kann entweder eine bestimmte Dauer[773] eventuell verbunden mit einer Prolongationsklausel, oder eine Kündigungsmöglichkeit[774] vereinbart sein. Weiter kann die Vertragsbeendigung bei Eintritt

---

[772] Die ordentliche Beendigung ist dargestellt in § 1, S. 142 ff., die ausserordentliche Beendigung in § 2, S. 160 ff.

[773] Siehe § 1, Ziff. I/1, S. 143. und Ziff. III/3, S. 158 f.

[774] § 1, Ziff. I/4, S. 145 f.

eines bestimmten Ereignisses[775] oder bei Zweckerreichung[776] vorgesehen werden. Letzteres ist vor allem bei Aktionärbindungsverträgen der Fall, welche nur im Hinblick auf eine bestimmte Situation geschlossen wurden, beispielsweise bei einer Fusion. Schliesslich gibt es auch die Varianten, dass der Vertrag auf Lebenszeit eines Aktionärs oder für die Dauer des Bestehens der Aktiengesellschaft geschlossen wird. Solche Regelungen sind aber problematisch, da meistens eine übermässige Bindung durch eine zu lange Dauer und damit ein Verstoss gegen Art. 27 ZGB vorliegen wird.[777] Der Problematik der maximal zulässigen Dauer ist im Übrigen generell Beachtung zu schenken, insbesondere in denjenigen Fällen, wo eine bestimmte, längere Dauer vereinbart wurde. Eine konkrete Höchstdauer für alle Aktionärbindungsverträge kann nicht bestimmt werden, diese hängt jeweils vom individuellen Vertragsinhalt ab.

Teilweise enthalten Aktionärbindungsverträge auch Regeln betreffend der ausserordentlichen Beendigung. So wird beispielsweise häufig die Beendigungsmöglichkeit bei wichtigen Gründen genannt. Die Nennung dieser Beendigungsmöglichkeit, welche auch ohne entsprechende vertragliche Bestimmung immer gegeben ist[778], macht vor allem dann Sinn, wenn die „wichtigen Gründe" genauer definiert werden.

Wenn die Parteien bezüglich Dauer und Beendigung nichts geregelt haben, ist bei einfachen Gesellschaften eine ordentliche Beendigung durch Kündigung nach Art. 546 OR mit einer Frist von sechs Monaten möglich. Bei den als schuldrechtliche Verträge zu qualifizierenden Aktionärbindungsverträgen handelt es sich um Innominatverträge und es besteht deshalb keine gesetzliche Regelung im Hinblick auf ihre ordentliche Beendigung. Während auf die (seltenen) einseitigen Aktionärbindungsverträge Art. 404 OR analog angewendet werden kann,[779] gibt es bei den zweiseitigen Aktionärbindungsverträgen m.E. keine Norm bezüglich einer ordentlichen Beendigung, die analog angewendet werden könnte. Es wäre aber allenfalls denkbar, dass sich unter Umständen eine richterrechtliche Regelung bilden könnte. Dies ist aber eher unwahrscheinlich und wäre auch nicht sinnvoll, da Aktionärbindungsverträge so unterschiedlich ausgestaltet sind.

Aufgrund der oben dargestellten Situation in Bezug auf die ordentliche Beendigug empfiehlt es sich, in Aktionärbindungsverträge jeweils die Dauer bzw. die ordentliche Beendigung zu regeln. Ansonsten besteht die Gefahr, dass bei einfachen Gesellschaften

---

[775] Siehe dazu § 1, Ziff. I/2, S. 144.
[776] Vgl. § 1, Ziff. I/3, S. 145.
[777] Vgl. dazu die Ziffern III/1 und III/2, S. 157 f.
[778] Siehe § 2 Ziff. I/3, S. 162 ff.
[779] Siehe S. 148 f.

jederzeit eine Kündigung nach Art. 546 OR erfolgen kann und bei schuldrechtlichen Aktionärbindungsverträgen eine unklare Situation besteht, da nicht abzuschätzen ist, wie ein Richter entscheiden würde.

Kapitel 7

Folgen einer Rechtsnachfolge bei den Aktien

Oft stellen sich die Verfasser von Aktionärbindungsverträgen die Frage, welche Folgen der Tod eines Beteiligten oder die Veräusserung von Aktien der Beteiligten hat. Bleibt der Aktionärbindungsvertrag weiterhin bestehen? Wird er „automatisch" auf den neuen Eigentümer der Aktien übertragen? Wenn nicht, kann dies durch spezielle Vorkehrungen bewirkt werden? In der Regel haben die Beteiligten ein Interesse daran, dass der Aktionärbindungsvertrag weiterhin besteht und auch auf einen Rechtsnachfolger übergeht.

Im Folgenden werden die entsprechenden Probleme und Regelungen skizziert, wobei zwischen der Rechtsnachfolge bei einem Erbgang (§ 1) und derjenigen bei einer Veräusserung (§ 2) unterschieden wird. Generell muss aber immer beachtet werden, ob die Aktien auf einen Dritten übergehen oder an eine bereits am Aktionärbindungsvertrag beteiligte Person. Ist der Erwerber bereits am Aktionärbindungsvertrag beteiligt, sind in der Regel auch die neu erworbenen Aktien vom Vertrag umfasst. Dies ist jedenfalls dann der Fall, wenn der Aktionärbindungsvertrag ausdrücklich regelt, dass die Beteiligten nicht nur mit den im Zeitpunkt des Vertragsschlusses besessenen Aktien gebunden sind, sondern auch mit allen zukünftig erworbenen. Das Gleiche muss aber auch gelten, wenn zwar eine ausdrückliche Regelung fehlt, aber der Vertrag auch nicht darauf schliessen lässt, dass die Vertragspartner nicht bezüglich aller Aktien gebunden sein sollen. Anders ist es dann, wenn der Aktionärbindungsvertrag explizit die Anzahl der Aktien oder Stimmen nennt, welche die Beteiligten besitzen. In diesem Fall müsste der Vertrag wohl so interpretiert werden, dass die Vertragspartner nur mit der genannten Anzahl Aktien gebunden sind.

§ 1 Erbgang

Stirbt ein am Aktionärbindungsvertrag beteiligter Aktionär, wird dessen Alleinerbe oder bei mehreren Erben die Erbengemeinschaft Eigentümer bzw. Eigentümerin der Aktien. Wie ist es nun mit der Stellung als Vertragspartner des Aktionärbindungsvertrages? Da der Aktionärbindungsvertrag nicht dinglich mit den Aktien verknüpft ist und auch nicht wie die Statuten der Aktiengesellschaft für jeden Eigentümer der Aktien gilt, hängt der Übergang des Aktionärbindungsvertrag nicht „automatisch" mit der Vererbung der Aktien zusammen. Es ist daher zu prüfen, ob die Stellung als Vertragspartner

des Aktionärbindungsvertrages bzw. die Mitgliedschaft in der einfachen Gesellschaft
vererbt wird.

I.   Bei schuldrechtlichen Aktionärbindungsverträgen

Weiter vorne wurde bereits dargestellt, dass beim Tod eines Vertragspartners des Aktionärbindungsvertrages dessen Erben - zunächst als Erbengemeinschaft, falls es sich um
mehrere Erben handelt - einerseits Eigentümer der Aktien und andererseits Vertragspartner des Aktionärbindungsvertrages werden. Der Tod eines Vertragspartners stellt
keinen speziellen Beendigungsgrund dar. In Ausnahmefällen kann allerdings die Beendigung des Aktionärbindungsvertrages aus wichtigen Gründen verlangt werden.[780]

II.   Bei gesellschaftsrechtlichen Aktionärbindungsverträgen

1.   Grundsatz: Auflösung der einfachen Gesellschaft

Der Tod eines Gesellschafters hat die Auflösung der einfachen Gesellschaft zur Folge,
wenn nicht schon vorher vereinbart wurde, dass die Gesellschaft mit den Erben
weiterbestehen soll.[781] Das bedeutet, dass man bei jenen Aktionärbindungsverträgen,
welche als einfache Gesellschaften zu qualifizieren sind, zwei Fälle unterscheiden muss:
Ohne spezielle Vereinbarung wird die Gesellschaft beim Tod eines Beteiligten aufgelöst
und die Mitgliedschaft des Verstorbenen kann schon aus diesem Grund nicht übergehen.

Wenn dagegen vereinbart wurde, dass die Gesellschaft weiterbestehen soll, existiert der
Aktionärbindungsvertrag weiter und die Frage nach dem Übergang der Mitgliedschaft
des Verstorbenen stellt sich. Um diese Frage zu beantworten, sind zunächst einmal die
verschiedenen Varianten der Weiterführungsklauseln darzustellen.

2.   Varianten der Weiterführungsklauseln

a)   Fortsetzungsklausel

Eine Fortsetzungsklausel beinhaltet die Vereinbarung der Gesellschafter, dass der Tod
eines Beteiligten die Gesellschaft nicht auflösen soll, sondern diese durch die verblei-

---

[780]   Siehe dazu vorne Kap. 6, § 2, Ziff. II/1, S. 170 ff.
[781]   Art. 545 Abs. 1 Ziff. 1.

benden Gesellschafter, aber ohne die Erben des Verstorbenen, fortgesetzt wird.[782] Dies hat zur Folge, dass der Erblasser im Zeitpunkt seines Todes aus der Gesellschaft ausscheidet. Die Erben oder die Erbengemeinschaft werden nie Mitglieder der Gesellschaft, sie haben allerdings einen Abfindungsanspruch.[783] Da bei Aktionärbindungsverträgen die Beteiligten selten Vermögen in die Gesellschaft einbringen, stellt sich hier die Problematik von Abfindungsansprüchen selten.

b) Eintrittsklausel

Durch eine Eintrittsklausel erhalten die Erben des verstorbenen Gesellschafters das Recht, der Gesellschaft beizutreten, sie sind aber nicht dazu verpflichtet.[784] Mit einer solchen Klausel machen die verbleibenden Gesellschafter den Erben eine bindende Offerte, der Gesellschaft beizutreten.[785] Lehnen die Erben die Offerte zum Beitritt ab, wird die Gesellschaft aufgelöst. Diese Folge kann aber verhindert werden, indem in den Gesellschaftsvertrag gleichzeitig eine Fortsetzungsklausel aufgenommen wird.[786]
Soll nur einem bestimmten Erben der Eintritt offeriert werden, handelt es sich um eine qualifizierte Eintrittsklausel.[787] Enthält der Gesellschaftsvertrag eine qualifizierte Eintrittsklausel, so muss der Erblasser zusätzlich eine entsprechende testamentarische Bestimmung erlassen.[788]

c) Nachfolgeklausel

Von einer Nachfolgeklausel spricht man dann, wenn im Gesellschaftsvertrag vereinbart wird, dass die Gesellschaft mit den Erben fortbestehen soll, d.h. die Mitgliedschaft des Verstorbenen soll auf die Erben übergehen.[789] Dabei unterscheidet man zwischen der einfachen Nachfolgeklausel, welche alle Erben als Nachfolger betrachtet, und der qualifizierten Nachfolgeklausel, bei der die Gesellschaft nur mit bestimmten Erben fortgesetzt werden soll. Bei der qualifizierten Nachfolgeklausel hat der Erblasser zusätzlich zur Regelung im Gesellschaftsvertrag eine Teilungsvorschrift nach Art. 608 ZGB in der

---

[782] BGE 100 II 379, BOLLMANN, S. 27 ff.; HAUSHEER, S. 134; VON GREYERZ, BTJP, S. 78; VON STEIGER, SPR, S. 424 f.; WOLF, S. 17 f.
[783] HAUSHEER, S. 134; STAEHELIN, Basler Kommentar, Art. 545/546 OR N 12; VON STEIGER, SPR, S. 424; VON GREYERZ, BTJP, S. 79. Näheres zur Abfindung bei BOLLMANN, S. 78 ff.
[784] STAEHELIN, Basler Kommentar, Art. 545/546 OR N 13; WOLF, S. 20.
[785] VON STEIGER, SPR, S. 425; VON GREYERZ, BTJP, S. 82; BOLLMANN, S. 41; HAUSHEER, ZBJV, S. 135 f.; STAEHELIN, Basler Kommentar, Art. 545/546 OR N 11.
[786] VON STEIGER, SPR, S. 426.
[787] STAEHELIN, Basler Kommentar, Art. 545/546 OR N 13; VON GREYERZ, BTJP, S. 80.
[788] VON STEIGER, SPR, S. 426. VON GREYERZ, BTJP, S. 85; WOLF, S. 20.
[789] Vgl. Art. 545 Abs. 1 Ziff. 2 OR. VON STEIGER, SPR S. 427.

Form einer Verfügung von Todes wegen anzuordnen.[790] In beiden Fällen wird zunächst die Erbengemeinschaft Mitglied der Gesellschaft, nicht die einzelnen Erben.[791]

Unterschiedlich beantwortet wird die Frage, ob die Erben durch eine Nachfolgeklausel
bloss zur Nachfolge berechtigt werden - wie bei der Eintrittsklausel - oder auch verpflichtet. Das Bundesgericht hat diesbezüglich - allerdings ohne Begründung - festgehalten, dass die Erben je nach den Umständen verpflichtet oder bloss berechtigt sei-
en.[792] Von den Autoren, welche eine Verpflichtung der Erben durch die Nachfolgeklausel verneinen, wird geltend gemacht, die persönliche Freiheit der Erben könne zu
stark eingeschränkt sein.[793] Eine Eintrittspflicht verstosse zudem gegen das Verbot des
Vertrages zu Lasten Dritter.[794] Weiter sei zu beachten, dass nur Sachleistungen vererb-
bar seien, nicht dagegen personenbezogene Arbeitsverpflichtungen.[795] Da die Mitgliedschaft in einer einfachen Gesellschaft aber personenbezogen sei und Arbeitsverpflichtungen enthalte, sei sie nicht vererblich.[796] Die heute herrschende Meinung ist der
Auffassung, dass eine Nachfolgeklausel die Vererblichkeit der Mitgliedschaft bewirke,
diese aber noch nicht vererbe.[797] Dies bedeute, dass die Mitgliedschaft in den Nachlass
falle und an die Stelle des verstorbenen Gesellschafters der Alleinerbe oder die Erbengemeinschaft trete.[798] Die Vertreter dieser Meinung halten aber auch fest, dass die Erben, falls sie nicht Mitglieder werden wollen, die Erbschaft ausschlagen oder die Auflösung der Gesellschaft aus wichtigen Gründen oder gestützt auf Art. 27 ZGB verlangen
können.[799] WOLF hält ergänzend fest, dass eine Verpflichtung zur Nachfolge im Gesellschaftsvertrag nicht auferlegt werden dürfe, weil ein Vertrag zu Lasten Dritter aus-

---

[790] STAEHELIN, Basler Kommentar, Art. 545/546 N 10; GUHL/KOLLER/SCHNYDER/DRUEY,
       S. 688; VON GREYERZ, BTJP, S. 94.
[791] STAEHELIN, Basler Kommentar, Art. 545/546 N 10; VON STEIGER, SPR, S. 427; HAUSHEER, S.
       140 ff.; BGE 114 V 4.
[792] BGE 95 II 551 E. 3.
[793] SCHAUB, S. 24.
[794] VON GREYERZ, BTJP, S. 83; SCHAUB, S. 22.
[795] SCHAUB S. 23.
[796] SCHAUB S. 21.
[797] VON STEIGER, SPR, S. 427 m.w.H.; HAUSHEER, S. 140 f.; VON GREYERZ, BTJP, S. 90; EHRSAM,
       S. 128; SIEGWART, Zürcher Kommentar, Art. 545-547 OR N 5. So auch der Appellationshof des
       Kantons Bern in einem älteren Entscheid, in: ZBJV 1940, S. 146.
[798] VON STEIGER, SPR, S. 427.
[799] VON STEIGER, SPR, S. 427 f.; HAUSHEER, S. 140 f.; SCHAUB, S. 17 ff. m.w.H.; SIEGWART, Zür-
       cher Kommentar, Art. 545-547 OR N 7; VON STEIGER, SPR, S. 427; HARTMANN, Berner Kom-
       mentar, Art. 574 OR N 15 ff.; STAEHELIN, Basler Kommentar, Art. 545/546 OR N 10. BGE 29
       II 102. WOLF (S. 21) ist der Auffassung, dass die Anforderungen an den wichtigen Grund mög-
       lichst tief anzusetzen seien.

geschlossen sei. Mittels einer Verfügung von Todes wegen könne aber eine „Verpflichtung" der Erben zur Nachfolge als erbrechtliche Auflage oder Bedingung begründet werden. Diesfalls seien allerdings die Pflichtteilsrechte zu beachten. Zudem sei nicht ausgeschlossen, dass eine solche Auflage oder Bedingung wegen ihres starken Eingriffs in die persönliche Freiheit als widerrechtlich qualifiziert werde.[800]

3. Schlussfolgerungen

Der Tod eines Gesellschafters führt grundsätzlich zur Auflösung der einfachen Gesellschaft. Wollen die Beteiligten bewirken, dass die einfache Gesellschaft bzw. der Aktionärbindungsvertrag auch nach dem Tod eines Gesellschafters weiterbesteht, so sollten sie in jedem Falle eine Fortsetzungsklausel in den Vertrag aufnehmen. Eine Fortsetzungsklausel führt allerdings nicht dazu, dass die Mitgliedschaft, und damit die Rechte und Pflichten aus dem Aktionärbindungsvertrag, auf den oder die Erben der Aktien übergeht. Wollen die Beteiligten die Weiterführung der Gesellschaft mit den Erben, so müssen sie neben einer Fortsetzungsklausel weitere Regelungen treffen. Die Vereinbarung einer sogenannten Eintrittsklausel hat zur Folge, dass der oder die Erben die Möglichkeit haben, Gesellschafter und damit am Aktionärbindungsvertrag beteiligt zu werden. Da die Eintrittsklausel nur eine Offerte zum Eintritt darstellt, hängt der Übergang der Mitgliedschaft vom Willen der Erben ab. Wünschen die Beteiligten den Übergang der Mitgliedschaft unabhängig vom Willen der Erben, so muss einerseits eine Nachfolgeklausel in den Aktionärbindungsvertrag aufgenommen werden und andererseits haben die Gesellschafter erbrechtliche Massnahmen u treffen. Die Wirkung einer Nachfolgeklausel ist zwar umstritten, aber nach h.L. kann damit die Vererblichkeit der Mitgliedschaft bewirkt werden. Allerdings haben die Erben bzw. die Nachfolger unter Umständen die Möglichkeit einer ausserordentlichen Auflösung der Gesellschaft oder der Geltendmachung der Widerrechtlichkeit der erbrechtlichen Auflage.[801]

---

[800] WOLF, S. 19 und S. 21.
[801] Vgl. dazu die Hinweise in den beiden voranstehenden Fussnoten.

§ 2 Veräusserung von Aktien

I.   Kein automatischer Übergang des Aktionärbindungsvertrages

Aktionärbindungsverträge verpflichten nur die Beteiligten; es handelt sich um eine obligatorische Bindung, welche nur inter partes wirkt. Veräussert nun einer der Beteiligten
Aktien an einen Aussenstehenden, erwirbt dieser das Eigentum an den Aktien, wird a-
ber nicht Vertragspartner des Aktionärbindungsvertrages. Der Dritterwerber ist also
aus dem Aktionärbindungsvertrag weder berechtigt noch verpflichtet. Auch durch eine
explizite Regelung im Aktionärbindungsvertrag, wonach Dritterwerber ebenfalls gebunden seien, kann der aussenstehende Erwerber ohne seine Zustimmung nicht verpflichtet werden. Dies würde einen unzulässigen Vertrag zu Lasten Dritter[802] darstellen.
Wie weiter vorne dargestellt wurde, ist es auch nicht möglich, einen Erwerber mittels
Vinkulierungsbestimmung dazu zu „zwingen", dem Aktionärbindungsvertrag beizutreten.[803]

Es ist ebenfalls nicht möglich, einen automatischen Übergang der Verpflichtungen des
Aktionärbindungsvertrages zu erreichen, indem dieser mit den Aktien realobligatorisch
verknüpft wird oder indem sein Inhalt in die Statuten aufgenommen wird, so dass der
jeweilige Eigentümer der Aktien berechtigt und verpflichtet wäre. Eine Verankerung
des Aktionärbindungsvertrages in den Statuten ist deshalb nicht zulässig, weil die meisten der Vertragsinhalte von Aktionärbindungsverträgen Nebenleistungspflichten darstellen und deren Aufnahme in die Statuten Art. 680 OR verletzen würde. Die Ausgestaltung als Realobligation - durch Vermerk auf den Aktien oder im Aktienbuch - ist
ebenfalls nicht möglich, da eine solche Wirkung explizit im Gesetz vorgesehen werden
müsste, wie beispielsweise beim Vorkaufsrecht an Grundstücken. Ein entprechender
Vermerk auf den Aktien oder im Aktienbuch würde höchstens eine Offerte an den
Erwerber darstellen, dem Aktionärbindungsvertrag beizutreten. Eine konkludente Annahme dieser Offerte durch den Kauf von Aktien dürfte aber m.E. nicht angenommen
werden.

---

[802] Unzulässig bzw. nicht möglich sind „echte" Verträge zu Lasten Dritter, bei denen Dritte ohne ihre Zustimmung oder Mitwirkung verpflichtet werden sollen. Damit nicht zu verwechseln - und
hier nicht gemeint - ist der Fall von Art. 111 OR (mit der verwirrenden Marginalie „Vertrag zu
Lasten eines Dritten"). Vgl. dazu GAUCH/SCHLUEP/SCHMID/REY, N 3994.

[803] Vgl. dazu Kap. 5, § 3 Ziff. I/2/a, S. 124 ff.

Zusammenfassend ist festzuhalten, dass bei der Veräusserung von Aktien kein „automatischer" Übergang des Aktionärbindungsvertrages stattfindet und eine Bindung von Dritterwerbern ohne deren Zustimmung nicht erreicht werden kann.[804]

II. Wie kann der Aktionärbindungsvertrag übertragen werden?

Oben wurde dargestellt, dass die Verpflichtungen des Aktionärbindungsvertrages ohne deren Zustimmung nicht auf Dritte übertragen werden können. Wie ist nun eine Übertragung auf die Aktienerwerber möglich, wenn diese damit einverstanden sind? Diese Frage wird in den nachfolgenden Abschnitten beantwortet. Dabei ist zwischen der Übertragung der Verpflichtungen aus einem schuldrechtlichen Aktionärbindungsvertrag (Ziffer 1) und der Übertragung der Mitgliedschaft einer einfachen Gesellschaft (Ziffer 2) zu unterscheiden.

1. Bei schuldrechtlich ausgestalteten Aktionärbindungsverträgen

a) Ungeeignete Mittel: Schuldübernahmeverträge und Zessionen

Die Parteien des Aktionärbindungsvertrages haben theoretisch die Möglichkeit, ihre Rechte aus dem Vertrag an Dritterwerber abzutreten und/oder mit diesen Schuldübernahmeverträge[805] abzuschliessen. Mit diesen Vorkehren werden allerdings nur bestimmte Recht-Pflicht-Beziehungen bzw. Forderungen übertragen, während die Parteistellung unverändert bleibt; es wird also nicht wie gewünscht der ganze Vertrag übertragen.[806] Ein ganzes Vertragsverhältnis als solches kann nicht übergehen, da die Zession von Gestaltungsrechten nur beschränkt und diejenige von Obliegenheiten gar nicht möglich ist.

b) Vertragsübernahme

Bei einer Vertragsübernahme tritt eine neue Partei an die Stelle der alten in das ganze Vertragsverhältnis ein. Eine Vertragsübernahme kann - neben gesetzlich vorgesehenen Fällen[807] - auch rechtsgeschäftlich bewirkt werden. Der Vertragsübernahmevertrag ist nicht im Gesetz vorgesehen, es handelt sich um einen Vertrag sui generis.[808] Bei einer

---

[804]   Ebenso VON BÜREN/STOFFEL/SCHNYDER/CHRISTEN-WESTENBERG, N 834.

[805]   Art. 175 und Art 176 OR.

[806]   BUCHER AT, S. 580; BÖCKLI/MORSCHER, S. 57 Ziff. 2a.

[807]   Z.B Art. 54 VVG.

[808]   BÖCKLI/MORSCHER, S. 57; BUCHER AT, S. 592.

Vertragsübernahme haben alle Beteiligten zuzustimmen, d.h. alle bisherigen Vertragspartner und der neue.[809] Dabei sind verschiedene Vorgehensweisen denkbar: Eine
Möglichkeit besteht darin, dass alle bisherigen Vertragspartner und der neue zusammen
einen Vertragsübernahmevertrag abschliessen. Eine weitere Variante ist der Vertragsab-
schluss zwischen dem Veräusserer und dem Erwerber, verbunden mit einer nachträglichen Zustimmung der anderen am Aktionärbindungsvertrag Beteiligten. Denkbar ist
weiter, dass anstelle einer nachträglichen Zustimmung der übrigen Partner des Aktionärbindungsvertrages eine vorgängige generelle Zustimmung abgegeben wurde, welche
im Aktionärbindungsvertrag enthalten ist. Bei der letzten Variante ist es aber fraglich,
ob eine solche vorgängige Zustimmung zulässig ist. Da im Zeitpunkt der vorgängigen
Zustimmung der neue Partner noch nicht individualisiert ist und das persönliche Verhältnis zwischen den Vertragspartnern des Aktionärbindungsvertrages wichtig sein
kann, könnte unter Umständen eine übermässige Bindung vorliegen.[810]

2.   Bei gesellschaftsrechtlichen Aktionärbindungsverträgen

Die Übertragung der Mitgliedschaft bei der einfachen Gesellschaft bedeutet im Grunde
genommen, dass ein Gesellschafter ausscheidet und gleichzeitig ein Dritter neu eintritt.[811] Dass dies möglich ist, ergibt sich e contrario aus Art. 542 Abs. 1 OR, wonach
ein Gesellschafter ohne die Einwilligung der übrigen Gesellschafter keinen Dritten in
die Gesellschaft aufnehmen kann. Die Aufnahme eines Dritten ist also mit Zustimmung aller Gesellschafter möglich. Fraglich ist, ob eine solche Zustimmung bereits
vorgängig durch Aufnahme einer entsprechenden Klausel in den Aktionärbindungsvertrag abgegeben werden kann, obwohl die eventuell aufzunehmenden Personen noch
nicht individualisiert sind. Dagegen spricht, dass bei der einfachen Gesellschaft das persönliche Element sehr wichtig sein kann. BOLLMANN[812] ist der Meinung, dass grundsätzlich das Prinzip gilt, dass wegen dem Grundsatz der personellen Geschlossenheit
den Gesellschaftern kein neuer Partner aufgezwungen werden kann. Es stehe aber den
Gesellschaftern frei, auf diesen Grundsatz zu verzichten und sich im voraus mit ir-
gendeinem Gesellschafter einverstanden zu erklären oder an die Auswahl gewisse Bedingungen zu knüpfen (beispielsweise Branchenzugehörigkeit, Nationalität etc.).[813] Die

---

[809]   BGE 111 II 143, 88 II 279, 48 II 470, 47 II 416 ff.
[810]   Siehe dazu BÖCKLI/MORSCHER, S. 58.
[811]   BOLLMANN, S. 11 f. Vgl. auch BGE 88 II 234.
[812]   BOLLMANN, S. 12 f.
[813]   BOLLMANN, S. 12 f. Ebenso VON STEIGER, SPR, S. 408 f.

Gesellschafter haben auch die Möglichkeit, anstatt bereits eine Zustimmung abzugeben, das entsprechende Verfahren zu regeln. So können sie anstelle der gesetzlich (dispositiv) statuierten Einstimmigkeit einen Mehrheitsbeschluss vorsehen.[814]

---

[814] WOLF, S. 6 m.w.N.

Kapitel 8

Ausscheiden und Neuaufnahme von Vertragspartnern

In Kapitel 6 wurde dargestellt, in welchen Fällen und wie Aktionärbindungsverträge beendet werden. In diesem Kapitel geht es nun im Gegensatz dazu einerseits um das Ausscheiden einzelner Vertragspartner bei gleichzeitigem Weiterbestehen des Aktionärbindungsvertrages; andererseits wird auch die Neuaufnahme von Vertragspartnern behandelt.

§ 1 Ausscheiden im weiteren Sinne

Das Ausscheiden eines Beteiligten im weiteren Sinne bedeutet die Beendigung seiner Stellung als Vertragspartner bei Weiterbestehen des Vertrages bzw. das Ende seiner Mitgliedschaft bei Fortbestehen der einfachen Gesellschaft.[815] Dieses Ausscheiden im weiteren Sinne kann unterteilt werden in das Ausscheiden im engeren Sinne, den Austritt und den Ausschluss.[816] Ausscheiden im engeren Sinne bedeutet dabei, dass ein Gesellschafter oder ein Vertragspartner „automatisch" ausscheidet, sobald ein bestimmter Grund eintritt. Dieser Grund muss vorgängig vertraglich bestimmt worden sein. Ein Austritt liegt dagegen vor, wenn ein Vertragspartner bzw. Gesellschafter eine entsprechende Willenserklärung abgibt (Austrittserklärung oder Kündigung). Damit ein solcher Austritt möglich ist, muss dessen Zulässigkeit vorgängig vereinbart worden sein oder die anderen Beteiligten müssen nachträglich zustimmen. Schliesslich kann ein Beteiligter durch eine entsprechende Willenserklärung der anderen Vertragspartner bzw. Gesellschafter ausgeschlossen werden, falls diese Möglichkeit vertraglich vorgesehen ist.

Bei Aktionärbindungsverträgen in Form einer einfachen Gesellschaft ist zu beachten, dass die Möglichkeit des Ausscheidens einzelner Partner aus der einfachen Gesellschaft immer mit einer Fortsetzungsklausel verbunden sein muss, damit die Gesellschaft weiterbesteht.[817]

---

[815] BOLLMANN, S. 4.
[816] BOLLMANN, S. 19.
[817] BOLLMANN, S. 21.

I. Ausscheiden im engeren Sinne

Wie bereits erwähnt, liegt das Ausscheiden eines Beteiligten im engeren Sinne dann vor, wenn ein Gesellschafter oder ein Vertragspartner ausscheidet, sobald ein bestimmter Grund eintritt, ohne dass eine Kündigung notwendig wäre. Ein solches Ausscheiden sowie die Gründe, die dazu führen, müssen vertraglich vereinbart werden. Die Beteiligten können beispielsweise im Aktionärbindungsvertrag vorsehen, dass sie bei Aufgabe der Erwerbstätigkeit in der Aktiengesellschaft oder beim Verkauf ihrer Aktien ohne weiteres ausscheiden. Es ist auch zulässig, jene Gründe, die nach Art. 545 OR zur Auflösung der Gesellschaft führen, als blosse Ausscheidensgründe vorzusehen.[818] So kann vereinbart werden, dass der Tod oder der Konkurs eines Gesellschafters nur dessen Ausscheiden bewirkt, nicht aber die Auflösung der Gesellschaft.

II. Austritt

Von einem Austritt spricht man dann, wenn sich ein Vertragspartner bzw. Gesellschafter mit einer entsprechenden Willenserklärung (Austrittserklärung oder Kündigung) vom Vertrag lösen kann, dieser bzw. die einfache Gesellschaft aber weiterbesteht. Das Recht der einfachen Gesellschaft sieht eigentlich kein Austrittsrecht vor. Aufgrund der gesetzlichen Regelung können die Gesellschafter nicht aus der Gesellschaft austreten, sondern nur - sofern die entsprechenden Voraussetzungen gegeben sind - die Auflösung der Gesellschaft herbeiführen. Da das Gesetz aber eine Austrittsmöglichkeit nicht verbietet, kann im Gesellschaftsvertrag ein Austrittsrecht eingeräumt werden.[819] Auch bei schuldrechtlichen Aktionärbindungsverträgen ist ein Austritt möglich, falls die Vertragspartner dies vertraglich vorgesehen haben.

Falls nicht bereits im Aktionärbindungsvertrag die Zulässigkeit eines Austritts vorgesehen wurde, besteht auch die Möglichkeit der nachträglichen Zustimmung der übrigen Beteiligten zu einem Austritt. Bei einer Regelung im Aktionärbindungsvertrag kann die Austrittsmöglichkeit auf bestimmte Situationen oder Gründe beschränkt werden. Häufig wird eine Austrittsregelung in einem Aktionärbindungsvertrag mit einem Kaufsrecht der übrigen Vertragspartner verbunden.

---

[818] Mit ausführlicher Begründung BOLLMANN, S. 38 ff.

[819] BERGSMA, S. 146; STAEHELIN, Basler Kommentar, Art. 545/546 OR N 5; VON STEIGER, SPR, S. 413 f.;WOLF, S. 11.

III. Ausschluss

Es gibt Situationen, in denen die an einem Aktionärbindungsvertrag Beteiligten einen der Vertragspartner gegen dessen Willen ausschliessen möchten, beispielsweise wenn dieser Vertragsverletzungen begeht. Ein solcher Ausschluss ist nun aber vom Gesetz nicht vorgesehen. Handelt es sich beim konkreten Aktionärbindungsvertrag um einen Innominatkontrakt, versteht sich von selbst, dass es keine entsprechende Gesetzesnorm gibt. Aber auch für die als einfache Gesellschaften zu qualifizierenden Aktionärbindungsverträge hat der Gesetzgeber keine Ausschlussmöglichkeit vorgesehen. Eine gesetzliche Möglichkeit, einen Gesellschafter auszuschliessen, gibt es bei den Personengesellschaften nur für die Kollektivgesellschaft[820] und die Kommanditgesellschaft[821]. Eine analoge Anwendung dieser Normen auf einfache Gesellschaften lehnen die herrschende Lehre und das Bundesgericht ab.[822] Dies bedeutet nun aber nicht, dass bei der einfachen Gesellschaft Gesellschafter nicht ausgeschlossen werden können. Es ist nämlich zulässig, die Ausschlussmöglichkeit im Gesellschaftsvertrag zu vereinbaren.[823] Ist ein Ausschluss im Gesellschaftsvertrag vorgesehen, bedarf es für einen konkreten Ausschluss einen entsprechenden Beschluss. Dieser muss, falls die Parteien nichts anderes vereinbart haben,[824] einstimmig gefällt werden.[825] Wie bei einer einfachen Gesellschaft muss es auch bei schuldrechtlichen Aktionärbindungsverträgen zulässig sein, vertraglich eine Ausschlussmöglichkeit zu verabreden.

§ 2 Neuaufnahme

Gemäss Art. 542 Abs. 1 OR kann ein Gesellschafter ohne die Einwilligung der übrigen Gesellschafter keinen Dritten in die Gesellschaft aufnehmen. Aus dieser Norm folgt e contrario, dass eine Neuaufnahme mit Zustimmung der übrigen möglich sein muss.[826] Darunter fällt wohl einerseits die Aufnahme eines neuen Partners ohne Ausscheiden

---

[820]   Art. 577 OR.

[821]   Art. 619 OR.

[822]   BERGSMA, S. 89 f., BGE 94 II 119; SIEGWART, Zürcher Kommentar, Art. 545-547 OR N 39; VON STEIGER, SPR, S. 414.

[823]   BGE 94 II 119. Ebenso die h.L. wie beispielsweise STAEHELIN, Basler Kommentar, Art. 545/546 OR N 6; SIEGWART, Zürcher Kommentar, Art. 545-547 OR N 39 f.; BOLLMANN, S. 25; MEIER-HAYOZ/FORSTMOSER, § 8 N 71; kritisch VON STEIGER, SPR, S. 414 ff., der auch bei der einfachen Gesellschaft einen Ausschluss aus wichtigen Gründen befürwortet, und BERGSMA, S. 92.

[824]   Die Vereinbarung eines Mehrheitsbeschlusses ist zulässig (Art. 534 Abs. 2 OR); BOLLMANN, S. 35 f.

[825]   Art. 534 Abs. 1 OR.

[826]   VON STEIGER, SPR, S. 412

eines bisherigen als auch die „Übertragung" der Mitgliedschaft.[827] Im zweitgenannten Fall tritt ein bisheriger Gesellschafter aus der einfachen Gesellschaft aus und gleichzeitig wird ein neuer aufgenommen. Beides bedarf der Zustimmung der übrigen Gesellschafter, wobei grundsätzlich ein einstimmiger Beschluss notwendig ist.[828] Der Gesellschaftsvertrag kann allerdings auch einen Mehrheitsbeschluss vorsehen oder bestimmte Bedingungen formulieren (Branchenzugehörigkeit, Nationalität etc.).[829] Es ist auch zulässig, bereits im Gesellschaftsvertrag die Zustimmung bezüglich der Aufnahme bestimmter oder bestimmbarer Personen bereits zu geben (z.B. bestimmte Erben).[830] Eine generelle Zustimmung dagegen ginge m.E. zu weit, da dann die aufzunehmenden Personen noch nicht individualisiert wären. Dies erscheint, da bei der einfachen Gesellschaft das persönliche Element sehr wichtig sein kann, problematisch.

Ebenso wie bei einer einfachen Gesellschaft ist bei schuldrechtlichen Aktionärbindungsverträgen die Neuaufnahme von Vertragspartnern bei Zustimmung aller übrigen möglich.

---

[827] VON STEIGER, SPR, S. 408 Fn 156; SIEGWART, Zürcher Kommentar, Art. 542 OR N 6 ff.; HARTMANN, Berner Kommentar, Art. 562 N 31; BOLLMANN, S. 11 ff.; BGE 88 II 234 ff.

[828] Art. 534 OR.

[829] WOLF, S. 6 m.w.H.

[830] VON STEIGER, SPR, S. 408 f. und S. 412; MEIER-HAYOZ/FORSTMOSER, § 8 N 72; HANDSCHIN, Basler Kommentar, Art. 542 OR N 1.

Kapitel 9

Leistungsstörungen und die Durchsetzung von Verpflichtungen aus Aktionärbindungsverträgen

§ 1 Überblick über die Folgen von Leistungsstörungen

Gemäss den allgemeinen Regeln des Vertragsrechts hat der Gläubiger einer fälligen Forderung bei Leistungsstörungen grundsätzlich einen Anspruch auf Realerfüllung und damit die Möglichkeit einer entsprechenden Leistungsklage.[831] Erwirkt er ein Urteil, das den Schuldner zu einer bestimmten Leistung verpflichtet, kann er dieses Urteil nötigenfalls durch Staatsorgane vollstrecken lassen. Anstelle oder teilweise auch kumulativ zu der Erfüllung in natura hat der Gläubiger zudem die Möglichkeit einer Schadenersatzklage. Daneben gibt es Situationen, in denen der Gläubiger vom Vertrag zurücktreten kann.

Aktionärbindungsverträge unterstehen als Innominatverträge grundsätzlich den allgemeinen Grundprinzipien des Vertragsrechts. Deshalb sollten Leistungsstörungen bei Aktionärbindungsverträgen grundsätzlich zu denselben Rechtsfolgen führen wie bei Verträgen im Allgemeinen. Während dies in Bezug auf die Schadenersatzklage und den Vertragsrücktritt allgemein anerkannt ist, gab die Zulässigkeit der Realerfüllung von Aktionärbindungsverträgen in der Literatur zu ausführlichen Diskussionen Anlass. Aus diesem Grunde werden im Folgenden die Schadenersatzklage und der Rücktritt nur kurz gestreift (Ziff. I. und II.). Ausführlicher wird dagegen auf die Frage der Realerfüllung eingegangen (Ziff. III. und § 2).

I.   Schadenersatz

Erfüllt ein am Aktionärbindungsvertrag Beteiligter seine Verpflichtungen nicht oder nur schlecht, so können die anderen Vertragspartner gestützt auf die Art. 97 ff. OR Schadenersatzansprüche geltend machen.[832] Die Geltendmachung von Schadenersatzansprüchen aus Aktionärbindungsverträgen bietet aber in der Praxis häufig Schwierigkeiten. Sowohl der Schadensbeweis als auch die Berechnung des Schadens und der

---

[831] BUCHER, AT, S. 328; OSER/SCHÖNENBERGER, Zürcher Kommentar, Vorbemerkungen zu den
       Art. 97-109 OR N 2; VON TUHR/ESCHER, S. 86; ZR 83 (1984) Nr. 53.
[832] APPENZELLER, S. 57; GLATTFELDER, S. 306a; HIRSCH/PETER, S. 1.

Nachweis der Kausalität sind in der Regel problematisch.[833] Stimmt beispielsweise ein Vertragspartner entgegen einer anderslautenden Abstimmungsvereinbarung für eine Fusion der Aktiengesellschaft mit einer anderen Gesellschaft, ist der Schaden für die übrigen Vertragspartner äusserst schwierig zu bestimmen. Dasselbe gilt bei einem vertragswidrigen Verkauf von Aktien an einen Dritten[834] oder bei der abredewidrigen Nichtwahl eines Vertragspartners in den Verwaltungsrat. Was den Kausalzusammenhang betrifft, ergeben sich vor allem bei Stimmrechtsbindungen Probleme. So ist bei einer vertragswidrigen Stimmabgabe nur dann eine Schädigung und der entsprechende Kausalzusammenhang gegeben, wenn der Generalversammlungsbeschluss anders ausfällt, als die Mehrheit der Aktionärbindungsvertragspartner dies wollten und das vertragswidrige Verhalten dafür entscheidend war.[835]

II. Rücktritt vom Vertrag

Bei Leistungsstörungen kann in gewissen Fällen auch vom Vertrag zurückgetreten werden. So sieht Art. 107 Abs. 2 OR als eine der möglichen Folgen des Schuldnerverzuges den Vertragsrücktritt vor. Dieselbe Folge ergibt sich aus Art. 95 OR beim Gläubigerverzug bei Sachleistungen sowie nach neuerer Lehrmeinung auch aus Art. 97 OR bei schwerwiegenden positiven Vertragsverletzungen. Wie weiter vorne bereits ausgeführt wurde, ist die Anwendung dieser Normen und damit die Möglichkeit des Rücktritts bei Aktionärbindungsverträgen selten.[836] So finden die Artikel 95 und 107 Abs. 2 OR bei jenen Aktionärbindungsverträgen, welche als einfache Gesellschaften qualifiziert werden, grundsätzlich keine Anwendung. Zudem sind die an einem Aktionärbindungsvertrag Beteiligten in den wenigsten Fällen an einem Rücktritt vom Vertrag interessiert. Sie wollen in der Regel in erster Linie weiterhin Einfluss auf das Verhalten der Vertragspartner ausüben können.

III. Realerfüllung

Der Anspruch auf Realerfüllung und damit die Erfüllungsklage sind in unserer Rechtsordnung „selbstverständliche Begleiterscheinungen der Forderung".[837] Dieses Prinzip

---

[833] HIRSCH/PETER, S. 1 f.; STAUDER, S. 170.
[834] ALTENBERGER, S. 73 f; PATRY, ZSR, S. 309a; DOHM, S. 186; STAUDER, S. 170.
[835] STUBER R., S. 78.
[836] Vgl. dazu Kapitel. 6, § 2, Ziff. I/5, S. 167 ff.
[837] VON TUHR/ESCHER, S. 86.

wird vom Gesetz nicht ausdrücklich genannt, aber in Art. 97 Abs. 2 OR vorausgesetzt.[838] Die an einem Aktionärbindungsvertrag Beteiligten haben in der Regel grosses Interesse an der Realerfüllung ihrer Forderungen, da ein Schadenersatz oder der Vertragsrücktritt nur untaugliche Mittel darstellen. In der Lehre ist die Frage der Realerfüllung bei Aktionärbindungsverträgen aber umstritten und dementsprechend ausführlich diskutiert worden. In diesem Zusammenhang werden die Themen „Klage auf Erfüllung", „Vollstreckbarkeit" und „einstweiliger Rechtsschutz" betrachtet, wobei nicht alle Autoren bei ihrer Argumentation eine saubere Trennung dieser Bereiche vornehmen. Die Meinungen zu diesem Themenkomplex reichen vom Ausschluss der Erfüllungsklage bis zur Bejahung der Möglichkeit der Vollstreckung durch Ersetzung der Stimmabgabe des verpflichteten Aktionärs durch ein richterliches Urteil. In den folgenden Paragraphen werden diese Bereiche genauer untersucht und die unterschiedlichen Meinungen in der Literatur dargestellt. Dabei behandelt § 2 die Frage, ob bei Aktionärbindungsverträgen eine Klage auf Erfüllung möglich ist, § 3 geht auf die Vollstreckung ein und in § 4 wird der einstweilige Rechtsschutz dargestellt.

§ 2 Erfüllungsklage bei Aktionärbindungsverträgen?

Das Problem der Realerfüllung von Verpflichtungen aus Aktionärbindungsverträgen wurde in der Literatur vorwiegend bezüglich der Stimmrechtsbindungen diskutiert. Dies ist dadurch bedingt, dass einerseits die Frage der Realerfüllung bei Stimmrechtsbindungen schwieriger zu beantworten ist und dass andererseits die Problematik der Realerfüllung etwas anders liegt als bei anderen Verpflichtungen aus Aktionärbindungsverträgen. Aus diesen Gründen wird im Folgenden zunächst die Erfüllung von Stimmrechtsbindungen untersucht (Ziff. I), bevor auf jene von anderen Verpflichtungen eingegangen wird (Ziff. II). In beiden Fällen wird die entsprechende Literatur und Rechtsprechung aus Deutschland zum Vergleich herangezogen, da dieses Thema dort wesentlich ausführlicher behandelt wurde.

---

[838] VON TUHR/ESCHER, S. 86; OSER/SCHÖNENBERGER, Zürcher Kommentar, Vorbemerkungen zu den Art. 97-109 OR N 2.

I.   Erfüllungsklage bei Stimmrechtsbindungen?

1.   Stand der Rechtsprechung in der Schweiz und in Deutschland

a)   Rechtsprechung in der Schweiz

Das Bundesgericht hatte - soweit aus den publizierten Entscheiden ersichtlich - bisher nie die Gelegenheit, zur Frage der Realerfüllung von Ansprüchen aus Stimmbindungs-absprachen Stellung zu nehmen. In jenen Fällen, in welchen unser höchstes Gericht Fälle in Zusammenhang mit Stimmrechtsbindungen zu prüfen hatte, wurde von den Klägern nie die Realerfüllung verlangt, sondern entweder auf Zahlung eines Schadener-satzes geklagt[839] oder ein Generalversammlungsbeschluss angefochten.[840]

Mit Ausnahme eines zürcherischen Urteils ist auch keine Rechtsprechung anderer staat-licher Gerichtsinstanzen bezüglich der Realerfüllung von Stimmrechtsbindungen publi-ziert worden. Bei der genannten Ausnahme handelt es sich um einen Entscheid des Kassationsgerichts des Kantons Zürich aus dem Jahre 1983.[841] Das Kassationsgericht bejahte damals den Anspruch auf Realerfüllung des aus einem Aktionärbindungsvertrag Berechtigten. Diesem Entscheid lag folgender Sachverhalt zu Grunde: Zwischen den Parteien bestand bezüglich der X AG ein sogenannter Gründer- und Aktionärbin-dungsvertrag. Der Kläger stellte im Rahmen eines Prozesses betreffend Feststellung der Unwirksamkeit einer in Zusammenhang mit diesem Vertrag erfolgten Kündigung ein Begehren um Erlass vorsorglicher Massnahmen. Er beantragte, die Beklagten seien an-zuweisen, den Kläger bei der nächsten Generalversammlung der X AG als Verwal-tungsrat wiederzuwählen. Nachdem das Bezirksgericht das Begehren abgewiesen hatte, befahl das Obergericht auf Rekurs hin den Beklagten unter Androhung von Strafsank-tionen, den Kläger für eine weitere Amtsdauer als Verwaltungsrat wiederzuwählen. Das Kassationsgericht wies eine dagegen erhobene Nichtigkeitsbeschwerde ab; es kam zum Schluss, dass der Berechtigte einen Anspruch auf Realerfüllung habe. Das Kassations-gericht begründete seinen Entscheid wie folgt: Das schweizerische Recht sehe vor, dass der Gläubiger primär Natural- bzw. Realerfüllung der Obligation fordern könne, wäh-rend der Schadenersatzanspruch erst sekundär an die Stelle der ursprünglich geschulde-ten Vertragsleistung trete. Da die grundsätzliche Zulässigkeit von Aktionärbindungsver-trägen anerkannt sei, sei auch davon auszugehen, dass der aus einem solchen Vertrag Berechtigte Anspruch auf Realerfüllung habe.

---

[839]   BGE 109 II 43 ff. = Pra 72 (1983) Nr. 85.

[840]   BGE 81 II 534 ff.

[841]   Entscheid vom 7. November 1983, publiziert in ZR 83 (1984) Nr. 53.

Neben diesem Entscheid eines staatlichen Gerichts ist einzig noch ein Schiedsgerichtsentscheid bekannt geworden: GLATTFELDER berichtet von einem Urteil eines schweizerischen Schiedsgerichts, welches die Beklagten unter anderem dazu verpflichtet habe, eine ausserordentliche Generalversammlung der Aktiengesellschaft einzuberufen und an dieser Generalversammlung dafür zu stimmen, dass Herr Y als Mitglied des Verwaltungsrates sofort abberufen und Herr Z als Verwaltungsrat gewählt wird.[842]

b) Rechtsprechung in Deutschland

Das Reichsgericht hat die Frage, ob bei Stimmrechtsbindungen auf Erfüllung geklagt werden könne, in einem Urteil vom 20. Juni 1916 zunächst bejaht.[843] Von diesem Standpunkt wich das Reichsgericht dann aber in einem Entscheid vom 20. November 1925[844] wieder ab und verneinte danach lange Zeit in ständiger Rechtsprechung die Zulässigkeit der Erfüllungsklage bei Stimmrechtsbindungen.[845] Als zulässig betrachtete das Reichsgericht lediglich die Feststellungsklage und die Klage auf Leistung eines Schadenersatzes.[846] Zur Begründung führte das Reichsgericht aus, ein unmittelbarer Erfüllungszwang sei „mit den aktienrechtlichen Vorschriften über die Willensbildung in der Generalversammlung nicht vereinbar"[847] und es gehe nicht an, „durch äusseren Zwang in die Willensbildung des Körperschaftsorgans, als das die Gesellschafterversammlung

---

[842] Schiedsentscheid vom 18. Dezember 1943, dargestellt bei GLATTFELDER, S. 315a Fn 27.

[843] RGZ 88, 319 ff.: Die beiden Beklagten F und S, alleinige Gesellschafter einer GmbH, verpflichteten sich gegenüber dem Rechtsvorgänger der Kläger Dr. Sem., diesem einen bestimmten Geschäftsanteil zu übertragen und als Gesellschafter die Genehmigung zur Übertragung zu erteilen. Gemäss Gesellschaftsvertrag konnte kein Geschäftsanteil an Nichtgesellschafter ohne Genehmigung veräussert werden. Als die Genehmigung nicht erfolgte, klagten die Rechtsnachfolger des inzwischen verstorbenen Dr. Sem. gegen F und S und beantragten, F und S seien zu verurteilen, die Genehmigung zu beschaffen. Das Reichsgericht bejahte die Verpflichtung der Beklagten, die Genehmigung zu beschaffen und führte unter anderem aus, dies sei den Beklagten auch möglich, da sie auf den Willen der Gesellschaftsorgane einwirken könnten.

[844] RGZ 112, 273 ff.: M, K, G und die Firma F gründeten eine GmbH und schlossen daneben eine schuldrechtliche Vereinbarung ab, in welcher sie verschiedene Punkte regelten. Als M., K und G in einer Gesellschafterversammlung gegen den Willen der Firma F beschlossen, die schuldrechtliche Vereinbarung ausser Kraft zu setzen, klagte die Firma F gegen die anderen Vertragspartner. Sie beantragte, es sei festzustellen, dass der zwischen den Parteien geschlossene Vertrag wirksam sei und die Beklagten verpflichte, in den Gesellschafterversammlungen gemäss den in diesem Vertrag übernommenen Pflichten zu stimmen. Weiter verlangte sie die Verurteilung der Beklagten zur Einberufung einer Gesellschafterversammlung und zu einer bestimmten Stimmabgabe.

[845] RGZ 119, 386 ff., v.a. 389 f. (Entscheid vom 10. Januar 1928); 133, 90 ff. (Entscheid vom 11. Juni 1931); 160, 257 ff. (Entscheid vom 5. April 1939); 165, 68 ff. (Entscheid vom 12. Oktober 1940).

[846] RGZ 112, 280; 160, 257.

[847] RGZ 133, 95.

sich darstellt, einzugreifen".[848] Als weiteres Argument führte das Reichsgericht an, dass die Realerfüllung nichts nütze, da es den Gesellschaftern unbenommen bliebe, „nach Rechtskraft des Urteils in einer beliebigen Gesellschafterversammlung wieder entgegengesetzt zu stimmen und den fiktiven Beschluss durch einen anderen, der dann den Willen der Gesellschaft darstellt, zu ersetzen, ...".[849]

Im Jahre 1967 anerkannte dann der Bundesgerichtshof die Möglichkeit der Erfüllungsklage bei Stimmrechtsbindungen.[850] Der II. Zivilsenat des Bundesgerichtshofes hielt in seiner Begründung fest, dass in der Regel auf Grund einer wirksamen schuldrechtlichen Verpflichtung auch auf deren Erfüllung geklagt werden könne.[851] In seiner Auseinandersetzung mit den Argumenten des Reichsgerichts führte der Senat aus, dass durch die Zulassung der Realerfüllung nicht in die Willensbildung der Gesellschaft eingegriffen werde, da sich der Vollstreckungszwang nicht gegen die Gesellschaft, sondern gegen den aus der Abstimmungsvereinbarung Verpflichteten richte. In Bezug auf das Argument, der Verurteilte könne nach erfolgreicher Vollstreckung eventuell wieder eine entgegengesetzte Beschlussfassung herbeiführen, hielt der Senat fest, die Möglichkeit der Rückgängigmachung des Vollstreckungsergebnisses biete sich auch ausserhalb des Gesellschaftsrechts und berechtige nicht zur Verneinung der Einklagbarkeit und der Erzwingbarkeit eines Anspruches.[852] Der Senat führte weiter aus, dass die Klage auf Erfüllung eines Abstimmungsversprechens weder voraussetze, dass der Verpflichtete schon in einer Gesellschafterversammlung Gelegenheit hatte, den Anspruch zu erfüllen, noch dass er im Voraus erklärte, er werde der Verpflichtung zuwiderhandeln.

2. Lehrmeinungen in der Schweiz und in Deutschland

In der älteren schweizerischen Literatur wurde die Frage, ob eine Klage auf Erfüllung bei Stimmrechtsbindungen zulässig ist, noch unterschiedlich beantwortet. Aber trotz einiger ablehnender Stimmen,[853] bejahte schon damals die Mehrzahl der Autoren die

---

[848] RGZ 112, 279.
[849] RGZ 112, 279 f.; 119, 386.
[850] BGHZ 48, 163 ff.,v.a. 169 ff. (Entscheid vom 29. Mai 1967).
[851] BGHZ 48, 170 f.
[852] BGHZ 48, 171.
[853] PATRY, ZSR, S. 118a; KUMMER, S. 173 ff.; SONTAG, SAG 1950/51, S. 59 f.

Möglichkeit der Realerfüllung.[854] In der neueren Literatur wird nun die Realerfüllung einhellig als zulässig betrachtet.[855]

Von den deutschen Autoren war es in der älteren Literatur vor allem BRODMAN[856], welcher die Möglichkeit der Erfüllungsklage bei Stimmrechtsbindungen verneinte. Es gab viele Autoren, welche sich seiner Meinung anschlossen.[857] Daneben bejahte aber eine noch grössere Anzahl von Autoren die Möglichkeit der Realerfüllung und kritisierten die ablehnende Rechtsprechung des Reichsgerichts.[858] In der neueren deutschen Literatur wird die Zulässigkeit der Klage auf Erfüllung überwiegend anerkannt.[859]

Die Gegner einer Erfüllungsklage bei Stimmrechtsbindungen begründen ihre Ansicht hauptsächlich mit folgenden Argumenten: Durch die Verurteilung zu einer bestimmten Stimmabgabe werde in unzulässiger Weise in den Willensbildungsprozess der Aktiengesellschaft eingegriffen.[860] Das Prinzip der freien Stimmausübung durch den Aktionär gehe der vertraglichen Verpflichtung vor und dürfe nicht beschränkt werden.[861] Ausserdem würde eine Verurteilung zu einer bestimmten Stimmabgabe einen Einbruch in das bestehende Rechtssystem darstellen, da das Urteil auch Dritte, nämlich andere Aktionäre, berühren und damit über das Verhältnis der Vertragsparteien hinausreichen würde.[862] Die Autoren, welche die Erfüllungsklage ablehnen, betrachten diese auch

---

[854] BÄR, ZSR, S. 500; BÜRGI, ZSR, S. 721a f.; DOHM, S. 166 Ziff. III; KOEBEL, S. 59 ff.; GLATTFELDER, S. 310a ff.; LEHNER, ZSR, S. 720a; MESSERLI, S. 168 Ziff. cc); STAUDER, S. 169 ff.; STUBER, S. 83; ZIHLMANN, S. 241 f.

[855] APPENZELLER, S. 58 ff.; BAUDENBACHER, Basler Kommentar, Art. 620 OR N 37; FORSTMOSER, FS Schluep, S. 373.; FORSTMOSER/MEIER-HAYOZ/NOBEL, § 39 N 191; LÖRTSCHER, S. 193 Ziff. 5; MEIER-HAYOZ/SCHLUEP/OTT, S. 307; WEBER, SAV, S. 87.

[856] BRODMANN, S. 615 f.

[857] ALTVATER, S. 11 ff. m.w.N. in Fn 6; THEISEN, S. 50 ff

[858] BRAND, S. 23 ff. zusammenfassend S. 37 f.; DIETZ, S. 110 ff.; ERMAN, S. 267 ff.; FISCHER GmbHR, S. 65; GRIMM, S. 94 ff., 101; ISAY, S. 1298 f., JANBERG/SCHLAUS, AG 12, S. 36; PETERS, S. 311 ff.; WILKE, S. 46; WOLFF, S. 2115 ff.; ZLUHAN, S. 297.

[859] BARZ, S. 100 f.; FISCHER, FS Kunze, S. 95 und S. 104, JANBERG/SCHLAUS, AG 13, S. 36; LOEWENHEIM, S. 264; LUTTER/HOMMELHOFF, § 47 N 5; LÜBBERT S. 176 ff.; SCHOLZ/SCHMIDT, GmbHG, § 47 N 55; ZÖLLNER, S. 168. Kritisch soweit ersichtlich nur HÜFFER (§ 133 N 29).

[860] ALTVATER, S. 11 f. Dies wurde von einigen Autoren angeführt, welche die Stimmabgabe nicht als Willenserklärung betrachteten, sondern als Teil eines gesellschaftsrechtlichen Vorganges, welcher ein Zusammenwirken erfordere. Es sei nun nicht zulässig, dass aufgrund eines individualrechtlichen Vertrages ein Urteil erlassen würde, welches in die gesellschaftsrechtliche Willensbildung eingreife.

[861] RGZ 112, 279; KÖNIG, S. 88; PATRY, ZSR, S. 118a; BRODMAN, S. 616; THEISEN, S. 50 ff.

[862] BRODMAN, S. 616.

deshalb als unmöglich, weil der Gläubiger im Vorfeld einer Abstimmung noch keine fällige Forderung habe.[863] Nach der Abstimmung dagegen sei ein Urteil sinnlos, weshalb dann das Rechtsschutzinteresse fehlen würde.[864] Zudem habe ein Urteil keinen grossen praktischen Wert, da der Verpflichtete später wieder dagegen verstossen oder einen Beschluss mittels eines anderen wieder aufheben könne.[865] Nicht zuletzt sei auch zu beachten, dass ein Urteil betreffend einer Stimmrechtsbindung meist nicht vollstreckbar sei.[866]

Die Befürworter der Zulässigkeit einer Erfüllungsklage dagegen begründen ihre Meinung vor allem damit, in der schweizerischen und deutschen Rechtsordnung gelte das Prinzip, dass der Gläubiger grundsätzlich Anspruch auf Realerfüllung habe. Etwas anderes gelte nur bei Naturalobligationen, wozu die Stimmrechtsvereinbarungen nicht zählen würden, so dass bei einer wirksamen Stimmrechtsbindung auch eine Erfüllungsklage grundsätzlich möglich sein müsse. Die Befürworter der Möglichkeit der Erfüllungsklage halten den Argumenten der Gegner insbesondere Folgendes entgegen: Es sei durchaus zulässig, dass die Willenserklärung, welche der Schuldner abgeben muss, einem Dritten gegenüber wirke und dessen Rechtssphäre berühre.[867] Das Argument, der Schuldner könne das Urteil vereiteln oder den durch das Urteil beeinflussten Beschluss später wieder rückgängig machen, sei unbehelflich. Es handle sich dabei nicht um eine rechtliche Argumentation; zudem bestünde diese Möglichkeit auch in vielen anderen Fällen, in denen nicht an der Möglichkeit der Erfüllungsklage gezweifelt werde.[868] Man könne diesem Argument auch entgegenhalten, dass der Schuldner davon zurückschrecken werde, neue (kostenfällige) Prozesse zu riskieren.[869] Weiter sei es unlogisch, wenn Abstimmungsvereinbarungen, welche ja ebenfalls die Abstimmungsfreiheit beeinträchtigten, als zulässig betrachtet würden, die Erfüllungsklage dagegen nicht.[870] Die Abstimmungsfreiheit werde genauso beeinträchtigt, indem dem Schuldner die Verurteilung zur Leistung eines Schadenersatzes drohe. Die Befürworter äussern sich auch dazu, wieso kein Eingriff in die Freiheit der körperschaftlichen Willensbildung vorliege: Ein entsprechendes Urteil richte sich gegen den Schuldner bzw. einen Aktionär nicht

---

[863] PATRY, ZSR, S. 117a.
[864] PATRY, ZSR, S. 117a; BRODMAN, S. 615; LINDEMANN, S. 95.
[865] RGZ 112, 279 f.
[866] PATRY, ZSR, S. 116a f.
[867] OVERRATH, S. 97 f; BAUMBACH/LAUTERBACH/ALBERS/HARTMANN, § 894 Anm. 1a.
[868] GLATTFELDER, S. 313a f.
[869] KOEBEL, S. 60 f.; STAUDER, 174; ISAY, S. 1299.
[870] GLATTFELDER, S. 312a f.; KOEBEL, S. 60. BÄR (ZSR, S. 500) bezeichnete dies als „juristisches Spaltungsirresein".

gegen die Aktiengesellschaft oder ein Organ.[871] Die Willensbildung sei im Übrigen schon durch die Stimmrechtsbindung an sich beeinflusst, nicht erst durch die gerichtliche Durchsetzung. Wenn die freiwillige Erfüllung einer Stimmrechtsbindung als zulässig betrachtet werde, könne einer entsprechenden Erfüllungsklage nicht das Argument der Beeinflussung der Willensbildung entgegen gehalten werden.

3. Eigener Standpunkt: Zulässigkeit der Erfüllungsklage

Das schweizerische Recht kennt - wie das deutsche - das Prinzip, dass der Gläubiger einer vertraglichen Verpflichtung grundsätzlich Anspruch auf Realerfüllung hat.[872] Das Gesetz sieht nur in ganz wenigen Fällen vor, dass ein Anspruch nicht einklagbar ist bzw. eine eigentliche Forderung gar nicht entsteht.[873] Bei diesen sogenannten Naturalobligationen hat der Gläubiger zwar ein Recht auf Leistung, doch wird ihm der Rechtsschutz verweigert.[874] Die Überlegungen, welche den Gesetzgeber zur Verweigerung des Rechtsschutzes führten, sind beispielsweise moralische Vorbehalte oder die Missbilligung des Rechtsgeschäftes als solches zum Schutz einer Partei (beides trifft bei Spiel und Wette zu[875]). Neben der eigentlichen Leistung sind bei Naturalobligationen auch die zu ihrer Sicherung vereinbarten Konventionalstrafen, Pfandrechte und Bürgschaften nicht einklagbar.[876]

Bezüglich Stimmrechtsbindungen gibt es keine gesetzliche Norm, welche ihnen den Rechtsschutz versagen würde. Es ist auch nicht ersichtlich, wieso die Überlegungen, welche hinter den gesetzlich vorgesehenen Fällen von Naturalobligationen stehen, auf Stimmrechtsbindungen angewendet werden sollten. Im Übrigen scheinen auch die Gegner einer Erfüllungsklage nicht davon auszugehen, dass Stimmrechtsvereinbarungen Naturalobligationen darstellen. Andernfalls dürften sie die Klagbarkeit von Schadenersatzansprüchen und Konventionalstrafen gestützt auf Aktionärbindungsverträge nicht bejahen wie dies aber alle Gegner der Erfüllungsklage tun. Aus diesen Gründen ist den Befürwortern der Erfüllungsklage bei Stimmrechtsbindungen zu folgen, nach

---

[871]   BGHZ 48, 171; BAADEN, S. 28; DIETZ, S. 118 f.; GRIMM, S. 96 ff.; OVERRATH, S. 98 f.
[872]   OSER/SCHÖNENBERGER, Zürcher Kommentar, Vorbemerkungen zu Art. 97 - 109 OR N 2;
        BECKER, Berner Kommentar, Art. 97 OR N 7 und N 101 ff.; GAUCH/SCHLUEP/SCHMID/REY,
        N 2574; ZR 83 (1984) Nr. 53; WEBER, Berner Kommentar, Art. 97 OR N 339 ff.
[873]   Beispielsweise bei Spiel und Wette (Art. 513 OR und § 761 BGB) oder beim Verlöbnis (Art. 91
        ZGB und § 1297 BGB).
[874]   GAUCH/SCHLUEP/SCHMID/REY, N 82.
[875]   BAUER, Vorbemerkungen zu Art. 513 - 515 OR N 3.
[876]   BAUER, Basler Kommentar, Art. 514 OR N 4.

deren Auffassung eine Stimmrechtsbindung keine Naturalobligation darstellt und daher grundsätzlich einer Erfüllungsklage zugänglich sein muss.[877]

Auch wenn man verneint, dass Stimmbindungen eine Naturalobligation darstellen, bleiben verschiedene Argumente der Gegner einer Erfüllungsklage bestehen, auf welche im Folgenden eingegangen wird.

Unzulässiger Eingriff in die Willensbildung der Aktiengesellschaft und Verstoss gegen das Prinzip der Abstimmungsfreiheit?

Die Gegner der Erfüllungsklage argumentieren unter anderem, dass durch die Verurteilung zu einer bestimmten Stimmabgabe in unzulässiger Weise in den Willensbildungsprozess der Aktiengesellschaft eingegriffen werde. Das Prinzip der freien Stimmausübung durch den Aktionär dürfe nicht durch ein richterliches Urteil beschränkt werden. Diese Argumentation ist unlogisch, wenn man die generelle Zulässigkeit von Stimmbindungen und sogar die Klagbarkeit von Konventionalstrafen und Schadenersatzansprüchen aus Aktionärbindungsverträgen bejaht. Geht man - wie dies auch die Gegner der Realerfüllung tun - davon aus, dass Stimmbindungen grundsätzlich erlaubt sind und solche Bindungen nicht gegen das Prinzip der freien Stimmausübung verstossen, so kann man nicht argumentieren, dass eine entsprechende Erfüllungsklage gegen das genannte Prinzip verstossen soll.[878] Bereits der Vertragspartner, der sich freiwillig an eine Stimmbindung hält, ist - in zulässiger Weise[879] - in seiner Abstimmungsfreiheit eingeschränkt. Eine entsprechende Erfüllungsklage gegen denjenigen, der sich nicht an die Vereinbarung hält, stellt keine weitergehende Beschränkung dar.

Unzulässige Auswirkung auf die Rechtssphäre Dritter?

Die Autoren, welche die Erfüllungsklage bei Verpflichtungen aus Stimmbindungen ablehnen, bringen weiter vor, dass die Verurteilung einer bestimmten Stimmabgabe unzulässig sei, da durch das Urteil auch Dritte bzw. andere Aktionäre berührt würden und die Wirkungen über das Verhältnis der Parteien hinausreichen würden. Dem ist entgegenzuhalten, dass sich der Erfüllungszwang nur gegen den Verpflichteten richtet, nicht aber gegen die Aktiengesellschaft oder andere Aktionäre. Im Übrigen hat ein entsprechendes Urteil keine anderen Auswirkung als die Stimmbindung an sich schon hat. Dass durch ein entsprechendes Urteil faktisch auch Auswirkungen auf Dritte möglich

---

[877] Vgl. die in den Fn 852, 853, 856 und 857 genannten Autoren.
[878] Siehe dazu vorne S. 79.
[879] Siehe S. 79.

sind, ist natürlich richtig. Dies ist allerdings nichts Aussergewöhnliches; auch durch Urteile in anderen Fällen können Dritte vom Ergebnis berührt werden.

Spätere Zuwiderhandlung gegen den Entscheid?

Unbehelflich ist auch das Argument, ein Urteil in Zusammenhang mit einer Stimmbindung habe keinen grossen praktischen Wert, da der Verpflichtete später wieder dagegen verstossen oder einen Beschluss mittels eines anderen wieder aufheben könne. Würde man generell aufgrund der Möglichkeit einer späteren Zuwiderhandlung eine Erfüllungsklage ablehnen, käme dies einer Kapitulation vor dem widerspenstigen Verpflichteten gleich. Im Übrigen besteht die Möglichkeit der Rückgängigmachung eines Entscheides auch bei anderen Verpflichtungen als nur bei Stimmbindungen. Diese Möglichkeit ist sicher kein Grund, warum eine Erfüllungsklage nicht zulässig sein sollte. Zudem ist ein späteres Zuwiderhandeln des Verpflichteten sicher nicht die Regel, im Gegenteil. Einerseits wird der Verurteilte befürchten müssen, dass seine Vertragspartner erneut gegen ihn klagen würden. Solche neue Prozesse, die aufgrund der Verurteilung in einem ersten Verfahren als aussichtslos scheinen müssen, wird er nur schon aus finanziellen Gründen scheuen. Andererseits ist häufig ein späteres Zuwiderhandeln gar nicht möglich, da ein erneuter, entgegengesetzter Beschluss in vielen Fällen nicht gefasst werden kann. Dort wo es dagegen um eine immer wiederkehrende Abstimmungsfrage bzw. Verpflichtung geht, wie beispielsweise die alljährliche Wahl eines bestimmten Verwaltungsrates und daher ein erneuter Verstoss gegen die Stimmbindung möglich ist, können die Vertragspartner unter Umständen ein Urteil in Bezug auch auf diese künftigen Leistungen erreichen.

Ist die Erfüllungsklage meist nutzlos bzw. verspätet?

Es stimmt sicher, dass der Gläubiger in vielen Fällen von Verstössen gegen Stimmbindungen mit einer Klage zu spät kommt. Dies spricht aber nicht grundsätzlich gegen eine Erfüllungsklage. Sie muss dort zulässig bleiben, wo ein rechtzeitiges Handeln möglich ist, so beispielsweise wenn der Verpflichtete vor der Abstimmung äussert, dass er abredewidrig stimmen werde oder wenn er dies schon einige Male getan hat. Weiter gibt es gewisse Abstimmungsthemen, die wieder traktandiert werden können. So kann nach der Wahl eines abredewidrig gewählten Verwaltungsrates eine ausserordentliche Generalversammlung einberufen werden, an welcher der gewählte Verwaltungsrat abberufen und ein neuer gewählt werden kann.[880] Denkbar ist weiter, dass ein Traktan-

---

[880]   GLATTFELDER, S. 307a f.; DOHM, S. 162.

dum, beispielsweise die Einführung der Einheitsaktie, nach einem ersten ablehnenden Beschluss erneut traktandiert wird.[881]

Fehlende Fälligkeit?

Ein gewichtiges Argument der Gegner der Erfüllungsklage ist die Frage der Fälligkeit. Grundsätzlich können nur fällige Ansprüche eingeklagt bzw. in einem Urteil zugesprochen werden. Als Fälligkeit bezeichnet man den Zeitpunkt, in dem der Gläubiger die Leistung verlangen darf. Dies ist laut Art. 75 OR sofort bei Entstehung der Forderung der Fall, ausser wenn durch Gesetz, Vertrag oder die Natur des Rechtsverhältnisses etwas anderes bestimmt wird. Bei Stimmbindungen ist aufgrund ihrer Natur die Fälligkeit erst im Zeitpunkt der Abstimmung gegeben. Da die Fälligkeit von Stimmbindungen im Zeitpunkt der Abstimmung gegeben ist und grundsätzlich nur bei fälligen Forderungen auf Erfüllung geklagt werden kann, scheint auf den ersten Blick die Erfüllungklage bei Stimmbindungen ausgeschlossen. Dies ist aber aus zwei Gründen nicht so:
Einerseits gibt es Fälle, in denen sich das Problem der fehlenden Fälligkeit gar nicht stellt. Wie im vorangehenden Abschnitt ausgeführt wurde, kann in gewissen Fällen nach einem bereits erfolgten Verstoss gegen die Stimmrechtsvereinbarung der fragliche Beschluss bzw. eine Wahl erneut durchgeführt oder ein anderer Beschluss gefällt werden. In diesen Fällen hat die umstrittene Abstimmung sowie die Verletzung der Stimmrechtsbindung schon stattgefunden und die Fälligkeit ist bereits eingetreten.
Andererseits steht in jenen Fällen, in denen die Abstimmung erst bevorsteht, die fehlende Fälligkeit der Verpflichtung aus einer Stimmrechtsbindung einer Erfüllungsklage nicht zwingend entgegen. Es gibt Ausnahmen vom Prinzip, wonach nur fällige Ansprüche eingeklagt werden können. Eine solche Ausnahme wird in der Regel dann bejaht, wenn die Fälligkeit bald eintreten wird und der Gläubiger ein entsprechendes Rechtsschutzinteresse hat, d.h. wenn eine begründete Furcht besteht, dass der Schuldner nicht leisten wird.[882] Bei Leistungsklagen, wo es um die Unterlassung einer künftigen widerrechtlichen Handlung geht, ist der Nachweis erforderlich, dass die widerrechtliche Handlung unmittelbar droht.[883] Eine solche Ausnahme vom genannten Prinzip ist m.E. auch bei Stimmbindungen denkbar. Wenn ein Vertragspartner bereits vor einer Abstimmung klar zu erkennen gibt, dass er seine Stimme abredewidrig abgeben wird oder dies bereits mehrmals gemacht hat, so müsste man m.E. ein Rechts-

---

[881] Siehe bezüglich der Neufassung von Beschlüssen auch RGZ 88, 319 ff., 325 f.
[882] GULDENER, S. 252 f.; MESSERLI, S. 166; STAEHELIN/SUTTER, § 13 N 13. Siehe auch STUBER R., S. 82 f. und DOHM, S. 169 f.
[883] GULDENER, S. 252. BGE 97 II 108, 116 II 359.

schutzinteresse bejahen und eine Erfüllungsklage bereits vor der Fälligkeit der Stimmbindungsverpflichtung zulassen. Aus diesen Gründen spricht auch die fehlende Fälligkeit von Stimmbindungen vor der Abstimmung nicht grundsätzlich gegen eine Erfüllungsklage.

Kein Rechtsschutzinteresse da nicht vollstreckbar?

Von einigen Autoren wird argumentiert, dass Urteile in Bezug auf Stimmbindungen
nicht vollstreckbar seien und daher bereits auf eine entsprechende Klage nicht eingetreten werden dürfe, da bei fehlender Vollstreckbarkeit auch das Rechtsschutzinteresse
fehle. Auf die Frage der Vollstreckbarkeit kann an dieser Stelle nicht näher eingegangen
werden, sie ist Thema des nächsten Paragraphen. Es kann aber vorweggenommen werden, dass die Vollstreckung von Stimmbindungsverpflichtungen nicht grundsätzlich
ausgeschlossen ist. Es gibt zwar Situationen, in denen eine Vollstreckung nicht möglich
ist; die fehlende Vollstreckbarkeit in Einzelfällen spricht aber nicht generell gegen die
Möglichkeit der Erfüllungsklage. Im Übrigen gibt es auch bei anderen vertraglichen
Verpflichtungen Fälle, in denen eine Vollstreckung in natura nicht möglich ist, da beispielsweise die Leistung nur vom Schuldner erbracht werden kann. Als Beispiel kann
jenes genannt werden, in dem sich ein bekannter Maler verpflichtet, ein Porträt des
Gläubigers zu malen. Kommt der Maler seiner Verpflichtung nicht nach, ist eine Voll-
streckung in natura nicht möglich. Es wird aber niemand bezweifeln, dass eine Leistungsklage trotzdem möglich ist. Ein entsprechendes Urteil wird den Verpflichteten zur
Leistung verurteilen verbunden mit einer Androhung von Straffolgen. Auch eine solche
Androhung von Strafsanktionen ist ein Vollstreckungsmittel. Es ist also nicht so, dass
bei Unmöglichkeit einer Vollstreckung in natura eine Vollstreckung ausgeschlossen ist.
Die Auffassung, wonach die Vollstreckbarkeit in natura nicht Voraussetzung des Ein-
tretens auf eine Klage sei, wird auch in der prozessrechtlichen Literatur vertreten.[884] So
ist nach FRANK/STRÄULI/MESSMER[885] die Frage der Vollstreckbarkeit erst im Voll-
streckungsstadium zu entscheiden, da ja oft freiwillig erfüllt werde. Auch laut
GULDENER setze eine Leistungsklage nicht voraus, dass der eingeklagte Anspruch
zwangsweise durchgesetzt werden könnte. Erweise sich die Vollstreckbarkeit als unmöglich, könne im Vollstreckungsverfahren anstelle der Realerfüllung Schadenersatz
gefordert werden.[886]

---

[884] FRANK/STRÄULI/MESSMER, § 51 N 7b. Siehe auch STUBER R., S. 82 f.
[885] FRANK/STRÄULI/MESSMER, § 51 N 7b.
[886] GULDENER, S. 252.

Zusammenfassend kann festgehalten werden, dass die Erfüllungsklage bei Stimmrechtsbindung grundsätzlich zulässig sein muss. Allerdings ist im Einzelfall zu prüfen,
ob die Leistung noch möglich und vollstreckbar ist. Ist dies zu verneinen, wird ein Gericht mangels Rechtsschutzinteresse nicht auf die Erfüllungsklage eintreten.

II.   Erfüllungsklage bei anderen Verpflichtungen?

In der vorangehenden Ziffer I wurde die Frage der Zulässigkeit einer Erfüllungsklage
bei Verpflichtungen aus Stimmrechtsbindungen untersucht. Nun enthalten Aktionärbindungsverträge in der Regel noch eine Vielzahl anders gearteter Verpflichtungen beispielsweise Erwerbsrechte oder vermögensrechtliche Vereinbarungen. Auch in diesen
Bereichen kann es natürlich dazu kommen, dass ein Vertragspartner seine Rechte auf
gerichtlichem Wege durchsetzen muss und in erster Linie an der Realerfüllung interessiert ist. Als Beispiel kann der Fall genannt werden, in dem ein Kaufsrecht vereinbart
und vom Gläubiger ausgeübt worden ist, der Verpflichtete sich aber weigert, die Aktien
zu übertragen.

1.   Rechtsprechung

In Bezug auf Erfüllungsklagen in Zusammenhang mit Aktionärbindungsverträgen ist
nur ein Urteil des Schweizerischen Bundesgerichts bekannt geworden.[887] In diesem Fall
ging es um eine Klausel in einem Aktionärbindungsvertrag, wonach bei der Auflösung
des Arbeitsverhältnisses zwischen der Aktiengesellschaft und einem Beteiligten Letzterer verpflichtet sei, seine Aktien dem Verwaltungsrat zur Verfügung zu stellen. Als nun
das Arbeitsverhältnis mit dem Kläger A aufgelöst wurde, stritten sich die Parteien, ob
aufgrund der genannten Klausel auch eine Pflicht der Vertragspartner bestehe, die Aktien von A zu übernehmen. Der Kläger A verlangte dann auf gerichtlichem Wege, die
Beklagten seien solidarisch zu verpflichten, ihm Zug um Zug gegen Zession seiner Aktien deren inneren Wert zu zahlen. Das Bundesgericht bejahte die Abnahmepflicht der
Beklagten.

Andere Bundesgerichtsentscheide in Bezug auf die Realerfüllung von Verpflichtungen
aus Aktionärbindungsverträgen sind nicht bekannt. In anderen Fällen, in denen sich
das Bundesgericht mit Aktionärbindungsverträgen auseinanderzusetzen hatte, wurde

---

[887]   BGE vom 13. Februar 1990, in: SZW 1990, S. 213 ff.

entweder auf Zahlung einer Konventionalstrafe[888] oder eines Schadenersatzes geklagt.[889]

2. Lehrmeinungen in der Schweiz und in Deutschland

Sowohl in der Schweiz als auch in Deutschland wird nicht diskutiert, ob bei Verpflichtungen aus Aktionärbindungsverträgen, welche nicht Stimmbindungen betreffen, eine
Erfüllungsklage zulässig ist. Dies ist einerseits dadurch bedingt, dass sich die Literatur
vorwiegend mit dem Thema „Stimmrechtsbindungen" befasst und andere Vereinbarungen zwischen Gesellschaftern seltener untersucht werden. Andererseits wird die
Frage der Erfüllung bei anderen Verpflichtungen aus Aktionärbindungsverträgen of-
fenbar als unproblematisch betrachtet.[890]

3. Eigener Standpunkt

Auch bei anderen Verpflichtungen aus Aktionärbindungsverträgen, welche nicht
Stimmbindungen betreffen, kommt man bezüglich der Erfüllungsklage zum gleichen
Resultat wie bei Stimmbindungen: Die Erfüllungsklage muss grundsätzlich zulässig
sein, da es sich nicht um Naturalobligationen handelt. Die Argumente, welche gegen
die Zulässigkeit der Erfüllungsklage bei Stimmrechtsbindungen vorgebracht werden,
zielen nicht auf andere Verpflichtungen aus Aktionärbindungsverträgen ab. So spielt
beispielsweise das Argument „unzulässiger Eingriff in die Willensbildung der Aktiengesellschaft" hier keine Rolle.

§ 3 Vollstreckung von Verpflichtungen aus Aktionärbindungsverträgen

Ebenso wie im vorangegangenen Paragraphen für die Frage der Erfüllungsklage wird
im Folgenden die Vollstreckbarkeit zuerst für Stimmbindungen (Ziffer II) und anschliessend für andere Verpflichtungen aus Aktionärbindungsverträgen untersucht (Zif-

---

[888] BGE 88 II 172 ff. = Pra 51 (1962) Nr. 128.

[889] BGE 109 II 43 ff.

[890] Siehe beispielsweise JOUSSEN, S. 217; DÜRR, S. 882 ff.; NOACK, S. 68 ff. Die genannten Autoren
behandeln in ihren Arbeiten Gesellschafterabsprachen im Allgemeinen, gehen aber bei der Erfüllung nur auf Stimmrechtsbindungen ein.

fer III).[891] Dabei wird auch für dieses Thema die deutsche Rechtsprechung und Literatur berücksichtigt. Zunächst werden aber als Grundlage für die nachfolgenden Ausführungen in Ziffer I die verschiedenen Arten der Vollstreckung kurz dargestellt.

I. Vollstreckungsarten im Allgemeinen

In der Schweiz ist die Zwangsvollstreckung teilweise im Bundesrecht und teilweise im kantonalen Prozessrecht geregelt. So erfolgt die Vollstreckung von Urteilen, welche auf Geldzahlung oder Sicherheitsleistung lauten, nach Bundesrecht und ist im Bundesgesetz über Schuldbetreibung und Konkurs (SchKG)[892] geregelt; andere Urteile werden gestützt auf die Normen der kantonalen Zivilprozessordnungen vollstreckt.[893] Für die hier zur Diskussion stehenden Verpflichtungen sind somit die kantonalen Prozessordnungen massgebend. Es gibt somit für die Vollstreckung von Verpflichtungen aus Stimmrechtsbindungen keine einheitliche gesetzliche Grundlage. Eine allgemein gehaltene Übersicht über die Vollstreckung und die verschiedenen Vollstreckungsarten ist trotzdem möglich; es ist im Rahmen dieser Arbeit nicht notwendig, auf die konkreten prozessualen Unterschiede der verschiedenen kantonalen Regelungen einzugehen.

1. Indirekter (psychischer) Zwang

Indirekter Zwang wird dadurch ausgeübt, dass die Verurteilung mit einer Strafdrohung verbunden wird. Kommt der Verurteilte einem Verbot oder einer Anweisung nicht nach, kann ihm eine Busse oder eine Freiheitsstrafe auferlegt werden.[894] Die entsprechende Strafdrohung ergibt sich aus Art. 292 StGB.[895] Einzelne kantonale Zivilprozessordnungen[896] sehen zusätzlich eigene Strafdrohungen vor. Falls der Beklagte zu einer Unterlassung oder zu einem persönlichen Tun verpflichtet ist, welches nicht auch von einem Dritten erfüllt werden kann (unvertretbare Handlung), steht nur der indirekte Zwang als Vollstreckungsmittel zur Verfügung.[897] Dieses Vollstreckungsmittel

---

[891] Siehe zur Begründung die Ausführungen zu Beginn des § 2, S. 192.

[892] SR 281.1.

[893] VOGEL, 15. Kapitel, N 7; WALDER, § 41 N 2.

[894] Vgl. u.a. Art. 76 Abs. 1 BZP, Art. 403 BEZPO, § 306 ZHZPO, § 888 DZPO.

[895] Art. 292 StGB lautet: „Wer der von einer zuständigen Behörde oder einem zuständigen Beamten unter Hinweis auf die Strafdrohung dieses Artikels an ihn erlassenen Verfügung nicht Folge leistet, wird mit Haft oder mit Busse bestraft."

[896] Vgl. beispielsweise Art. 403 BEZPO.

[897] VOGEL, 15. Kapitel, N 29. Siehe auch GULDENER, S. 606; FRANK/STRÄULI/MESSMER § 306 N 2; WALDER, § 41 N 17.

kommt aber nicht nur in diesen Fällen zum Zuge, sondern wird in der Praxis häufig auch mit anderen Urteilen verbunden, auch wenn später eine Vollstreckung durch direkten Zwang oder eine Ersatzvornahme erfolgen kann. Dabei ist es zulässig, im Urteil gleichzeitig indirekten und direkten Zwang anzudrohen.[898]

2. Direkter Zwang

Bei einem Teil der Verpflichtungen zu einem Tun kann die Vollstreckung durch direkten Zwang erfolgen.[899] Dies bedeutet, dass die Verpflichtung des Beklagten durch Staatsgewalt, d.h. durch die Polizei oder Verwaltungsbeamte, vollstreckt wird.[900] Typisches Beispiel für diese Vollstreckungsart ist die Wegnahme einer Sache, welche der Verurteilte nicht freiwillig herausgibt.

3. Ersatzvornahme

Die Ersatzvornahme kommt als Vollstreckungsmittel dann in Frage, wenn der Beklagte zu einem Tun verpflichtet wurde, welches auch durch einen Dritten erbracht werden kann (vertretbare Handlung).[901] Bei der Ersatzvornahme beauftragt der Vollstreckungsrichter entweder einen Dritten oder den Berechtigten persönlich, die entsprechende Handlung vorzunehmen.[902] Bei Handlungen, bei denen der Ausführende eine Vollmacht benötigt, ersetzt das Urteil des Richters diese Vollmacht.[903]

4. Ersetzung einer Willenserklärung durch ein Urteil

Ist der Beklagte zur Abgabe einer Willenserklärung verpflichtet worden, so kann die Vollstreckung mittels Ersetzung der Willenserklärung durch ein richterliches Urteil erfolgen. Dabei kann entweder das Sachurteil selbst die Abgabe dieser Erklärung erset-

---

[898] BGE 90 IV 209; Art. 76 Abs. 2 Satz 2 BZP.
[899] Art. 77 Abs. 2 BZP, § 307 Abs. 1 Ziff. 2 ZHZPO, Art. 404 BEZPO, § 883 Abs. 1 DZPO.
[900] VOGEL, 15. Kapitel, N 32; WALDER, § 41 N 27.
[901] VOGEL, 15. Kapitel, N 34. Vgl. beispielsweise § 307 Ziff. 1 ZHZPO, Art. 77 Abs. 2 BZP oder Art. 404 BEZPO und § 887 DZPO.
[902] WALDER, § 41 N 21; FRANK/STRÄULI/MESSMER, § 307 N 2; LEUCH/MARBACH/KELLERHALS/STERCHI, Art. 404 N 3b.
[903] LEUCH/MARBACH/KELLERHALS/STERCHI, Art. 404 N 3.

zen,[904] also zugleich Leistungsurteil und Vollstreckungsentscheid sein, oder die Abgabe der Erklärung kann durch ein späteres Vollstreckungsurteil ersetzt werden.[905] Auch in Kantonen, welche nur die zweite Variante in ihrer Zivilprozessordnung vorsehen, kann von Bundesrechts wegen das Sachurteil zugleich als Vollstreckungsentscheid abgefasst werden.[906]

Damit diese Vollstreckungsart anwendbar ist, muss die Willensäusserung ersetzbar sein. Dies ist nur bei Willensäusserungen mit bestimmtem, zum voraus feststehendem Inhalt der Fall.[907] Die Wirkung der Willenserklärung tritt mit Rechtskraft des Urteils ein, ist allerdings noch empfangsbedürftig.[908]

Eine Ersetzung der Willenserklärung durch Urteil ist auch dann zulässig, wenn der Schuldner diese nicht gegenüber dem Gläubiger abzugeben hat, sondern gegenüber einem Dritten.[909] In diesem Fall hat das Gericht selbst, oder mit seiner Ermächtigung der Gläubiger, dafür zu sorgen, dass der Dritte vom Urteil Kenntnis erhält.[910]

5. Umwandlung in Schadenersatz

In jenen Fällen, in denen eine Vollstreckung mittels direktem oder indirektem Zwang, Ersatzvornahme oder Ersetzung der Willenserklärung nicht zum Erfolg führen, da beispielsweise die geschuldete Sache in der Zwischenzeit untergegangen ist, kann der Kläger Schadenersatz verlangen.[911]

II. Vollstreckbarkeit von Stimmbindungsverpflichtungen

1. Rechtsprechung in der Schweiz und in Deutschland

a) Rechtsprechung in der Schweiz

In Bezug auf die Vollstreckung von Stimmrechtsbindungen gibt es in der Schweiz bisher - mit einer Ausnahme - keine publizierte Rechtsprechung. Bei den im Zusammen-

---

904 KUMMER, S. 165. So lautet Art. 78 der Bundeszivilprozessordnung: „Ist der Beklagte zur Abgabe einer Willenserklärung verurteilt, so wird die Erklärung durch das Urteil ersetzt." Ebenso Art. 407 BEZPO und § 894 DZPO.

905 Diese Variante ist in § 308 Abs. 1 ZHZPO vorgesehen.

906 BGE 97 II 51, 102 II 6. FRANK/STRÄULI/MESSMER, § 308 N 2.

907 LEUCH/MARBACH/KELLERHALS/STERCHI, Art. 407 ZPO N 2a.

908 LEUCH/MARBACH/KELLERHALS/STERCHI, Art. 407 N 4; KUMMER, S. 168.

909 LEUCH/MARBACH/KELLERHALS/STERCHI, Art. 407 N 2b.

910 LEUCH/MARBACH/KELLERHALS/STERCHI, Art. 407 N 2b.

911 § 309 Abs. 1 ZHZPO, Art. 404 Abs. 1 BEZPO, Art. 76 Abs. 3 BZP.

hang mit Erfüllungsklagen betreffend Stimmrechtsbindungen zitierten Entscheiden[912] wurde die Vollstreckung offensichtlich nicht notwendig oder die entsprechenden Vollstreckungsentscheide nicht veröffentlicht. In einem zürcherischen Urteil[913] wurde allerdings die Verurteilung der Beklagten zur Wahl des Klägers als Verwaltungsrat mit der Androhung von Strafsanktionen verbunden.

b) Rechtsprechung in Deutschland

Lange Zeit lehnte das Reichsgericht[914] die Vollstreckbarkeit von Stimmbindungen ab und führte aus, „ein unmittelbarer Erfüllungszwang, sei es auf Grund des § 894 ZPO, sei es auf Grund der §§ 887, 888 ZPO", sei „mit den Vorschriften über die Willensbildung der Gesellschafterversammlung unvereinbar".[915] Im Jahre 1967 änderte das höchste deutsche Gericht dann seine Praxis und bejahte die Vollstreckbarkeit.[916] Der Bundesgerichtshof führte dazu aus, die Stimmabgabe sei eine Willenserklärung und könne gemäss § 894 ZPO durch das Urteil ersetzt werden. Das rechtskräftige Urteil müsse allerdings demjenigen mitgeteilt werden, der die Beschlussfassung leite.[917]

2. Lehrmeinungen in der Schweiz und in Deutschland

In der Schweiz wird die Vollstreckbarkeit von Stimmbindungen weitgehend bejaht, nicht einig ist man sich aber betreffend der anwendbaren Vollstreckungsarten.[918]
In der älteren deutschen Literatur betrachteten einige Autoren die Vollstreckung von Stimmbindungsverpflichtungen als unmöglich.[919] Heute dagegen bejaht die Mehrheit der Autoren[920] die Vollstreckbarkeit und folgt damit grundsätzlich der Praxis des Bun-

---

[912] Vgl. S. 193 f., Fn 837 und 838 und 840.
[913] ZR 83 (1984) Nr. 53.
[914] Vgl. die in Fn 843 zitierten Entscheide.
[915] RGZ 160, 257 ff., 262.
[916] BGHZ 48, 163 ff.
[917] BGHZ 48, 173 f.
[918] DOHM, S. 166 ff.; FORSTMOSER, FS Schluep, S. 374; GLATTFELDER, S. 319a f.; KOEBEL, S. 63; KUMMER. S. 175 Fn 26; LEHNER ZSR S. 720a f.; MESSERLI, S. 176 Ziff. 4a.; MEYER, S. 426; STAUDER, S. 176 f.; STUBER R., S. 88. A.A. ist nur PATRY, S. 118a und 712a, der sich allerdings bereits gegen die Zulässigkeit der Erfüllungsklage ausspricht.
[919] BRODMANN, S. 615; THEISEN, S. 50; WOLFF, S. 2115.
[920] BARZ, S. 101; BÜSSEMAKER, S. 60; DIETZ, S. 155; ERMANN, S. 300; GRIMM, S. 93; JANBERG/SCHLAUS, AG 13, S. 35; LOEWENHEIM, S. 260, LÜBBERT, S. 190, MERTENS, S. 462; MUSIELAK, § 894 N 4; OVERRATH, S. 115; PETERS, S. 326 ff.; SCHOLZ/SCHMIDT, GmbHG, § 47 N 55; STEIN/JONAS/BREHM, § 894 N 8; THOMAS/PUTZO/REICHOLD/HÜSSTEGE, § 894 N 5; ZLUHAN, S. 297, ZÖLLER/STÖBER, § 894 N 2; ZÖLLNER, AktG, § 136 N 116.

desgerichtshofes. Es ist allerdings auch unter den deutschen Autoren umstritten, welche Vollstreckungsmittel anzuwenden sind.[921] Einig ist man sich nur insoweit, als dass ein Urteil auf Unterlassung der Stimmabgabe oder der Unterlassung einer vertragswidrigen Stimmabgabe nach § 890 ZPO, d.h. durch indirekten Zwang zu vollstrecken ist.[922] Uneinig ist man sich dagegen bezüglich der Vollstreckung von Verpflichtungen zu einer bestimmten Stimmabgabe. Im Folgenden werden die Argumente für und wider die verschiedenen Vollstreckungsarten im Hinblick auf diese Frage kurz dargestellt.

Als zulässige Vollstreckungsart bei Stimmbindungsverpflichtungen betrachten viele Autoren[923] den indirekten Zwang, d.h. die Androhung von Strafen.[924]

Andere Autoren schlagen vor, die Vollstreckung mittels einer Ersatzvornahme durchzuführen.[925] Die Befürworter der Ersatzvornahme führen aus, dass die Stellvertretung bei der Stimmabgabe möglich sei, daher sei auch die Ersatzvornahme durch einen Dritten zulässig, der entsprechende Vollstreckungsentscheid wirke dann wie die Bevollmächtigung des Dritten.[926] Dies sei allerdings dann nicht möglich, wenn die Statuten vorsähen, dass die Vertretung nur durch andere Aktionäre möglich sei.[927] MESSERLI[928] weist auch darauf hin, dass bei dieser Vollstreckungsart Pattsituationen vorkommen könnten: Dies sei dann der Fall, wenn der Ermächtigte und der Schuldner gleichzeitig anwesend seien und ihre Stimme abgäben. Die Gegner[929] dieser Vollstreckungsart ar-

---

[921] Ein kurzer Überblick über die Problematik findet sich bei BARZ, S. 101. Der Stand der Diskussion ist wiedergegeben bei SCHOLZ/SCHMIDT, GmbHG, § 47 N 56 ff. und HACHENBURG/HÜFFER, § 47 N 81.

[922] GRIMM, S. 102 m.w.H.; OVERRATH, S. 114; PETERS, 325 f.; SCHOLZ/SCHMIDT, GmbHG, § 47 N 56; WOLFF, S. 2116; ZUTT, S. 198.

[923] DOHM, S. 181 f.; GLATTFELDER, S. 319a f.; KOEBEL, S. 63; KUMMER. S. 175 Fn 26; LEHNER ZSR S. 720a ff.; MESSERLI, S. 169; STUBER R., S. 88. In Deutschland: WOLFF, S. 2117; BAADEN, S. 30 f.; PETERS, S. 329; FISCHER, S. 68 f.; ZUTT, S. 196 ff.
Gegen diese Vollstreckungsart sind in der Schweiz PATRY, S. 118a und in Deutschland DIETZ, S. 148 ff.; OVERRATH, S. 125 f.; THEISEN, S. 76 ff.

[924] In der Schweiz ergeben sich die bei dieser Vollstreckungsart angedrohten Strafen aus Art. 292 StGB oder einer kantonalen zivilprozessualen Norm wie beispielsweise Art. 404 der bernischen Zivilprozessordnung. In Deutschland ist diese Vollstreckungsart in § 888 ZPO geregelt.

[925] DOHM, S. 175 ff.; FORSTMOSER, FS Schluep, S. 374; GLATTFELDER, S. 320a f.; MESSERLI, S. 176 Ziff. 4a; STAUDER, S. 176 f. In Deutschland: PETERS, S. 326 ff. und S. 337 ff.

[926] GLATTFELDER, S. 319 f.; DOHM, S. 177.

[927] BARZ, S. 101; PETERS, S. 328 f.

[928] MESSERLI, S. 176.

[929] STUBER R., S. 87. In Deutschland vgl. die Darstellung bei GRIMM, S. 114 f.; OVERRATH, S. 125 f. ; THEISEN, S. 72; WOLFF, S. 2116.

gumentieren vorwiegend, es handle sich bei der Stimmabgabe nicht um eine vertretbare Handlung.

In Deutschland folgen viele Autoren[930] der Ansicht des Bundesgerichtshofes,[931] wonach die Vollstreckung der Verurteilung zu einem bestimmten Abstimmungsverhalten mittels Ersetzung der Stimmabgabe durch ein Urteil erfolgen könne. In der schweizerischen Literatur[932] wurde diese Vollstreckungsart bisher mehrheitlich abgelehnt. Die Gegner[933] einer solchen Vollstreckung bringen folgende Bedenken vor: Mit einer Ersetzung der Stimmabgabe durch das richterliche Urteil werde in unzulässiger Weise in die Willensbildung der Gesellschaft eingegriffen.[934] Die Stimmabgabe, die vor der Generalversammlung in einem Gerichtsprozess festgelegt werde, komme ohne den Willensbildungsprozess in der Versammlung zustande.[935] Diese Vollstreckungsart werde dem Charakter der Stimmabgabe als eine Mitwirkung am Zustandekommen eines Beschlusses nicht gerecht.[936] Der Abstimmungsvorgang beinhalte nicht nur die Stimmabgabe, sondern auch die Teilnahme an der Versammlung, die Beratung, eine Abwägung und die Entschlussfassung.[937] Die Befürworter der genannten Vollstreckungsart halten dem entgegen, dass diese Argumente - wenn überhaupt - bereits gegen die Zulässigkeit der Stimmbindung vorgebracht werden müssten. Wenn man aber die Stimmbindung als zulässig betrachte, könne man diese Gründe nicht gegen eine bestimmte Vollstreckungsart vorbringen.[938] Es sei der Stimmbindung immanent, dass die

---

[930] BRAND, S. 30; BÜSSEMAKER, S. 60 f.; DIETZ, S. 127 ff.; ERMAN, S. 300; GRIMM, S. 102 ff.; HOFFMANN-BECKING, Münchner Handbuch, § 38 N 47; JANBERG/SCHLAUS, AG 13, S. 36; LOEWENHEIM, S. 264; MEYER CH., S. 147; OVERRATH, S. 125; SCHOLZ/SCHMIDT, GmbHG, § 47 N 56; ZLUHAN, S. 297; ZUTT, S. 196 ff.

[931] BGHZ 48, 163 ff.

[932] DOHM, S. 166 ff.; GLATTFELDER, S. 317a ff.; KOEBEL, S. 62; KUMMER. S. 173 ff.; PATRY, S. 117a f.; STAUDER, S. 176; STUBER R., S. 84 ff.
Für die Ersetzung der Stimmabgabe durch das Urteil sprechen sich nur MESSERLI (S. 176 Ziff. 4a) und MEYER (S. 426) aus.

[933] DOHM, S. 166 ff.; GLATTFELDER, S. 317a ff.; KOEBEL, S. 62; KUMMER. S. 173 ff.; PATRY, S. 117a f.; STUBER R., S. 84 ff. LEHNER, ZSR, S. 721a. In Deutschland: THEISEN, S. 50 ff.; PETERS, S. 320 ff.; WOLFF, S. 2116.

[934] KOEBEL, S. 62; PETERS, S. 322 ff.; THEISEN, S. 53 ff. In der älteren deutschen Literatur wurde teilweise auch die - heute überholte - Meinung vertreten, eine Vollstreckung nach § 894 DZPO sei nicht möglich, da die Stimmabgabe keine Willenserklärung darstelle (siehe beispielsweise THEISEN S. 60 ff.).

[935] PATRY S. 117a; PETERS, S. 323; WOLFF, S. 2117.

[936] STAUDER, S. 176. In Deutschland: WOLFF, S. 2116.

[937] BARZ, S. 101; FISCHER, S. 69; GLATTFELDER, S. 317a f.; PATRY, S. 117a; PETERS, S. 321 ff.; THEISEN, S. 67; WOLFF, S. 2116.

[938] ERMANN, S. 268; LOEWENHEIM, S. 263; MESSERLI, S. 161; NOACK, S. 71; OVERRATH, S. 118 f.

Stimmabgabe bereits vor der Generalversammlung festgelegt werde und die Beratung in der Generalversammlung keine Rolle mehr spiele. Wenn man dies als zulässig betrachte und im Zusammenhang mit Stimmbindungen auch Schadenersatzpflichten, Vertragsstrafen und eine Leistungsklage bejahe, könne man nicht diese Argumente gegen eine bestimmte Vollstreckungsart vorbringen.

Als weiteres Argument gegen die Ersetzung der Stimmabgabe durch ein Urteil wird angeführt, das Stimmrecht könne nur an der Generalversammlung selbst ausgeübt werden; eine vorher abgegebene Stimme sei eine blosse Meinungsäusserung, gelte aber für die Aktiengesellschaft nicht als Stimmabgabe.[939] Daher könne ein Urteil, welches ja vor der Generalversammlung ergehen müsse, die Stimmabgabe nicht ersetzen.[940] Einige Autoren wollen dieses Problem lösen, indem sie die Wirkung des Richterspruches zeitlich auf den Termin der Generalversammlung fixieren.[941] Wie bei anderen Leistungsurteilen müsse das Urteil auf Abgabe einer Willenserklärung einen späteren Leistungszeitpunkt festlegen können.[942]

Unbestritten ist, dass das betreffende Urteil nicht den Zugang der Stimme ersetzt, sondern dieses dem Versammlungsleiter zugestellt werden muss.[943] In diesem Zusammenhang wird die Frage aufgeworfen, ob das Urteil dem Versammlungsleiter bereits vor der Generalversammlung mitgeteilt werden könne.[944] Die Befürworter der Ersetzung der Stimmabgabe sind der Meinung, es spiele keine Rolle, ob der Versammlungsleiter das Urteil bereits vor der Abstimmung oder während dieser erhalte.[945]

Als weitere Schwierigkeit im Zusammenhang mit einer Ersetzung der Stimmabgabe durch ein Urteil wird von einigen Autoren vorgebracht, dass lediglich die Stimmabgabe ersetzt werde. Die Stimmabgabe allein genüge aber nicht, um die Abstimmung zu beeinflussen. Es müssten auch noch gewisse Nebenhandlungen erfolgen, wie die Legitimation und die Anwesenheit an der Generalversammlung.[946] Was Letzteres betrifft, so sind die Befürworter der Auffassung, dass die Anwesenheit in der Generalversammlung nicht erforderlich sei.[947] Es reiche aus, wenn das Urteil dem Versammlungsleiter zuge-

---

[939] PATRY, S. 117a.
[940] THEISEN, S. 70 f.
[941] BÜSSEMAKER, S. 39; GRIMM, S. 107; ERMANN, S. 300. In der Schweiz siehe DOHM, S. 169.
[942] DIETZ, S. 132 ff.; GRIMM, S. 106 ff.; OVERRATH, S. 123 f.; STEIN/JONAS/BREHM, § 894 N 21.
[943] GRIMM, S. 108 f.; OVERRATH, S. 128; BGHZ 48, 174.
[944] ERMANN, S. 302; LÜBBERT, S. 187 ff.; MESSERLI, S. 174 f.
[945] MESSERLI, S. 174 f.; OVERRATH, S. 129.
[946] BAADEN, S. 30; BARZ, S. 101; DOHM, S. 171 f.; GLATTFELDER, S. 318a; HOFFMANN-BECKING, Münchner Handbuch, § 38 N 47; PETERS, S. 321 f.; THEISEN, S. 67 f.
[947] BÜSSEMAKER, S. 64 f.; ERMANN, S. 268; OVERRATH, S. 127 f.; SCHOLZ/SCHMIDT, GmbHG, § 47 N 56.

he.[948] MESSERLI[949] führt dazu aus, ein Interesse der Aktiengesellschaft an einer Teilnahme, welche nur dazu diene, im gegebenen Zeitpunkt dem Versammlungsleiter das Abstimmungsurteil zu überreichen, sei nicht gegeben. In Bezug auf die Legitimationshandlungen sind sich Befürworter und Gegner überwiegend einig, dass eine solche noch zu erfolgen habe.[950] Die Legitimation sei nicht durch das Urteil bewiesen, sondern müsse noch geprüft werden.[951] Der Beklagte könnte ja zwischen Urteil und Versammlung seine Aktien veräussert haben. Gemäss MESSERLI[952] könne und müsse die Aktiengesellschaft verlangen, dass jemand der an ihrer Generalversammlung abstimmen wolle, sei es auch nur durch Mitteilung eines Urteils, sich als Aktionär oder dessen „Vertreter" ausweise. Während man sich über das „ob" also mehrheitlich einig ist, ist das „wie", d.h. die Art der Vollstreckungsart umstritten.[953] Einige Autoren halten dazu fest, dass die Frage, wie die Vollstreckung durchgeführt werde, davon abhänge, wie die Legitimationsprüfung vor sich gehe. In jedem Falle müsse der Richter die Herausgabe der Aktien anordnen[954] und eventuell durch Staatsgewalt wegnehmen lassen.[955] Müssten die Aktien zur Legitimation hinterlegt werden, so müsse dies der Richter ebenfalls anordnen. Werde die Legitimation dagegen anlässlich der Generalversammlung geprüft, so werde der Gläubiger oder ein anderer Überbringer des Urteils ermächtigt, die weggenommenen Aktien vorzuweisen (Ersatzvornahme).[956]

Weiter wird von den Gegnern dieser Vollstreckungsart argumentiert, die Ersetzung der Stimmabgabe durch ein richterliches Urteil würde in unzulässiger Weise die Rechtskraft auf die nicht am Prozess beteiligte Aktiengesellschaft erstrecken.[957] Dem wird von den

---

[948] BGHZ 48, 163, ERMAN, S. 300, GRIMM, S. 106 ff.
[949] MESSERLI, S. 174 f.
[950] BRAND, S. 30; DOHM, S. 171 f.; ERMAN, S. 269; GRIMM, S. 108 f.; HOFFMANN-BECKING, Münchner Handbuch, § 38 N 47. Anders LOEWENHEIM (S 265); dieser ist der Meinung, dass diese Pflichten nur die Abgabe der Willenserklärung technisch ermöglichen sollten und daher ihre Funktion verlieren, wenn ein Urteil ergehe.
[951] Ebenso BAADEN, S. 30; ERMAN, S. 268; DIETZ, S. 137; OVERRATH, S. 123; THEISEN, S. 68 f.
[952] MESSERLI, S. 176 f.
[953] Übersicht bei OVERRATH, S. 131 ff.
[954] Der Gläubiger habe einen Anspruch auf eine solche richterliche Anordnung, da die Erbringung der Legitimationshandlungen zur Stimmbindungsverpflichtung gehöre. Zum Ganzen OVERRATH, S: 134 ff.
[955] Ebenso ERMAN, S. 302 und BÜSSEMAKER, S. 63.
[956] Ebenso DIETZ, S. 141 ff.; ERMAN, S. 269; GRIMM, S. 110 ff.
[957] GLATTFELDER, S: 318a f.; STUBER R., S. 85. In Deutschland: BRODMAN, S. 616.

Befürwortern entgegengehalten, dass es unbestritten sei, dass diese Vollstreckungsart auf Erklärungen gegenüber Dritten anwendbar ist.[958]
Schliesslich wird darauf hingewiesen, dass Probleme auftreten würden, wenn der verurteilte Schuldner selbst noch an der Abstimmung teilnehme.[959] Einige Autoren sind der Meinung, dass in diesem Fall die Aktiengesellschaft die Stimmabgabe des Aktionärs beachten müsse, nicht dagegen das Urteil, da dieses keine Rechtskraft gegenüber der Gesellschaft habe.[960] Laut MESSERLI[961] dagegen darf die Abstimmungserklärung des verurteilten Aktionärs nicht mehr berücksichtigt werden, falls dem Versammlungsleiter das Urteil vorher mitgeteilt wurde. Durch die Mitteilung sei das Stimmrecht ausgeübt und untergegangen.

3. Eigener Standpunkt

Die Vollstreckung von Verpflichtungen aus Stimmrechtsbindungen muss - wie dies die Mehrheitsmeinung in der schweizerischen und deutschen Literatur ist - möglich sein. Die Argumente gegen die Vollstreckbarkeit, welche vor allem in der älteren Literatur vorgebracht wurden, sind die gleichen wie bei der Frage, ob bei Stimmbindungen überhaupt eine Erfüllungsklage zulässig ist. Es erübrigt sich, an dieser Stelle nochmals auf diese Argumente einzugehen, es kann diesbezüglich auf die bereits gemachten Ausführungen verwiesen werden. Weniger eindeutig als die grundsätzliche Zulässigkeit der Vollstreckung ist die Frage der anwendbaren Vollstreckungsart. Geht es um die Vollstreckung der Verurteilung zur Unterlassung einer vertragswidrigen Stimmabgabe, kommt wie bei allen Unterlassungsurteilen nur der indirekte Zwang[962] durch Strafandrohung in Frage. Eine Vollstreckung in natura ist in diesem Fall selbstverständlich nicht möglich. Geht es dagegen um die Vollstreckung der Verpflichtung zu einer bestimmten Stimmabgabe, so kommen theoretisch verschiedene Vollstreckungsmittel in Frage. Ausgeschlossen werden kann nur das Mittel des direkten Zwangs,[963] zu den anderen Vollstreckungsmöglichkeiten ist dagegen im Folgenden Stellung zu nehmen.

---

[958] OVERRATH, S. 119 f.; BAUMBACH/LAUTERBACH/ALBERS/HARTMANN, § 894 N 1a; STEIN/JONAS/BREHM, § 894 N 6; PETERS, S. 335 f.
[959] KUMMER, S. 174 f.; STUBER R., S. 84 f.
[960] GLATTFELDER, S. 317a f.; STUBER R., S. 84 f. A.A. ERMANN, S. 302.
[961] MESSERLI, S. 175. OVERRATH, S. 130 f
[962] Vgl. dazu vorne Ziff. I/1, S. 205 f.
[963] Vgl. dazu vorne Ziff. I/2, S. 206.

Vollstreckung durch indirekten Zwang

Ebenso wie bei der Verpflichtung zur Unterlassung einer vertragswidrigen Stimmabgabe ist auch bei der Verurteilung zu einer bestimmten Stimmabgabe die Androhung von Strafen, also indirekter Zwang, ohne weiteres möglich und zulässig.[964]

Vollstreckung durch Ersatzvornahme

Auch die Vollstreckung mittels Ersatzvornahme ist m.E. bei der Verurteilung zu einer bestimmten Stimmabgabe grundsätzlich möglich. Das Argument der Gegner dieser Vollstreckungsart, wonach die Stimmabgabe des Aktionärs keine vertretbare Handlung sei, da neben der Stimmabgabe noch weitere Handlungen wie die Anwesenheit an der Versammlung oder die Legitimation notwendig seien,[965] ist nicht stichhaltig. Art. 689 Abs. 2 OR sieht vor, dass der Aktionär sich in der Generalversammlung durch einen Dritten vertreten lassen kann. Die Ausübung des Stimm- und Wahlrechts des Aktionärs ist somit klarerweise eine vertretbare Handlung. Die erforderliche Bevollmächtigung durch den Aktionär kann im Falle der Vollstreckung durch das Urteil des Richters ersetzt werden.[966] Auch die notwendigen Legitimationshandlungen ändern an der Qualifikation der Stimmabgabe als vertretbare Handlung oder der Vollstreckbarkeit nichts. Denn auch wenn ein Aktionär freiwillig einen Dritten bevollmächtigt, sind Legitimationshandlungen notwendig. Im Falle der Vollstreckung können diese Handlungen durch das Urteil ersetzt oder vom Richter zusätzlich angeordnet werden: Bei Namenaktien ergibt sich die Legitimation aus dem Eintrag im Aktienbuch oder der schriftlichen Vollmacht des eingetragenen Aktionärs.[967] Daher genügt bei Namenaktien das Vollstreckungsurteil, weitere Legitimationshandlungen sind nicht erforderlich. Da die Bevollmächtigung der Person, welche die Ersatzvornahme vornimmt, im Vollstreckungsurteil enthalten ist, stellt dieses zugleich auch den Legitimationstitel dar. Bei Inhaberaktien dagegen erfolgt die Legitimation durch Vorlage der Aktien oder eines anderen Besitzesausweises.[968] Letzteres geschieht beispielsweise dadurch, dass eine Bank eine Depotbescheinigung ausstellt. Bei Inhaberaktien kann daher das Vollstreckungsurteil alleine die Legitimation nicht ersetzen. Es muss aber in diesen Fällen zulässig sein, dass der Vollstreckungsrichter die Wegnahme der Aktien oder des Depotscheins anordnet, so dass sich die Person, welche die Ersatzvornahme vornimmt,

---

[964] Vgl. dazu auch ZR 83 (1984) Nr. 53.
[965] Siehe beispielsweise THEISEN, S. 72.
[966] LEUCH/MARBACH/KELLERHALS/STERCHI, Art. 404 N 3.
[967] Art. 689a Abs. 1 OR.
[968] Art. 689a Abs. 2 OR.

legitimieren und unter Umständen auch die Aktien am Sitz der Gesellschaft hinterlegen kann, falls dies erforderlich ist. Die Frage der Legitimation ist also lösbar und spricht nicht gegen eine Ersatzvornahme.

Entkräften lässt sich auch das von einigen Autoren[969] genannte Argument, die Ersatzvornahme führe zu praktischen Problemen für die Aktiengesellschaft, wenn ausser dem vom Richter Bevollmächtigten auch der verurteilte Aktionär selbst an der Generalversammlung teilnehmen und seine Stimme abgeben würde. M.E. kann sich der verurteilte Aktionär nämlich nicht mehr legitimieren und daher nicht an der Generalversammlung teilnehmen und abstimmen. Oben wurde dargestellt, dass die Ersatzvornahme bedingt, dass auch die Legitimationshandlungen vollstreckt werden. Dies hat zur Folge, dass dem verurteilten Aktionär entweder seine Inhaberaktien weggenommen wurden oder eine andere Person zur Teilnahme und Stimmausübung legitimiert ist. Es ist im Übrigen auch nicht etwa so, dass der verurteilte Aktionär erklären könnte, er widerrufe die erteilte Vollmacht. Eine Vollmachtserteilung kann zwar an sich jederzeit widerrufen werden,[970] im Falle eines Vollstreckungsverfahrens kann aber der Widerruf nicht durch den verurteilten Aktionär erfolgen, da die Vollmachterteilung nicht durch ihn, sondern durch einen Richter erfolgte.

Es gibt somit keine Gründe, welche gegen einen generellen Ausschluss die Vollstreckung durch Ersatzvornahme sprechen. Es gibt allerdings Situationen, in denen die Ersatzvornahme als Vollstreckungsmittel auf Schwierigkeiten stösst. So ist eine Ersatzvornahme dann nicht möglich, wenn die Statuten die Vertretung nur durch Aktionäre gestatten[971] und im konkreten Fall der Berechtigte nicht Aktionär ist. Problematisch ist auch der Fall, wenn die Verurteilung zu einer bestimmten Stimmabgabe nicht alle Traktanden einer Generalversammlung betrifft. Hier stellt sich die Frage, wie in Bezug auf die Legitimierung vorzugehen ist. Falls der verurteilte Aktionär Namenaktien besitzt, könnte man den Vollstreckungsentscheid so abfassen, dass die vom Richter erteilte Bevollmächtigung sich nur auf die fraglichen Traktanden respektive die entsprechenden Abstimmungen beschränkt. Dann müssten sowohl der Aktionär als auch der vom Richter Bevollmächtigte an der Versammlung teilnehmen dürfen, beide allerdings nur zu einem Teil der Traktanden ihre Stimme abgeben. Hat der Verurteilte dagegen Inhaberaktien, ist die gleichzeitige Legitimation zweier Personen schwer vorstellbar.

---

969 KUMMER, S. 174 f.; STUBER R., S. 84 f.
970 Art. 32 OR.
971 Art. 689 Abs. 2 OR.

Vollstreckung durch Ersetzung der Willenserklärung

Die Abgabe der Stimme durch den Aktionär stellt eine Willenserklärung dar. Es ist deshalb naheliegend zu prüfen, ob die Vollstreckung eines Urteils in Zusammenhang mit einer Stimmrechtsbindung in der Weise erfolgen kann, dass das Urteil die Stimmabgabe ersetzt.

Die - vor allem in der älteren Literatur - vorgebrachten Argumente der Gegner dieser Vollstreckungsart, wonach ein unzulässiger Eingriff in die Willensbildung der Gesellschaft erfolge und eine Ersetzung der Stimmabgabe mit dem Charakter des Abstimmungsvorganges nicht vereinbar sei, sind nicht stichhaltig. Die Befürworter halten dazu m.E. richtigerweise fest, dass diese Argumente gegen die Zulässigkeit der Stimmbindung an sich vorgebracht werden müssten, nicht aber gegen eine bestimmte Vollstreckungsart.[972]

Auch die übrigen Vorbehalte gegenüber dieser Vollstreckungsart lassen sich m.E. entkräften: So ist die Frage, ob das Urteil auch gegenüber der Aktiengesellschaft wirkt respektive wirken darf, unproblematisch. Es ist in der prozessrechtlichen Literatur unbestritten dass Urteile auch mittelbare Wirkung gegenüber Dritten haben können.[973] Auch das zeitliche Problem, d.h. die Tatsache, dass die Willenserklärung erst in der Generalversammlung als abgegeben gelten soll, kann gelöst werden: Im Urteil kann die Wirkung der Willenserklärung auf den Zeitpunkt der Abstimmung festgelegt werden.[974]

Was schliesslich die Legitimationshandlungen betrifft, so ist der Auffassung Recht zu geben, wonach diese nicht durch den Richter verbindlich geprüft werden kann, sondern nur durch die Aktiengesellschaft. Eine Vollstreckung mittels Ersetzung der Stimmabgabe wird dadurch aber nicht ausgeschlossen. MESSERLI[975] hält dazu fest, dass es in der einschlägigen Literatur „ein Gemeinplatz" sei, „dass es für die Anwendung von ZPO 407 unerheblich ist, ob noch weitere Handlungen zur Erklärung hinzutreten müssen. Diese werden mit den jeweils hierfür geeigneten Vollstreckungsmitteln durchgesetzt." Bei Inhaberaktien sind die geeigneten Vollstreckungsmittel der indirekte und der direkte Zwang. Das bedeutet, dass der Richter den Verurteilten unter Strafandrohung auffordert, die Inhaberaktien respektive andere Besitzesausweise vorzulegen; im Falle der Weigerung des Aktionärs könnten ihm die Aktien weggenommen werden.[976]

---

[972] Vgl. dazu vorne Ziff. II/2, S. 210 f.

[973] KUMMER, S. 169 f.; LEUCH/MARBACH/KELLERHALS/STERCHI, Art. 407 N 2b; MEIER I., S. 41; MESSERLI, S. 91 f. m.w.H.

[974] DOHM S. 169.

[975] MESSERLI, S. 172. So auch STEIN/JONAS/MÜNZBERG, § 894 N 13; BAUMBACH/LAUTERBACH/ALBERS/HARTMANN, § 894 N 3B.

[976] MESSERLI, S. 176 f.

Die notwendige Legitimation könnte dann mittels der so erlangten Aktien bei Mitteilung des Urteils an die Aktiengesellschaft vorgenommen werden. Bei Namenaktien sind keine speziellen Legitimationshandlungen notwendig; die Aktiengesellschaft wird hier nur prüfen, ob der verurteilte Aktionär, dessen Stimme ersetzt wird, im Aktienbuch eingetragen ist.

Was schliesslich das Argument betrifft, es könnten Probleme auftreten, weil der verurteilte Aktionär selbst auch noch seine Stimme abgeben könne, ist Folgendes festzuhalten: Es ist nicht ersichtlich, wieso es nicht zulässig sein sollte, das die Stimmabgabe ersetzende Urteil schon vor der Abstimmung oder der Generalversammlung der Aktiengesellschaft mitzuteilen.[977] Mit der Mitteilung des Urteils gilt aber das Stimmrecht des Verpflichteten als ausgeübt. Der verpflichtete Aktionär kann daher später nicht selbst noch eine Stimme abgeben.

4. Ergebnis

Die Vollstreckung von Verpflichtungen aus Stimmrechtsbindungen ist grundsätzlich möglich, wobei je nach Situation unterschiedliche Vollstreckungsarten in Frage kommen. Wenn es um das Verbot einer bestimmten abredewidrigen Stimmabgabe geht, kommt als Vollstreckungsmittel nur der indirekte Zwang, d.h. eine Strafandrohung, in Frage. Lautet die Verurteilung dagegen auf eine bestimmte Stimmabgabe zu einem konkreten Beschlussgegenstand, kann die Vollstreckung durch Ersetzung der Willenserklärung oder durch Ersatzvornahme erfolgen.

II. Vollstreckbarkeit anderer Verpflichtungen aus Aktionärbindungsverträgen

Die Frage der Vollstreckung von Verpflichtungen aus Aktionärbindungsverträgen, welche nicht Stimmbindungen betreffen, ist in der Literatur - ebenso wie bei der Erfüllungsklage[978] - kein Thema. Dies ist dadurch bedingt, dass die Vollstreckung in diesem Bereich keine speziellen Probleme bietet. Es geht nicht um Spezialfragen, die nur bei Aktionärbindungsverträgen auftreten können. Aus diesem Grunde wird auch in dieser Arbeit nicht näher auf die Vollstreckung dieser Verpflichtungen eingegangen. Es handelt sich um ein breites Spektrum von möglichen Pflichten, dementsprechend sind

---

[977] MESSERLI, S. 174 f.
[978] Siehe dazu Ziff. II/2, S. 204.

auch unterschiedliche Vollstreckungsarten anwendbar. Hat beispielsweise ein Vertragspartner berechtigterweise ein Vorkaufsrecht ausgeübt, der Verpflichtete weigert sich
aber, ihm die entsprechenden Inhaberaktien zu übertragen, so kann die Vollstreckung
durch direkten Zwang, d.h. durch Wegnahme der Aktien erfolgen. Bei der Verletzung
eines Konkurrenzverbotes dagegen wäre nur die Vollstreckung durch indirekten
Zwang, d.h. mittels einer Strafdrohung, möglich.[979]

§ 4 Einstweiliger Rechtsschutz bei Verpflichtungen aus Aktionärbindungsverträgen

In den §§ 1 bis 3 dieses Kapitels wurde dargestellt, dass der aus einem Aktionärbindungsvertrag Berechtigte im Falle von Leistungsstörungen grundsätzlich Anspruch auf
Realerfüllung hat und eine entsprechende Leistungsklage anheben kann. Eine solche
Klage wird aber sehr häufig wenig nützen, da ein Prozess im ordentlichen Verfahren in
der Regel zu lange dauert.[980] Geht es beispielsweise um eine Stimmrechtsbindung, so
werden die Berechtigten - wenn überhaupt - erst wenige Tage oder Wochen vor der
Generalversammlung erkennen, dass einer der Verpflichteten seine Stimme vertragswidrig abgeben will. Eine Klage respektive ein Urteil im ordentlichen Verfahren erfolgt
hier auf jeden Fall zu spät. Aber auch wenn die Partner des Aktionärbindungsvertrages
merken, dass ein Beteiligter entgegen einer Verfügungsbeschränkung Aktien an einen
Dritten verkauft hat, die Eigentumsübertragung aber noch nicht erfolgt ist, so bleibt
ihnen zwischen Verpflichtungs- und Verfügungsgeschäft nur sehr wenig Zeit, um ein
Urteil zu erwirken, welches die Eigentumsübertragung verbietet. Ist eine Durchsetzung
der Ansprüche aus Aktionärbindungsverträgen in natura aus zeitlichen Gründen nicht
mehr möglich, verbleibt den Berechtigten grundsätzlich nur ein Anspruch auf Schadenersatz. Da aber bei Verpflichtungen aus Aktionärbindungsverträgen einerseits die Geltendmachung von Schadenersatz häufig Schwierigkeiten bietet[981] und andererseits die
Gläubiger vorwiegend eine Erfüllung in natura anstreben, besteht ein grosses Interesse
an der rechtzeitigen Erzielung eines entsprechenden Gerichtsurteils. Da dies im Rahmen eines ordentlichen Prozess fast nie möglich sein wird, stellt sich die Frage, ob An-

---

979   Siehe zu den Spezialitäten bei der Erfüllungsklage und der Vollstreckung eines Konkurrenzverbo-
      tens den instruktiven Entscheid des Bezirksgerichts Bülach vom 19. Oktober 1995, publiziert in
      SARB 1997, S. 74 ff.
980   JOUSSEN, S. 217 und ZUTT, S. 192.
981   Vgl. vorne, § 1, Ziff. I, S. 187 f. Siehe auch JOUSSEN, S. 216 m.w.H.

sprüche aus Aktionärbindungsverträgen auf dem Wege des einstweiligen Rechtsschutzes durchgesetzt werden können.

I. Einstweiliger Rechtsschutz im Allgemeinen

Unter einstweiligen Verfügungen oder vorsorglichen Massnahmen versteht man Anordnungen des Gerichtes, mit denen einer Partei vor oder während eines Prozesses vorläufiger Rechtsschutz gewährt wird.[982] Alle kantonalen Prozessordnungen sehen entsprechende Massnahmen vor.[983] In Bezug auf einzelne Rechtsgebiete hat zudem der Bundesgesetzgeber eine bundesrechtliche Regelung getroffen, so beispielsweise im Immaterialgüterrecht. Im Zusammenhang mit Ansprüchen aus Aktionärbindungsverträgen kommen aber für den einstweiligen Rechtsschutz die kantonalen Regeln zum Zuge.

Man unterscheidet bei den vorsorglichen Massnahmen die sogenannten Sicherungsmassnahmen, die Regelungsmassnahmen und die Leistungsmassnahmen.[984] Sicherungsmassnahmen dienen der Erhaltung des bestehenden Zustandes und der Sicherung der künftigen Vollstreckung eines Anspruchs[985]. Eine Sicherungsmassnahme liegt beispielsweise vor, wenn dem Schuldner die Veräusserung des strittigen Gegenstandes verboten wird. Mit Regelungsmassnahmen dagegen soll das Verhältnis zwischen den Parteien vorläufig gestaltet werden; sie dienen deshalb auch der Friedenssicherung zwischen den Parteien.[986] Leistungsmassnahmen wiederum dienen der vorläufigen Durchsetzung behaupteter Ansprüche. Solche Massnahmen kommen vor allem dann in Frage, wenn der Anspruch während der Dauer eines ordentlichen Prozesses untergehen würde oder wenn die spätere Vollstreckung für den Kläger kontraproduktiv wäre.[987] Ein Hauptbeispiel für Leistungsmassnahmen ist das Verbot einer unrechtmässigen, schädigenden Handlung.

Die Voraussetzungen für den Erlass von vorsorglichen Massnahmen werden in den einzelnen kantonalen Prozessordnungen teilweise unterschiedlich umschrieben. In der Regel müssen aber folgende Voraussetzungen erfüllt sein: Der Gesuchsteller muss ei-

---

[982] VOGEL, § 61 N 190.
[983] Vgl. beispielsweise Art. 326 ff. BEZPO, § 351 ff. ZPO Luzern, § 255 ff. ZPO Solothurn, Art. 198 ZPO St. Gallen und § 222 ff. ZHZPO.
[984] Vgl. dazu auch STAEHELIN/SUTTER, § 23 N 15 ff.; MEIER I., S. 20 f.
[985] VOGEL, § 61 N 192 ff.
[986] VOGEL, § 61 N 195.
[987] VOGEL, § 61 N 196 ff.

nen materiellrechtlichen Anspruch (Verfügungsanspruch), welcher nicht auf Geld- oder Sicherheitsleistung[988] lauten darf, sowie einen drohenden, nicht leicht wieder gut zu machenden Nachteil (Verfügungsgrund) glaubhaft machen.[989] In den kantonalen Zivilprozessordnungen finden sich verschiedene Umschreibungen des Verfügungsgrundes. Obwohl der Wortlaut sich unterscheidet, lassen sich die einzelnen Regelungen hauptsächlich in drei Bereiche einteilen: Es muss entweder ein „erheblicher Nachteil[990]", eine „Gefährdung der Realexekution" oder eine „Veränderung des bestehenden Zustandes" drohen.[991]

II. Rechtsprechung und Lehre in der Schweiz

In Bezug auf einstweiligen Rechtsschutz bei Ansprüchen aus Aktionärbindungsverträgen wurde bisher in der Schweiz nur ein einziger Entscheid publiziert: Im Rahmen eines Prozesses bezüglich Feststellung der Unwirksamkeit einer in Zusammenhang mit einem Aktionärbindungsvertrag ausgesprochenen Kündigung stellte der Kläger ein Gesuch um Erlass vorsorglicher Massnahmen. Nachdem das Bezirksgericht dieses Gesuch abgewiesen hatte, befahl das zürcherische Obergericht den Beklagten in einer einstweiligen Verfügung, den Kläger für eine weitere Amtsdauer als Verwaltungsrat zu wählen.[992] Eine dagegen erhobene Nichtigkeitsbeschwerde wurde vom Kassationsgericht des Kantons Zürich abgewiesen. Das Kassationsgericht hielt dazu in seiner Begründung fest, es handle sich um die „vorläufige Vollstreckung eines Leistungsanspruchs". Weiter führte das Gericht aus, dass Leistungsmassnahmen zwar zurückhaltend und unter Berücksichtigung der beidseitigen Parteiinteressen angewendet werden sollten, aber nicht ausgeschlossen seien.[993]

Jener Teil der Lehre, welcher eine Realerfüllung von Ansprüchen aus Aktionärbindungsverträgen als unzulässig betrachtet, verneint konsequenterweise auch die Zuläs-

---

[988] In diesen Fällen wäre das SchKG anwendbar.

[989] VOGEL, § 61 N 208 ff.

[990] Ein Nachteil, der durch Geld vollwertig ersetzt werden kann, genügt allerdings nur dann, wenn der Gesuchsgegner insolvent ist oder der Schaden schwer nachweisbar wäre. Vgl. LEUCH/MARBACH/KELLERHALS/STERCHI, Art. 326 N 8b.

[991] MEIER I., S. 139 m.w.H. in Fn 54.

[992] ZR 83 (1984) Nr. 53.

[993] ZR 83 (1984) Nr. 53, E. 3.b).

sigkeit des einstweiligen Rechtsschutzes.[994] Von jenen Autoren, welche die Realerfüllung bejahen, halten viele auch vorsorgliche Massnahmen für möglich.[995] GLATTFELDER[996] will allerdings den einstweiligen Rechtsschutz nur bei Verpflichtungen, welche nicht Stimmbindungen betreffen, zulassen, so beispielsweise bei Verfügungsbeschränkungen. DOHM[997] betrachtet einstweilige Verfügungen bei Verpflichtungen aus Stimmrechtsbindungen nur insoweit als zulässig, als damit dem verpflichteten Aktionär verboten wird, an der Generalversammlung teilzunehmen. Eine bestimmte Stimmabgabe könne seiner Ansicht nach auf diesem Wege nicht vorgeschrieben oder verboten werden. Die Gegner des einstweiligen Rechtsschutzes bei Stimmbindungen argumentieren insbesondere, man könne den Verpflichteten kein bestimmtes Stimmverhalten vorschreiben, da dies gegen das Verbot der Vorwegnahme des Entscheides in der Hauptsache und das Verbot der Schaffung eines definitiven Zustandes verstosse.[998]

III. Rechtsprechung und Lehre in Deutschland

In der deutschen Lehre wurde und wird vorwiegend die Frage des einstweiligen Rechtsschutzes bei Stimmrechtsbindungen diskutiert. Auf andere Verpflichtungen aus Aktionärbindungsverträgen wird in Zusammenhang mit diesem Thema kaum eingegangen.

Es ist in Lehre und Rechtsprechung umstritten, ob bei Stimmbindungen die Mittel des einstweiligen Rechtsschutzes angewendet werden können. Früher lehnte die h.L.[999] einstweilige Verfügungen in diesem Bereich ab, zumindest soweit es um Anweisungen zu einer bestimmter Stimmabgabe ging. Einige Autoren betrachteten immerhin ein Verbot, abredewidrig zu stimmen, als zulässig.[1000] Begründet wurden diese Auffassungen vorwiegend mit dem Argument, bei der Anweisung zu einer bestimmten Stimmab-

---

[994] Vgl. beispielsweise STUBER R. S. 89. Viele der Autoren, welche die Realerfüllung ablehnen, prüfen logischerweise die Frage des einstweiligen Rechtsschutzes gar nicht. Zu den Autoren, welche die Realerfüllung ablehnen, vgl. Fn 853.

[995] FORSTMOSER, FS Schluep, S. 373 f.; FORSTMOSER/MEIER-HAYOZ/NOBEL, § 39 N 191 f.; GLATTFELDER, S. 315a f.; LÖRTSCHER, S. 193; SETTELEN, WEKA, Kap. 2.4, S. 1. A.A. MESSERLI, S. 178 ff.

[996] GLATTFELDER, S. 315a f.

[997] DOHM, S. 182.

[998] DOHM, S. 182 f.; MESSERLI, S. 178 ff.

[999] ALTVATER, S. 14; BRODMANN, S. 615; GRIMM, S. 93 f.; BAUMBACK/HÜCK/ZÖLLNER, § 47 N 81; DÜRR, S. 94 f.; DIETZ, S. 152 ff.; LÜBBERT, S. 140 f.; OVERRATH, S. 139 ff.; ZÖLLNER, S. 188 ff.

[1000] ERMAN, S. 301 f.; HACHENBURG/HÜFFER, GmbHG, § 47 N 82 m.w.H.; SCHOLZ/SCHMIDT, GmbHG, § 47 N 59. Ebenso OLG Koblenz, Entscheid vom 27.2.1986, in GmbHR 1986 428 ff.

gabe mittels einstweiliger Verfügung komme es zu einer unzulässigen Vorwegnahme des Entscheides in der Hauptsache. Die Entwicklung der Rechtsprechung der Oberlandesgerichte[1001] und der Lehrmeinungen[1002] in den letzten Jahren geht nun aber dahin, dass der Erlass einer einstweiligen Verfügung im Zusammenhang mit Stimmbindungen nicht mehr generell als unzulässig betrachtet wird. Eine einstweilige Verfügung sei zulässig, wenn zu Gunsten des Gesuchstellers eine eindeutige Rechtslage und ein überwiegendes Schutzbedürfnis bestehe. Massgebend sei die Abwägung der Interessen der beteiligten Parteien.[1003]

IV. Eigener Standpunkt

Soweit ein Anspruch klageweise durchgesetzt werden kann, muss grundsätzlich auch einstweiliger Rechtsschutz möglich sein. Es ist nicht einzusehen, wieso bei einer bestimmten Art von Verpflichtungen oder bestimmten Rechtsgebieten einstweilige Massnahmen generell ausgeschlossen sein sollten. Die Zulässigkeit des einstweiligen Rechtsschutzes, beziehungsweise die entsprechenden Schranken, müssen im konkreten Einzelfall geprüft werden. Auch bei Verpflichtungen aus Aktionärbindungsverträgen sind einstweilige Massnahmen grundsätzlich zulässig. Ob eine solche Massnahme verfügt werden darf oder soll, ist jeweils im Hinblick auf einen konkreten Antrag sowie die Glaubhaftmachung des geltend gemachten Verfügungsanspruches und des Verfügungsgrundes zu beurteilen. Da die in Aktionärbindungsverträgen enthaltenen Regelungsbereiche sehr vielgestaltig sind, sind auch die möglichen Fallkonstellationen und einstweiligen Massnahmen vielfältig. Im Folgenden wird nur auf die Frage des einstweiligen Rechtsschutzes bei Stimmbindungen eingegangen, da in der Literatur vorwiegend diese Frage diskutiert wird.

Jene Autoren, welche die Zulässigkeit von einstweiligen Massnahmen bei Stimmbindungsverpflichtungen generell ablehnen, argumentieren vor allem mit dem Vorwegnahmeverbot und der mangelnden Reversibilität entsprechender Verfügungen. Diese

---

[1001] OLG Frankfurt a.M., Entscheid vom 1.7.1992, GmbHR 1993 161 f.; OLG Hamm, Entscheid vom 6.7.1992, GmbHR 1993 163 f.; OLG Hamburg, Entscheid vom 28.6.1991, GmbHR 1991 467 ff.; OLG Koblenz, Entscheid vom 25.10.1990, GmbHR 1991 21 ff.; OLG Koblenz, Entscheid vom 27.2.1986, GmbHR 1986 428 ff.

[1002] BÜSSEMAKER, S. 69 ff.; DAMM, S. 413 ff.; HOFFMANN-BECKING, Münchener Handbuch, § 38 N 48; KÖNIG, S. 93 ff.; LUTTER/HOMMELHOF, § 47 N 6; SCHMITT, S. 1212 ff.; SCHOLZ/SCHMIDT, GmbHG, § 47 N 59; VON GERKAN, S. 167 ff.; ZLUHAN S. 298; ZUTT, S. 190 ff.

[1003] Vgl. dazu insbesondere VON GERKAN, S. 176 f. und S. 187 ff.

Vorbehalte basieren auf den Schranken, welche in der Lehre häufig für vorsorgliche Massnahmen genannt wurden:[1004] Der einstweilige Rechtsschutz müsse gegenüber dem definitiven Rechtsschutz stets ein Minus und ein Aliud darstellen, Leistungsansprüche dürften nicht vorläufig vollstreckt werden und es dürften keine Massnahmen angeordnet werden, welche nicht mehr rückgängig gemacht werden können. Es ist zugegebenermassen so, dass einstweilige Verfügungen bei Verpflichtungen aus Stimmbindungen diese Schranken im Einzelfall verletzen können, so beispielsweise wenn die vorgeschriebene Stimmabgabe oder ein Stimmverbot zu einem nicht reversiblen Beschluss führt. Dies spricht aber nicht generell gegen die Zulässigkeit von einstweiligen Verfügungen bei Stimmbindungen, sondern würde eine entsprechende Massnahme höchstens im Einzelfall ausschliessen. Entscheidend ist aber, dass die oben erwähnten Schranken gemäss heutiger Auffassung in Lehre[1005] und Rechtsprechung[1006] nicht mehr apodiktisch gelten. So ist MEIER[1007] der Auffassung, dass sich diese Grundsätze nicht aus der Rechtsnatur des einstweiligen Rechtsschutzes ergäben, sondern das Ergebnis einer Interessenabwägung seien; daher hätten sie auch nicht strikte Geltung, sondern Ausnahmen seien möglich. So führte auch das Bundesgericht in einem neueren Entscheid aus, die einstweilige Vollstreckung von Leistungsansprüchen sei von Bundesrechts wegen nicht zum Vornherein ausgeschlossen.[1008] In einem anderen Urteil hielt das höchste Gericht fest, es sei einerseits eine Interessenabwägung vorzunehmen und anderseits seien erhöhte Anforderungen an den Verfügungsgrund zu stellen, wenn eine Leistungsmassnahme zur vorläufigen Vollstreckung führe. [1009]

Neben der Tatsache, dass heute sogenannte Leistungsmassnahmen als zulässig erachtet werden und das Vorwegnahmeverbot sowie das Gebot der Reversibilität nicht mehr streng gehandhabt werden, ist auch Folgendes zu berücksichtigen: Von vielen Autoren wurde argumentiert, durch die Anweisung zu einer bestimmten Stimmabgabe werde ein nicht wieder rückgängig machbarer Zustand geschaffen. Nun ist es aber so, dass jedes Stimmverhalten irreversible Wirkungen zeigen kann. Nicht nur die Durchsetzung eines Anspruches aus einer Stimmrechtsbindung kann dies bewirken, sondern auch die Nichtgewährung einer einstweiligen Massnahme kann - zu Gunsten des Gesuchsgeg-

---

[1004] Siehe dazu MEIER I., S. 38.
[1005] GULDENER, S. 575; HABSCHEID, N 613 f.; LEUCH/MARBACH/KELLERHALS/STERCHI, Art. 329 N 8a und N 8e; WALDER-RICHLI, S. 358. In Deutschland: Vgl. beispielsweise ZUTT, S. 200 m.w.H.
[1006] Vgl. beispielsweise BGE 125 II 451 ff. und BGE 108 II 228.
[1007] MEIER I., S. 298 ff.
[1008] BGE 125 III 459 f.
[1009] BGE 108 II 228.

ners - einen irreversiblen Zustand schaffen. Dies wäre vor allem dann stossend, wenn der Anspruch des Gesuchstellers als sehr wahrscheinlich erscheint. Die Verweigerung einer einstweiligen Verfügung könnte diesfalls auf eine Rechtsverweigerung hinauslaufen, weil ein späteres Hauptverfahren die Interessen des Gesuchstellers gar nicht mehr schützen könnte.[1010] Gerade die Fälle, in denen es sowohl bei Gutheissung als auch bei Abweisung eines Gesuches um Erlass einstweiliger Massnahmen zu irreversiblen Wirkungen kommt, zeigen, dass die Irreversibilität nicht für die Zulässigkeit solcher Massnahmen entscheidend sein darf. Eine sinnvolle Lösung kann nur darin bestehen, dass im Rahmen einer Interessenabwägung geprüft wird, für welche Partei die Nachteile der fehlenden Reversibilität schwerer wiegen.

Als Ergebnis kann somit festgehalten werden, dass einstweilige Massnahmen bei Aktionärbindungsverträgen und insbesondere auch bei Stimmrechtsbindungen nicht generell ausgeschlossen sind. Es ist selbstverständlich bei der Prüfung des Einzelfalles zu berücksichtigen, dass eine Leistungsmassnahme bei Stimmbindungen zu irreversiblen Situationen führen kann. Der Erlass entsprechender Massnahmen ist daher von erhöhten Anforderungen an die Glaubhaftmachung des Verfügungsanspruches und des Verfügungsgrundes abhängig zu machen. Die Nachteile, welche durch eine eventuelle Irreversibilität der Massnahmefolgen eintreten können, sind ihrem Grundsatze nach bei der Abwägung der Parteiinteressen im Rahmen der Prüfung des Verfügungsgrundes zu berücksichtigen.[1011]

[1010] VON GERKAN, S. 170.

[1011] MEIER I. (S. 225 ff.) vertritt in diesem Zusammenhang das Modell der Hauptsahenprognose und der Nachteilsprognose.

Kapitel 10

Sicherung der Einhaltung des Aktionärbindungsvertrages

§ 1 Überblick über die Sicherung der Einhaltung des Aktionärbindungsvertrages

Die Durchsetzung von Verpflichtungen aus Aktionärbindungsverträgen bietet oft Schwierigkeiten. So kommen eine Erfüllungsklage oder eine einstweilige Verfügung häufig nicht mehr in Frage, da der Verpflichtete bereits eine Vertragsverletzung begangen hat und diese nicht mehr rückgängig gemacht werden kann. Dies ist beispielsweise der Fall, wenn Aktien trotz einer Verfügungsbeschränkung einem Dritten zu Eigentum übertragen wurden oder das Stimmrecht vertragswidrig ausgeübt wurde und es sich um einen Beschluss handelt, dessen Wirkung nicht durch einen neuen Beschluss aufgehoben werden kann. Ist eine Vertragsverletzung bereits erfolgt, so haben die Vertragspartner grundsätzlich einen Anspruch auf Schadenersatz.[1012] Dies ist aber für die Beteiligten in der Regel nur eine unbefriedigende Rechtsfolge. Im Zusammenhang mit Schadenersatzansprüchen stellt sich bei Aktionärbindungsverträgen das Problem, dass der Schaden oft schwer nachzuweisen und zu beziffern ist.[1013] Zudem sind die Parteien nicht in erster Linie an Schadenersatz, sondern an einem vertragskonformen Zustand interessiert. Aus diesen Gründen wird bei der Ausarbeitung von Aktionärbindungsverträgen meist grosses Gewicht darauf gelegt, alles vorzukehren, damit Vertragsverletzungen von vornherein verhindert oder zumindest erschwert werden können. Zur Sicherung der Einhaltung vertraglicher Verpflichtungen kommen verschiedene Massnahmen in Frage; in der Lehre[1014] werden folgende Sicherungsmittel genannt:

- Vollmachtserteilung zur Stimmrechtsausübung an einen Dritten

- Hinterlegung der Aktien

- Konventionalstrafe

- Einbringung der Aktien in eine Gesellschaft bzw. in Gesamteigentum

---

[1012] Vgl. dazu vorne Kap. 9, § 1, Ziff. I, S. 190 f.
[1013] Siehe Kap. 9, § 1, Ziff. I, S. 190 f.

- Treuhänderische Übereignung der Aktien
- Nutzniessung
- Kaufsrecht für den Fall einer Vertragsverletzung

§ 2 Die einzelnen Sicherungsmittel

I. Vollmachterteilung zur Stimmrechtsausübung an einen Dritten

Zur Sicherung der Stimmabgabe im vereinbarten Sinne kann in Aktionärbindungsverträgen geregelt werden, dass jeweils nicht die Verpflichteten selbst, sondern ein Dritter als Vertreter an den Abstimmungen und Wahlen teilnimmt. Dieser Dritte hat dann so abzustimmen, wie dies im Aktionärbindungsvertrag vorgesehen ist beziehungsweise wie dies in einer „Vorversammlung" der Vertragspartner beschlossen wurde. Eine solche Vertretung ist gemäss Art. 689 Abs. 2 OR möglich. Einschränkungen ergeben sich nur dann, wenn die Statuten vorsehen, dass der Vertreter selbst auch Aktionär sein muss.

Die Bevollmächtigung eines Dritten ist ein wirksames Mittel um die vertragskonforme Stimmabgabe zu gewährleisten. Dies allerdings nur solange, als er auch bevollmächtigt ist. Dies ist nun genau das Problem dieser Art der Vertragssicherung: Eine Vollmacht ist gemäss Art. 34 OR jederzeit widerrufbar. Ein Vertragspartner, welcher sich nicht an die Stimmrechtsbindung halten will, kann somit ohne weiteres die Bevollmächtigung des Dritten widerrufen. Die Vollmachtserteilung an einen Dritten stellt daher kein wirksames Sicherungsmittel dar.

II. Gemeinsame Hinterlegung der Aktien / Sperrdepot

In der Literatur[1015] wird häufig die Hinterlegung der Aktien in einem sogenannten Sperrdepot als wirksames Sicherungsmittel genannt. Beim Sperrdepot handelt es sich um die gemeinsame Hinterlegung der Aktien der Vertragspartner bei einer Bank, einem Treuhänder, einem Anwalt oder einem Notar mit der Abrede, dass die Aktien nur an

---

[1014] APPENZELLER, S. 64; DOHM, S. 187 ff.; FORSTMOSER, FS Schluep, S. 375 f.; FORSTMOSER/ MEIER-HAYOZ/NOBEL, § 39 N 195 ff.; GLATTFELDER, S. 320a ff.; HIRSCH/PETER, S. 1 ff.; MEIER, N 250; PATRY, ZSR, S. 120a ff.; STUBER, S. 52 f. und 68 ff.

[1015] Vgl. dazu GLATTFELDER, S. 324a f.; FORSTMOSER/MEIER-HAYOZ/NOBEL, § 39 N 197; FROMER, S. 129 f.; SALZGEBER-DUERIG, S. 80 f.; STUBER, S. 52; WEBER, S. 87; ZIHLMANN, S. 239.

alle gemeinsam herausgegeben werden dürfen. Die Beteiligten bezwecken damit, einander an der Veräusserung ihrer Aktien zu hindern. Weiter vorne[1016] wurde bereits darauf hingewiesen, dass die gemeinsame Hinterlegung zwar ausschliesst, dass die einzelnen Aktionäre ohne Willen der anderen wieder in den alleinigen Besitz ihrer Aktien gelangen. Nicht verhindert werden kann aber, dass die Aktionäre trotzdem Veräusserungsverträge abschliessen und mittels Besitzanweisung den Besitz an den Aktien auf Dritte übertragen. Damit kann bei Inhaberaktien auch das Eigentum auf Dritte übertragen werden. Bei Namenaktien dagegen genügt die Besitzesübertragung alleine noch nicht. Der Veräusserer muss die Aktien zusätzlich indossieren, was ihm nicht gelingt, wenn sich die Aktien in einem Sperrdepot befinden. Sofern dies statutarisch nicht ausgeschlossen ist, kann bei Namenaktien aber eine Übertragung durch Zession erfolgen. Die gemeinsame Hinterlegung der Aktien in einem Sperrdepot kann also eine Veräusserung nur verhindern, sofern es sich um Namenaktien handelt und eine Übertragung mittels Zession ausgeschlossen ist.

III. Konventionalstrafe

Konventionalstrafen sind wahrscheinlich die am häufigsten in Aktionärbindungsverträgen vorgesehenen Sicherungsmittel.[1017] Der Vorteil der Konventionalstrafe liegt darin, dass sie bei einer Vertragsverletzung auch dann geschuldet ist, wenn dem Gläubiger kein Schaden entstanden ist.[1018] Dies ist im Zusammenhang mit Aktionärbindungsverträgen ein wichtiger Punkt, da hier bei Vertragsverletzungen der Nachweis des Schadens, der Kausalität und der Schadenshöhe meistens schwierig ist. Die Nachteile der Konventionalstrafe liegen darin, dass einerseits bei übermässig hohen Konventionalstrafen eine Reduktion durch den Richter möglich ist[1019] und sie andererseits nur prohibitiv wirkt, Vertragsverletzungen aber nicht verhindern kann. Trotz dieser Nachteile sind Konventionalstrafen in Aktionärbindungsverträgen im Allgemeinen ein gutes Sicherungsmittel, da häufig ihre abschreckende Wirkung Vertragsverletzungen verhindert. Bei der Ausgestaltung der Konventionalstrafen ist allerdings die Möglichkeit der Reduktion durch den Richter zu beachten. Diesbezüglich kann es unter Umständen sinnvoll sein, nicht für jede Art von Vertragsverletzung die gleiche Strafsumme festzulegen, sondern Abstufungen vorzunehmen. So ist beispielsweise bei einem vertragswid-

---

[1016] Vgl. Kap. 5, § 3, Ziff. III/2, S. 133 ff.
[1017] Vgl. auch das Beispiel in BGE 88 II 172 ff.
[1018] Art. 161 Abs. 1 OR.
[1019] Art. 163 Abs. 3 OR.

rigen Aktienverkauf eine andere Summe angemessen als bei der Verletzung einer Stimmrechtsbindung. Glattfelder und Stuber erwähnen die Möglichkeit, dass die Vertragspartner ihre Aktien zur Sicherung eines eventuellen Konventionalstrafanspruches gegenseitig verpfänden.[1020]

IV. Überführung der Aktien in Gesamteigentum

Von verschiedenen Autoren[1021] wird die Überführung aller Aktien der Beteiligten ins Eigentum einer Gesellschaft bzw. in das Gesamteigentum der Gesellschafter als wirksames Sicherungsmittel genannt. Dadurch wird einerseits verhindert, dass die Vertragspartner ihre Aktien an unerwünschte Dritte veräussern. Andererseits kann auch die einheitliche Stimmausübung garantiert werden, da die Einbringung der Aktien in eine Gesellschaft bedeutet, dass diese Aktionärin wird und die Mitwirkungsrechte ausüben kann.[1022] Diese Lösung hat allerdings auch Nachteile: Mit der Einbringung der Aktien in eine Gesellschaft kann der Zusammenschluss der Vertragspartner publik werden, was oft nicht erwünscht ist. Zudem wird bei der Gründung einer weiteren Gesellschaft oft ein Teil der Problematik nur verlagert, da beispielsweise auch bei der Gründung einer GmbH nicht alles im Gesellschaftsvertrag geregelt werden kann.

V. Fiduziarische Übertragung der Aktien an einen Dritten

Eine weitere Möglichkeit der Vertragssicherung ist die fiduziarische Eigentumsübertragung aller Aktien der Beteiligten auf einen Dritten, einen Treuhänder.[1023] Damit soll einerseits verhindert werden, dass die einzelnen Aktionäre vertragswidrig über ihre Aktien verfügen können, und andererseits soll erreicht werden, dass die Stimmrechtsausübung einheitlich im Sinne des Aktionärbindungsvertrages erfolgt. Bei einer fiduziarischen Eigentumsübertragung wird dem Fiduziar oder Treuhänder das volle Eigentumsrecht übertragen, aber gleichzeitig eine Abrede getroffen bezüglich der Ausübung der

---

[1020] GLATTFELDER, S. 322a f.; STUBER, S. 53.

[1021] DOHM, S. 190; GLATTFELDER, S. 232a; FORSTMOSER/MEIER-HAYOZ/NOBEL, § 39 N 199; GUHL/KOLLER/SCHNYDER/DRUEY, S. 754; HIRSCH/PETER, S. 4 ff.; SETTELEN, WEKA, 2.4 S. 2; STUBER, S. 34 ff.; WEBER, SAV, S. 87.

[1022] Bei der Bildung einer einfachen Gesellschaft und der Übertragung der Aktien ins Gesamteigentum aller Beteiligten sind die Mitgliedschaftsrechte durch einen gemeinsam bestellten Vertreter auszuüben.

[1023] Vgl. dazu vorne Kap. 5, § 3, Ziff. IV, S. 136 ff.

übertragenen Rechte (pactum fiduciae).[1024] Der Treuhänder muss somit das Stimmrecht und alle anderen Mitgliedschaftsrechte nach den Vorschriften des Aktionärbindungsvertrages ausüben. Die einzelnen ehemaligen Aktionäre haben keine Einflussmöglichkeit auf die Aktiengesellschaft und können auch nicht mehr über die Aktien verfügen. Mit diesem Vorgehen kann somit wirkungsvoll verhindert werden, dass die einzelnen Aktionäre vertragswidrig über ihre Aktien verfügen. Es ist aber fraglich, wie weit die Aktionäre bereit sind, einem solchen Vorgehen mitzuwirken, da doch gewisse Risiken für sie bestehen. So könnte der Treuhänder abredewidrig über die Aktien verfügen. Verletzt er die im Aktionärbindungsvertrag oder im pactum fiduciae enthaltenen Weisungen, wird er nur schadenersatzpflichtig, die Handlungen und Verfügungen gegenüber Dritten bleiben aber wirksam.[1025] Zudem besteht die Gefahr, dass bei Insolvenz des Treuhänders die Aktien in dessen Konkursmasse fallen.

VI. Nutzniessung

Bei der Einräumung einer Nutzniessung an Aktien verbleibt dem Aktionär grundsätzlich nur das nackte Eigentum, die Mitwirkungsrechte gehen auf den Nutzniesser über.[1026] Dieser Umstand kann in verschiedener Hinsicht zur Sicherung von Verpflichtungen aus Aktionärbindungsverträgen eingesetzt werden.

Einerseits könnte einem unabhängigen Dritten die Nutzniessung an allen Aktien der Beteiligten übertragen werden. Da die Mitwirkungsrechte der Beteiligten auf den Dritten übergehen, würde verhindert werden, dass die Beteiligten abredewidrig abstimmen können. Die vertragliche Vereinbarung mit dem Dritten müsste einerseits eine Regelung enthalten, wie er das Stimmrecht ausüben muss. Andererseits müssten Massnahmen getroffen werden, damit die Aktionäre nach wie vor von den Vermögensrechten profitieren. Diese Variante der Sicherung der Stimmrechtsbindung ist weniger weit gehend als die fiduziarische Eigentumsübertragung der Aktien auf einen Dritten. Allerdings kann, wenn bloss die Nutzniessung übertragen wird, nur die Ausübung des Stimmrechts gesichert werden, nicht aber Verfügungsbeschränkungen.

HIRSCH/PETER[1027] schlagen in diesem Zusammenhang eine „gemeinschaftliche Nutzniessung" vor. Dabei wird das Nutzniessungsrecht an den Aktien anstatt einem Dritten

---

[1024] Vgl. WIEGAND, Basler Kommentar, Art. 18 OR N 140 ff. Vgl. auch die Ausführungen in BGE 71 II 100 f. V

[1025] WIEGAND, Basler Kommentar, Art. 18 OR N 144.

[1026] FORSTMOSER/MEIER-HAYOZ/NOBEL, § 45 N 13, Art. 690 Abs. 2 OR.

[1027] HIRSCH/PETER, S. 7 Ziff. C. Siehe auch Kapitel 5, § 3, Ziff. IV, S. 135 f.

der einfachen Gesellschaft, bestehend aus den Vertragspartnern des Aktionärbindungsvertrages, eingeräumt. Aufgrund der Nutzniessung ist anstelle der einzelnen
Vertragspartner die einfache Gesellschaft bzw. ihr Vertreter zur Ausübung des Stimmrechts befugt, so dass die einzelnen Vertragspartner keine Möglichkeit haben, gegen die
Stimmbindung zu verstossen.

Eine andere Variante der Vertragssicherung wäre die (fiduziarische) Übertragung des
Eigentums an den Aktien der Vertragspartner auf einen Dritten unter gleichzeitiger
Einräumung einer Nutzniessung an die Vertragspartner. Auf diese Weise würde die
Veräusserung der Aktien an unliebsame Dritte verhindert, den Beteiligten verbliebe al-
lerdings das Stimmrecht.

VII. Kaufsrecht im Falle einer Vertragsverletzung

Zur Absicherung der Verpflichtungen eines Aktionärbindungsvertrages kommt auch
ein bedingtes Kaufsrecht in Frage. Dieses muss so ausgestaltet werden, dass es im Falle
einer Vertragsverletzung ausgeübt werden könnte. Damit würde einerseits die Sicherung der Einhaltung des Vertrages mittels der abschreckenden Wirkung des Kaufsrechts verstärkt. Andererseits würde bei einer Vertragsverletzung der „Ausschluss" des
Vertragsbrüchigen ermöglicht, indem die anderen Vertragspartner seine Aktien erwerben können.